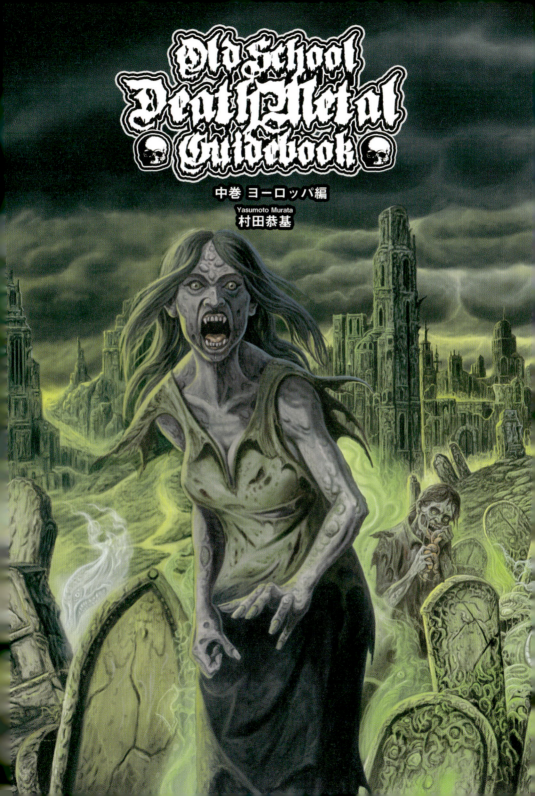

前書き

　本書『オールドスクール・デスメタル・ガイドブック中巻 ヨーロッパ編』は、オールドスクール・デスメタル・ジャンルのアーカイブ化を目指した『オールドスクール・デスメタル・ガイドブック』の第2弾であり、パブリブが発刊する世界過激音楽シリーズの第11弾である。

　上巻では、オールドスクール・デスメタル・ジャンルのアーカイブ化を目指し、1980年代中期から1990年代末期にかけて、北米、南米、アジア、オセアニア一帯で登場したデスメタル・バンド、及び相関のあった類義ジャンルのバンドを検証した。本書では、その意図に基づいて、ヨーロッパ全域に登場したバンドを検証している。ディスクレビュー593枚、伝説的バンドのプロフィール21件、インタビュー7件を収録した。また、上巻に引き続き、デスメタルというジャンル自体が、スラッシュメタル、ブラックメタル、ハードコア/グラインドコアとの曖昧さの中で誕生しているため、一部ガイドとして誤解を招きかねない文脈や作品も敢えて掲載した。

　中巻は西欧、南欧、北欧、東欧の4章立てとなり、同時代に生きた各国のデスメタル・レジェンド（全424バンド）に焦点を当てる。上巻と併せれば、いわゆる「初期デス」と呼ばれていた全世界のデスメタル・バンド達に触れてもらうことになる。国際的な郵送サービスを通じて繋がっていたシーンだけに、様々な国の関係性を知ることは重要だ。例えばスウェディッシュ・デスメタルでは、Nihilist が R.A.V.A.G.E（Atheist の前身バンド）の音源から衝撃を受けて、それを象徴する HM-2 サウンドを生み出した話や、Dismember が Autopsy から多大なる影響を受けていた話などがある。しかし、Bolt Thrower、Benediction、Morgoth、Pestilence、Asphyx、Gorefest、Pungent Stench、Entombed、Unleashed、Vader、Krabathor が、どういう活躍をしたバンドなのかを追うだけでも興味深い。上巻を読んでいただいた方にはもちろん、中巻で始めてシリーズを手に取ってもらう方にも楽しんでもらえる内容となった。

　インタビューで回答してくれたのは、Morgoth の Harald Busse、Pestilence の Patrick Mameli、Demilich の Antti Boman、Mourning ～ Rouwen の Marc van Amelsfoort、Xtreem Music のオーナーで Avulsed でも活動する Dave Rotten。そして日本を代表するデスメタル・バンド、Coffins の内野氏にドゥーム・デスメタル、Obliteration Records / はるまげ堂を運営し、浅草デスフェストをオーガナイズする Butcher ABC の関根成年氏に「オールドスクール・デスメタル」を題材として参加していただいた。いずれもデスメタルの歴史や、それに携わる方の素性だったり、オールドスクール・デスメタルの本質に迫っている。

　世界中のジンやインタビュー記事、データベース・サイト、国際的なインターネット・ショッピング・サービスや、日々のレコード屋での勤務を通じながら、先人たちのデスメタルへの愛に触れ、本書を書き上げることができた。そして近年にかけて過去の遺産となり、「知られざる」と呼ばれるようになってしまった音楽シーンを、ようやく日本の活字の場で紹介することができる。上巻に引き続きとなるが、上述した収録コンテンツを通じて、また隣接ジャンルを包括する兄弟書『ブルータルデスメタル ガイドブック』『ウォー・ベスチャル・ブラックメタル・ガイドブック』と併せて、全世界を席巻したオールドスクール・デスメタルの凄みを体験してもらいたい。

　以下は上巻と重複となるが再度記載する。

　昨今のデスメタルには、様々な細分化したジャンル（サブ・ジャンル）がある。テクニカル・デスメタル、ブルータル・デスメタル、メロディック・デスメタル、デスコア、ブラッケンド・デスメタル、アヴァンギャルド・デスメタル、サイケデリック・デスメタル etc……。多様な枠組みで語られることの多いこのジャンルは、元々は一つのデスメタルとして登場した。「オールドスクール・デスメタル」は、この元々の文化としてあった古い時代のデスメタルを指している。現代のレーベルやバンドが、敢えてこの古い時代のデスメタルをリヴァイヴすることで生まれた昨今の流れにより、今再び注目を浴びている音楽ジャンルだ。

　元々、デスメタルに対する「オールドスクール」なる形容は、1990年代半ばに登場したニュースクール・デスメタル（ブルータル・デスメタル）の対義語として登場しているが、その当時はリスナー間で「普通のデスメタルだろ」と捉えられる形でジャンル化することはなかった。しかし、長年に渡る数多くのレジェンダリー・ミュージシャンやマニアの尽力、2006年 Daniel Ekeroth 著『Swedish Death Metal』の刊行、同時代のインターネット文化の急速な発展を受け、世界的にシーンの再興が進んだ結果、2000年代後期には「オールドスクール・デスメタル」というジャンルとして一般に認知されるに至った。

2 前書き

5 西欧
6 Napalm Death の Barney も在籍していた Nuclear Blast の古株 Benediction
9 Memoriam
10 ボードゲーム由来の名前でミドルテンポ重厚サウンドで突き進む Bolt Thrower
13 Anathema/Cancer/Cradle of Filth
16 Dark Heresy/Decomposed/Desecration/Desecrator
17 Deviated Instinct/Devoid/Gomorrah/Impaler
18 Korpse/Lord of Putrefaction/Malediction/Monolith
19 My Dying Bride/Napalm Death/Necropolis
20 Necrosanct/Nightmare Visions/Onslaught/Paradise Lost
21 Prophecy of Doom/Unseen Terror/Warhammer/Warlord (Warlord U.K.)
22 ドイツのスウェディッシュ・デスメタル・ウォーシッパー Fleshcrawl
26 デスメタル不毛国から実験的サウンドを試み続けた異端派 Morgoth
28 Morgoth Harald Busse(Gt) インタビュー
31 Accessory/Amboss/Apophis/Atrocity
32 Baphomet/Blood/Crematory/Dark Millennium
33 Dawn/Deathcore/Demantor/Depression
34 Eternal Dirge/Holy Moses/Immortalis/Incubator
35 Infected Virulence/Jumpin' Jesus/Lemming Project/Lunatic Invasion
36 Maledictive Pigs/Mangled Torsos/Mortal Decay/Obscenity
37 Orth/Poison/Polymorph/PostMortem
38 Protector/Purgatory/R.U. Dead?/Rest in Pain
39 Sarcastic Existence/Torchure/Traumatic Voyage/Vomiting Corpses
40 レーベル特集
44 ダッチ・デスメタルの激重先駆者、近年のリバイバルでレジェンド化 Asphyx
47 Soulburn
49 ダッチ・デスメタルの立役者、後年デス・エン・ロールに転身 Gorefest
52 ジャズ・フュージョンまで取り入れたテクニカル・ダッチ・デス Pestilence
55 Pestilence / ex-C-187 Patrick Mameli インタビュー
58 ダッチ・デスメタルのブルータリティを刷新したレジェンド Sinister
59 Monastery
60 Acrostichon/Altar/Antropomorphia/Arcane
61 Beyond Belief/Bluuurgh.../Burial/Castle
62 Centurian/Ceremony/Consolation/Creepmime
63 Cremation/Dead Head/Delirium/Dissect
64 Eternal Solstice/Etherial Winds/Excavation/Excision
65 God Dethroned/Inquisitor/Judgement Day/Korsakov
66 Mourning/Rouwen/Marc van Amelsfoort (Mourning-Rouwen) インタビュー
69 Morthra/Mystic Charm/Necro Schizma/Nembrionic
70 Nocturn/Obtruncation/Pentacle/Perpetual Demise
71 Phlebotomized/Polluted Inheritance/Sad Whisperings/Sempiternal Deathreign
72 Sexorcist/Swazafix/Thanatos/Throne
73 フランスでは英雄視されるタンバサウンド、音源毎に作風が変化 Loudblast
76 Agressor/Asgard/Catacomb/Crusher
77 Drowning/Krhoma Death/Massacra/Mercyless
78 Mortuary/Mutilated/No Return/Sepulchral
79 Sthygma/Sulphura/Supuration/Anesthesy
80 Blasphereion/Caducity/Chemical Breath/Exoto
81 音楽の都ウィーンが生み出した悪趣味、SM スカムの猛臭変態伝説 Pungent Stench
84 Deprësion/Disastrous Murmur/Disharmonic Orchestra
85 Heftschentis/Media in Morte/Miasma/Rampage
86 Raydead/Skull Crusher/Accelerator/Ambiguous
87 Amon/Azrael/Babylon Sad/Corruption
88 Damnation Call/Damnatory/Deflagration/Desecration
89 Disaster/Dissident/Excruciation/Exhortation
90 Fear of God/Manifest/Messiah/Misery
91 Moribund/Offering/Parusie/Reactor
92 Sickening Gore/Silent Death/Supremacy/Tiburon
93 Coffins 内野氏インタビュー

97 南欧
98 死、ゴア、カニバリズム、エロス、南欧のゴットファーザー Avulsed
101 Avulsed Dave Rotten インタビュー
104 Absorbed/Aggressor/Canker/Feretrum
105 Human Waste/Intoxication/Mortal Mutilation/Necrophiliac
106 Obscure/Pulmons Negres/Rotten Flesh/Rottest Slag
107 Sacrophobia/Total Death/Unbounded Terror/Aiwaz
108 Cenotaph/Electrocution/Euthanasia/Horrid
109 Maleficarum/Necrodeath/Sadist/Sinoath
110 Afterdeath/Agonizing Terror/Deification/Devileech
111 Disaffected/Gangrena/Genocide/Grog
112 Sacred Sin/Thanatos/Thormenthor/Acid Death
113 Death Courier/Horrified/Nightfall/Nordor
114 Nuclear Winter/Obsecration/Rotting Christ/Sadistic Noise
115 Sanctorum/Sarcastic Terror/Septicemia/Septicflesh

116 デスメタルにとってのスタンダード・ホラー

117 北欧
118 デスメタルに叙情美を確立したスウェディッシュ・レジェンド Dismember
122 HM-2 でスウェディッシュ・デスメタルのプロダクションを決定 Entombed
125 Nihilist
127 Entombed A.D.
128 進化と深化を続ける、激重なスウェディッシュ・デスメタル Grave
132 元 Nihilist のメンバーが非主流派ヴァイキングメタルの勃発点に Unleashed
136 ヴァイキングメタルと Unleashed の関係について
137 Abhoth/Abruptum/Afflicted/Agretator
138 Altar/At the Gates/Authorize/Bloodstone
139 Captor/Carbonized/Cemetary/Centinex
140 Ceremonial Oath/Chronic Decay/Comecon/Crematory
141 Crypt of Kerberos/Crystal Age/Darkified/Dellamorte
142 Desultory/Edge of Sanity/Epitaph/Eructation
143 Eternal Darkness/Evocation/Excruciate/Furbowl
144 General Surgery/God Macabre/Goddefied/Gorement
145 Grotesque/Harmony/Hetsheads/Hypocrisy
146 In the Colonnades/Infestdead/Inverted/Leukemia
147 Liers in Wait/Lobotomy/Lucifer/Luciferion
148 Marduk/Mega Slaughter/Merciless/Morbid
149 Morpheus/Mourning Sign/Murder Squad/Necrony
150 Necrophobic/Nirvana 2002/Obscurity
151 Pan.Thy.Monium/Runemagick/Seance/Sorcery
152 Suffer/Temperance/Therion/Treblinka
153 Tiamat/Toxaemia/Traumatic/Uncanny
154 Utumno/Vermin/Vomitory/Wombbath
155 叙情的なメロディが伝説的に語り継がれたフィニッシュ・デスメタル Demigod
157 フィニッシュ・デスの異端、後世によって再評価され活動再開 Demilich
159 Demilich Antti Boman インタビュー
162 Abhorrence/Adramelech/Agonized/Amorphis
163 Anathema/As Serenity Fades/Belial/Convulse
164 Depravity/Disgrace/Excrement/Festerday
165 Funebre/God Forsaken/Interment/Lubricant
166 Mordicus/Mythos/Necropsy/Obfuscation
167 Phlegethon/Purtenance/Putrid/Rippikoulu
168 Sceptical Schizo/Scum/Sentenced/Tenebrae
169 Thergothon/Unholy/Vomiturition/Xysma
170 ビートダウン的モダンヘヴィネス・デイニッシュ・アウトサイダー Konkhra
171 Daemon
173 Agonize/Caustic/Cinerator/Corpse Vomit
174 Deadflesh/Desexult/Detest/Dominus
175 Exmortem/Frozen Sun/Illdisposed/Infernal Death
176 Invocator/JEEL (Jeg Er En Lampe)/Lustration/Maceration
177 Panzerchrist/Sacrificial/Sardonic Death/Witch Craft
178 ブラックメタル超大国で前衛的なデスメタルで奮闘 Cadaver
179 Cadaver Inc
180 Balvaz
181 Algol/Darkthrone/Disgusting/Fester
182 Kvikksølvguttene/Mayhem/Molested/Mortem
183 Old Funeral/Thou Shalt Suffer/Vomit/Sororicide
184 イラストレーター特集

187 東欧
188 爆速疾走感で世界を騒然とさせたポーリッシュ・エクストリーム Vader
193 Armagedon/Betrayer/Celebration/Creation of Death
194 Damnation/Dead Infection/Death Sea/Dragon
195 Egzekuthor/Genital Putrefaction/Ghost/Golgotha
196 Hate/Hazael/Imperator/Lastwar
197 Magnus/Merciless Death/Monastyr/Morbid Vision
198 Mordor/Pandemonium/Parricide/Quo Vadis
199 Slashing Death/Sparagmos/Symbolic Immortality/Violent Dirge
200 共産主義時代から活動するチェコのイーヴル・マスター Krabathor
203 Chirurgia/DAI/Dark/Murrain
204 Scabbard/Tortharry/Tortura/Apoplexy
205 Dehydrated/Dementor/Dissonance/Embolism
206 Pathology Stench/Testimony/Extreme Deformity/Bloodbath
207 Mortuary/Aggressor/Forgotten Sunrise/Ghostorm
208 Regredior/Graveside/Mortem/Phantasm
209 V.A 音源集
213 はるまげ堂 /Butcher ABC 関根氏インタビュー

231 あとがき

4 Old School Death Metal Guidebook

西欧

イギリスから Bolt Thrower と Benediction、ドイツから Fleshcrawl と Morgoth、オランダから Asphyx、Gorefest、Pestilence、Sinister、そしてフランスの Loudblast、オーストリアの Pungent Stench をメインコンテンツに紹介。北米と北欧がオールドスクール・デスメタルの2大主要国となるが、イギリスのハードコア／グラインドコアは、デスメタルの起爆点の一つとなった（俗にハードコア・ルネッサンスともいわれる）。US シーンとの交流を通じてムーヴメントを興したが、後に不遇国といわれることになる。ドイツのシーンは、東西で別れており、西部では隣国オランダ勢と共に発展し、グラインドコア・ジャンルも賑わせた。東部はブラックメタルとの関わりを持ち、地下に潜んでいた。オランダは狭い故に（日本の九州とほぼ同じ面積）非常に濃いシーンが築かれた。ドゥーム・デスを活性化させ、ゴシックメタルに繋がっていく一方、テクニカル志向のバンドも多く存在。フランスは、US デスメタルやスラッシュメタルの影響を受けたメイン層と、オブスキュアかつ広大なシーンを形成した地下層があった。オーストリアはバンド数こそ少ないが、受け手に強烈なインパクトを残したレジェンドを生み出した。その他、スイスでは、Hellhammer 〜 Celtic Frost、Messiah、Fear of God 等がデスメタルの形成に多大なる影響を与えた。しかし、その当時流通を担うレーベルが存在せず、多くのバンドによって自主制作盤が多数制作されることに。後年に高額で市場に出回ることとなり次の単語に冠されるため、本書では「Private Swiss Death Metal Indie Limited」系のバンドとして紹介する。

Napalm DeathのBarneyも在籍していたNuclear Blastの古株

Benediction

出身地 イングランド・バーミンガム
活動年 1989 〜

Napalm Death のヴォーカル Barney Greenway を輩出

　UK イングランドはバーミンガムの地より、ex-Cerebral Fix の Paul Adams(Ba)、Ian Treacy(Dr)、Darren Brookes(Gt)、Peter Rew(Gt)、Mark "Barney" Greenway(Vo) の 5 人組として結成された Benediction は、Nuclear Blast が、ハードコア / アンダーグラウンド専門レーベルとして始まり、ヘヴィメタル専門として世界随一の経済力、影響力を誇るようになった現在までの間、長きに渡って友好的な関係を築いた数少ないバンドの一つだ。後に Napalm Death に参加する Vo、Mark "Barney" Greenway を輩出するのみならず、あまり語られないが近年は Anaal Nathrakh の V.I.T.R.I.O.L. こと、Dave Hunt が同ユニットでの活動と並行して在籍していたことでも知られる。そうして鑑みるとグラインドコア寄りの功績が目立つが、レーベル・メイトの Pungent Stench や、同郷の Bolt Thrower 等と共に欧州デスメタルの歴史を彩っており、名盤も多く、Nuclear Blast が遠巻きに非トゥルー・デスメタル・レーベルと揶揄される後年にかけても、その契約下でツアー等を中心に活躍する古豪だといえる。
　Benediction は、1989 年 2 月に UK イングランドはバーミンガムで結成された。同年に制作した『The Dreams You Dread』デモが、当時アンダーグラウンドなハードコア・レーベルとして設立され、軌道に乗り始めたばかりの Nuclear Blast の手に渡り、レーベル契約を交わしている。1989 〜 1990 年 1 月にかけては、地元バーミンガムの Soundcheck Studios で、奇才 Mick Harris プロデュースの元 1st フルとなる『Subconscious Terror』のレコーディングを行った。当作は、同年の Nuclear Blast のオムニバス『Death is Just the Beginning』への参加を始め、4 月に Pungent Stench との Split をリリースした後の、1990 年 9 月にリリースされた。彼らは Autopsy 来英時の Paradise Lost 等とのギグほか、小規模でのライヴ活動を行いながら、世間的な認知度を徐々に高めていった。そんな中、Mark "Barney" Greenway(Vo) は Napalm Death に参加するためバンドを脱退。Dave Ingram を後任に迎えたラインナップで『Subconscious Terror』の販売をサポートする、ヨーロッパ全土に渡るツアーを敢行した。
　翌 1991 年 3 月にバーミンガムの Silverbirch Studios を訪れた Benediction は Cathedral や Cerebral Fix 等多くのバンドを手掛ける Paul Johnson プロデュースの元レコーディングを行い、同年 10 月に 2nd フル『The

Grand Leveller』をリリース。Bolt Thrower の Karl Willetts が 3 曲目にゲストとして参加した。Nuclear Blast が急速な拡大を見せる中で彼らは、世界的なデスメタルの市場での好意的な反応を得るまでに成長。Nocturnus、Bolt Thrower、Massacra、Dismember 等のツアーに帯同している。その過酷なツーリング中、Paul Adams(Ba) はバンドを去った。

　『The Grand Leveller』のサウンドを、より広い世界で広めるため、同作の楽曲を収録した 1992 年 7"EP『Experimental Stage』、Celtic Frost カヴァーを収録したシングル『Return to the Eve』をリリース。Paul Adams の脱退後ではあるが、ラインナップは Darren Brookes(Gt)が Ba を兼任する形となり、そのまま同年 10 月には、『Experimental Stage』の楽曲と Anvil のカヴァーを含んだ EP『Dark is the Season』のリリースへと続く。Bolt Thrower、Asphyx とのヨーロッパ・ツアーも予定した。ツアーに際して、やはりバンドに新たな Ba が必要となり、ex-Sacrilege/ex-Cerebral Fix の Frank Healy が加入することとなった。ツアーは盛況に終わり、新作の制作を開始した。同年 10 月に Napalm Death『Utopia Banished』、Cerebral Fix『Tower of Spite』、Decomposed『Decomposed』、Cadaver『…In Pains』、Vader『The Ultimate Incantation』等の作品で知られる、ロンドンはハニーボーン・ロードにある Rhythm Studios にて、再び Paul Johnson プロデュースの元レコーディングする。翌 1993 年に Nuclear Blast から先行シングルとして The Accüsed のカヴァーを含む『Wrong Side of the Grave』、プロモーション用 SplitEP『Promo EP II』のリリース後、同年の 8 月に、世界中で高い評価を得た名盤 3rd フル『Transcend the Rubicon』がリリースされた。同作は Atheist、Cemetary を帯同させたヨーロッパ〜 US/ カナダをめぐるワールド・ツアーに繋がり、彼らは世界的な成功を収めるデスメタル・バンドの一つとして認知されるようになった。ワールド・ツアー後の 1994 年、初期からバンドを支えていた Ian Treacy(Dr) は脱退、Marshall Law 世代の正統派として活動していた Agincourt の Paul Brookes を後任に迎え、再び Rhythm Studios にてレコーディングを行い、EP『The Grotesque / Ashen Epitaph』をリリース。新曲 2 曲と Ian Treacy 在籍時のライヴ音源 3 曲の 5 曲入りとなった。そして Bolt Thrower との US ツアーに続いたが、その後 Paul Brookes(Dr) は脱退してしまうことになる。そこで当時 18 歳だった Neil Hutton が穴を埋める形でラインナップを調整、翌 1995 年 2 月に三度 Rhythm Studios を訪れレコーディングを行い、同年 8 月に 4th フルとなった『The Dreams You Dread』がリリースされた。その後のバンドはツアーを中心とした活動に切り替わって行くことになる。

Anaal Nathrakh の Dave Hunt が加入、2019 年に新たなラインナップで再始動

　そんな中での彼らのリリースを追って行けば、1998 年 3 月に 5th フルとなる『Grind Bastard』がリリース。この頃は Death に帯同したツアーから Chuck Schuldiner と懇意な関係となっており、当作品にも Judas Priest や、Twisted Sister のカヴァー等が収録された。その後、Bolt Thrower に加入するため Dave Ingram(Vo) が脱退するが、後任に Anaal Nathrakh の前身となった Dethroned に参加していた Dave Hunt が加入。そのラインナップで、Nuclear Blast の小規模なツアーや各国のフェスを廻った後、2001 年に Pungent Stench とのSplit、同年 10 月に 6th フル『Organised Chaos』をリリースする。この作品は翌 2002 年の Bolt Thrower、Fleshcrawl、Disbelief とのヨーロッパ・ツアーを敢行した。

　そして少し期間が空き、2008 年には 7th フルとなる『Killing Music』をリリース。その後、Neil Hutton(Dr) が脱退したが、ex-Atrocity/ex-Dimmu Borgir 等の Nicholas Barker や、ex-Suffer /Deströyer 666 等の Perra Karlsson のサポート受けながら現在も活動。2019 年には、ex-White Wizzard の Giovanni Durst が正式加入した。同時期に Dave Hunt(Vo) が、Anaal Nathrakh での活動と両立が難しくなったことで脱退し、Dave Ingram が復帰した。

　近年は、Frank Healy(Ba) が、Bolt Thrower の Karl Willetts(Vo) 等と共に Memoriam なるバンドを結成し活動。コンスタントにリリースを重ねており、そちらにも注目が集まる。

● Nuclear Blast
　1990

Benediction
Subconscious Terror

1989 年デモ『The Dreams You Dread』を機に Nuclear Blast とレーベル契約を交わし、1989 〜 1990 年 1 月にかけて地元バーミンガムの Soundcheck Studios で、Mick Harris プロデュースの元レコーディング。Nuclear Blast のオムニバス『Death is Just the Beginning』への参加に次ぐ、Pungent Stench との Split を発表後、1990 年 9 月に発表された 1st フル。発表後に Napalm Death へと向かった Mark "Barney" Greenway、唯一の参加作である。Bolt Thrower や Cancer 等と同様の、最も早い段階の純然たる UK デスメタルが轟き渡る。お国柄のクラスト / ハードコアな要素と強く共鳴するディストーションが、濃厚な退廃感で覆われ、やや Autopsy 系のサウンドとも共通している。

Western Europe　7

Nuclear Blast
1991

Benediction
The Grand Leveller

Mark "Barney" Greenway(Vo) 脱退後、新たに Dave Ingram を迎えたラインナップで前作『The Dreams You Dread』リリースに伴うヨーロッパ・ツアー後、1991 年 3 月にバーミンガムの Silverbirch Studios を訪れ、Cerebral Fix や Cathedral 等のバンドを手掛ける Paul Johnson プロデュースの元レコーディング、同年 10 月に発表された 2nd フル。Dave Ingram の歌唱は、喉を押し潰したかの原初的でいて人間とは思えないような感覚を与える。バッキングの動向もシンプルなドゥーム・デスメタル・スタイルとなっていた前作から、練られたライティングを感じさせる躍動的作風となった。初期 Cannibal Corpse に Asphyx の重みを融合させたような妙技がアルバム全体を覆い尽くし、聴く者全てを奈落の底に突き落とす名盤。

Nuclear Blast
1992

Benediction
Dark Is the Season [EP]

1992 年 10 月に Nuclear Blast からリリースされた EP。前作発表後に Paul Adams が脱退したため、Darren Brookes(Gt) が Ba を兼任している。前作と比較して、スラッシーな質感が増した楽曲が並ぶ。次作への布石となる、巧みな展開力で聴かせてくれる OSDM のマスターピースだ。タイトルトラックとなる #3 は、David Lynch 監督の 1986 年映画『Blue Velvet』からインスピレーションを受けて制作された楽曲。#5 は 1st フル収録曲のリレコーディング。#4 に Bolt Thrower の Karl Willetts(Vo) がゲスト参加、#2 の Anvil カヴァーには、Mark "Barney" Greenway がゲスト参加。アートワークは、Steve Crisp が担当した。Incubus『Beyond the Unknown』を手掛けた人物である。

Nuclear Blast
1993

Benediction
Transcend the Rubicon

1991 年に Paul Adams(Ba) 脱退後 ex-Sacrilege 等での Frank Healy が加入、Bolt Thrower、Asphyx とのヨーロッパ・ツアー後、同年 10 月に Cadaver『…In Pains』、Vader『The Ultimate Incantation』等を生み出すロンドンの Rhythm Studios にて、Paul Johnson プロデュースの元レコーディングを行い、翌 1993 年 8 月に発表された名盤 3rd フル。ジャケットは Dan Seagrave。初期の陰々滅々たるアンダーグラウンド感は Nuclear Blast の急速な成長から払拭され、メジャー感のある出来栄えだ。Bolt Thrower と双肩するタフな整合性もあるが、その勢い以上に緻密なリフ構成が最後まで聴き手を飽きさせない。後の作品を聴く限りでも彼らのスタイルを確立させた代表作といえる。

Nuclear Blast
1995

Benediction
The Dreams You Dread

『Transcend the Rubicon』リリース後、Atheist、Cemetary 等を帯同したワールド・ツアーを敢行し、世界的なデスメタル・バンドとしての成功を収めた彼ら。過酷なツアー生活に辟易した Paul Brookes(Dr) が脱退してしまったが、代わりに当時 18 歳だった Neil Hutton が加入した。本作は、翌 1995 年 2 月に Rhythm Studios を訪れレコーディング、同年 8 月に発表された 4th フルである。前作の路線を踏襲したミッドテンポ主体の進行で、クランチ感の乗ったリフや、タフなグロウ等といった、様々な Benediction 流の手法が活きている。新加入の Neil Hutton によるドラミングも小技が効いており、巧い。長いツアー生活を経た彼らによる、至極の重戦車デスメタル作品となった。

Nuclear Blast
1998

Benediction
Grind Bastard

同年にDeathの最終作『The Sound of Perseverance』を筆頭に、Nileの1stフル『Amongst the Catacombs of Nephren-Ka』が生まれ、Gorgutsの方向転換作『Obscura』等が狂気を落とし込んでおり、時流的に昔ながらのデスメタル・サウンドはおおよそ駆逐されていた。そんな中、このBenedictionによる1998年3月発表の5thフル『Grind Bastard』は、今までの作風に当時レーベルメイトとなったDeathのツアーに帯同した経験からChuck Schuldinerと懇意となった関係が影響している。オーセンティックなヘヴィメタルの素養や、同時期のEntombedやGorefestかの如きデス・エン・ロール色の色濃い作風となった。Judas PriestとTwisted Sisterのカヴァーがチャーミングだ。

Nuclear Blast
2001

Benediction
Organised Chaos

2001年10月に発表されたBenedictionの6thフル。『Grind Bastard』リリース後、Dave Ingram(Vo)がBolt Throwerに向かい、後任にAnaal Nathrakhの前身バンドとして知られるDethronedに参加していたDave Huntが、そこでの活動と並行して加入。氏はバンドの世界観を尊重しデス・メタリックなグロウルを一貫して聴かせながらも、ねっとりと絶妙に発音を残す息遣いや語りかけるような間の取り方などは、今までになかった要素となり、より多彩なアプローチを可能にしている。A.Gtを用いた展開の導入や、クラスト/ハードコア要素を感じさせるグルーヴの復活など、従来あったミッドテンポ主体の作風に求心力を持たせており素晴らしい。当時ブラックメタル界隈でも少し流行った裸婦系のジャケット、これはNecrolordによるもの。

Nuclear Blast
2008

Benediction
Killing Music

2008年8月に発表された7thフル。Mick Kenneyプロデュースの元、バーミンガムのRobannas Studiosでレコーディング、Anaal Nathrakh等の作品で馴染み深い氏のNecrodeath StudioにてマスタリングがMasteringが施された。Anaal Nathrakhに寄ったような無機質な音質と、禍々しいヴォーカル・ワークが支配的で、デスメタル有史以前の音を遡及するダーククラスト/グラインドコア/ハードコア寄りの作風ともなった。ボーナストラックに収録したBroken BonesとAmebixのカヴァーでは、Kelly Shaefer(Atheist)、Karl Willetts(ex-Bolt Thrower)、Colin "Jock" Blyth(GBH)、Markus Staiger(Nuclear Blastオーナー)等がゲスト参加している。

Nuclear Blast
2017 UK

Memoriam
For the Fallen

2016年始動したMemoriamは、亡きBolt ThrowerのMartin "Kiddie" Kearns(Dr)へ捧げるプロジェクト。メンバーは、ex-Bolt ThrowerのKarl Willetts(Vo)とAndrew Whale(Dr)、当時BenedictionやSacrilege等でのFrank Healy(Ba)、ex-Cerebral FixでBenedictionのライヴ・サポートとしても関わるScott Fairfax(Gt)の4人。本作は1stフル。モダンな音質のボルトスロウィング・スタイルに重苦しさが充満しているが、どこかレクイエム的な叙情性を感じさせるサウンド。#8でSacrilegeのLynda女史(Vo)がゲスト参加。ジャケットはDan Seagrave。エンジニアに、Hellbastardの近年作等を手掛けるAjeet Gillを起用。本作発表後も、コンスタントにリリースを重ねている。

Western Europe 9

ボードゲーム由来の名前でミドルテンポ重厚サウンドで突き進む

Bolt Thrower

出身地 イングランド・コヴェントリー
活動年 1986 ～ 2016

卓上戦略ゲーム Warhammer Fantasy Battles の武器名前をバンド名に

　イギリス・イングランドのウェスト・ミッドランズ州バーミンガムから東南東へ約 35km、車ないしは電車で約 30 分、静謐な大聖堂が街をお淑やかに包み込み、自動車産業が盛んな 1986 年のコヴェントリー。この Bolt Thrower はそこで、Gt の Barry Thomson と Ba の Gavin Ward により結成された。バンド名は、Warhammer Fantasy Battles の武器名から拝借した。世界的人気を誇る卓上戦略ゲームである。日本では東京の神保町に、「ウォーハンマーストア神保町店」という専門店がある。また日本では 1990 年代のデスメタルの最盛期に国内盤をいくつかリリースしたことさえあるものの来日経験はなく、人気度では Morbid Angel、Cannibal Corpse、Obituary など他の大御所に比べては、やや浮いた存在となったバンドだが、欧州では超級絶大な人気を誇っていた。多くの後続に影響を与えたのはもちろん、スカンジナビア地方でも Dan Swanö や Demilich 等、ほとんど突然変異的に生まれたとさえ思える一風変わった人物/バンドにも影響を及ぼしている。近年は、Insect Warfare のメンバーによる War Master を始め、Stormcrow や Trenchgrinder 等の、ハードコア/デスメタル界隈での再評価が多い。重要なバンドである。

　Bolt Thrower の歴史を追っていくと、結成後に彼らは、Vo として Alan West、Dr として Andrew Whale を迎え、最初のラインナップを完成させた。そして当時 Sacrilege、Discharge、Slayer、Candlemass 等のバンドから影響を受けていた 4 人は、リハーサル音源『Rehearsal』を制作。翌 1987 年に、『In Battle There is No Law』デモと『Concession of Pain』デモを録音した。後者の楽曲は、偉大なる UK ラジオ DJ、John Peel の手にも渡った。その後、Gavin Ward は Gt に転向。新たに 5 人でのラインナップを完成させるため、Ba として Jo Bench 女史を迎えた。諸説はあるが、この時点で彼女は「エクストリームメタル・バンドに在籍するはじめての女性」とも謂われる存在となった。1988 年の初め、Bolt Thrower は Napalm Death、Extreme Noise Terror 等に続き、Strange Fruit Records から『The Peel Sessions』という伝統的なラジオ放送用音源を録音。その音源が放送/リリースされた後、当時軌道に乗り始めていたロンドンのレコード・レーベル Vinyl Solution は、バンドに連絡を取り、契約が合意されることとなった。その後、残念ながら、Alan West(Vo) が脱退。新たに Karl Willetts を迎え、イギリス・ウェー

Bolt Thrower (2005)

ルズの Loco Studios にて、1st フル『In Battle There Is No Law!』のレコーディングを行い、1988 年の 6 月にリリースした。

　彼らはイギリスを中心に絶え間なくギグを行い、Napalm Death や Carcass 等と同じように世界的なバンドとしての活動にシフトするため、Earache Records と、Warhammer Fantasy Battles の出版元であるゲーム会社 Games Workshop の両方に連絡を取った。どちらからも明るい返事を得た彼らは、1989 年 Sisters of Percy からリアルな UK クラスト / ハードコア文脈で最後の活動となった、4way split『Polka Slam / Crisis Point』をリリース。4 月には、再び Loco Studios を訪れ、2nd フル用にレコーディングを開始。イースト・ライディング・オブ・ヨークシャーのドリフフィールドにある Slaughterhouse にて、Colin Richardson により、ミキシングが施された。出来上がった音源に、Games Workshop が手掛けたジャケット・アートとライナーが挿入され、同年 10 月、長きに渡り彼らのイメージを決定づける 2nd フル『Realm of Chaos』がリリースされた。その後、彼らは Earache Records の尽力により、後に『The Peel Sessions 1988-90』として 1991 年にリリースされる 2 つの Peel Sessions 音源をレコーディングした。次いで 1990 年代初頭に Autopsy、Pestilence、Morgoth とのヨーロッパ・ツアーを敢行し、世界を股に掛けるライヴ・バンドの一つとして名を上げた。

　その後、1990 年の 9 月から 1991 年の初めにかけて、再び Slaughterhouse Studios にて Colin Richardson を今度はプロデューサーに迎え、シングル EP『Cenotaph』と 3rd フル『War Master』を制作。EP『Cenotaph』は 1991 年 1 月に、3rd フル『War Master』は同年 2 月にリリースされ、その後の Nocturnus、Unleashed とのヨーロッパ・ツアーと、Believer、Sacrifice との US ツアーを成功に収めた。ツアー後、10 月に前述の『The Peel Sessions 1988-90』がリリースされ、その後、1992 年 8 月にコーンウォール州の Sawmills Studio で 4th フル『IVth Crusade』をレコーディングし 10 月にリリース。同年に Benediction、Asphyx とのヨーロッパ・ツアーを敢行し、12 月にシングル『Spearhead』をリリース。翌 1993 年に Vader、Grave とのヨーロッパ・ツアー、Armoured Angel や Misery 等とのオーストラリア・ツアーを行い、その作品たちを大々的に宣伝。ツアー後、Sawmills Studio を再び訪れた彼らは、5th フル『...for Victory』のレコーディングを行い、Benediction との US ツアーに繰り出したが、その後バンド内での不和が生じ、Andrew Whale(Dr) と Karl Willetts(Vo) は脱退してしまうことになる。バンドの意向でレコーディングした音源『...for Victory』は翌 1994 年の 11 月にリリースされ、その後、Dr として Martin Kearns、Vo として ex-Pestilence/ex-Asphyx の Martin Van Drunen を迎える。この特別なラインナップは、1995 年に Cemetary と Brutality とのヨーロッパ・ツアーに続き、翌 1996 年には Sentenced、Power of Expression、Varukers とのヨーロッパ・ツアーを敢行している。

Earache から離れ、メンバーも次から次へと脱退

次の数年、バンドにとっては辛い期間となった。所属していた Earache Records との関係が終了し、Metal Blade Records へ移籍、ひいては Martin Kearns(Dr) と Martin van Drunen(Vo) が脱退。しかしながら Metal Blade Records 側の意向で新作を要求され、バンドは Dr に Alex Thomas、Vo に再び Karl Willetts を迎えて、イングランド・リンカンにある Chapel Studios に入り、1997 年暮れから 1998 年初頭にかけ、6th フルとなる『Mercenary』をレコーディング。Earache Records で最後のリリースとなった音源集『Who Dares Wins』を、9 月にリリース後、11 月に 6th フル『Mercenary』はリリースされた。ここで問題が生じ、Karl Willetts は一身上の都合からツアーにもう挑戦することができなくなってしまったため、同時期に Benediction を脱退していた Dave Ingram を後任に迎えた。この作品は、世界中で大いに受け入れられ、特にドイツのアルバムチャート入りするなど異例の好セールスを記録した。そして Crowbar, Totenmond とのヨーロッパ・ツアーに続く。その後、Dr の Alex Thomas が脱退し、再び Martin Kearns が加入した。

2001 年 1 月、バンドは Fleshcrawl と共に、オランダとドイツで 2, 3 日にわたるミニ・ツアーを行う。当時メディアから干され気味であったオールドスクールなデスメタルの時流がありながらも、最高のライヴ・アクトの一つであることを再認識させた。このツアーの反応にインスパイアされ、彼らの 7th フル『Honour - Valour - Pride』をレコーディングするため、6～7 月にかけて彼らの地元コヴェントリーにある、Sable Rose Studio に向った。同作は 11 月にリリースされ、再びファンと制作側の両方から高く評価された。翌 2002 年に Benediction とのヨーロッパ・ツアーを敢行。

その年、Dave Ingram が子供を授かった。バンドが 8th フルの素材を書き始めたとき、同氏はバンドにとって満足な活動を行うことが出来ずに脱退の意向を示した。残りのメンバーはジレンマに陥ったが、元メンバーの Karl Willetts に再び連絡を取ったところ、即座にバンドへ再び参加することを同意。氏は『Honor, Valor, Pride』のデモ版でボーカルをリレコーディングし、その健在振りを皆で確かめ合った。そして新たに 2005 年の 5 月から 9 月にかけて Sable Rose Studios にてレコーディングを行い、同年 11 月に 8th フル『Those Once Loyal』がリリースされた。同作は世界各地で高評価を得ることとなり、ここ日本でも『ヘドバン』で「未来のエクストリームメタル」の一つに挙げられている。

作品に納得行かず、リリース中止。そしてドラマー Martin Kearns の死

そして時は 2006 年、初めは、Malevolent Creation、Nightrage、Necrophagist、次いで God Dethroned、Kataklysm 他との 2 度のヨーロッパ・ツアーに続いた。その後、2008 年 6 月彼らは、9th フルである『Postponed Indefinitely』を計画したが、満足のいくものに仕上がらず中止した。彼らの声明では、それが少なくとも前作と同等であると確信していない限り、彼らは作品をリリースしないと述べ、この代物は無期限に延期されることとなった。

彼らはその後、2015 年に Martin Kearns(Dr) の予期しない死に至るまで、2010 年の Rotting Christ、Benediction 等と共に回ったヨーロッパ・ツアー、2012 年 UK での Autopsy、Discharge、Benediction 等が参加した「Boltfest」、2013 年の Benediction、Autopsy との US ツアー、2014 年の Morgoth、Soulburn、Incantation、Vallenfyre とのヨーロッパ・ツアー、他にも数々のワン・オフ・ショーを続けた。そして Martin Kearns の死から 1 年後を迎えることとなった Bolt Thrower のメンバー達は、2016 年 9 月 14 日、バンドのオフィシャルサイトにて、感動的な情念の込められた文面で、Martin Kearns は、未来永劫 Bolt Thrower の Dr として存在し、生あるバンドはもう存在しないと発表した。

現在は、Karl Willetts が、Benediction の Frank Healy などと共に新たに結成した、Memoriam なるバンドの一員として活動を続けている。

Bolt Thrower
The Peel Sessions [EP]

1987 年の『Concession of Pain』デモが偉大な UK ラジオ DJ である John Peel の手に渡り、今回の音源が実現。1988 年初頭に極限的な姿勢を持っていたバンドとしては、Napalm Death, Extreme Noise Terror 等に続き、Carcass よりも少しだけ早く Strange Fruit Records からの The Peel Sessions を発表した。このスリリングな流れにある当時の苛烈を極めるアンダーグラウンド・シーンを明瞭に映し出したサウンド。Gavin Ward(Gt)、Barry Thomson(Gt)、Jo Bench 女史 (Ba)、Andrew Whale(Dr)、Alan West(Vo) から成る 5 人組として紹介された彼らは、Sacrilege、Discharge、Slayer、Candlemass 等のバンドから影響を受けていた。

● Strange Fruit

1988

Vinyl Solution
1988

Bolt Thrower
In Battle There is No Law!

1988 年『The Peel Sessions』の放送を聴いていた Vinyl Solution とレーベル契約後に発表された 1st フル。前作から Alan West(Vo) は脱退し、新たに Karl Willetts を迎えた編成で、イギリス・ウェールズの Loco Studios にてレコーディングを行い、ロンドンの Clockwork にてミキシングが施された。もし彼らが初めから Earache Records と契約していたなら、少しだけ歴史は変わっていたかもしれない。しかし、このメタル・クラスト／メタルコア〜グラインド／デスメタルの渾然とした音像は、純然たる UK アンダーグラウンドの異形としてこその魅力がある。後の象徴的な戦闘潮流ではない、革ジャン・ジーンズと西洋甲冑と死と暴虐とが猥雑に絡み合った一見不思議なジャケットが、その異形の何たるかを物語っているようだ。

Earache Records
1989

Bolt Thrower
Realm of Chaos: Slaves to Darkness

1989 年、各地でギグを行いイギリス全土で知名度を上げた彼らは、Earache Records と契約。続いてその武器からバンド名を採った Warhammer Fantasy Battles の出版元であるゲーム配給会社 Games Workshop とコンタクトを取る。そして Sisters of Percy から純クラスト文脈で最後の活動となった 4way split を発表後、4 月に再び Loco Studios を訪れ、レコーディング。ドリフィールドにある Slaughterhouse にて、Colin Richardson によりリミキシングが施された音源に、同ゲーム会社により作品が彩られ、10 月に発表された 2nd フル。1st フルのコアな攻撃性を仄かに生かしながらも、時局を握るように極めてデス・メタリックな音質へと向かったことで、その戦争のメタファーと共にある彼らのイメージを決定づけた名盤だ。

Earache Records
1991

Bolt Thrower
War Master

1990 年の Autopsy、Pestilence、Morgoth とのヨーロッパ・ツアー後、1990 年秋から 1991 年の初めにかけ、再び Slaughterhouse Studios を訪れ、Colin Richardson を今度はプロデューサーに迎え、レコーディング。先行 EP『Cenotaph』を経て、1991 年 2 月に発表された 3rd フル。ツアーを機にオーヴァー・グラウンドな世界でのデスメタルの多様性を飲み込み、やや原初的な印象の在ったスネアの連打による猪突猛進型のデスメタルからの先鋭化を図った。ミドル・テンポ主体の作風は特筆すべきで、重厚さを得た音は洗練され緊張感があり、ヒシヒシと戦闘の凄惨さが伝わってくる。その後、War Master というバンドが複数登場するが、いずれも本作からその名前を採っている。彼らの音楽スタイルを確立させ、後続へ多大なる影響を及ぼした名盤である。

Earache Records
1992

Bolt Thrower
The IVth Crusade

『War Master』リリース後、Nocturnus、Unleashed とのヨーロッパ・ツアーと、Believer、Sacrifice との初の US ツアーを行い、破竹の勢いで当時のデスメタル界隈をのし上がった彼ら。本作は、1992 年 8 月にコーンウォール州の Sawmills Studio で再び Colin Richardson プロデュースの元制作。同年 10 月に発表された名盤 4th フル。前作のミドル・テンポを主体とした重厚感のある作風を踏襲しながら、この頃は既にオールドスクールなデスメタルとしてやや異質な趣きの音像への変遷を見せており、作品全体に叙情的なムードが漂う。ジャケットはフランスの 19 世紀ロマン主義を代表するドラクロワ画伯による「Entry of the Crusaders into Constantinople」が用いられた。

Western Europe 13

Earache Records
1994

Bolt Thrower
...for Victory

1992 年〜 1993 年にかけてのAsphyx、Benediction、Grave、Vader 等とのヨーロッパ・ツアーや、Armoured Angel とのオーストラリア・ツアー等多忙を極め、再びSawmills Studio にて制作。Benediction とのUS ツアーからAndy Whale(Dr) とKarl Willetts(Vo) が脱退し、1994 年 11 月に発表された5th フル。共同制作者Colin Richardson が前年に制作していた、Carcass『Heartwork』のヒットを意識したかの様に、より躍動的なグルーヴ感を感じさせるドラミングや、エピックと呼べた前作の音感覚よりも明瞭な叙情性を帯びたGt ワーク等で、よりキャッチに聴き手を誘う。前作以降の特質となったメロディック・デスとも趣を異にするサウンドは、Heaven Shall Burn や欧州のニュースクール勢にも影響を与えている。

Metal Blade Records
1998

Bolt Thrower
Mercenary

前作制作後に Karl Willetts(Vo) と Andrew Whale(Dr) が脱退、Vo に ex-Pestilence/ex-Asphyx の Martin Van Drunen、Dr に Martin Kearns を迎え幾つかのツアーの後、Earache Records から Metal Blade Records へ移籍。その後再び両氏が脱退し、再び Karl Willetts を Vo に Alex Thomas を Dr にとラインナップを揃え、1997 年暮れイングランド・リンカンにある Chapel Studios にて制作され、1998 年 11 月に発表された 6th フル。端的にいうと質実な作品。前作と同路線の、メンバーの変動やレーベルの移籍をものともしない Bolt Thrower という存在が映し出された。苦境を乗り越えた Bolt Thrower の本質的なサウンドと理解した上で、聴きたい作品である。

Metal Blade Records
2001

Bolt Thrower
Honour - Valour - Pride

『Mercenary』発表後、Karl Willetts(Vo) が脱退、後任として同時期に Benediction を脱退した Dave Ingram を迎え、Crowbar、Totenmond とのヨーロッパ・ツアー後、今度は Alex Thomas(Dr) が脱退。そこで 1994 〜 1997 年に掛けてツアーを共した Martin Kearns が復帰。2001 年に Fleshcrawl とのミニ・ツアーを敢行し、そこでの反応に感銘を受け、6 〜 7 月にかけ地元コヴェントリーの Sable Rose Studio にて制作、同年 11 月に発表された 7th フル。1990 年代中後期から 2000 年代に掛けては、様々な後続の商業的成功からシーンの更なる先鋭化が進むが、闘将の姿勢は見事。Dave Ingram のグロウルも、Martin Kearns のドラミングも、安定した Bolt Thrower 像を貫徹するものだ。

Metal Blade Records
2005

Bolt Thrower
Those Once Loyal

2002 年、本作の制作を開始した段階で、子供を授かり家庭を持っていた Dave Ingram(Vo) は脱退。Karl Willetts が復帰し、2005 年の 5 月から 9 月にかけ再び Sable Rose Studios にてレコーディング。同年 11 月に発表された 8th フル。本作発表後の海外ウェブジン Get Ready to ROCK! でのインタビューにおいて、バンドの要である Baz Thomson(Gt) 自らが「毎作同じようなことをやっている」ことを認めるのは、AC/DC 等と同じように第一線で活躍するライヴ・バンドとしての自負があるからこその心構え。そんな中でも慣れ親しんだ Vo の復活は熟練の様相を見せており、ミッドテンポ主体ながら小気味の良いアタック感を有するドラミングや、高い推進力に適度なメロディを絡めるリフ・ワークと共に、より柔軟でまとまりのある整合性を生み出した名盤である。

14　Old School Death Metal Guidebook

Anathema
The Crestfallen [EP]

Peaceville Records からのデビューとなった 1992 年 1stEP。モダンプログレの方面に向かい、大きな成功を収めた近年は、恐らく誰も回帰を望んでいないであろう Anathema の原点。メランコリックで麗らかなディストーションの旋律が揺蕩う、陰性のデス／ドゥームメタル作品だ。My Dying Bride とも並ぶゴシックメタルのオリジネイターの面目躍如としての Goth な趣向はすでに持ち合わせていたものの、初期に他バンドのカヴァーをしなかった事実が、独創性とローテクさをより一層際立たせる。デスメタルをより遅くした陰鬱な牢のような音の中、効果的に作用する気鬱な女性 Vo の歌唱や、黒い安息日からの様式を取り込んだ退廃的な方法論は、今でも通用するものだと思う。それは、ポジティブ・パンクや UK ニューウェーブからの影響を昇華した Paradise Lost とは異なる、独自的なアプローチの妙ともいえる。

🏷 Peaceville Records
📅 1992　👤 UK

Cancer
To the Gory End

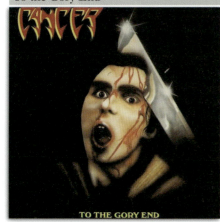

1990 年代初頭における初期デスメタル市場を賑わせた Cancer は、1987 年 に John Walker(Gt, Vo)、Ian Buchanan(Ba)、Carl Stokes(Dr) のラインナップでイングランドから登場。ハードコア／クロスオーバーをルーツに Napalm Death や Carcass とのギグや、Hellhammer、Death、Repulsion 等のテープを通じて自己のサウンドを創り出した。本作は、UK の Vinyl Solution や US の Restless Records 等からリリースされた 1st フル。地元の Loco Studios にてレコーディングし、US フロリダの Morrisound Recording にて Scott Burns によるミキシング／プロデュース、ロンドンの最大手である The Exchange のマスタリングが施された。激烈な低音のチューニングを用いながらも、カミソリやギロチン等を思わせるスラッシュメタル特有の殺傷性を残したリフ、怪物が不気味に語りかけるようなグロウルに、初期 Death 直系のグルームをこめた展開力が渦巻く。シーン絶頂期の幕開けを予感させた名作の一つである。#9 にて Obituary の John Tardy(Vo) がゲスト参加。映画『Dawn of the Dead』(邦題：ゾンビ) をパロッたジャケットだが、ドイツの Flametrader 盤は検閲版のアートワークに差し替えられている。翌年に発表された 2nd フル『Death Shall Rise』には、James Murphy(Gt) や Glen Benton(Vo) がゲスト参加。こちらも名作として誉れ高い。その後も歴史を彩る（& 物議を醸した）作品を立て続けに発表していったが、1996 年に解散。その後、2003 年から 2006 年、2013 年〜の再結成期間を過ごしている。

🏷 Vinyl Solution
📅 1990　👤 UK

Cradle of Filth
Total Fucking Darkness [Remastered CD]

サフォーク州イプスウィッチにて 1991 年に結成。イギリスの吸血鬼 Dani Filth(Vo) 率いるシンフォニック・ブラックメタル・バンド。Cradle of Filth の、Mordgrimm からリリースされたリマスター初期音源集。同タイトルの 1993 年デモに 1992 年のリハーサル音源を追加収録。元となった音源は Malediction との Split で Massacre(US) のカヴァーを演奏していたりの、UK デスメタル・シーンに属していた時期の作品だ。音楽的にはミッドテンポ主体のオドロオドロしいデスメタルの進行に、同時代の Anathema 等とも共鳴するペースを含んだ、Benjamin Ryan の Key アプローチを織り交ぜた代物。その活動における、Goth なムードの萌芽が感じられるのと同時に、フィジカル面で今となっては貴重な Dani による低音のグロウルを聴くことが出来る。

🏷 Mordgrimm
📅 2014　👤 UK

Western Europe　15

Unisound Records
1995　UK

Dark Heresy
Abstract Principles Taken to Their Logical Extremes

1989 年から 1996 年まで活動していたロンドン出身のアヴァンギャルド・デスメタル。Dark Heresy による唯一フル作。ギリシャは Unisound Records からのリリースで、当時 M.P.I. シリーズの国内流通盤も配給。激レア・タイトルだ。Arnold(Gt, Key) の奇天烈な趣向を土台に、Kola Krauze(Vo)、Hans Stiles(Ba)、Wooj(Dr) により築かれるサウンド。Carbonized, Disharmonic Orchestra, Dark Millennium 等に比肩する独創性と、デス・エン・ロール / グラインドロック的方法論における、70's 由来の伝統の尊重にも通じるような逆説的な先進性が融合したものだ。その不可思議な音の連なりは退廃的なムードを醸し出し、題材となるゲルマン異教思想とも交じり合う。2019 年に Svart Records からリマスター再発。

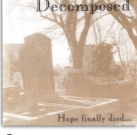

Candlelight Records
1993　UK

Decomposed
Hope Finally Died...

Electric Wizard の前身である Lord of Putrefaction を脱退した Harry Armstrong(ここでは Vo, Ba) を中心に、ロンドン南部のクロイドンにて 1990 年代に活動。ドゥーム / デスメタル・バンド、Decomposed の唯一フル作。初期の Candlelight Records からリリースされたオリジナル盤はレア。2015 年に同レーベルからリイシュー。Rhythm Studios にて、Paul Johnson プロデュースの元制作。Harry による絶望や悲哀の詩を吐き出すグロウルを始め、ロウエンドなダークネスを醸し出す、ドゥーム・デスメタルの名盤である。高い表現力を誇り、オドロオドロしく冥的な音遣い感覚に、殺傷性の高いスラッジネスとゴシックメタル草創期の陰りが同居している。Tim Spear(Dr) 自身によるアートワーク。

Arctic Serenades
1996　UK

Desecration
Gore & Perversion

この Desecration は、ウェールズのニューポートを拠点として 1993 年に結成。実際のモーティシャンである Ollie Jones(Vo.Gt) が Extreme Noise Terror での活動以前から在籍しているデスメタル・バンドだ。本作は、1st フル。アートワークとゴア / 拷問を題材とした歌詞の不快さから規制され、表向きにはリリースされなかったが、幾つかのコピーがジャケットを黒塗りの検閲版に差し替えられる形で、ノルウェーで短期間運営していた Arctic Serenades からリリース。オリジナル・ジャケットでは、2015 年にコロンビアの Veterans Records から 300 枚限定でリイシューされている。音楽的には、グラインドコアの過激性が含まれるゴアなデスメタルで、Macabre, Mortician, Exhumed 等にも通じる猟奇的な雰囲気に魅せられる。ブルータル・デスメタルとして扱われることも多い。

R.K.T. Records
1991　UK

Desecrator
Subconscious Release

ノッティンガムのデス・メタラーによる 1st フル。1989 年に Steve Ford(Gt) と Mike Ford(Vo, Ba) の兄弟によりスタート。両氏に Lee Hawke(Dr) を加えたラインナップで制作され、R.K.T. Records から LP リリース。2012 年に UK のクロスオーヴァー系レーベル Mosh Tuneage からリイシュー後、多くのライセンス盤が巷を賑わせ、知られざる UK アンダーグラウンドのカルト・クラシックとして注目を浴びた。技巧的なリフ・ワーク等の節々に見られる初期 Death からの強い影響を、UK ハードコア・ルーツのアグレッションで独自に昇華したサウンド。ジャケットは Dan Seagrave。発表後、Consumed へと改名。因みに ex-Cerebral Fix で後に Iron Monkey の主要メンバーとなり、近年はクラスト・デスメタルの Ravens Creed でも活躍する Steve Watson(Gt) が一時期関わっていた。

Peaceville Records
1989　UK

Deviated Instinct
Guttural Breath

1984 年から 1991 までの歴史で、最初期の Peaceville Records と契約。80's UK ハードコア / メタル・クラスト、初期デスメタルの土壌から「ステンチコア」なるジャンルを生み出し、後続に影響を与えた Deviated Instinct。この 2nd フルは、新たに Adam(Dr) を迎えた時期かつ、Hellhammer、Celtic Frost 要素を強めた時期の作品。露悪的ながらも更に憂鬱な雰囲気が漂う。Rob Middleton(Vo, Gt) と Snapa(Ba) 自身によるアートワーク。オリジナル単体では再発されていないが、1990 年の編集盤『Deviated Instinct』等に収録。2006 年の『Welcome to the Orgy』にはリマスター版を収録。本作発表後、Prophecy of Doom、Decadence Within 等との UK ツアーを敢行。2007 年に再結成。

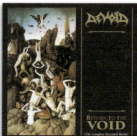

Dark Blasphemies Records
2015　UK

Devoid
Return to the Void (The Complete Recorded Works) [Compilation]

後に Carcass『Swansong』や Blackstar に加入する Carlo Regadas(Gt) が、1987 年から 1990 年代初期まで活動していた、イングランド北西部リヴァプールのデスメタル。Devoid によるディスコグラフィ。初期 KMFDM の作品で知られる地元の Skysaw Records からリリースされた 1991 年の唯一フル作『Blackened Empire』に、1990 年デモ音源と 1992 年プロモ音源を追加。Dark Blasphemies Records からのリリース。初期はブラストビートを強調したアングラでネクロな音楽である。フル作では、同郷の Carcass に代表される Raw な質感と、やや Godflesh 的な無機質な荒廃感漂う、ミッドテンポ主体のデスメタルに変容。後年のプロモ音源では、そこにメロディアスな音遣い感覚も生まれている。

Self-released
1994　UK

Gomorrah
Reflections of Inanimate Matter

イングランド南東部のオックスフォードシャーにて、Necropolis にも在籍した Sven Olafson(Vo) と John Clark(Ba) に、Mike Prior(Gt)、Jose Griffin(Gt)、Fran Robinson(Dr) 等により活動していたバンド。Gomorrah の 1st フル作。オリジナルは自主制作の激レア盤だが、翌年の Black Mark Production リイシュー盤も存在。UK ハードコアの暗黒化と激化によるアーリー 90's のカオスに、Thrash to Death 的時流から汲んだ幽遠なメロディ・ラインが同居したサウンド。このジャンルとしては、高めのチューニングで紡ぎ出されている。バンド名から Sodom の影響を指摘されたり（注：ソドムとゴモラ／旧約聖書の『創世記』19 章に登場）、サウンドから Benediction の全盛期とも比較されたりする作品。

Deaf Records
1992　UK

Impaler
Charnel Deity

1989 年のイングランド・ウォリックシャーにて Carnage として結成。いくつかのデモを制作後、1991 年に Impaler へと改名。UK の Deaf Records や US の Grind Core International からこの唯一フル作を残した。両社の琴線にドストライクであったことが想像に容易い退廃的色彩を映す作品だ。ミッドテンポ主体のオドロオドロしい進行に、ブラスト／スラッシュ・ビートを交え緩急の妙を生み出しながら、病的なハンマーのようなリフと、不気味なメロディが猥らに絡み合う。Asphyx、Autopsy、Grave 等に匹敵する、鈍重でダウナーな暗黒性に満ちたデスメタル。Benediction 等を手掛ける Paul Johnson のプロデュース。Chris Drew(Gt, Ba) はレーベルメイトの Accidental Suicide や Baphomet のジャケットも手掛けた。

● Candlelight Records
📅 1994　👤 UK

Korpse
Pull the Flood

Fluff(Ba, Vo)、Sid(Gt)、Taff(Dr) の3人組で、1989年から1996年まで活動。初期のCandlelight Recordsと契約を交わし、2枚のフル・アルバムを残したバンド。スコットランド北東部アバディーン出身の、Korpseによる1stフル。Autopsy と Voivod から影響を受けた「Progressive Stoner Death Metal」を標榜するサウンド。不協和音スレスレのスケール感と、ストーナーロックのドライヴ感が混在するサイケデリアに、デスメタルの妖気が渦巻く独創的な世界観を形成している。1990年代半ばのEntombed、Grave、Master、Gorefest等にも比類するデス・エン・ロールのフレキシブルな感性の一つともいえる。時折Black Sabbath 直通な先祖返りも見られる力作。2012年に再結成し、現在も活動中。

● Rise Above Records
📅 2006　👤 UK

Lord of Putrefaction
Pre-Electric Wizard 1989-1994 [Compilation]

南西イングランドを拠点とするUKドゥームメタル、Electric Wizardの前身に当たる3バンド、Lord of Putrefaction(1989～91年)、Thy Grief Eternal(1991～92年)、Eternal(1992～93年)時代の音源を収録した編集盤。Rise Above Recordsからのリリース。本書界隈では#5以降の1992年『...on Blackened Wings』デモ、現RamessesのAdam RichardsonがGt, Voで参加した1991年『Wings Over a Black Funeral』デモ等々、享楽性が出始めるEternal以前の音源に焦点が当たる。極初期はピュアなドゥーム・デスで、ゴアなグロウルに、愁気と荒廃感が漂う。原初的なので、少し視点を変えれば、EyehategodやGrief文脈の激重圧殺スラッジとも捉えられる。

● Dark Blasphemies Records
📅 2016　👤 UK

Malediction
Chronology of Distortion [Compilation]

ベルギーのHiatusやUSのDystopia等とのSplitでも知られるスラッジ/クラストコアEmbittered の、Mark Fox(Ba, Vo)とShaun Stephenson(Vo)が在籍。1989年～1996年にかけてThrash Records、M.B.R. Records、Psychoslaughter RecordsからのEPやCradle of FilthとのSplit等を残したバンド。ノース・ヨークシャーはミドルズブラ出身のMaledictionによる、Dark Blasphemies Recordsからリリースされた音源集。メタル・クラスト的土着性を孕んだ露醜的なデス/グラインドを展開。オフィシャルの声明では、Celtic Frost、Repulsion、Nihilist、Terrorizer等からの影響について触れている。2000年代初頭、2015年～再結成。

● Vinyl Solution
📅 1993　👤 UK

Monolith
Tales of the Macabre

1990年イングランドはイースト・ミッドランズのダービーシャーにてCatalepsyとしてスタート。翌年にMonolithに改名し、1990年代初頭を活動した。改名後に加入したNick Matthews(Vo)と、オリジナルメンバーで、Mark Maddison(Gt)、Colin Box(Gt)、Carl Brown(Ba)、Cradle of Filth、Dimmu Borgir、Lock Up、Brujeria(時代順)等での活動で著名なNicholas Barker(Dr)が在籍。本作は、Cacophonous Recordsからのシングルを経て、Vinyl Solutionからの唯一フル作。この世にテストプレスしか存在しない、最も希少なオールドスクール作品の一つ。Monstrosityが引き合いに出される、フロリダ直系のデス/スラッシュメタル。

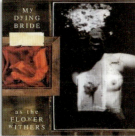

My Dying Bride
As the Flower Withers

Andrew Craighan(Gt) と Rick Miah(Dr) が在籍した UK デスメタル、Abiosis での活動から発展し、1990 年にイングランド北部ハリファクスで結成。Peaceville Records と契約を交わし、Paradise Lost、Anathema と共にゴシックメタルのパイオニアとして人気を博すレジェンド、My Dying Bride の 1st フル。ミッドテンポでの進行の中で、Key と Vio による物悲しいメロディと、陰鬱なデスメタルとが融合。仄かに実験的な感覚も漂いつつ、美醜の対比とそのペーソスとが猥雑に絡み合い、混沌とした Goth を紡ぎ出す作品である。孤高の道を歩み続ける Aaron Stainthorpe(Vo) がデス・ヴォイスを聴かせる、唯一のフル・アルバムとしても知られる。ジャケットは自国のイラストレーター、Dave McKean によるもの。

🎵 Peaceville Records
📅 1992　　🌐 UK

Napalm Death
Harmony Corruption

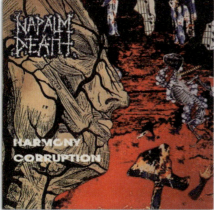

グラインドコアの帝王 Napalm Death の 3rd フル。前 1989 年 EP『Mentally Murdered』の発表後、Bill Steer と Lee Dorrian が脱退、それぞれの道に進む (Carcass/Cathedral) ため、ラインナップを大幅に変更。Shane Embury(Ba)、Mick Harris(Dr) に加え、ex-Benediction の Mark "Barney" Greenway(Vo)、ex-Terrorizer の Jesse Pintado(Gt)、ex-Righteous Pigs で ex-Defecation の Mitch Harris(Gt,Vo) と、デス/グラインドコア人脈で構成されている。#5 には Deicide の Glen Benton と Obituary の John Tardy がゲスト Vo として参加。Scott Burns プロデュースの元、Morrisound Recording で制作された、デスメタル作品として有名である。Earache Records の流通を飛び越え、Combat Records からも配給されたため、より広域の US 圏で Napalm Death の名が知られることになった。全 28 曲を約 33 分に詰め込んだ従来の作風から、全 10 曲で 40 分近いタイムランの作風へと移行。今までの暴虐性が煮詰められたグラインドコア・サウンドが、急激に重くなり、練られたデスメタルのライティングに落とし込まれた結果、極限のスピードに絶妙な緩急が生まれている。当時は賛否両論を招いたが、音楽的な面だけで鑑みると、彼らの最高傑作といって過言ではない名作である。今作を最後に Mick Harris は脱退し、Scorn や Lull 等のインダストリアル/アンビエント・プロジェクトで音楽活動を続ける。

🎵 Earache Records
📅 1990　　🌐 UK

Necropolis
The End of the Line

1990 年代後期のロンドンにて短期間活動。Gomorrah の Sven Olafson(Vo) に、Keith More(Gt)、Tank、ex-Atom God、ex-Warfare 等での Algy Ward(ここでは Ba)、ex-Atom God の Judge Trev Thoms(Gt) と Billy Liesegang(Gt) という NWOBHM/正統派人脈からなるバンド。Necropolis の Neat Records/Neat Metal からリリースされた唯一作。Motörhead の Fast Eddie Clarke(Gt) ほか多くのギタリストがゲストクレジット。デス・エン・ロール的なマージナルな作品で、湿り気のあるアーリー 80's 準拠のアグレッシヴな正統派系のバッキングに、Sven のグロウルが絡む。日本盤もリリース。帯タタキには『『プログレッシヴ・ダーク・メタル』!!』とある。

🎵 Neat Records / Neat Metal
📅 1997　　🌐 UK

Western Europe　19

Necrosanct
Incarnate

イングランド南東部の海浜リゾート地、ブライトンにて1989年から1993年まで活動。3枚のフル・アルバムを残したバンド。Necrosanctによる、MetalworksからBlack Mark Productionへの移籍作となった2ndフル。2013年にAbhorrent Productionsという自主レーベルからリイシュー。UKのWarhammer、ホラー映画、H.P.Lovecraft文学等の、ダークな影響を取り入れた、デス／グラインドコア・バンドとして活動。レーベルの移籍後は多くのツアーを行い、Edge of Sanity、Cemetary、Unleashedといったバンドと共演し、欧州で成功を収めた。この出世作のサウンドは、ブラストにトレモロを絡めたイーヴル・マッドなデスメタルだ。UK産らしからぬ悪魔的な過激さを以て、多くのリスナーを魅了した名作である。

Black Mark Production
1992   UK

Nightmare Visions
Suffering from Echoes

1983年のグレーター・マンチェスター州は、ウィガンという町（イングランド北部）を出自としたNightmare Visions。ex-Metal DuckのAndy Barnard(Gt, Vo)等を中心に活動し、3枚のフル・アルバムと1作のEPを制作。点々とした活動期間ながら2009年にはリユニオン・ツアーを敢行している。本作は、My Dying BrideやAnathema等の名作を手掛けたMagsによるプロデュース／エンジニアリングを受け、ノルウェーのHead Not Foundからリリースされた1stフル。Bolt Thrower系列の重厚なデスメタル世界に、ペーソスを効かせた作風は、ある種CemetaryやTiamat等と共通している。国勢を鑑みると、当時のモダニズムに迎合するものでもあり、ゴシックロック影響下の陰気な進行とメロディが、本場の空気感にまた艶なりだ。

Head Not Found
1994   UK

Onslaught
Power from Hell

ブリストルで1982年に結成。1991年に一度解散。2004年に再結成し、活動中。UKハードコア／パンクをルーツとした、スラッシュ・メタラーの1stフル。決してデスメタル・サウンドを轟かせることにはならないが、本作の6曲目には「Death Metal」なる楽曲を収録している。Possessedの1985年1stフル『Seven Churches』収録の「Death Metal」と同年の楽曲。遡る彼らの1984年デモ『Death Metal』の「Death Metal」を含めれば、世界で2番目の「Death Metal」となった件の楽曲。「デスメタルには力がある。稲妻の雷鳴が響く。刀剣が体内の核を引き裂く」一部分だが、こういう趣旨の楽曲だ。クラスト由来のダークな音像にイギリス特有のマイノリティを憶えるが、残虐への郷愁みたいなものはない。あくまでも語感から派生した存在として留めておきたい。

Children of the Revolution Records
1985   UK

Paradise Lost
Lost Paradise

1988年にイングランド北部ハリファクスで結成された、ゴシックメタルの創始者Paradise Lost。Peaceville Recordsからリリースされた1stフル。ジャケットはDarkthrone『Soulside Journey』も手掛けるイラストレーターのDuncan Fegredo。この頃は、Nick Holmes(Vo)のオドロオドロしいグロウルと、鈍よりとした暗黒的なドゥーム・デスメタルといった音楽性である。Gregor Mackintosh(Gt)とAaron Aedy(Gt)による陶酔と響き渡るような、情感漂うメロウなGtワークや、Synthの導入、#7でのKay Field女史をフィーチャーした展開や、歴史的名作となった次作『Gothic』へと繋がるオリジナリティも発揮。US勢の影響よりは官能的で、ゴシック／ニューウェーブの角度から迫りくる。

Peaceville Records
1990   UK

20　Old School Death Metal Guidebook

Prophecy of Doom
Matrix

イングランド南西部グロスタシャー出身。1988 年から 1996 年まで活動。2 枚のフル・アルバムほか多くの作品を残し、そのサウンドで Axegrinder、Hellbastard、Deviated Instinct 等と同様に、クラストコアをエクストリームメタル的手法でアップデート。デスメタル・シーンとの共振を生み、1980 年代末期〜1990 年代初頭には、ダッチ・カルト・レーベル Prophecy を走らせる Shrew(Vo) を擁したバンド。Prophecy of Doom の、Metalcore からリリースされた 2nd フル。激陰のドゥーム・デスとクラストコアのミックスに、デスメタルの不穏さと毒々しさが共存。幽遠な悪の響きが美しくありつつ、徹底的な退廃感を貫く手法の数々は、この頃のダッチ・ドゥーム・デス界隈にも比類している。Shrew と Shrub は Pray U Prey にて活動中。

🔊 Metalcore
📅 1992　📍 UK

Unseen Terror
Human Error

Earache Records から『Scum』に続くタイトルとしてリリースされ、『Scum』と共に売り出され、『Scum』にはプロデューサーとしてクレジットされていた Unseen Terror の唯一フル作。イングランド・シュロップシャー出身の ex-Warhammer で Napalm Death 等での Shane Embury(Dr) と、同じく ex-Warhammer で Heresy 等での Mitch Dickinson(Vo, Gt) を中心に、1986 年から 1990 年まで活動。未だグラインドコアというジャンルが確立されていなかった時代。日本ではスラッシュコア等と呼ばれた音楽性で、ダーティーなディストーションとブラスト寸前のスピードを発揮。Repulsion にも通じるサウンドに、各所で US 圏の音ともいわれる Heresy 周りの潮流も汲んでいる。1993 年に日本盤もリリース。邦題は『人間失格』。

🔊 Earache Records
📅 1987　📍 UK

Warhammer
Abattoir of Death

NY の WBCR radio での 1986 年 4 月のプレイリストで 1 位となったこともある、UK 最初のデスメタル・バンドの一つ。後に Napalm Death 等で名を馳せる Shane Embury(ここでは Dr)、後に Heresy にも在籍する Mitch Dickinson(Gt) と、Wayne Aston(Gt)、Mike Clarke(Ba, Vo) の 4 人組として、1984 年から短期間活動していた Warhammer のデモ。自主制作のカセットで、未だオフィシャルでは再発されていない。アンダーグラウンドな Thrash to Death 音源である。Mike によれば、その後、自身と Wayne はデスメタルを追求、Shane と Mitch はハードコアな方向性を追求したとのことで、各々 Unseen Terror や Azagthoth 等の後進プロジェクトを生み出している。

🔊 Self-released
📅 1985　📍 UK

Warlord (Warlord U.K.)
Maximum Carnage

イングランド・バーミンガムにて、1993 年から 1998 年まで活動。2008 年に再結成したデスメタル・バンド。Warlord の、Nuclear Blast からリリースされた 1st フル。2009 年に Metal Mind Productions からリマスター再発。Mark White(Ba, Vo)、Mick Gorst(Gt)、Neil Farrington(Dr) のラインナップにより、Paul Johnson によるプロデュースの元制作。Benediction 〜 Bolt Thrower の Dave Ingram(Vo) が #3 にゲスト参加。♯ 9 〜 11 にかけては Amebix と Slayer のカヴァー曲。メタル・クラストの流れを汲みつつ、闘争の道を征く重厚なボルトスロウィング・スタイルの名作。1990 年代後半の時流にはハマらず、埋もれてしまった作品でもある。

🔊 Nuclear Blast
📅 1996　📍 UK

Western Europe

ドイツのスウェディッシュ・デスメタル・ウォーシッパー

Fleshcrawl

出身地　ドイツ・イッラーティッセン
活動年　1987 〜 1990(Morgöth)、1990 〜 1991(Suffocation)、1991 〜

実は Morgöth、そして Suffocation と名乗っていた過去

　ドイツ南部のアンダーグラウンド・メタル・シーンで活躍した Poison のいるウルムから、南に 20km 進んだイラーティッセンにて、この Fleshcrawl は活動を行っている。結成は 1987 年、ドイツの第一世代である。初めは Morgöth というバンドとして地元を中心に活動しており、1990 年から Suffocation に改名するが、US に同名のブルータル / デスメタル・バンドが存在していたため再び改名、1991 年に Fleshcrawl となった。1990 年〜 1991 年の Suffocation 時代には、デモ音源を 2 本制作していて、2016 年にカルト・オブスキュア音源『Festering Thoughts from a Grave』としてオランダの Raw Skull Recordz がコンパイルしている。当初のラインナップは、Stefan Hanus(Gt)、Alfred Handke(Gt)、Alex Pretzer(Vo)、Markus Amann(Ba)、Bastian Herzog(Dr) の 5 人組。彼らは 1991 年にドイツの Morbid Records から『Lost in a Grave』7" EP をリリース後、スウェーデンの Black Mark Production と契約を交わした。バンドはスウェーデンやフィンランドのデスメタル情勢から多大なる影響を受けており、そこからの役得を期待しての事であった。そして Alfred Handke(Gt) が脱退し R.U. Dead? の Gero Schmitt に置き換えられ、1992 年にスウェーデンのストックホルムにある Montezuma Studio にてレコーディング、1st フル『Descend into the Absurd』をリリースした。

Black Mark から Metal Blade に鞍替えし、プロモーション力がアップ

　その後もメンバーを入れ替えながらもコンスタントに作品を重ねていき、1994 年の 2nd フル『Impurity』は Dan Swanö による Unisound Studio 制作で、続く 1996 年の 3rd フル『Bloodsoul』と 1997 年の 4th フル『Bloodred Massacre』は Hypocrisy の Peter Tägtgren による The Abyss での制作と、スカンジナビア地方への憧憬をその形にしている。中でも 2nd フルは、1995 年の Deicide, Cathedral, Brutal Truth 等とのツアーに結びついた。いずれの作品も高い評価を得ているが、メンバーのインタビューによれば「Black Mark Production のプロモーション不足により過小な評価を受けていた」という。それもアンダーグラウンドでは多大なる支持を集める

ことに繋がっていたのだが、彼らはより大きな成功を求めていた。その結果、所属レーベルを切り捨て、1999 年に Metal Blade Records と契約を交わすことになる。そして、デスメタル不遇国ドイツのバンドとしては、突出した実力とプロモーション力を兼ね備えることとなり、より一般的なメタル・ヘッズに認知されるようになるのであった。移籍後は Vader, Vital Remains, Bolt Thrower, Benediction, Hate 等との世界的なツアーや、2000 年から 2007 年に掛けて 4 枚のフル・アルバム、2005 年に Black Mark Production 在籍時のベスト盤等のリリースをみせ、その後もライヴを中心に活動。また、2016 年には Milking the Goatmachine の Ferli Thielmann 等による Skinned Alive との『Tales of Flesh and Skin』Split 盤をリリースし、シーンに再浮上。2019 年 11 月には、ドイツの Apostasy Records から、9th フル『Into the Catacombs of Flesh』をリリース。今なお一際ブルータルなオールドスクール・デスを撒き散らす古豪、それが Fleshcrawl だ。

Raw Skull Recordz
2016

Fleshcrawl
Festering Thoughts from a Grave [Compilation]

改名以前となる Suffocation 時代の 1990 年『Mummified Thoughts』デモ、1991 年『Festering Flesh』デモと Fleshcrawl 改名後のファースト・タイトルとなった 1991 年 EP『Lost in A Grave』をコンパイルした音源集。2014 年から運営されている Krabathor の EP 等のリイシューがあるオランダの Raw Skull Recordz から 2016 年 10 月にリリースされた。Carcass、Autopsy の影響下にある 1992 年の 1st フル『Descend into the Absurd』に繋がる陰鬱な楽曲群が並ぶ。ミドル〜ブラストと、独特の跳ねるようなアタック感による絶妙なビートに、ダウナーと混沌が渦巻いており、彼らの潜在性の高さが表されていると思う。デモ特有の音質や演奏の粗削りさによって、露醜的な佇まいが強調されており、オブスキュア〜アーリー好きには必聴級の作品である。

Black Mark Production
1992

Fleshcrawl
Descend into the Absurd

Black Mark Production と契約後、レーベル・オーナーである Boss プロデュースの元 1992 年にスウェーデンのストックホルムにある Montezuma Studio にて制作、同年 6 月に発表された 1st フル。Sunlight Studio での録音を希望したが叶わなかったという裏話もありながら、陰鬱でブラストビートもある音を提示している。ややフィンランドの第一世代との共通点を覚える重苦しさとスピード感は、双方の同じ影響源である初期 Carcass に由来する。更にそこから Fleshcrawl は、Entombed の『Left Hand Path』や Autopsy の『Severed Survival』等からのオドロオドロしさや幻想性を導き、その当時のデスメタルに通じた慧眼による、理想的なサウンドを生み出すことに成功している。今なおジャーマン・デスメタル界屈指の名盤として誉れ高い作品だ。

Fleshcrawl
Impurity

1st フル発表後 Gero Schmitt(Gt) が脱退、Mike Hanus(Gt, Vo) を後任に迎え、1993 年の Loud Out Records からの Supuration と R.U. Dead? との Split を経て、1994 年 5 月に発表された 2nd フル。Dan Swanö の運営する Unisound Studio にて氏プロデュースの元制作。Dan Swanö と Nasum のオリジナル・メンバーである Rickard Alriksson(Vo, Dr) がゲスト Vo として参加。前作の作風を基調に、時にゴアなグロウルやブラストビートを交え、Carcass の 2nd に接近した技巧性を発揮。同時に Bolt Thrower からの影響を窺わせる、エピックなリフや、ミドル・テンポの重厚な展開力も有している。分厚い Gt の音質はスウェディッシュ・デス的だが、残忍で露醜的な雰囲気を留めているため、Fleshcrawl の個性として楽しむことができる。#3 は Demigod のカヴァー。

Black Mark Production
1994

Black Mark Production
1996

Fleshcrawl
Bloodsoul

1996 年 6 月に発表された 3rd フルである。1994 年 2nd フル『Impurity』発表後、Deicide、Cathedral、Brutal Truth 等との過酷なツアーから Markus Amann(Ba) が脱退、Mike Hanus(Gt, Vo) が Ba を兼任する形で 1995 年 12 月から翌 1996 年 1 月にかけて Hypocrisy の Peter Tägtgren が運営する Abyss Studio にて制作された。♯ 3 は Demilich のカヴァーながら、作品全体の整合性は、Dismember や Vomitory 等といったスウェディッシュ・デスにおける、アグレッションと叙情味の融合を彷彿とさせる。時代性から本作を紐解けば、同時期のデスメタル・バンドが多様なアプローチを繰り広げ始めている中、オールドスクール・デスメタルならではの暴虐性を堅持し続けているようだ。

Black Mark Production
1997

Fleshcrawl
Bloodred Massacre

1996 年 3rd フル『Bloodsoul』リリース後 Alex Pretzer(Vo) が脱退、後任に Sven Gross を迎え、1997 年 8 月にスウェーデンの Abyss Studio にて制作され、同年 10 月に発表された 4th フル。前作を継承するスウェディッシュ・デス由来の攻撃性を維持しつつ、よりファストかつイーヴルに組み替えた作風で、2nd 辺りの Necrophobic や Dissection 等に通じるトレモロの応酬と♯ 2 等を筆頭にイエテボリ・スタイルのメロディック・デスを吸収したようなリフ遣いも印象的。新任の Sven Gross による歌唱も、威圧感のあるグロウルに緊張感が宿り、バック Vo ではピッチの高いシャウトも轟き、ブラックメタルにも近しい研磨性を演出している。スウェーデンの音楽的ダーク・サイドの時局を見た Fleshcrawl の回答とも呼ぶべき秀作。♯ 7 は Slayer のカヴァー。

Metal Blade Records
2000

Fleshcrawl
As Blood Rains from the Sky...We Walk the Path of Endless Fire

2000 年 4 月に発表された 5th フル。1999 年に Metal Blade Records と契約、Arch Enemy、In Flames、At the Gates、Dark Tranquillity 等イエテボリ・スタイルの発展を支えた Studio Fredman にてレコーディング / ミキシングを行い、ストックホルムの Cutting Room にてマスタリングが施された。前作路線が推し進められブルータルですらある作風だが、煌びやかな装飾こそないにせよ恍惚と鳴り響くギター・ソロやリフ・ワークに、陰りのある叙情性が同居した。どことなく Bolt Thrower のスタイルに通じるエピックさを感じさせつつ、大規模なプロモーションからツアー等して世界的な興隆を見せた当時のメロディック・デス・ムーブメントへの迎合も感じられる。♯ 7 は Exciter のカヴァーで最初の 5000 プレスには Carnage のカヴァーが収録。

Metal Blade Records
2002

Fleshcrawl
Soulskinner

2002 年 1 月に発表された 6th フル。前作発表後、Tobias Schick(Ba) が加入し、2001 年の 9 月から 10 月にかけてスウェーデン・ヴェステロースの Studio Underground にて、Carnal Forge 等の作品で知られる Pelle Saether をエンジニアに迎え、レコーディング / ミキシング、ドイツ・オストフィルダーンの Indiscreet Audio にてマスタリングが施された。毎回制作環境を変更していることもあり創造性は衰えておらず、健在ぶりが窺える作品だ。マスタリング柄の現れたソリッドな質感を持つデスメタル・サウンドに、(4th フル辺りの) トレモロを主軸とした攻撃的なソングライティングとの相性が抜群である。ミドル〜ブラストビートの切り代わりにより、緩急豊かなボルトスロウィング・スタイルに昇華されている。ラストは Judas Priest のカヴァー。

24　Old School Death Metal Guidebook

Metal Blade Records
2004

Fleshcrawl
Made of Flesh

2004年3月に発表された7thフル。2002年に『Soulskinner』発表後、バンドの屋台骨を支えていたStefan Hanus(Gt)が脱退。一時期ブラック・スラッシュメタルのNocturnalに在籍していたOliver Grbavacを後任に迎え、2003年11月より再びスウェーデンのStudio Undergroundにてレコーディングとミキシング、ドイツのIndiscreet Audioにてマスタリングという、前作と同じ環境で制作された。オールドスクールの意識下に生まれたOliver Grbavacの加入がサウンドに刺激をもたらし、前作の方法論を取り入れながらも作品として洗練されている。スウェディッシュ・デスのスケール進行を有する叙情的なボルトスロウィング・スタイルは、どこまでも沸点を超えて展開していく。この良い所取りサウンドは、バンドの最高傑作との呼び声も高い。

Metal Blade Records
2007

Fleshcrawl
Structures of Death

2007年9月に発表された8thフル。2005年にTobias Schick(Ba)が脱退、後任にNico Schefflerを迎え、2007年4～6月にかけてドイツ・ウルムのStudio Toninfusionにてレコーディング、スウェーデンのStudio Underground にてミキシング/マスタリングが施された。スウェーデンでのマスタリング柄が表れた、1990年代後期の作風を思い起こさせる作風である。A.Gtを使用した情緒のあるパートや叙情的なGtソロ等、メロディック・デス寄りの展開も多いながら、これまでのセオリーを裏切らない。2000年代初頭のBolt Throwerとのツアー経験から身に沁みついた、重厚なタメの効かせられるミッドテンポの構築力から、ダークな疾走パートに切り替わっていく流れは、相変わらず魅力的だ。

Fleshcrawl (2019)

デスメタル不毛国から実験的サウンドを試み続けた異端派

Morgoth

出身地 ドイツ・ノルトライン＝ヴェストファーレン州メシェデ
活動年 1985(Exterminator)、1987(Minas Morgul)1987 〜 1998、2010 〜 2018

デスメタル不毛国ドイツの唯一の出世頭

　Morgoth は、Kreator、Sodom 等の先駆者を生み出しながらにデスメタル不遇の一途を辿ったドイツでは、同ジャンルで当時最も商業的に成功したバンドだ。1985 年ドイツ南西部のノルトライン＝ヴェストファーレン州メシェデにて、Rüdiger Hennecke(Dr) と Carsten Otterbach(Gt) を中心として Exterminator というバンド名で結成、実際に活動が開始されるのは 1987 年以降となる。当初は Possessed、Dark Angel、Kreator 等から影響を受けており、その後、Harald Busse(Gt) の加入を機に Minas Morgul というノイズ / グラインドコア・バンドとなり、同年に『指輪物語』の大ファンである Marc Grewe(Ba, Vo) の加入を機にそのシリーズに登場するダークロードから名前を採り Morgoth となった。そしてリハーサルを重ね、1988 年に『Pits of Utumno』デモを制作。彼らはこのデモを世界中のレーベルに送り付けたが、結果としてどのレーベルからも返事はなかった。翌 1989 年に 2 本目のデモ『Resurrection Absurd』を制作後、当時 Despair に在籍していた Robert Kampf(Vo) から一通の手紙が届き、同氏が運営を始めたばかりの Century Media Records と契約を交わすに至った。『Resurrection Absurd』デモは、同年に Century Media が 12"EP としてリリースした後、翌 1990 年春の Pestilence と Autopsy とのツアーに帯同した。同年 5 月には続く『The Eternal Fall』EP をリリース。そして Obituary と Demolition Hammer とのヨーロッパ・ツアーに帯同した。ツアー後、Marc Grewe(Ba, Vo) が Vo に専念する意向を示し、ex-Dark Millennium の Sebastian Swart(Ba) が加入。そしてドイツはドルトムントにある Woodhouse Studios にてレコーディング、US カリフォルニア州ロサンゼルスの Music Grinder にて Kreator や Possessed 他、数多くのバンドを手掛けた Randy Burns によるミキシングが施され、1991 年 4 月に 1st フル『Cursed』をリリース。海外でのインタビューによると、当作は Fields of the Nephilim 他のゴシックロックから大きく影響を受けていたという。

工業都市ドルトムントに移住後、インダストリアルに強く傾斜し、解散

　その後、Kreator、Biohazard との US ツアー、Immolation と Massacre とのヨーロッパ・ツアーという長いツアー生活を送った後、多くのメンバーはドルトムントへ移住。ドルトムントは工業都市でもあり、この環境の変化はバンド

にインダストリアルからの影響を与える。一時の休息を経た後、再び Woodhouse Studios にてレコーディングを行い、1993 年 5 月に 2nd フル『Odium』をリリース。その後、Tankard、Unleashed、Tiamat とのツアーを行ったが、バンドは、音楽への関心を失い始めてしまう。Morgoth の直接的なデスメタルへの関心の薄れと比例して、後の彼らはより実験的な手法を追求することとなった。その結果としてさらにインダストリアル要素を強め、Killing Joke から多大なる影響を受けたともいう。1996 年 9 月の 3rd フル『Feel Sorry for the Fanatic』をリリースし、幾つかのツアーを終えた後、解散の道を辿ることとなる。月日は流れ、Morgoth は 2010 年に再結成された。Death Feast Open Air 参加へのオファーがきっかけとなっている。Marc Grewe(Vo)、Harry Busse(Gt)、Sebastian Swart(Gt)、新加入の Thilo Mellies(Ba) がステージに立ち観客を沸かせた。2011 年には、ex-Destruction の Marc "Speedy" Reign(Dr) と Thilo Mellies(Ba) に代わる ex-Mind-Ashes の Sotirios Kelekidis が加入する形で『Cursed』の再現ツアーを敢行。翌 2012 年には Century Media Records から CD 化した。その後 Marc Grewe(Vo) が脱退、後任に Disbelief の Karsten Jäger が迎えられ、2015 年には復活作となる 4th フル『Ungod』をリリース。そのオールドスクールなサウンドはファンから暖かく受け入れられた。2018 年に活動休止。

Century Media Records
1989

Morgoth
Resurrection Absurd [EP]

Century Media Records と契約し、1989 年 11 月に発表された 1stEP。Marc Grewe(Vo, Ba)、Harald Busse(Gt)、Carsten Otterbach(Gt)、Rüdiger Hennecke(Dr) の 4 人編成で、D+S Recordings にてレコーディング。Mohrmann Studios にてミキシングが行われた。邪悪なジャーマン・スラッシュ影響下の、ほとんどトレモロ同然のリフとドタバタ姦しく攻め立てるファストなビートを軸に、オドロオドロしいミッドテンポの展開を巧く配した。Death、Morbid Angel、Obituary 等が生み出すことになる先駆的な音源と同質のマテリアルが、ドイツから登場した。美術的陶酔を憶える進行は、ピアノを 10 年学んでいた Harald の音楽的素養が織り成したものだ。

Century Media Records
1990

Morgoth
The Eternal Fall [EP]

1990 年 5 月に発表された 2ndEP。LP のみでの流通となり、本作単体での CD は存在しておらず、同内容は前作と併せたカップリング盤 CD として世に送り出された。ドイツはボーフムにある Mohrmann Studios にてレコーディング。Morrisound Recording にて Scott Burns によるミキシングが行われている。Pestilence と Autopsy とのヨーロッパ・ツアー後の制作ともあり、両者からの影響を反映した作風である。その技巧的なリフ・ワークと、Morrisound 品質のプロダクションにより、狂気的なアップグレードを見せた。ゲスト・クレジットされた彼らのプロデュースを手掛ける、Dirk Draeger の不協和音的な鍵盤の音色に、Goth なムードを引き立てるものがある。優麗な暗黒的世界観を創出した傑作。アートワーク上では Master や Bolt Thrower 等を着用。

Century Media Records
1991

Morgoth
Cursed

1991 年 4 月に発表された 1st フル。『The Eternal Fall』発表後の Obituary、Demolition Hammer とのツアーを経て、Marc Grewe(Ba, Vo) が Vo を専任、ex-Dark Millennium の Sebastian Swart(Ba) が加入した 5 人組ラインナップへ変化。ドイツ・ドルトムントの Woodhouse Studios にてレコーディング、US カリフォルニア州ロサンゼルスの Music Grinder にて名匠 Randy Burns によるミキシングが施された。当時ゴシックロックから影響を受けていたこともあり、ダークなインストゥルメンタル・パートやミッドテンポ主体の曲展開に比重が傾けられたが、初期ゴシックメタルの音楽性とは異なる。前作の内容を深化させた、陰鬱で妖美なサウンドを聴かせてくれる名作。10 万枚以上を売り上げたヒット・タイトル。

● Century Media Records
📅 1993

Morgoth
Odium

工業都市であるドルトムントに移住後、1993年5月に発表された2ndフル。前作に引き続きWoodhouse Studiosにて制作。音楽性は、前作のゴシックロックからの影響を残しながら、新たに工業都市の風土からの影響を受け、インダストリアル要素を取り入れた。1992年にFear Factoryの1stフル『Soul of a New Machine』が、デスメタルの未来系として界隈に穿たれた後の作品となるが、クリーン・トーンが用いられたメロディアスで幻想的ともいえるインストを初めとして、進歩的かつ流動的な音の連なりを内包した不穏な先駆化、改革性を感じさせる。オールドスクール・デスの核を残しつつ、その枠組みを越え、プログレッシブな進歩を成した名作だろう。アートワークはMorgoth自身が手掛けた。

● Century Media Records
📅 1996

Morgoth
Feel Sorry for the Fanatic

1996年9月に発表された3rdフル。Woodhouse Studiosでの制作。Harald Busse(Gt)、Rüdiger Hennecke(Dr) 両氏がKeyとしてもクレジットされた。Morgothのデスメタルへの関心の薄れから、より実験的な手法を追求した怪作。Killing Jokeから多大なる影響を受けながら、よりメインストリーム型のサウンドへ向かった。比較的激しい展開は、同じ影響源のVoivodにも近いアレンジを効かせつつ、ダンス・ミュージックのようなインスト要素ほか、Marc Grewe(Vo)によるNuメタルのような歌唱が印象的。しかし作風の身体の内側が熱くなるようなネットリとした雰囲気に焦点を当てれば、過去Morgothが形成してきたGoth要素の拡大とも受け取れる。今ではデスメタル・シーンでしか認知されておらず、評価を得づらい状況にある作品だ。

Morgoth
Ungod

2010年に再結成。幾つかのフェスやツアーへの出演、メンバーの変動を経て、再びCentury Media Recordsから2015年に発表された復活作4thフル。Harald Busse(Gt)、Sebastian Swart(Gt) という解散前の2名に、ex-DestructionのMarc Reign(Dr)、ex-Mind-AshesのSotirios Kelekidis(Ba)、DisbeliefのKarsten Jäger(Vo) が加わる5人組。ドイツ・サンダーンのSound Division Tonstudioにて制作。オールド・スタイルのMorgothに、初期Deathの遺伝子を織り交ぜたかの音となり、Karstenによる歌唱もChuck Schuldiner似とあり、抽象的なMorgoth像を彷彿とさせた。切れ味の鋭い楽曲群が、ファンからの評価も高い傑作だ。

● Century Media Records
📅 2015

Morgoth、Harald Busse(Gt) インタビュー

再び活動を休止してしまう前のMorgothへインタビュー‼ Century Media Recordsのマネージャーを経由したHarald Busseへの質問となる。氏の視点を中心にMorgothのキャリアを追いかけていった（2018.1.13）。

Q：インタビューを開始します。今回はこのような機会を設けていただきありがとうございます。
これまでの活動は、プロフィールにまとめていますが、詳細についてお聞きしたいと思います。少し昔に戻ってもらえますか。

1985年にノルトライン＝ヴェストファーレン州メシェデでRüdiger HenneckeとCarsten Otterbachを中心に結成。1987年にHarald Busseの加入を機にMinas Morgulというグラインドコア・バンドとしてリハーサルを開始。その後、Marc Greweが加入したことで、バンド名を指輪物語に登場するDark Lordの名前へと変更し、Morgothの物語は始まることになります。ということは合っていますか？ また、Harald Busseはピアノを習っていた経験があると過去インタビューで述べています。バンドは当時、Possessed、Dark Angel、Kreator等からの影響を受けていたとも述べていますね。その他にも、ドイツで

活躍した Holy Moses や Protector や Assassin や Poison 等のバンドは知っていたのですか？

A：うん、そうだよ。俺が Morgoth に参加する以前に、約10年間ピアノを習っていた事も本当だね。
君が挙げたバンド以外だと、特に俺と Marc は Iron Maiden や Black Sabbath のような古典的なヘヴィメタルを好んでいたな。Venom、Possessed、Celtic Frost のような、エクストリームな音楽に入れ込んでいたのは Carsten と Rüdiger だったな。当時のシーンは明確だったから、俺たちは常に最新のバンドはチェックしていたね。

Q：当時からギグなどで親交を深めていたバンドはいますか？ また、印象的なギグがあれば教えてください。

A：Autopsy との最初のツアーでは、楽しい時間を過ごしたよ。彼らとは同じユーモアを分かち合い、同じような嗜好の映画や本に興味を持ったよ。Obituary と Demolition Hammer とのヨーロッパ・ツアーも、お互いに良好な友好関係を築いていたよ。俺個人としては、一番初めのショーが最も記憶に残っているね。地元近くの小さなクラブで、多分100人くらいの観客がいたかな。観客が俺たちの曲に対して、どのような反応をするのか全く想像もつかなかったし、とってもナーバスになっていたよ。演奏を聴いた彼らが、驚き興奮していたことが、にわかには信じがたかったよ。当時はアンコールでプレイするほど、楽曲を持ち合わせていなかったから、『Pits of Utumno』の楽曲を2回も演奏しなければならなかったんだ。

Q：初期の作品である、1988年『Pits of Utumno』デモ、1989年『Resurrection Absurd』デモについて、各国からの反響はありましたか？ また結果として Morgoth の手元に、Despair に在籍していた Robert Kampf より一通の手紙が届き、氏が運営を始めたばかりの Century Media Records と契約していますね。1990年に『Resurrection Absurd』EP でデビューし、長きに渡る契約が続きます。レーベルと共に Morgoth も成功していますね。当時の Robert Kampf はどのような人物でしたか？ 印象的な出来事があれば教えてください。

A：沢山の違う人々にテープやファンジンを送っていたから、各国からの返事の中にはいくつかいい反応もあったよ。今も昔も Robert はとてもユニークな人だよ。俺が覚えている彼の個性と言えば、絶対的な願望を持ち、またそれを遂行する能力、そして一定の目標を求め続ける執着心を持っている事だね。

Q：1990年に ex-Dark Millennium の Sebastian Swart が加入しています。どの様な経緯でそうなったのですか？ 私は Dark Millennium の奇妙なスタイルが好きです。

A：Dark Millennium とは、ゆるい友好関係を築いていたから、Sebastian の事は前から知っていたんだ。彼は Dark Millennium ではギターを弾いていたんだけど、ある時から Marc がヴォーカルに専念することを理由にベースを辞めることを決めて。その流れで、Sebastian に Morgoth でベースを弾く事を想像できるかと聞いたんだよ。あとはご存知の通りさ。

Q：1991年に1st フル『Cursed』がリリースさ

れました。以前のスラッシュメタルからの流れにある作風とは異なり、暗いムードが全体を覆っています。ゴシックロックからの影響を受けたと聞いています。Cure 等のニューウェーブよりもポジティブ・パンク側の影響でしょうか？ また同じ影響を持つ Paradise Lost の存在についてどう思われましたか？ この作品を Morgoth のベスト・リリースと思っているファンは多いと思います。

A：『Cursed』は Morgoth の発展のための重要な作品だし、セールス面でも非常によく売れたアルバムだよ。Fields of The Nephilim や The Mission のような、ゴシックロック・バンドから沢山インスピレーションをもらったのも事実だよ。俺たちは生々しさやブルータリティを感じさせる雰囲気を作りたかったのと同時に、ダークで破壊的なものも作りたかったんだ。『Cursed』における全ての要素は、当時俺たちがハマっていた音楽や文学、そして映画によって形成されているんだ。Paradise Lost がどこからインスピレーションを受けたのかはわからないけど、多分彼らがハマっていたものが当時の俺たちの好みのものと似ていたんだと思うよ。

Q：ツアーを終えた後、休息期間を取りますね。Morgoth は、ドルトムントに移住しました。色々と環境が変わっていったと思います。当時のライフワークについては、いかがでしょうか？ この工業地帯からの影響が、後の作品にも表れていると思います。また、1993年にリリースされた『Odium』の音楽性は機械的ですが、どこかアトモスフェリックです。私は革新的な作品だと思います。Unleashed や Tiamat とのツアーも行われました。違うように聴こえますが、Godflesh や Fear Factory 等からの影響はありましたか？この頃は地元のアンダーグラウンドシーンには触れていましたか？

A：ドルトムントでの生活環境は、地元とは全く違っていたよ。俺たちは田舎から都会へ引っ越して、そこで初めて自分たちのアパートを手に入れたんだ。新しい環境が俺たちの音楽に影響を与えたのは確かだけど、『Odium』はそれ以前に築かれていたものだよ。『Cursed』でやったように、俺たちはただ個人的なインスピレーションや興味に従っただけなんだ。音楽面で言うと、俺たちの興味は Ministry や Nine Inch Nails のようなインダストリアルなバンドへと向かっていたけどね。『Odium』から感じられるような、冷酷さや力強さを気に入っているよ。

Q：1996年に『Feel Sorry for the Fanatic』がリリースされ、Die Krupps と Richthofen とのツアーが行われました。Morgoth が Killing Joke からの影響を受けていたという記事を読んだことがあります。同時に『Odium』の作風や Nu Metal の要素も感じられます。デスメタルへの熱意は薄れてしまったのですか？アメリカではブルータルなスタイルが盛んになります。ヨーロッパではブラックメタルのシーンも形成されますが、Morgoth はもっとメジャーな音楽シーンに向かっていたのでしょうか？ この頃、Marc Grewe は、Century Media Records で働いていたそうですが、現在も働いていますか？

A：他のアルバムと同じように、『Feel Sorry for the Fanatic』は当時の俺たちの心境や生活の状態を反映しているんだ。俺たちの生活は根本から変化したよ。このアルバムは、悩める若者へのサウンドトラック的なものだと言えるかな。特に歌詞を見ると、俺たちが当時感じていたものが浮き彫りになってしまうね。この作品に関しては、俺たちの誰もが、最後の音楽的な生産活動になるとは思ってもみなかったように思うけど、ある意味では、この布陣での最後のアルバムになるだろうと感じていたと思う。そしてこの感情は、今でも『Feel Sorry for the Fanatic』の中に残っていると思うよ。当時、Marc は Century Media でプロモ活動等をしていたけど、最近は教育者として働いているね。

Q：Die Krupps と Richthofen とのツアーの後 Morgoth はゆっくりと解散していきました。

A：当時は沢山の変化が起こっていたんだ。俺たちはお互いの事をバンドを始めた学生時代から知っていた。15 ～ 16 歳の頃かな。10 年ほど一緒に音楽を作っていたんだ。そして 10 年が過ぎて俺たちは大人になっていて、違う興味を持ち、違う主張をしたりするようになった。その時は気が付かなかったけど、少しずつ Morgoth の時間がなくなっていったね。俺たちは、ドイツで離れ離れになって暮らしているけど、Sebastian と俺は Rüdiger とは今でも仲良しだし、時々会っているよ。

Q：2010 年に Death Feast Open Air へのオファーをきっかけに再結成しますが、それまでに Morgoth での活動はありましたか？ 2005 年にはベストアルバムがリリースされていますね。

A：1997 年から 2010 年までの間は、Morgoth の音楽面での活動はなかったよ。実際、きっかけは一度だけあったんだけどね。Rüdiger と Marc と Sebastian と俺は 2007 年にベルリンのリハーサルルームで会ったんだ。そこで『Sold Baptism』や『Suffer Life』のような Morgoth の曲をいくつか演奏した。音楽面では上手く行ったんだけど、個人的な面も含めて、和解できるような簡単なものではなかったね。

その夜は、とにかく大惨事だったよ。

Q：2015 年に『Ungod』がリリースされました。以前のスタイルを思い起こさせるサウンドは多くの反響を得たと思います。Disbelief の Karsten "Jagger" Jäger、ex-Destruction の Marc "Speedy" Reign、ex-Mind-Ashes の Sotirios Kelekidis 等、新たなメンバーが集まりましたが、以前から交流があったのでしょうか？ この作品はどのような意図で制作されましたか？ Marc Grewe が脱退した理由は何ですか？ Incantation とのヨーロッパツアーが行われていますが、両バンドはこれまでに繋がりがありましたか？

A：再結成後、最初に Morgoth に参加したのは Marc Reign だった。Sebastian がベルリンでのショーで Kreator の Mille(Mille Petrozza) と会った時に、Marc を勧めてもらったんだ。Sotirios は、当時 Sinew というバンドで一緒にプレイしていた。Jagger は 2014 年末の『Ungod』レコーディング中に参加したんだよ。Morgoth の再結成については、元々は 2011 年と 2012 年に何らかのアニバーサリー・ショーをやろうというものだった。2012 年の 11 月に「Barge To Hell Cruise」で演奏したのが最後のショーだったんだけど、家に帰ってから、まだここで終わらせちゃいけないと思ったんだ。Morgoth を続けて、新しいアルバムをリリースしようと決めたんだ。その時、Marc Grewe はバンドと個人的な事情を分けることができなかったので脱退したよ。
Incantation とは、それまで何の関わりもなかったな。マネージャーとブッキング・エージェンシーが思いついたアイデアだよ。

Q：2015 年の Neurotic Deathfest 2015 では、Tribulation や Dead Congregation 等の比較的若いバンドと共演していますが、昨今のオールドスクール・デスメタルのリヴァイバルについてはどう思われますか？ お気に入りのバンドが居たら教えてください。

A：今のシーンにはあまり触れてないな……。俺は俺を育ててくれた音楽を聴き続けるよ。

Q：Morgoth の歴史を紐解く 10 枚のアルバムを教えてください。

A：Fields Of The Nephilim『Elyzium』
Pantera『Vulgar Display of Power』
Slayer『Reign in Blood』
Ministry『Psalm 69』
Autopsy『Mental Funeral』
Death『Leprosy』
Black Sabbath『Born Again』
Dark Angel『We Have Arrived』
Possessed『Seven Churches』
Dead Can Dance『Beneath the Realm of a Dying Sun』

Q：最後に日本のファンへメッセージはありますか？

A：サポートしてくれてありがとう！ いつか日本に行けることを願っているよ！

Q：誠にありがとうございました。

West Virginia Records
1992　Germany

Accessory
Within Your Mind…… [Reissue]

Colour Trip なるデスメタル／ハードコア・バンドの前身として、デモ3作と本フル作を自主制作した、ドイツはノルトライン＝ヴェストファーレン州の都市ハーゲン出身の5人組デス／スラッシュメタル。1990年代に Deathrow、Warpath、Incubator 等のレア盤をリリースする West Virginia Records が 1992年に再CD化。このジャケットの方が一般に多く知られており、2016年の Dark Symphonies 再発の際もこちらが用いられた。『Leprosy』時の Death や Massacre、Morgoth 等をアンダーグラウンド寄りにしたような整合感で、言いようもなく展開される怪作である。デス／スラッシュやグラインドコアがごった煮になったジャーマン・カルトならではの焦燥感を持つビート。英語詞を紡ぎ出す、吐き捨てとグロウルの中間のような齷齪とした Vo ワーク。

Crypta Records
1993　Germany

Amboss
Those Who Have Lost the Right to Exist

ドイツで短期間運営していた Darkane の前身バンドである Agretator や、ベルギーの技巧派 Chemical Breath 等の作品を世に送り出した Crypta Records から 1993年に本作を唯一残したバンド。ドイツ語で Anvil を意味する Amboss。ミッドテンポにブラストを絡め展開されるデスメタルは、Pestilence 影響下かの高度な技量にアンダーグラウンドな雰囲気を留めるカルト名作。Key入りの展開や爬虫類系ヴォイスによる語りの導入は、Atrocity『Longing for Death』や Cemetary『Godless Beauty』にも類する美の系譜に准えられている。その流通量と特質的なサウンドから長年メガレア・タイトルだったが、2017年にスペインの Temple of Darkness Records から再発され、入手が比較的容易になっている。

Self-released
1993　Germany

Apophis
Gateway to the Underworld

ウルムから50km 程北上したアーレンという都市にて、1989年に前身の Raise Hell が結成。1990年に Thrash to Death の流れを受け改名、Apophis という5人組が誕生。名前はエジプトの神名から、ヘビの形をした混沌の化身である。2005年にかけて4枚のフル・アルバムをリリースしているところで、この 1st フルは、セルフ・リリース＆弱小流通のまま日の目を見なかった隠れ名作。初期ジャーマン・デスを基調としながら、『Heartwork』にも通じるメロウな音楽を志向した。線の細い技巧的なリフのメロディックな気配に、芸術的な意識が萌え出た奇譚な内容。エジプティアン思想を乗せ、目まぐるしく展開される作風に散漫な印象を抱かなければ、理想郷に向かうことができるだろう。今作発表後、バンドは一部メンバーを変えながらヴァイキング・メロディック・デスの源流的なサウンドへ移り、活動を続ける。

Nuclear Blast
1990　Germany

Atrocity
Hallucinations

ルートヴィヒスブルク出身。1985年に Instigator なるグラインドコア・バンドから改名を行い、ジャーマン・デスの先駆者となったバンド。Atrocity による、Nuclear Blast や Roadrunner 等からリリースされた 1st フル。ジャケットは H. R. Giger。Scott Burns プロデュースの元 Morrisound Recording にて制作。1989年『Blue Blood』7" EP(Nuclear Blast) リリース後の、Carcass や Pungent Stench 等とのツアーからの蓄積と、Watchtower 等からの影響を受けた技巧的なサウンドを響かせる名盤。続く 1992年の 2nd フル『Todessehnsucht』まではテクニカル志向のデスメタルであったが、Massacre Records に移籍後の『Blut』から現在にかけてはゴシック路線に進んでいる。

Western Europe　31

- Massacre Records
- 1991
- Germany

Baphomet
No Answers

ドイツ南西部の村、ビーティッヒハイムにて1986年に結成。ほとんど Massacre Records を創設する Thomas Hertler(Vo) が参加していたことだけが少し有名な、ドイツのデス／スラッシュメタル。Baphomet、その同レーベル記念すべき最初のタイトルとなった1stフル。Kreator や Protector 等で象徴的な、ドイツの Thrash to Death 的時局の表れたサウンド。単音リフにスラッシュ・リフを絡め、濁声とシャウトの中間的ヴォーカル・ワークを乗せ、もったりと展開される作風である。練られた展開に聴き応えを見い出せる。後の作品でクオリティの向上を図り、1992年に2nd『Latest Jesus』1994年に3rd『Trust』発表後、Thomas が脱退。残されたバンドは解散の道を辿った。

- 1MF Recordz
- 1992
- Germany

Blood
Christbait

ドイツ中南部の都市シュパイアーのグラインド／デス・メタラー。Angel Dust の2ndで歌っていた S.L. Coe のレーベル 1MF Recordz からリリースされた2ndフル。バンドの音楽性が認識されてしまった感のある前1stフル『Impulse to Destroy』は完全に Raw で程々な仕上がりで、カルト的人気を誇る。が、Impetigo との1991年 Split『Antefatto / Salvation...to the Dead』や、続いたこの2ndフル以後は、Autopsy 等のデスメタル特有の厚み、陰鬱さ、ダークネスが取り入れられている気がしてならない。Torchure の1stフルを手掛けた Michael Stötzel によるプロデュース。後の Nyctophobic 人脈も加入。この人選が奏効し、侘しい質感でクオリティが向上している。2000年と2015年の再発盤が存在。

- Massacre Records
- 1993
- Germany

Crematory
Transmigration

Atrocity と同様に、1990年代半ばにデスメタルからゴシック化したバーデン＝ヴュルテンベルク州マンハイム出身のバンド。Crematory の Massacre Records からリリースされた1stフル。これまで死の幻想的なムードを補完するために、さりげない詩趣を留めていた Key の音色を、Paradise Lost『Gothic』後の新世界より全開で展開し始めた作品の一つ。トレモロ・リフを主軸とした研磨性溢れるデスメタルを基盤に、クリーン Vo や美麗な Key の音色をふんだんに取り入れ、美醜の対比を描き出した。同時期の Tiamat や Cemetary、オランダの MMI Records バンド等にも通じる Goth、デカダンスに彩られる。敬虔で時にシンフォニック的ですらある手法は、アヴァンギャルドな側面が強調された形でもある。

- Massacre Records
- 1992
- Germany

Dark Millennium
Ashore the Celestial Burden

ノルトライン＝ヴェストファーレン州を出自とした1989年から1993年までの活動で2枚のフル・アルバムを残し解散。その後2016年に再結成されたプログレッシヴ・デスメタル。オリジナルは Massacre Records からのリリースとなり、2015年に Century Media Records から再発された1stフル。音程が高いロウルにより紡がれるポエティックな歌詞もさることながら、深遠なアートワークを見ているだけでもファンタジックな旅情に包まれる名作だ。Entombed、Autopsy、Rush、Peter Gabriel 等からの影響を公言するデスメタル・サウンド。それは、サイケデリックな幻想性にドゥームメタルの訝しさが同居したアヴァンギャルドな雰囲気を醸し出し、ダイナミックなドラマ性を導いている。発表後は Unleashed、Tiamat、Samael とのツアーに出征した。

Revenge Productions
1998　　Germany

Dawn
Entrance to Malevolence [EP]

ラインラント＝プファルツ州ノイホーフェンにて Blood の才人 Martin "Witchskinner" Jäger(Vo、ここでは Gt も兼任) を中心としたラインナップで 1990 年から 1999 年まで活動していたデスメタル。Dawn の後に Nunslaughter のリリース等で知られる Revenge Productions からのファースト・タイトルとなった 2nd EP。Blood でのグラインドコア・サウンドと比較すると、Deicide や南米気質で畳み掛ける地獄の業火のようなデスメタルを聴かせてくれる作品だ。全 5 曲 15 分 21 秒の烈火の如き展開は、純化したヴァイオレンスとして分かり易い。多層的なグロウルやブラストビートを用いた、後年の Obscenity 等にも通じるジャーマン・オールドスクールならではの暴虐性と、ビート・ダウンを主としたブルータル・デス要素とが混じり合う。

Nuclear Blast
1990　　Germany

Deathcore
Spontaneous Underground

1990 年に Nuclear Blast から本 1st フルをリリースし、1994 年に Spontaneous Underground という自主レーベルから 2nd フル『Monobrow』をリリース後解散した。ラインラント＝プファルツ州シュパイアー出身のポリティカルなデス／グラインドコア。Gt の Chuck は同郷のバンドである Blood の 1988 年と 2014 年以降のラインナップに加わる存在でもある。1990 年代半ばにドイツの UG シーンで尽力した S.L. Coe の最初のプロデュース作。初期 O.L.D や Macabre 系のコミカルさを伴うファストな楽曲が立ち並びながら、#7「Evil Dead Slaughter」等の邪悪なナンバーも収録した。濃厚にハードコアからの影響を匂わせるところには、当時レーベルメイトであった Pungent Stench 等も彷彿とさせる。

Galdre Records
1997　　Germany

Demantor
Your Only Satisfaction

首都ベルリンにて 1989 年から 2004 年まで活動していたオブスキュア・バンド。Demantor は、1993 年に『Eternal Fight』デモと、1997 年に極小レーベル Galdre Records から本作をリリースしている。メンバーは流動的だったが、本作制作時のラインナップは 3 人組。André "Reetschi" Reetsch(Dr)、Thomas Hube(Gt)、Andreas Krüger(Vo, Gt) からなる。ベースレスの編成だが、作風は低音を強調したブルータルなトーンで統一されており、あまり気にならない。昨今のスラッシュ寄りのテクニカル・デスメタルが遡ったような音ともいえ、手数が多く小回りの効いたスラッシュ・リフを主軸に、2 分から 3 分台の楽曲が立ち並ぶ作品だ。ベルリンは Studio Schonhauser での制作。

Deadly Art Production
2000　　Germany

Depression
Chronische Depression

1989 年に始動して以後、メンバーを迎えつつ、ベルギーの Agathocles、フランスの Inhumate、カナダの Mesrine、ブラジルの Rot、スペインの Haemorrhage ほか多くのバンドとの Split 音源。他、5 枚のフル・アルバムをリリースしている、Kai Sattelkau のワンマン・デス／グラインドコア・プロジェクト。ドイツで短期間運営した Deadly Art Production からリリースされた 1st フル。Mortician と Gods of Grind のカヴァーを収録。インタビューによると氏は Napalm Death、Nasum、Phobia、Rot をフェイバリットに表明しているが、ルーツはオールドスクール・デス。本作での気の病んだグラインドコアにも退廃美が宿るように、音作り自体はスウェディッシュ・デスからの影響が色濃い。

Western Europe　33

Hass Produktion
1992　Germany

Eternal Dirge
Morbus Ascendit

ノルトライン＝ヴェストファーレン州にて 1986 年に結成。1996 年まで活動を続けた、2 枚のフル・アルバムを残したバンド。Eternal Dirge の名作 1st フル。ドイツのパンクロック・バンド Hass 運営の Hass Produktion からリリースされた、唯一のデスメタル作品だ。2017 年に Unspeakable Axe Records からのデモ音源集を追加したリイシュー盤を経て、バンドも 2018 年に再結成。クトゥルフ神話や、ケイオスマジックという西欧魔術をモチーフとしたサウンドは、イマジネーションが豊か。巧みなテンポ・チェンジの導入やカッティング使いが独特なリフ・ワークも取り入れ、魅惑的な進行を描いている。専任の Key 奏者を擁した叙情性の高いアプローチが特徴的でもあり、影響を公言する Nocturnus や同郷の Dark Millennium にも通じる先進性を誇っている。

West Virginia Records
1991　Germany

Holy Moses
Terminal Terror

1980 年にノルトライン＝ヴェストファーレン州の地で結成され、世界初の女性グロウラー Sabina Classen 女史を生み出したスピード／スラッシュメタル・バンドとして知られる Holy Moses。この時代は、アングラなデスメタル・ヘッズを生んだ West Virginia Records/Morbid Music の運営と並行し、社会的なムードの前作『World Chaos』から一気にデスメタル・サイドへの傾倒を見せた。シャウト系だった歌唱も低音の響きが恐ろしいグロウルとなり、元々あった Venom 影響下の悪魔的なスピードメタル的次元での過激性の追求と、デスメタル特有の退廃的なミッドテンポとが重苦しく垂れ込める。女史によればバンド史上最も深い詩を描いたとして時折振り返られる作品でもあり、彼らの諸作品でのストレートな攻撃性とは異なる渋みを持つ。

Morbid Music
1991　Germany

Immortalis
Indicium De Mortuis

ニーダーザクセン州ゲッティンゲンにて 1990 年代初頭に活動していたデスメタル・バンドの唯一作。Holy Moses（当時）の Andy Classen(Ba) によるプロデュースの元 Stage 1 Studio にて制作を行い、West Virginia Records のサブ・レーベルである Morbid Music からリリースされた。1989 年まで Kreator に在籍していた Tritze(Gt) の名がエンジニアとしてクレジットされており、当時の力の入れようが窺える作品である。内容としても当時爆発的人気を博したフロリダ州タンパの Morrisound Recording 品質を意識したようなアプローチが印象的。閉塞感を煽るダウンチューニングを施したジョリジョリ、ジャギジャギ、ガシャガシャといった硬質なスラッシュ・リフを軸とした進行に、Key 奏者による抒情詩的な展開を挿入している。

West Virginia Records
1992　Germany

Incubator
McGillroy the Housefly

シュレースヴィヒ＝ホルシュタイン州にて 1989 年に結成。Rosenquarz Tonstudio を運営する Michael Hahn を中心に現在も活動中の Incubator による、West Virginia Records からリリースされた 2nd フル。1998 年に Godz Greed Records から、2017 年にウクライナの Archivist Records からリイシュー。1st フルを踏襲したオールドスクール・デスの文脈に連なる作風でも、今作はアヴァンギャルドなムードを嗜好し、異端の音楽性を提示した。退廃的なパワー・コードにスラッシュ・リフやサイケデリックな単音リフが織り交ぜられたバッキングに、低音のグロウルを軸としてヒステリックなシャウトやクリーン Vo を取り入れた音が響き渡る。聴こえ方としてはシアトリカルでもあり、Corpus Delicti 辺りの Goth な狂おしさを引き立てている。

Infected Virulence
Music of Melkor

1991 年にバイエルン州にて結成。1992 年に『Infected Virulence』デモ、1994 年にこの 1st フル、1997 年に『In the Outline of Clouds』EP を制作後解散、2010 年代半ばから再び活動を続けているバンドが、Infected Virulence。オリジナルは限定 300 枚生産の自主制作盤で激レアだが、2016 年にオランダの Raw Skull Recordz から「German O.S.D.M. Master Piece…」を冠してリイシューされた。J. R. R. Tolkien 文学のダークファンタジーから多大なる影響を受けた世界の絢爛で、Carcass 系のオドロオドロしさや、同郷の Fleshcrawl にも類するスウェディッシュ・デスから触発されたかの叙情味溢るる暴虐性を発揮している。

🔴 Self-released
📅 1994　📍 Germany

Jumpin' Jesus
The Art of Crucifying

1989 年から 1991 年にかけて活動。West Virginia Records 傘下の Morbid Music から本作を唯一残した、ノルトライン＝ヴェストファーレン州の Jumpin' Jesus。初期の Atrocity に匹敵するバッキングの変態的なテクニックと、露悪的な表現力の高い Miro Pavelic によるグロウルにより、猟奇性が満載のサウンドを披露。Gt の片割れである Mike Gage はジャーマン正統派 Forced Entry 出身ということもあり、エッジの効いたアタック感の応酬にメロディが埋もれておらず、魅惑的なスケールが広がるよう。同レーベルでは、最も技巧への耽溺を窺わせた名盤である。2017 年に Vic Records からリイシューされ、マニアや現役世代から話題を集めた。Holy Moses の Andy Classen(Ba) によるプロデュースの元、Stage 1 Studio にて制作。

🔴 Morbid Music
📅 1991　📍 Germany

Lemming Project
Extinction

1986 年にノルトライン＝ヴェストファーレン州はドルトムントにて結成。1989 年に『There is Nothing I Like to Say』Split に参加、1990 年に 1st デモ『Negative Hatecore』を制作し、Noise Records と契約。1991 年にこの 1st フル、翌 1992 年に『Hate and Despise』をリリースし解散した、ペシミスティックな個性派バンドの Lemming Project。Voivod 影響下の無機質でプログレッシヴな作風が、Celtic Frost ルーツのダークネスやネガティビティと撹拌され、冷酷な佇まいを露わにするかのデスメタル・サウンドである。界隈では物珍しい 1 つのリフが執拗に長いタイプで、終わりの見えない展開の数々には NEU! 文脈からの影響や、工業地帯の土着性もあったのではと勘繰りたくなるカルト作品だ。

🔴 Noise International
📅 1991　📍 Germany

Lunatic Invasion
The Selected Ones

ベルリンで元々 Kindl-Front と呼ばれるグラインドコア・バンドとしてスタートし、1988 年に Lunatic Invasion に改名。Invasion Records を運営していた "Maja" Majewski(Dr) のバンドとしても知られるドゥーム・デスメタルの 1st フル。市場的にはレア盤。Dream Death や Cianide に匹敵する鬱蒼とした侘しさのあるサウンドだが、その緩急が物凄い。本作以前に Agathocles との Split をリリースしていたりと、改名後もグラインドコアの要素も残していたバンドであるだけに、即興的な単音リフやブラストビートを用いた展開を催し、多量に吐き出される。時に Key による独特な音色や女性 Vo もフィーチャーした異色の名盤だ。続く 2nd フルでは一転してブルータルな音楽を聴かせた。解散後 "Maja" 以外のメンバーは Dämon を結成。

🔴 Rødel Records / Invasion Records
📅 1992　📍 Germany

Maledictive Pigs
Funeral Sermon

ブランデンブルク州にて 1992 年に結成された Maledictive Pigs による、1990 年代半ばに極短期間運営していた Galdre Records からリリースされた 1st フル。この頃はツイン Vo、ツイン Gt、Ba、Dr からなる 6 人編成。当時親交があった Golem の Andreas Hilbert をエンジニア／プロデューサーに迎え、Blue Art Studio での制作だ。Exhumed『Gore Metal』に先駆けたような Carcass 影響下のゴアな音楽性で、スウェディッシュ・デス系列の音作りで野蛮に繰り出される。ツイン・グロウルの掛け合いや 2 ビートでドカドカ推し進む展開等、リスナーの胸を躍らせる要素多し。イカした作品である。リリース後は Sinister、Blood、Illdisposed 等とのギグを重ねた。2001 年には Skinless との Split も。

- Galdre Records
- 1995
- Germany

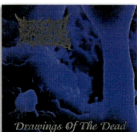

Mangled Torsos
Drawings of the Dead

1991 年にバーデン＝ヴュルテンベルク州にて結成された、Olli(Gt, Vo)、Patrick(Dr)、Frank(Ba) からなるバンド。Mangled Torsos の 1st フル。1993 年の Anatomia Reformata(解剖学的改革)EP が話題を博し、Morbid Records と契約を交わしてのリリース。2011 年に Memento Mori からリイシュー。マニアの間では知られた作品だが、オリジナル盤は高額で取り引きされる。Carcass 影響下のパソロジカルな要素を致死量まで飲み込みデスメタル的倍音で増幅した結果、フィニッシュ・デス界隈の狂気と類型されるに至ったサウンド。ゲロゲロとしたグロウルにより紡がれ、ミッドテンポの展開を軸としてドゥーミーに沈み込んでゆく。時に小気味の良いリズム・セクションを用いながら、オドロオドロしく陰鬱な妖美なムードを漂わせる名作だ。

- Morbid Records
- 1994
- Germany

Mortal Decay
Incarnated Souls Rebirth

US ニュージャージー州の Mortal Decay が既に活動していた 1997 年に、ドイツのザクセン州ライプツィヒ近郊で短期間活動していたバンド。Mortal Decay の、ブラックメタル・レーベルである Wolf Musik からリリースされた唯一フル作。ジャーマン・ブラックメタルの発信元を出自とした彼らは、当然シーンに属しており、同郷の Moonblood を手掛ける Igor Zimmermann がエンジニアを手掛けた。Morbid Angel『Domination』影響下の重厚な音楽だが、この時代のブラックメタル・シーン特有の黄昏のジャーマン・エピックに魅了される作品でもある。Lars なる専任の Key 奏者による Cradle of Filth にも通じる叙情的なシンセ・ワークの導入等を始め、デスメタルのプレイパターンを超えた多彩な技巧を聴くことが出来る。

- Wolf Musik
- 1998
- Germany

Obscenity
Suffocated Truth

北西部のニーダーザクセン州にて 1989 年に結成された Obscenity の 1st フル。1990 年代半ばに倒産する West Virginia Records からデビューしたバンドとしては、現在まで活動し続けている。1990 年代後半からは Fleshcrawl と共振したスウェディッシュ系の音作りでブラストビートを多用した作風ともなるが、この初期の音も完成度が高い。また彼らのアイデンティティに他ならないものが詰まっている。Malevolent Creation、Monstrosity、Deicide、Suffocation 等の US デスメタルから常に影響を受けていたと公言するサウンドは暴虐性に溢れ、ゴア & トーチャラスな露醜的ムードを形成。そして、絶妙なタイミングで正統派／様式美由来の叙情的なプレイが光る。2015 年に Vic Records からリイシュー。

- West Virginia Records
- 1992
- Germany

Orth
Ano Kato

1989年12月のベルリンにて、Syphilisなるバンドが改名する形でスタートしたOrthの1stフル。正式なタイトル表記は『ΑΝΩ ΚΑΤΩ』。デモ2作とシングルCDを経て自主リリースされたレア盤。Harris Johnsプロデュースの元、Music Lab Berlinで制作されており、異常にクオリティが高い。Atrocityに通じる技巧的なサウンドとグラインドコアの先進性が、激しくぶつかり合う。軽いスネアのタッチや、ドイツ語Voが特徴的で、サンプリングを使用する等の実験性も見られる。次作ではMorbid Recordsと契約。Arch Enemy、Dying Fetus、Entombed、Napalm Death、Six Feet Under等と同じステージを共有する等、2000年代初頭まで精力的な活動を見せており、2014年頃までは活動が確認できる。

● Self-released
📅 1995　👤 Germany

Poison
Into the Abyss...

R.U. Dead?のUli "Angel of Death" Hildenbrand(Gt)が元々在籍していたバンド。Poisonの1987年カセット・デモにリマスタリングが施され、1993年にMidian CreationsからリイシューされたLP。その激音は当時のヴァイブであったスラッシュメタルの激流というには渋い内容で、Venom起源のサタニズムを類推したようなもの。Sodom、Bulldozerや Necrodeath等の「1st Wave of Black Metal」といわれるバンドないし、日本のSabbatやPossessedなどに通じるところがある。しかしながら1982年から活動していたのだから、そのオリジナリティは凄まじく、1987年の早すぎる解散が悔やまれる。近年のトレンドに乗り、各作品がリイシュー。カルト・バンドとして人気急上昇中である。

● Midian Creations
📅 1993　👤 Germany

Polymorph
Innocent Suffering

1995年にザクセン州オーシャッツで結成されたバンド、Polymorphの1stフル。G.U.C.からのリリース。初期はHellhammerに似ていたとバイオグラフィに記述されているが、ここで聴けるのはMorbid AngelとDismemberのミックスのようなサウンドで、悪魔崇拝の禍々しい精神性を秘めている。1990年代末期のオールドスクール・デス故に市場価値は低い。が、Impending Doom ～ HatespawnのPatrick W. Engelによるプロデュースで、2003年にPurgatoryとのSplitをリリースした経歴や土地柄から鑑みると、Charon ～ Sepulchral Voice Records系の野蛮なアイデンティティが見えてくる。その後は断続的に活動を続け、2005年にEPを発表。2013年に新曲を公開した頃は、戦争がモチーフとなっている。

● G.U.C.
📅 1999　👤 Germany

PostMortem
Screams of Blackness

このPostmortemは、1991年にベルリンにてDirk Olesch(Gt)、Marcus Marth(Gt)、Matthias Rütz(Vo)、Tilo Voigtländer(Ba)、Marko Thäle(Dr)の5人組としてスタート。Husky-Recordsなる極小レーベルからのリリースとなった1stフルは、Therionの『Lepaca Kliffoth』を手掛けたSimon Fuhrmannがエンジニアを務めた。ゴシックロック影響下ともいうべき、艶かしい情緒が溶け込んだ作品。デス／スラッシュメタル的な展開の妙に、確信犯的な憂愁が漂うものである。その意味で1996年EP辺りでは、Type O Negativeの影響を強く感じさせているが、1997年に2ndフル発表後は、徐々にグルーヴメタル色の強い音楽へシフト。現在もその筋で活動を続けている。

● Husky-Records
📅 1993　👤 Germany

Atom H
1989　Germany

Protector
Urm the Mad

1986 年結成。ニーダーザクセン州出身のジャーマン・スラッシュメタルによる 2nd フル。オリジナルは Atom H からのリリースで、2015 年に High Roller Records からリイシュー。キャリアの中で Sodom や Kreator を追いつつ、Slayer や Possessed などに触発され、自らの音をデス・メタリックに変容させていったバンド。2nd もその橋渡し的な過程にある音源だが、このもっさりとした感覚はいかにもオールドスクール・デスらしいと思う。曲によっては Napalm Death や Carcass の影響から過激な速さを取り入れている。本作を最後に 2011 年の復活までバンドを去る Martin Missy のグロウルは、まるで取り憑かれているようだ。続く 3rd フル『A Shedding of Skin』は The Crown みたいなバンドの先駆けかの音で、こちらも名盤である。

Perverted Taste
1996　Germany

Purgatory
Damage Done by Worms

ザクセン州にて 1990 年から活動していた Musical Massacre の解散時メンバーにより、1993 年に結成。現在までコンスタントに活動を続け、数多くの作品をリリースしている Purgatory。ファンからは、Vader 直系といわれるデスメタルの演奏だが、その本質にはブラックメタル由来の暗黒性をミックスさせたサタニズムがある。Perverted Taste からの 2 枚の EP を経てリリースされた 1st フルでは、それに血気滾るグロウルの掛け合いや、女性によるコーラス、Key の音色等のリリシズムが同居したサウンドを聴かせてくれる。やはり Perverted Taste との契約もそうだが、ブラックメタル界隈との繋がりは厚い。2011 年の Darkened Nocturn Slaughtercult との Split の際には、相手方と Massacre(US) のカヴァーを演じた。

Majestic Union
2002　Germany

R.U. Dead?
...Completely Dead [Compilation]

1989 年のバーデン＝ヴュルテンベルク州ウルムにて ex-Poison の Uli Hildenbrand(Gt) を中心に結成されたバンド。Vo は Fleshcrawl の 1st フルで素晴らしい仕事を見せる Gero Schmitt。これは Majestic Union よりリリースされた編集盤で、2015 年に Iron Pegasus Records が似た編集盤をリリースしている。Morbid Records からのリリースとなった 1stEP と、自主レーベルからリリースされた続く 2 つの EP に加え、キャリアの中で制作したデモ音源をほぼ網羅した全音源集に近い仕上がりだ。Poison の延長線上にある渋いデス／スラッシュメタルが基本路線であるが、絶妙に溶け込んだ Celtic Frost や Voivod 影響下のような退廃性／不協和音の進行や淑やかな雰囲気のアルペジオ等の、知的な楽曲の構成が見事である。

Invasion Records
1993　Germany

Rest in Pain
Intense Tremor [EP]

Rest in Pain は、1988 年にテューリンゲン州トレプニッツで結成された、Ronald Schuch(Gt, Vo)、Uwe(Ba)、Michael Schlichter(Dr) からなる 3 人組。本作は、1992 年『Insalubrious Sights from the Dark Half』デモを経て、Invasion Records からリリースされた唯一作 EP。中高音域メインで、バスのアタック音が強調されたグラインド寄りのサウンド。跳ねるようなグルーヴと無調的な波長が合う。紳士のようなプロモと合わせて、翌年に Split をリリースする Vaginalmassaker の初期とも波長が合う。紳士のようなプロモと合わせて、Pungent Stench との類似を呼んでいるようだ。ジャケットは Michael 自身が手掛けたもの。ファンジン等で人気を博していそうな猟奇性だが、有力情報は掴めなかった。

Galdre Records
1995　Germany

Sarcastic Existence
Arts of Execution

ブランデンブルク州出身のデス／スラッシュメタル・バンド、Sarcastic Existence の唯一フル作。Maledictive Pigs の 1st フル『Funeral Sermon』や、Demantor の唯一フル作『Your Only Satisfaction』と共に、Galdre Records からリリースされたレア盤としてマニアの間で知られる。Sepultura の楽曲名がバンド名となっており、バンド・ロゴも完全に Sepultura を意識している。サウンドとしても『Beneath the Remains』の硬質度まではいかないまでも、やはり愛を感じさせる内容に頬が緩む。1995 年当時としては完全に旧時代的な手法の連続ではあるが、辺境系バンドが織り成すタイムラグにも近い Thrash to Death 的な雰囲気のあるイーヴルでオブスキュアな響きは、それだけで逆説的な魅力がある。

1MF Recordz
1993　Germany

Torchure
The Essence

ニーダーザクセン州にて 1985 年に結成。ローカルな活動の中で、Protector、Blood、Incubator 等とのギグを始め、Pestilence と Monstrosity とのツアーに帯同するなど強い存在感を放った Torchure。1993 年より後に活動することはなかったが、1MF Recordz からリリースされた 1st フル『Beyond the Veil』、加えて US の Cargo Records からも流通した本 2nd フルはオブスキュア作としてマニアからの高評価を得る。Staller 兄弟によるツイン Gt 編成への調整を経て制作された本作。スウェディッシュ系の音作りに影響を受けつつ、ミッドテンポのグルーヴ感を強調した整合感があり、随所に挿入されるメロウなリフや、Key による装飾等の多彩な展開力を持った Demigod や Disincarnate 辺りにも通じるサウンドを披露している。

West Virginia Records
1992　Germany

Traumatic Voyage
Traumatic...

バイエルン州ミュンヘンにて 1986 年から活動中。狂人 Mark Edward Astorian によるアヴァンギャルド・プロジェクトの 1st フル。時代により Bethlehem と共通するダークメタル期、Mortis にも通じるインダストリアル期、ダーク・エレクトロ期、1997 年以降の奥方の Unikhanya 女史と共にした期間で語られる。いずれも陰鬱の総体を成すものだが、本作は Peaceville の編集盤に参加した同年に、West Virginia Records からのリリースとなり、デスメタル全盛の時代性が現れた。シンセの音色による怪し気なメロディを中枢に据えた、まるで譫妄の世界を瞥見させるかの技巧的なデスメタルの構造を生み出している。Goth な世界観を演出しながらも、Hellhammer 影響下の原初的な暗黒性に浸かっていないオリジナリティは、狂人の躍如になるのだろう。

Vomiting Corpses
Coma: The Spheres of Innocence

ニーダーザクセン州で 1988 年から 1995 年まで活動を続け、解散。その後 2007 年に再結成した Vomiting Corpses による、Invasion Records から発表された唯一フル作。2014 年に US の Wardead Records からリイシュー。バンド曰く Immolation や Sadistic Intent、Morbid Angel 等から影響を受けている音楽。暗黒的で病的でやや技巧性を窺わせつつ、時局的なスウェディッシュ・デスの影響や、度々ギグを行っていた同州の Protector(後期)とのデス／スラッシュ的展開のシンクロも随所に見られる。Immolation『Dawn of Possession』での手法を彷彿とさせる、手数の多い Dr やタッピングを用いた Gt ソロ、ベースを効かせた仄かにメロディアスな展開はほろ苦くも甘美で、オールドスクールの良心が詰め込まれた佳作である。

Invasion Records
1995　Germany

Western Europe　39

レーベル特集

Lethal Records
設立年：1992
活動拠点：オーストリア

■：1990年代に運営。Disastrous Murmur、Belial、Fester、Miasma、Unholy、Sanctum等の、現代も語り継がれる名作をリリース。Nuclear Blastの流通を通して広く拡散した。オーナーのMichael Piesch は、Artmetal というファンジンを編集、Totennacht というゴシック／ダークウェーブでも活動していた。Lethal ≒「致死」。

Earache Records
設立年：1986
活動拠点：イギリス

■：Digby Pearson により設立されたノッティンガムのレーベル。元々はHeresy等の音源をリリースする小レーベルだったが、Napalm Death『Scum』での成功を機に巨大化。『Altars of Madness』『Grind Crusher』『Realm of Chaos: Slaves to Darkness』を始め、デスメタルを定義する重要音源の数々を生み出した。Toy's Factory から国内盤が配給されていた。

Nuclear Blast
設立年：1987
活動拠点：ドイツ

■：最大手メタルレーベル。Markus Staiger により設立。極初期は USHC 音源のリリースが多かったが、徐々にデスメタル・レーベルへとシフト。Master、Monstrosity、Pungent Stench、Disharmonic Orchestra、Benediction、Sinister 等、世界中のバンドと契約。早い段階でヨーロッパの中小レーベルの流通も担当し、リーディングカンパニーとしての地位を固めていった。

Peaceville Records
設立年：1987
活動拠点：イギリス

■：UKHC シーンの Dr だった Paul "Hammy" Halmshaw により設立。Goth なレーベル・カラーで人気を博す。Autopsy を輩出し、サブ・レーベルの Deaf Records からは、Banished、Morta Skuld、Therion、Vital Remains の他、数多くの作品を世に送り出した。しかし、当時はHC系のカタログと流通経路から、不遇の道を辿るデスメタル・バンドもいたようだ。

Century Media
設立年：1988
活動拠点：ドイツ

■：Despair の Robert Kampf(Vo) により設立。ドイツ、US、UK 等、各国に拠点を構える大手メタル・レーベル。1990 年代に Morgoth、Asphyx、Unleashed、Grave、Tiamat 等を輩出した。2003 年に Olympic Recordings を買収、2015 年に Sony Music 傘下に入った後も、大御所や新世代のデスメタル・リリースを継続している。

Thrash Records
設立年：1980年代
活動拠点：フランス

■：1990年代に短期間運営されたインディペンデント・レーベル。サブ・レーベルの Infest Records と並行して、デスメタルを専門に取り扱い、Sentenced、Carbonized、Mordicus、Wombbath、Epitaph、Excruciate、Torturer 等の作品を世に送り出した。いずれもマニアからの評価が高い。オリジナルは高額で取り扱われるが、後年に様々なレーベルから再発されている。

Osmose Productions
設立年：1991
活動拠点：フランス

■：Strangulation というディストロから発展する形で、Hervé Herbaut により設立。デスメタル・シーンの興隆で、Samael、Masacre、Blasphereion、Disastrous Murmur 等をリリース。1990 年代半ばからはブラックメタルを多数取り扱うように。その後もデス／ブラックメタルの混沌としたリリースを続けている。日本では、Howling Bull から直入盤帯付仕様が配給されていた。

CBR Records
設立年：1984
活動拠点：スウェーデン

■：初期スウェディッシュ・デスメタル重要レーベル。Asocial というファンジンを発行していた Fredrik Holmgren により設立。ストックホルムを拠点に、HC 音源を多数取り扱うディストロを運営。1990 年初期に、Tiamat、Entombed、Unleashed、Nirvana 2002 の先駆的音源をリリースした。1993 年に運営を終了後、Startracks というレーベルへ派生した。

Black Mark Production
設立年：1991
活動拠点：スウェーデン

■：Quorthon(Bathory) の父である、Börje "Boss" Forsberg により設立。1991 年にドイツはベルリンに本社を置き、1990 年代後半にスウェーデンのブルザホルムに移転した。Bathory のリリース・レーベルとして有名だが、デスメタル界隈でも数多くの名バンドを輩出した。Edge of Sanity、Cemetary、Fleshcrawl、Necrosanct、Seance 等である。

Witchhunt Records
設立年：1990 年代
活動拠点：スイス

■：Peter Jäger により運営。Opus Dei's Licence Productions、Suffering Records 等の別名義レーベルと併せて、アンダーグラウンドな作品をリリースした。Sinister、Phlegethon、Vibrion、Belial、Amon、Exhortation 等である。一部の作品は、Osmose Productions の流通を通じて、直輸入盤帯付仕様が配給されていた。

Cyber Music
設立年：1991
活動拠点：オランダ

■：ヘルダーラント州ベークを拠点に置き、1990 年代を活躍したレーベル。Transgressor、Cenotaph、Morbius、Dusk、Agathocles 等の作品をリリース。Phlebotomized、Ceremony、Dissect、Etherial Winds 等を始め、自国のバンドにも力を入れていた。1999〜2000 年頃に Cyber Music Compact Discs へ改称した。

West Virginia Records
設立年：1990 年代
活動拠点：ドイツ

■：Holy Moses の Sabina Classen と Andy Classen によるレーベル。デスメタルを専門に取り扱う Morbid Music を始めとした、多くのサブ・レーベルを運営。Incubator、Obscenity、Within Your Mind、Jumpin' Jesus、Immortalis 等といった、ドイツやオランダ周辺のバンドをプロデュースした。1993 年秋に終了。

Column 41

Iron Pegasus Records
設立年：1998
活動拠点：ドイツ

■：ファンジン Tales of the Macabre の編集者、Costa Stoios によるレーベル。Sabbat へのインタビューで知った Metalucifer の音に感銘を受け、欧州でのサポートを決意したことから始まっている。アンダーグラウンドかつオールドスクールなリリースが特徴で、Pentacle、Sadistic Intent 等のデスメタル作品がある。ジャンルの垣根を越えた、保守的/原理主義的な側面から、一定の評価を得ている。

Massacre Records
設立年：1991
活動拠点：ドイツ

■：Baphomet の Thomas Hertler により設立。西欧をメインに、幅広いメタルジャンルをカヴァーするレーベル。デスメタルでは、Dark Millennium、Sickening Gore、Crematory、Babylon Sad 等のリリースがある。1990年代半ばから2000年代にかけては、Swanlake Records というサブ・レーベルも稼働させ、ゴシックメタル、フォークメタルの取り扱いに特化した。

Malodorous Mangled Innards Records
設立年：1990年代
活動拠点：ドイツ

■：通称 M.M.I. Records。Markus Woeste により運営。当時ファンジン等で人気を博していた。カタログは、Gut、Dead、C.S.S.O. を始めグラインド系の作品が目立つが、デスメタル作品も多い。Avulsed、Deranged、Phlebotomized、Castle、Etherial Winds 等がある。1996年に Autonomy Productions となり短期間継続した。

Crypta Records
設立年：1990年代
活動拠点：ドイツ

■：1992年から1994年まで運営された幻級のデスメタル・レーベル。カタログには、Gorement、Khroma Death、Agretator、Amboss、Media in Morte 等の、中古市場では5桁以上の価格で取り扱われる激レア盤が連なる。値が張るだけではなく、西ドイツのプロダクションの良さに裏打ちされた内容で、後年に再発系レーベルからの注目を集めている。

Foundation 2000
設立年：1980年代
活動拠点：オランダ

■：オランダ初期のデスメタル・レーベル。Mark Fritsma により運営。Gorefest、Carbonized、Sempiternal Deathreign、Mourning 等の作品をリリースした。他、The Gathering『Always...』や Sad Whisperings『Sensitive to Autumn』といったゴシック系の先駆的作品もリリース。

Listenable Records
設立年：1991
活動拠点：フランス

■：ファンジンの編集者だった Laurent Merle が、7"EP のリリースを思い立ちスタート。初期のカタログには、My Dying Bride、Immortal、Luciferion 等がある。2000年代以降は、Immolation や Incantation 等のリリース・レーベルとなった。近年は、クラシックなUSデスメタル作品もリイシュー。その他にも幅広いジャンルをカヴァー。オフィシャルサイト等では、正式な設立は1997年としている。

42 Old School Death Metal Guidebook

Hammerheart Records
設立年：1995
活動拠点：オランダ

■：Peter van Ool なる人物と、Hordes なるブラックメタル・バンド等に Hammerheart 名義で活動していた Guido Heijnens の両氏により設立。2003 年秋に Karmageddon Media へと改称。2006 年に一度運営を終了したが、2010 年の秋に旧称で再始動した。元々はブラックメタル系のリリースが多かったが、近年は Dismember、Pestilence、Coffins 等もリリース / リイシューしている。

Vic Records
設立年：1992
活動拠点：オランダ

■：ファンジン Mortician Magazine の編集者だった、Roel van Reijmersdal により設立。1990 年代後半に一時運営を休止したが、2005 年から運営を再開。その後、Chemical Breath、Torchure、Phlebotomized、Necrosanct、Xysma、Carbonized 等の名盤をリイシュー。The Chasm のライセンス盤等もリリースしている。

Dark Blasphemies Records
設立年：2009
活動拠点：スペイン

■：Unconsecrated というデスメタル・バンドや、Goregurgler Webzine で活動していた、David Garcia(Dave Devour) により設立。2010 年代に、オブスキュアなデスメタルのリイシュー・レーベルとして頭角を現す。Morbider、Embalmed、Obfuscation、Maggoty Corpse 等が連なるレーベル・カタログやディストロ・ページの端々に、腐敗したデスメタルへの愛情が滲む。

Xtreem Music
設立年：2002
活動拠点：スペイン

■：Avulsed の Dave Rotten によって設立されたスペインの最重要デスメタル・レーベル。1990 年に Drowned Productions として始まり、1994 年に Repulse Records へ改称。2002 年から現在の Xtreem Music へと改称し運営を続ける。自国のバンドの他、フィンランドや US のデスメタルを幅広く取り扱い、近年は Xtreem Cult Series を銘打ったリイシュー盤カタログも充実している。

F.O.A.D. Records
設立年：1986
活動拠点：イタリア

■：Xeroxed Paper のスラッシュ / スケートコア系ファンジンとして、1986 年に Marco Garripoli が設立。1990 年代に DIY なハードコア・レーベルとして運営され、一度活動休止。2006 年に運営を再開した。極初期 Malevolent Creation、Desecration、Devastation、Necrodeath を始め、ハードコアの指標から切り開かれた数多くの Thrash to Death 音源をリイシュー。

Memento Mori
設立年：2010
活動拠点：スペイン

■：Acoustic Trauma Releases というレーベルや、Sacrophobia で活動してきた Raúl Sampedro が、2010 年に設立したレーベル。フィジカル需要が衰退していく時代の中で、「Carpe Diem, Memento Mori」をテーマに運営を続けている。主なリリースに、Ataraxy、Anatomia、Zealotry、Torture Rack、Witch Vomit、Vultur 等がある。

ダッチ・デスメタルの激重先駆者、近年のリバイバルでレジェンド化

Asphyx

出身地 オランダ・オーファーアイセル州オルデンザール
活動年 1987 〜 1996、1996 〜 1999(as Soulburn)、2000、2007 〜

ダッチシーンの先駆者、Century Media と契約し、世界的に活動
　オーファーアイセル州にある都市、オルデンザール出身。今なお多くの支持を集める Asphyx は、1987 年に Bob Bagchus(Dr) と Tonny(Gt) を中心に結成された。諸説はあるが、1988 年そこに Joost(Ba) の名を連ねた『Carnage Remains』デモを制作。Joost の在籍はこれ限りで、その後、Christian Colli(Ba, Vo) を迎え『Enter the Domain』デモを制作。氏もこれ限りの参加となり、後に 1990 年以降同郷のプログレッシヴ・スラッシュ Sacrosanct で活躍することになる。1989 年には、Christian Colli の後任として Theo Loomans(Ba, Vo) が加入。さらに第二の Gt として Eric Daniels を迎え、『Crush the Cenotaph』デモと、Nuclear Blast のサブ・レーベル Gore Records から『Mutilating Process』7"EP を発表。その後 Tonny(Gt) は脱退し、Gore Records との関係もこれきりで終了。1990 年には、Theo Loomans、Eric Daniels、Bob Bagchus の 3 人で新たな音源『Embrace the Death』を録音したが、一度御蔵入りとなった。その後、Theo Loomans は一度バンドを離れ、代わりに Pestilence を脱退した Martin van Drunen(Ba, Vo) を迎える。スラッシュメタル・シンジケートとして興隆を見せていたオランダ・シーンは、テープトレード文化を通じて急速に激化していった。その中核に位置した Asphyx は新進気鋭だった Century Media Records と契約を結ぶ。同社によって右記のようにまとめられている。「Asphyx は、Venom、Messiah、Hellhammer、Slaughter などの影響を受けて、爆発的な地下のシーンを更に爆発させた。テープ取り引きを通じて急速に広がっていくことになる幾つかのデモを制作した後、『The Rack』と『Last One on Earth』の 2 作は、Bolt Thrower、Benediction & Entombed とのツアーに至り、世界的な成功へと導いた。しかし世界に名を轟かせるメタル・バンドの 1 つになりつつあるにもかかわらず、数々のラインナップの問題がバンドに終焉をもたらした」。

オリジナルメンバーの不在、幾度のメンバーの脱退、プロジェクトバンドへの分岐、そして自殺
　1991 年に『Promo '91』デモを作成し、Century Media Records から『The Rack』をリリース。それに伴い、彼らは Entombed『Left and Path』のリリースに併せる形でヨーロッパ・ツアーに向かう、その最中にド

イツ／スウェーデンにて『Crush the Cenotaph』EPのレコーディングを行い、翌1992年には同作品をリリース、Bolt ThrowerとBenedictionとのツアーに続く。その後、Martin van Drunen(Ba, Vo)が脱退の意向を示す。バンドは後任にRon van Polを迎え新作のレコーディングに取り掛かるが、Martin van DrunenはVoとして先にレコーディングを済ませていた。そんな中で、バンドも彼の声を気に入っていたため、その壮絶な吐き捨て声が収録されることとなり、Ron van PolはBaのみでのゲスト参加となった。そして2ndフル『Last One on Earth』をリリース。その録音直後、Bob Bagchus(Dr)は脱退。氏はその後、Beyond BeliefのGt, VoでもあったA.J. van Drenthと共にThroneを結成している。後任は後にGod DethronedやGoreアンドInhumeにて猛威を振るうこととなるRoel Sanders。遂にオリジナル・メンバーがいなくなる。初期からのGtであるEric Danielsをリーダーにしながら、初期に在籍していたTonny(Gt)をゲストに迎え、1994年に3rdフル『Asphyx』をリリースしたが、まもなく解散。しかし、1995年には、Century Media Records契約以前に在籍したTheo Loomans(Ba, Vo)と、オリジナル・メンバーのBob Bagchus(Dr)のラインナップで、プロモーション・デモが制作されており、バンドのある時に別流が湧いて、水面下で動いていたのが分かる。1996年には、Beyond BeliefのBaでDead HeadのGtでもあったRonnie Vanderweyを Gtに迎え、再びCentury Media Recordsから4thフル『God Cries』を発表。それと同時期に1990年に録音していた『Embrace the Death』が5thフル・アルバムとして日の目を浴びる。それにも関わらずバンドは再び解散することとなった……。バンドが解散した後のEric Danielsは、Soulburnというプロジェクトを作った。そこにBob BagchusとTheo Loomansが加わり、彼らは三度バンドとして動き出した。しかしながらTheo Loomansはすぐに脱退。後任にPentacleのWannes GubbelsをBa, Voに迎え、1998年には『Soulburn』デモを制作。そんな中、1998年、Theo Loomansは電車事故で亡くなる(R.I.P.)。自殺だったとされる。「『God Cries』ツアーのキャンセルに伴う数々の問題に頭を抱えていた」とバンドはVoices from the Darksideのインタビューで語る。同年にSoulburnは、Century Media Recordsから1stフル『Feeding on Angels』をリリース。翌1999年に、彼らはSoulburnをAsphyxに改名、6thフルとなる『On the Wings of Inferno』をレコーディング。その後、2000年に同作品はリリースされるが、Asphyxはまたもや解散し、長い眠りに就く……。この1990年代後半から2000年代初頭にかけてのデスメタルは、各メディアから黙殺され、非情に辛い時期であった。特にオランダでは、衰退の一途をたどっている。

近年のデスメタル・リバイバルからオランダ・シーンでレジェンド化

　2007年、オリジナル・メンバーであるBob Bagchus(Dr)、オランダ・シーンの繁栄者と讃えられるようになったMartin van Drunen(Vo)、Soulburn～Asphyx『On the Wings of Inferno』以来のWannes Gubbels(Ba)を中心に、CremationやThanatosに在籍し、2006年にはHail of Bulletsを結成しているPaul Baayens(Gt)を迎え、再結成された。そこで、ドイツのParty.San Open Air festivalに出場。昔からのファンや、現代のデスメタルに大きな衝撃を与えたのは言うまでもない。そのままのラインナップで、2008年に日本のSabbat等の日本リリースで知られるIron Pegasus Recordsから『Death the Brutal Way』という7"EPをリリース。この作品は翌2009年の復活作となる『Death...the Brutal Way』収録の楽曲と、Celtic Frostの2006年復活作『Monotheist』からのカヴァーとなる「Os Abysmi Vel Daath」を収録した。その後、大手レコード・レーベルとなったCentury Media Recordsと再契約し、2009年には復活作の7thフル『Death...the Brutal Way』をリリースする。その同年に新世代ファンのため『Asphyx』と『God Cries』のカップリング盤である『Depths of Eternity』と、翌2010年に初期音源集となる『Abomination Echoes』をリリース、次いでドイツはノルトライン＝ヴェストファーレン州の都市エッセンのライヴ施設Turockで行われた公演を収録の『Live Death Doom』をリリースする。その間にWannes Gubbels(Ba)が脱退、メロディック・デスメタル・バンドEscutcheonのAlwin Zuurが加入。翌2011年には、フィンランドの気鋭ドゥーム／デスメタルとのSplitを、チェコのカルト・レーベルDoomentia Recordsから、次にThanatosとのSplitを、先方のSacrificeのカヴァーに対し、Nauseaの前身であるMajestyのカヴァーで応える形で、ドイツのカルト・レーベルCyclone Empireからリリース。非常に充実した活動を行っていく。そして若い世代や同国のレジェンドたちから多くのフィードバックを得た彼らは、先行シングル『Reign of the Brute』を経て2012年8thフルとなる『Deathhammer』をリリース。「過去にAsphyxを苦しめていた苦闘は、彼らの背後にあり、安定したラインナップでの活動がバンドにとって最も重く洗練した仕事を生み出し、かつてない予期せぬ人気と地位を達成したようだった」とCentury Media Recordsは言った。しかし、2013年にオリジナルのDrであるBob Bagchusは、需要の増加に伴って、家族の生活や仕事とのバランスをとることができなくなり、脱退の意向を示すようになる。バンドは彼の意思を尊重したが、同時にAsphyxの終わりを危惧した。ところがBob Bagchusは、バンドが近年成功し続けていることに対する彼の意見を表明する。Asphyxの伝統を尊重し、バンドを尊敬する新たなドラマーを探そうと。そしてAlwin Zuurの提案により、ドイツのブラック・スラッシュメタル・バンドDesasterに在籍する、TormentorことStefan Hüskensを後任に迎えた。そしてその布陣は、2014年にEU各10国と中南米各地でのツアーを行った後、新たな作品のレコーディングを始める。レコーディングの間、2015年に初期音源となるカセットをコレクトした『Embrace the Death』を、ギリシャのFloga Recordsからリリース。2016年にはDecibel Magazineの企画で『Deathibel』という7"EPをリリースした。その同年に『Incoming Death』からの先行シングルとしてWinterのカヴァーを含む『Servants of Death』をリリースし、9thフルとなる『Incoming Death』をリリース。その死と荒廃の健在ぶりを示した。

Western Europe 45

Century Media
1991

Asphyx
The Rack

オランダ東部ロッセルの Harrows Studio にてレコーディングした Asphyx の記念すべき 1st フルは、長きに渡り友好的な関係を築く Century Media から 1991 年に発表された。この関係性は Peaceville と Autopsy の関係にも近い。ヒリヒリした音質に聴き難いものも多いダッチ・デスメタルの中でも、確かな中毒性を持つ Asphyx のサウンドはここで確立された。それは Hellhammer 等から影響を受けた Eric Daniels(Gt) の独創性を引き立てる荒廃感によるものだ。この頃は界隈全体が少なからずスラッシュメタル脈系の技法を引きずってはいたが、本作は「Rack＝破滅」のイメージさながらで、ミドル・テンポを軸に 2 ビートでの疾走を絡め、終末的なメロディが深淵的な苦しみの世界を描き出す、底なしの退廃性を包み込んでいる。オールドスクール・デスのクラシックとして外せない作品だ。

Century Media
1992

Asphyx
Crush the Cenotaph [EP]

『The Rack』リリースに伴う 1991 年の Entombed とのツアー後に、ドイツのドルトムントにある Woodhouse Studio にてレコーディングした 3 曲に加え、スウェーデンのストックホルムでのライヴ音源 2 曲「Evocation」と「Wasteland of Terror」を収録した EP。前半 3 曲は 1989 年デモからの楽曲 2 曲と、2nd フルにも収録される楽曲「The Krusher」。ドイツでレコーディングした効果から、お国柄の荒んだ音質はマイルドだ。3 曲目も 2nd フルのものとは異なるマスタリングのため、趣が変わる。後半のライヴ音源は、バンド初期のハイライトとなった音源。オリジナルを支配しているヒリヒリとした質感が生々しく躍動し、破滅の美学が沈鬱に響き渡るようで、初期の Paradise Lost を彷彿とさせるセンスにも改めて気付かされる。

Century Media
1992

Asphyx
Last One on Earth

Bolt Thrower と Benediction とのツアー後、前作同様オランダの Harrows Studio にて制作され、リリースされた名盤 2nd フル。初期 Asphyx において Martin van Drunen のイカした吐き捨て声が聴けるのは本作が最後。加えて緩急に富んだミッドテンポを無慈悲に打ち続ける Bob Bagchus のドラミングも一旦最後。Eric Daniels の技巧的かつ終末的なギターがやわな耳を劈く詩趣を留めた、歴代最高ラインナップの終焉である。内容は前述のツアー後という特殊な時期で、音にその両者のフィードバックが巧く発揮されている。冥的なメロディはもとより、比較的シンプルなプレイ・パターンでひとつのリフが長かった『The Rack』の推進力に UK デスメタルの意匠が落とし込まれる形で、独自の荒廃サウンドをキャッチーに再提示した金字塔となっている。

Asphyx
Asphyx

セルフ・タイトルとなった 3rd フル『Asphyx』は、ドイツの Stage One Studio にてレコーディングを行い、1994 年にリリースされた。初期からの Gt である Eric Daniels をリーダーとし、オリジナル Gt である Tony Brookhuis をゲスト Gt に、当時無名だった Sander van Hoof を Dr に、前フル作から加入している Ron van Pol を Ba、Vo に迎えている。メンバー、レコーディング環境の変化があったことにより、サウンド・ベースから既に、これまでの Asphyx とは趣を異にする代物で、最もデス／ドゥームメタルとしての陰鬱な気配が立ち込める作風となっている。しかし初期デスメタルの中にある、暗黒に陶然と響き渡るような陰性の叙情的旋律を五感で味わいたいのなら、これ程素晴らしいと感じる作品はないだろう。

Century Media
1994

46　Old School Death Metal Guidebook

Century Media
1996

Asphyx
God Cries

Bob Bagchus 側の Asphyx として再始動した彼らの 4th フル。Martin van Drunen 以前の Ba, Vo であった Theo Loomans と共に活動を再開した彼らは、Dead Head で Gt を弾いていた Ronnie Vanderwey を迎え、再びオランダの Harrow Studio にてレコーディングに挑んだ。Theo Loomans のベース・ワークは能動性に溢れ、歌唱は Obituary の John Tardy を彷彿とさせる吐き捨てた声だ。Ronnie Vanderwey のプレイ・スタイルは攻撃的なジャーマン・スラッシュからの影響を感じさせるものだが、よりパンク/ハードコア寄りにシフトしてきている、それがミドルを得意とする Bob Bagchus のドラミングと合わさることにより、この時期を生きた Asphyx による実験的戯れを謳うような作風となっている。

Century Media
1996

Asphyx
Embrace the Death

時は 1990 年初頭、ex-Pestilence の Martin van Drunen 加入前夜に、Bob Bagchus(Dr)、Theo Loomans(Ba, Vo)、Eric Daniels(Gt) の 3 人で 1st フル用にレコーディングされ、レーベルの都合や金銭的事情で御蔵入りになっていた音源が、1996 年に Bob Bagchus と Theo Loomans の再会を期に、5th フルとして漸く日の目を見ることとなった。本作収録の楽曲自体は、後の作品に収録されたりもするが、オカルティズムを支持する Theo のオドロオドロしい吐き捨て声は壮絶で、Martin とは別種の生々しさを引き立てている。Pestilence の遺伝子と交配する以前の純然たる Asphyx の本質が、濃密な退廃性を醸し出すカルト名作である。1989 年『Mutilating Process』7" シングルの 2 曲を追加。

Century Media
1998

Soulburn
Feeding on Angels

Asphyx 一時解散後の 1996 年〜 1999 年に、Eric Daniels を中心として活動していた Soulburn の 1st フル。当時は氏と共に Throne でも活動していた Bob Bagchus(Dr) と、Pentacle の Wannes Gubbels(Ba, Vo) というラインナップで制作され、Century Media Records からリリースされている。トレモロ・リフを取り入れた楽曲は、寒々しいオーラに彩られたブラックメタル寄りの楽曲となっているが、陰鬱に沈み込む冥的な音の連なりに Asphyx の面影を想起させる。時を経て、2013 年に Bob と Paganizer 他での Rogga Johansson を中心に、昔の Bathory みたいな楽曲を演奏するコンセプトで To the Gallows が立ち上げられ、2014 年にこのプロジェクトへ帰属。幾つかのフル・アルバムを発表している。

Century Media
2000

Asphyx
On the Wings of Inferno

Soulburn『Feeding on Angels』リリースからの同じラインナップで、故郷の Harrow Studio にてレコーディング。そして Asphyx に名を戻し、リリースされた 6th フル。Sinister との共міз以上のブラックメタル的なコールド・リフが印象的な『Feeding on Angels』の延長線上ではなく、30 分足らずの音源だが、1990 年代 Asphyx の活動を総括するかの充実した内容で畳み掛ける。原点回帰的な印象ともやや違い、Pentacle の Wannes Gubbels(Ba, Vo) による演奏が『The Rack』や『Last One on Earth』時代のカオスを呼び起こしつつも、Eric Daniels(Gt) の演奏としては、先鋭化した冥的なソロや今までにない静謐なアルペジオを用いた、より多彩な手法で聴かせてくれる。こちらも名盤だろう。

- Century Media
- 2009

Asphyx
Death...The Brutal Way

Century Media Records からリリースされた 7th フル。2007 年、オリジナル・メンバーの Bob Bagchus(Dr)、同国シーンの繁栄者として讃えられる Martin van Drunen(Vo)、活動休止以前に在籍した Wannes Gubbels(Ba) を中心に、Thanatos / Hail of Bullets 他の Paul Baayens(Gt) を迎え、再結成された Asphyx。2008 年『Death the Brutal Way』7" EP を経て、オランダはエンスヘーデの Sonic Assault Studio で 2008 ～ 2009 年にかけレコーディングを行い、Dan Swanö がミキシングを手掛けた。Dan ミックスの為、憂愁を帯びた退廃美やメロディ面が強調された作りで、絶妙に休止以前のリフ遣いを織り交ぜており、マニア泣かせの復活作ともなった。

- Century Media
- 2010

Asphyx
Abomination Echoes [Compilation]

Century Media Records からリリースされた 7"LP6 枚組。『Embrace the Death』の 2009 年再発盤は 2 枚組で、その Disc2 にはリマスターしたバンドの初期音源集を収録。本作は、その元音源を基に制作された。Disc1:1988 年デモ『Enter the Domain』、Disc2:1989 年デモ『Crush the Cenotaph』、Disc3: 未発表音源『Rehearsals』Disc4:1989 年シングル『Mutilating Process』、Disc5:『Promo '91』、Disc6:『Live in Holland '89』を収録。Timo Ketola によるアートワーク、Slayer magazine の Metalion による紹介、バンドのライナーノーツ、当時のフライヤー等を収録した小冊子付属の濃密リイシューとなっている。

- Century Media
- 2012

Asphyx
Deathhammer

8th フルは、Paul Baayens の自宅を改装した Morser Studio にて試行錯誤したものを、メンバー達の間でディティールを詰め、楽曲にした。Gt と Ba はそこで、Dr と Vo は Harrow Studio にてレコーディング、前作に引き続き Dan Swanö の Unisound Studio にてミキシング / マスタリングが施されている。2009 ～ 2010 年にかけ、Ba の Wannes Gubbels が脱退、Escutcheon の Gt であった Alwin Zuur が加入しての初のフル作となる。本作までに、Hooded Menace、Thanatos との Split やライヴ作等をリリースしていることもあって、バンド自身が原点に立ち返ったかのピュアな荒廃感が発揮された。最高の仕上がりである。陶然と響き渡っていくメロディの装飾は、Asphyx の本質を映しているように感じられる。

- Century Media
- 2016

Asphyx
Incoming Death

前作発表後、唯一のオリジナル・メンバーである Bob Bagchus(Dr) が脱退することとなり、Alwin Zuur が以前から交友関係を築いていたドイツのブラック・スラッシュメタル Desaster の Stefan Hüskens を後任に迎えて制作された 9th フル。2014 年のヨーロッパ 10 か国と中南米各地でのツアー後に、Dr/Vo は Devious 等を手掛ける Tom Meier のスタジオにて、Gt/Ba は前作と同じ方法で Morser Studio にてレコーディング、ミキシング / マスタリングは引き続き Dan Swanö が手掛けている。前作を踏襲した作風にも、1994 年 3rd フル以来の、Bob Bagchus ではない Dr ワーク。Stefan Hüskens はファスト・パートを得意とする実力者で、疾走パートでの拍子は加速しながらにも、重たく沈みこむ部分ではバンドの伝統を重んじている。

ダッチ・デスメタルの立役者、後年デス・エン・ロールに転身

Gorefest

出身地 ゼーラント州フス
活動年 1989 〜 1998、2005 〜 2009

Colin Richardson プロデュースでダッチ・デスメタルの立役者に

　Slayer、Celtic Frost、Sodom、Asphyx、Autopsy、Carcass 等より影響を受け、ダッチ・デスメタルの立役者となった Gorefest。1989 年にゼーラント州のゾイト＝ベーフェラント島に位置するフスにて、Jan-Chris de Koeijer(Ba, Vo)、Frank Harthoorn(Gt)、Alex van Schaik(Gt)、Marc Hoogendoorn(Dr) により結成されている。結成から 2 ヶ月余りで制作したデモ『Tangled in Gore』が、オランダのカルト・レーベル Foundation 2000 に見出され、契約を交わした。1990 年に『Horrors in a Retarded Mind』デモ、DSFA Records からの Acrostichon、Sinister、Gorefest、Dead Head、Disfigure との『Where is Your God Now...?』Split 等のリリースや、Asphyx とのギグ、Carcass のサポート等を務め界隈の注目を集めた後、1991 年 6 月に Colin Richardson のプロデュースの元、オランダ・ローゼンダールの Stonesound Studio にてレコーディング、イギリスの Axis Studios にてミキシングという絶好の条件で、1st フル『Mindloss』を完成させた。同年 8 月にリリース後、US ニュージャージー州の Revenant 等とのツアー前後にメンバーの調整を有した。Alex van Schaik(Gt) と Marc Hoogendoorn(Dr) が脱退し、Ed Warby(Dr)、Boudewijn Bonebakker(Gt) と交代することになる。そして 1990 年代のダッチ・デスメタル・シーンを代表する Gorefest のラインアップは安定することとなった。1992 年に Cenotaph Records から『Live Misery』をリリース後、Foundation 2000 から当時急速な成長を見せていた Nuclear Blast に移籍。再び Colin Richardson プロデュースの元、同年 7 月から 9 月にかけて制作を行い、10 月に 2nd フル『False』がリリースされた。リリース後は Deicide、Atrocity とのヨーロッパ・ツアーを敢行している。

デス・エン・ロールへと変貌を遂げるが売上が低迷し、プログレッシヴロック等のプロジェクトに勤しむ

　オールドスクール・デス・フリークからの彼らへの焦点はこの 2 枚までの活動に定まっており、これ以降の彼らは、より大衆面を意識したアプローチに切り替わり、デス・エン・ロール (Death 'n' Roll) のサウンド・スタイルへの変遷を遂げていくことになる。そしてそれに付随して、彼らをより上の（メジャーな）ステージへ、のし上げていくこと

になるのであった。Gorefest は自ずと旧来のファンから離れていくのであったが、商業的には黄金期となっている。1994 年に 3rd フル『Erase』1996 年に 4th フル『Soul Survivor』他、いくつかの Split、シングル、EP をリリース、数多くのツアーやフェスに出演、Death のツアーにも帯同し、ヨーロッパ全域を賑わせている。その後も順調に活動は続けられたが、1998 年にリリースされた 5th フル『Chapter 13』でのセールスが不振に終わり、解散してしまう。各メンバーはそれぞれの音楽の道に進んでいった。中でも Ed Warby(Dr) に関しては、後にプログレッシブロック／メタル・バンドの Ayreon や、Star One での活動で名を馳せることになる。

その後彼らは Nuclear Blast 契約下の元、2004 年に再結成を果たした。解散時と不変のラインナップでいくつかのフェスに出演、同レーベルからの総音源集『The Ultimate Collection Part 1』〜『The Ultimate Collection Part 3』を経て 2005 年に 6th フル『La Muerte』、2007 年にはここへ来て最高傑作とまで評された 7th フル『Rise to Ruin』をリリースしている。しかし、翌 2009 年 6 月、メンバーのバンドに対する関心の薄れから再び解散することになった。2012 年にはオランダの Hammerheart Records から、初期デモ音源集『The Demos』をリリース。やはり、今もこの初期から 2 枚のフル・アルバムは、全世界のオールドスクール・デスメタル・フリークからの評価が高い。

Gorefest
The Demos [Compilation]

2012 年に Hammerheart Records からリリースされた、1989 年『Tangled in Gore』デモと 1990 年デモ『Horrors in a Retarded Mind』のカップリング LP。作風は 1st フルを遡って、初期のみ在籍した Alex van Schaik(Gt) のハードコア感覚溢れるプレイアビリティが発揮。Ed Warby(Dr) 加入前につきプログレメタル側の技工性も出てきていないため、UK の潮流とも共鳴するようなオールドスクール・デスを演奏している。Gorefest なるバンド名ならではのスプラッター・ホラー的世界観が貫徹された、今尚ファンから愛される作品群である。特にスペインや南欧のバンドに影響を与えた。同内容の CD が、2005 年に Nuclear Blast からリリースされている。

 Hammerheart Records
2012

Gorefest
Mindloss

オランダのカルト・レーベル Foundation 2000 と契約を交わし、1991 年 8 月に発表された 1st フル。Colin Richardson をプロデューサーに迎え、オランダ・ローゼンダールの Stonesound Studio にてレコーディング、イギリスの Axis Studios, Sheffield にてミキシングが行われた。Jan-Chris de Koeijer(Ba, Vo)、Frank Harthoorn(Gt)、Alex van Schaik(Gt)、Marc Hoogendoorn(Dr) という結成時のラインナップ。Alex は、元々ハードコア畑の人物である。当時多く共演していた Acrostichon とも通じ合うタメの深さと、Asphyx をサイケデリックに組み替えたようなメロディ進行を描き、初期の Bolt Thrower にも通じる暴力的躍動を生んだ。驚異的な名盤である。

Foundation 2000
1991

Gorefest
False

Nuclear Blast から 1992 年 10 月に発表された 2nd フル。Alex van Schaik(Gt) が Boudewijn Bonebakker(Gt) に、Marc Hoogendoorn(Dr) が ex-Elegy の Ed Warby(Dr) と交代。再び Colin Richardson プロデュースの元、オランダ・フラウウェンポルデルの Ron Konings' Studio にてレコーディング、イギリスの The Windings Residential Studio にてミキシングされた。レーベルの移籍や Alex 脱退から、ダッチ・デス特有のヒリヒリ感やハードコア側の攻撃性に代わり、メロディアスになった楽曲とプログレ・サイドの展開が目立っている。後の成功への布石となった傑作。#1 冒頭のスポークン・ワードは、シリアルキラー Edmund Kemper へのインタビューから抜粋したもの。

Nuclear Blast
1992

Nuclear Blast
1994

Gorefest
Erase

1993年にDeath や Cannibal Corpse、Carcass 等とのフェスに出演。この時点で世界的成功へ王手がかかり、1994年1月～3月にかけてドイツ・ゲルゼンキルヒェンにてレコーディングとミキシング、Dr のみ同年1月にオランダのStudio Zeezicht にて録音され、同年6月に発表された3rd フル。オランダの『Wolverine Blues』ともいうべき事実上のデス・エン・ロール・スタイルへの転換作だが、Entombed のそれと比べると、Six Feet Under のようなグルーヴメタル色が強い作風となった。ブラストビートやメロディック・デス風味の疾走感もあり、とめどないポテンシャルを秘めている。従来のファンからは反感を買ったが、オランダとドイツを中心に商業的成功を収め、新規ファンを呼び込むことに成功した作品でもある。

Nuclear Blast
2005

Gorefest
The Ultimate Collection Part 3 - Soul Survivor & Chapter 13 + Bonus [Compilation]

2005年に Nuclear Blast からリリースされた、1996年4th フル『Soul Survivor』1998年5th フル『Chapter 13』のカップリング再発盤。当時のデモやライヴ音源等を追加収録。音楽性としては、ゲストとして René Merkelbach(Piano, Mellotron, Organ) が在籍していた特殊な時代だが、音楽性としては『Erase』以降のデス・エン・ロール的作風を邁進した。ただ、そこでのグルーヴ要素は、Entombed や Carcass 等の手法と比べれば、また違った趣を留めている。Ed Warby(Dr) が影響を公言する Pink Floyd、Black Sabbath、Thin Lizzy 等、プログレッシヴロックや明確な 70'sHR からの影響が見て取れる創造的な作品達で、近年の Convulse に近い世界観でもある。

Nuclear Blast
2005

Gorefest
La Muerte

Nuclear Blast 契約下の元、2006年10月に発表された復活作 6th フル。2004年に Jan-Chris de Koeijer(Ba, Vo)、Frank Harthoorn(Gt)、Boudewijn Bonebakker(Gt)、Ed Warby(Dr) からなるラインナップで再結成。2005年7～8月にかけてオランダ・ロッテルダムの Excess Studios にてレコーディング、デンマークの Antfarm Studio にてミキシングが行われた。作風は解散以前の『Soul Survivor』路線を活かしつつ、Bolt Thrower や Asphyx にも通じる重厚なデスメタル・パートで攻め立てている。Jan-Chris de Koeijer の歌唱も一貫して凶悪なグロウルを聴かせてくれる。必ずしも界隈から温かく迎えられた再結成作ではないが、情感的な作品に仕上がった。

Nuclear Blast
2007

Gorefest
Rise to Ruin

前作に引き続いて 2007年3～4月にかけオランダ・ロッテルダムの Excess Studios にてレコーディング、デンマークの Antfarm Studio にてミキシングが行われ、同年8月に発表された 7th フル。ここへ来てオールドスクールなデスメタルへ回帰。『False』時の音質に『Mindloss』時のエクストリーム性が呼び戻され、旧来のファンや新たなオールドスクーラーからの関心を集めた。最高傑作との呼び声の名盤だ。これだけの作品を作り上げたことで、各メンバーの Gorefest へ対する思いが燃え尽き、第二の解散へと歩み始めることになる訳だが、その内容は、聴き手を全く飽きさせない展開のオンパレードである。Bolt Thrower 直系の圧殺感を持つミッドテンポからブラストビートへ雪崩込むかの展開を求心力に、これまでの多様な構築的美学も高く表現されている。

Western Europe 51

ジャズ・フュージョンまで取り入れたテクニカル・ダッチ・デス

Pestilence

出身地 オランダ・オーファーアイセル州エンスヘデー
活動年 1986～1993、2008～2014、2016～

二度の復活劇を経て、オールドスクール・デス・リヴァイバルへ多大な影響

　　Pestilenceは当初スラッシュメタル・バンドとして結成されたが、USシーンの音楽的過激化にテープ・トレードを通じて影響を受け、デスメタルへと転向。そして技巧的かつプログレッシヴな方面へ突き進む。AsphyxやBolt Thrower等で活躍した、Martin van Drunenを輩出したことでも知られ、オランダのデスメタル・シーンにおける先駆者のみならず、その後のデスメタルへ与えた影響は計り知れない。革新的なまでのテクニカル要素を持つバンドで、1990年代半ばの以降のブルータル・デス～プログレッシヴ・デス勢や、近年活躍しているRudeやSkeletal Remains等のオールドスクール・デス・リヴァイバル勢へも影響を与えている。1994年に一度解散したが、2008年にオリジナルメンバーであるPatrick Mameliを中心に再結成。2014年に再度解散するも、2016年には再び活動を再開しており、現在は比較的モダンな向きに進み、活動を継続している。
　　始まりは1986年夏オランダ。Patrick Mameli(Ba)、Randy Meinhard(Gt)、Marco Foddis(Dr)、Chuck(Vo)の4人組として結成された。Chuck(Vo)はすぐに脱退してしまい、翌1987年に3人組でのラインナップで『Dysentery』デモを制作。その後、Patrickの計らいにより、Martin van Drunen(Vo, Ba)が加入、PatrickはGtへ転向した。そして2本目のデモとなる『The Penance』を制作。この時分よりVenom、Possessed、Celtic Frostなどからの影響が顕著に現れ、サウンドを極端に重たいものへと変化させていった。この2本のデモがアンダーグラウンドで人気を博し、Roadrunner Recordsと契約。そしてAssassinやDestruction、Sortilègeなどを手掛けていたKalle Trappをプロデューサーに迎えレコーディングを行い、1988年に1stフル『Malleus Maleficarum』をリリースした。その後、Randy Meinhard(Gt)とMarco Foddis(Dr)が脱退し、スラッシュメタル・バンドSacrosanctを結成した。MarcoはすぐにPestilenceへと戻り、Randyの後任へは、TheriacのPatrick Uterwijkが迎えられた。Patrick Uterwijkの加入は更にバンドへテクニカルな要素を注ぎ込むこととなる。1989年に、VoivodやKreatorなどを手掛けていたHarris Johnsをプロデューサーに迎え、ドイツはベルリンのMusic Lab Studiosにてレコーディングを行い、2ndフル『Consuming Impulse』をリリース。その後

Autopsy、Bolt Thrower、Morgoth 等とのヨーロッパ・ツアー、Death、Carcass 等との US ツアーを行った後、Martin van Drunen が脱退し、Asphyx へと向かう。その 1991 年に半ばサポート・メンバーとして Atheist の Tony Choy(Ba) を迎え Patrick Mameli(Gt) が Vo を兼任したラインナップで、Scott Burns をプロデューサーにフロリダ・タンパの Morrisound Recording にてレコーディングを行い、同年 9 月に 3rd フル『Testimony of the Ancients』がリリースされた。その後のバンドはより先進的な方向へと突き進んでいき、新たに Jeroen Paul Thesseling(Ba) を迎え、1993 年のジャズ・フュージョン期ともいわれる時期に、Cynic、Fear Factory、Believer、Treponem Pal 等との Split 作『The Breed Beyond』、4th フル『Spheres』がリリースされ、解散の一途を辿った。

2008 年に Patrick Mameli(Gt, Vo) を中心に再結成、Darkane の Peter Wildoer(Dr) と Tony Choy(Ba) を迎え、2009 年にオランダの Mascot Records から 5th フル『Resurrection Macabre』をリリース。その後、幾つかのメンバー・チェンジを経ながら、2014 年までにテクニカル・デスの文献に連なる 2 枚のフル・アルバムをリリース。Patrick Mameli による Necromorph での活動のため再び活動を休止。2014 年からは再び活動を再開し、Hammerheart Records と契約。2018 年に 8th フル『Hadeon』がリリースされた。

🔴 Roadracer Records
📅 1988

Pestilence
Malleus Maleficarum

1988 年 9 月に Roadracer Records から発表された 1st フル。Patrick Mameli(Gt) を中心に、Martin van Drunen(Vo, Ba)、Randy Meinhard(Gt)、Marco Foddis(Dr) の編成で、Assassin や Destruction などを手掛けていた Kalle Trapp をプロデューサーに迎え、レコーディングを行った。この頃までは、あくまでもイカしたスラッシュメタルとなる。Kalle のプロデュースは 1987 年の『The Penance』デモにあった低音のドロっとした感触を省き、極端なスピードと技巧的な展開力を強く打ち出した。Possessed に肉薄するソリッドなリフに、ロウ・プロダクションよろしくな叙情的な野蛮さが掛け合わされ、目まぐるしく展開されるサウンド。それは、多くのスラッシュメタル・ファンを虜にした。

🔴 Roadracer Records
📅 1989

Pestilence
Consuming Impulse

1989 年 12 月に Roadracer Records から発表された 2nd フル。前作発表後 Randy Meinhard(Gt) が脱退したため、後任に Theriac の Patrick Uterwijk を迎えたラインナップで、Voivod や Kreator 等を手掛けていた Harris Johns をプロデューサーに、ドイツはベルリンの Music Lab Studios にて制作。Martin van Drunen(Vo, Ba) の歌唱が吐き捨てから低音のグロウルへ変化し、全体のチューニングも低くなっている。先進的かつ技巧的なデスメタルとして広く認知され、彼らの世界的な成功に繋がった名盤。Demilich や Dying Fetus が影響を公言する、Pestilence の最高傑作である。当初予定していたジャケットは残酷過ぎたため、レーベルから差し替えられている。人の共喰いを描いたかのものであった。

🔴 Roadracer Records
📅 1991

Pestilence
Testimony of the Ancients

1991 年 9 月に Roadracer Records から発表された 3rd フル。前作発表後 Martin van Drunen(Va, Ba) が脱退、後任に Atheist の Tony Choy(Ba) を迎え、Patrick Mameli(Gt) が Vo を兼任する編成で、Kent Smith(Key) をゲストに、Scott Burns をプロデューサーに迎え、Morrisound Recording にて制作。カリフォルニアの Oasis Mastering にて名匠 Eddy Schreyer のマスタリングが施された。同年の 10 月に発表された Death『Human』に先駆け当時最も技巧的で先進的なサウンドを収録。全 16 曲の曲間にインスト曲を配し、変拍子や無調的な進行の中、流麗な単音リフ、情感的なソロ、壮麗な Key ワーク、暗黒的なグロウル等により形作られる。その全てが、聴く者を圧倒する名盤だ。

Western Europe 53

Roadrunner Records
1993

Pestilence

Spheres

1993年5月にRoadrunner Recordsから発表された4thフル。前作発表後Tony Choy(Ba)がJeroen Paul Thesselingに置き換えられ、Shrapnel Recordsの作品を多く手掛けていたSteve Fontanoをプロデューサー、エンジニアに迎え、オランダのStudio Arnold Mührenにて制作。Patrick Mameliが当時その方面に相当入れ込んでいたらしく、ジャズ・フュージョンとデスメタルを掛け合わせた音楽を目指して制作された代物だ。これまでの音との連続性にある、シンセGtを導入したローファイな音作りに起因する、宇宙性の想起がこの音世界の全てであるが、プロダクションは能動的で、その全てが計算され尽くした展開の中で躍動し溶け合う様は、Atheist的な音変遷とも同一視できるよう。いとも幻想的な旅路を追体験できる。

Mascot Records
2009

Pestilence

Resurrection Macabre

2009年にMascot Recordsから発表された復活作5thフル。Patrick Mameli(Vo, Gt)を中心に、同氏とC-187で演奏し3rdフルに参加していたex-AtheistのTony Choy(Ba)に、DarkaneのPeter Wildoer(Dr)がゲスト参加した形で、Abortedほか多くのバンドを手掛けるJacob Hansenプロデュースの元、デンマークのHansen Studiosにて制作。ジャズ・フュージョン・テイストのあるグルーヴメタル・バンドC-187での活動から音楽シーンに復帰したPatrickの音楽的素養が随所に発揮されるテクニカル・デスメタル作品。Necrophagist以降の流麗なGtワークが強調されつつ、これまでの独創的なリフや、グルーヴメタル的な躍動感も巧く取り込まれている。

Mascot Records
2011

Pestilence

Doctrine

2011年にMascot Records、Candlelight Recordsからリリースされた6thフル。Patrick Mameli(Vo, Gt)を中心に、Patrick Uterwijk(Gt)と当時Obscuraに在籍していたJeroen Paul Thesseling(Fretless Ba)が復帰、Yuma van Eekelen(Dr)を新たに迎えた4人組でのラインナップで、Obscuraの各作品を手掛けたDark FortressでTriptykonのV. Santuraが運営するドイツのWoodshed Studioにて制作された。引き続きテクニカル・デスの作風ながら、Jeroenの幽玄なプレイを引き立てた先進的な要素も垣間見せ、45歳を迎えたPatrick Mameliの歌唱も喉を押し潰したような吐き捨て型のシャウトへ変化し、凶悪な一作に仕上がっている。

Candlelight Records
2013

Pestilence

Obsideo

2013年にCandlelight Recordsから発表された7thフル。Patrick Mameli(Vo, Gt)とPatrick Uterwijk(Gt)に、テクニカル・デスメタル・バンドPsycropticのDavid Haley(Dr)、Georg Maier(Ba)という編成で、Spacelab Studioにて制作。UKのTuran Audioにてマスタリングが施された。再結成後のグルーヴメタル的な要素を感じさせていた作風から、テクニカル・デスメタル性を追求した作風に向かった。Carnal Forge『Please...Die!』のような開幕からOrigin張りの緻密なリフとフル・ブラストによって途切れることなく展開され、絢爛たるソロ・パートを配しつつ技巧的表現を高める。研磨性に溢れるスリリングな楽曲は、決してオールドスクールではないが新規ファンの開拓に繋がった。

Pestilence

Hadeon

新たに Hammerheart Records と契約。初期名作群のリイシュー後に、リリースされた 8th フル。Patrick Mameli 以外のメンバーは一新され、Tony Choy と Synkronizity 内で関わりがあり、一時 Cynic にも在籍していたベネズエラ人の Santiago Dobles(Gt)、Paradox や Vicious Rumors での活動で頭角を現したスロヴェニア人の Tilen Hudrap(Ba)、Krucyator Productions のオーナー率いる Autokrator 等で活動してきたルーマニア人の Septimiu Hărşan(Dr) という国際的なラインナップで制作された。原点回帰を銘打った大々的なプロモーションが行われたが、作品としては『Spheres』を彷彿とさせる出来栄えで、SF のテーマや彼らの豊かな技巧力が、解りやすい形で繰り広げられている。

Hammerheart Records
2018

Pestilence / ex-C-187、
Patrick Mameli インタビュー

『Hadeon』制作期間中の Patrick Mameli にインタビューを敢行！ Roadrunner records がシーンに参入し、デスメタルが商業的成功を収めていた時代の中心で孤高のテクニックを響かせたオランダのレジェンド。Hammerheart Records 経由で連絡を取り合うことが叶い、その歴史について、長文の質問をメールで送り、長文で返信を受け取った。本書の執筆が大幅に遅れてしまったことで、その新たなマスターピースを全くプロモーションできなかったのが悔やまれる。Asakusa Deathfest 2019 での奇跡の来日公演をプロモーションできなかったのも、非常に悔やまれる。

Q：現在の Pestilence は、Patrick Mameli のソロ・プロジェクトとして見られる部分がありますが、1987 年『Dysentery』デモ、『The Penance』デモ、1988 年の Roadrunner のコンピレーション『Stars On Thrash』『Teutonic Invasion Part Two』への参加。同年の名盤 1st フル『Malleus Maleficarum』までに関しては、一つのスラッシュメタル・バンドとして

目されていたと思います。ある時、高度で技術的な方向へ向かっています。

A：俺は Pestilence で一番古く、そして唯一のオリジナルメンバーであり、シンガーソングライターでもある。この点について言えば、俺が Pestilence であると言えるかもね。俺がいなければ Pestilence は存在しなかった。けど一人では成し得なかったし、この新しいラインナップでは最高のミュージシャンがいるからね。

Q：ある時、あなたは Martin van Drunen(Vo) を迎えています。氏はデスメタル・シーンの中でも最高のグロウルを聴かせてくれます。

A：俺はもう歌いたくなかったし、ギターに集中したかったからヴォーカリストが必要だったんだ。その時はバンドにとって彼が最適な選択肢だったんだ。

Q：この頃の Pestilence は、Possessed 等の影響を受けていたと思いますが、これはテープトレードから得た音楽なのでしょうか？ また、どのような部分に惹かれましたか？ 初期のオランダには Thanatos がいましたし、その後、Asphyx、Sinister、Usurper などが登場しますね。友人やギグでの思い出はありますか？

A：俺たちは 1984 年にテープトレードを始めたよ。それが逸材を探し出す唯一の方法だったんだ。俺たちは、数多くのパンクやグラインドコア等の音楽を聴き始めたよ。初期の Possessed や Death も、俺たちに主に影響を与えたバンドの一つだったね。そして、アメリカのバンドと競うため、自己流に音楽をアレンジし始めた。当時は、Roadrunner と契約を結んだことを羨ましがられていたから、オランダの他のバンドとは一切の友好関係を持っていなかったね。

Q：あなたから見てその時のオランダの状況は、どのようなものだったのでしょうか？

A：Sinister、Hail of Bullets、Asphyx のようなバンドが現れるまでは、あまりいいシーンではなかった。それでも俺たちは常に誇りを持って、オランダをサポートしていたね。それは今でも変わらず、常にベストを尽くして競い合っているよ。

Q：補足的にお聞きしたいのですが、Pestilence は、近隣国にも関わらず UK な Napalm Death、Carcass、Bolt Thrower 等の影響を受けていませんね。Asphyx や Gorefest 等と比較しても、スラッシュ的な側面を強く打ち出しているように思います。これは

Western Europe 55

敢えてそうしていたのですか？

A：うーん、俺たちはイギリスのデスメタル・シーンには一切影響を受けていないよ。どちらかと言えばアメリカから出てくるバンドに注目していたかな。

Q：Possessed や Death からの影響に関しては、その時代に機器と音源を簡単に手に入れることができましたか？　テープトレードに熱心だったそうですね。いつ頃から始めたのでしょうか？

A：俺たちは、機器がほとんどない、小さなところからスタートしているね。Death や Possessed のようなサウンドを作り上げることは困難だったから、それとは別に Pestilence にハマるサウンドを模索したよ。テープトレードをバンドを始める前からやっていたよ、確か 16 歳くらいだったと思う。色々あったな。

Q：『Malleus Maleficarum』は 1988 年にリリースされました。Kalle Trapp がプロデューサーとなっていますが、あなたが選んだのですか？　彼はまた、奇妙な部分があったかと思いますが、印象的な逸話があれば教えてください。あなたは彼の作品に満足していますか？　この最高のスラッシュメタルは、US シーンのカウンターとして響き、邪悪で非常に先進的なアレンジが目を見張ります。当時の目論見としてはどのようなものでしたか？

A：Karo Studios というスタジオで制作されたんだけど、そこは当時のレーベルから提案されたところだった。俺たちはプロフェッショナルなスタジオに入れることに、とてもワクワクしていたんだ。彼はドイツの有名なメタル・バンドと仕事をしていたから、ヘヴィでスラッシーな音楽には慣れていた。まあでも、Kalle はドラムのゲートに関しては問題があったから、そんなにハッピーな気分ではなかったけどね、ハハ。当時は、これが音楽面と生産面での最善の方法だったのは間違いない。今はカルト・サウンドと呼べるかもね。

※ Kalle Trapp＝Mad Max、Sortilège、Paradox、Destruction、Kreator 等を手掛けた名エンジニア

※ゲート＝指定した音量以下のサウンド（ノイズ）をカットするエフェクト

Q：『Consuming Impulse』は翌 1989 年にリリースされました。新しい Gt として、ex-Theriac の Patriick Uterwijk を迎えています。出会いはどのようなものでしたか？　ここであなたは本気でデスメタルを演奏し始めました。Martin van Drunen の歌唱法も変わったと思います。何を試しましたか？

A：俺たちは Theriac と一緒にショーをやったんだけど、その時に Patriick Uterwijk を見て、とにかく魅力的で才能のある人物に見えたんだ。あとはご存知の通りだよ。彼とは『Obsideo』まで一緒に活動していた。『Consuming Impulse』は、とにかくよりヘヴィでデスメタル的なサウンドに仕上げたかったんだよね。でも、Martin は『Malleus Maleficarum』の頃と同じように歌っていたから、大ゲンカになった。『Consuming Impulse』の雰囲気をブチ壊したと思うんだ。彼は激怒して、ベルリンの街に消えて行ったけど、少ししてから戻ってきて、俺は Jeff Becerra のような歌唱法を教えることを受け入れてくれたんだ。『Consuming Impulse』で完璧な仕上がりを得るた

めには、彼を本気で怒らせる必要があったんだ。ハハハ！

※ Jeff Becerra＝Possessed の Vo

Q：Sodom や Voivod を手掛けた Harris Johns をプロデューサーに迎えており、最高に荒々しいサウンドです。プログレッシブな面も見られます。氏が手掛けていた Voivod の影響はありましたか？　またこの作品は Demillich や Dying Fetus も影響を公言しています。当時の反応はいかがでしたか？

A：その時にはもう影響を受けることに興味がなくなっていたな。このサウンドを作り上げるのに、話し合いも問題も一切なかった。人々はとにかく『Consuming Impulse』を愛してくれてね。とにかく象徴的なアルバムになったよ。デスメタルの歴史の一部になれた事を誇りに思っている。

Q：この作品はオールドスクール・デスメタルを象徴するアートワークとして人気がありますが、元々はもっと残酷なものでした。Roadrunner Records が新しいものに差し替えたものですが、あなた自身はこの新しいアートワークがお好きですか？

A：当時は何も言うことはなかったね。彼らはただそれを俺たちに押し付けただけさ。デスメタルを市場で試していた期間でもあったと思うし、彼らがそれを商業化したがっていたのも理解できるよ。だけど、バンドに相談せずに決めるのは、良くないことだと思わない？

Q：Autopsy や Bolt Thrower とのヨーロッパ・ツアー、Death や Carcass 等との US ツアーが行われていました。とても忙しい時期であったと存じますが、その時代を振り返ればどのようなことが思い出されますか？私はこれを見に行くタイムマシンを作ることを考えています……。

A：ジャンルやシーンが始まった時に、活動できていた事にただ感謝してるよ。デスメタル・シーンは盛んで、一つ一つの瞬間を楽しんだ。アメリカのバンドと競い合うのは大変だったけど、歴史に爪痕は残せたと思うし、悔いはないね。

Q：『Testimony of the Ancients』は 1991 年に発表されています。あなたは Martin van Drunen の Vo を引き継ぎました。そして Atheist の Tony Choy が参加しました。理想的なサウンドに近づきましたか？

A：俺たちは常に最高のサウンドを作り上げるのにベストを尽くしているんだ。どんな方向にも影響されることもない。君は知っていると思うけど、俺は基本的にはデスメタルも音楽も聴かない。俺がやる事すべては俺の中から溢れ出てきているんだ。

Q：Scott Burns プロデュースの元で制作されており、現在も語り継がれる象徴的な傑作です。曲の間に様々なインストゥルメンタルが挿入されていますが、映画や他のインスピレーションはありましたか？

A：新しい音楽を作るのはとても難しいよね。曲の間に短いテーマを入れることで、新たな雰囲気を追加したくなって、それが上手く出来上がったんだ。メロディは、とても力強いかもしれない。インスピレーションは内なる感情からきていたね。

Q：これまでの音楽から一転して、叙情的でドラマ性溢れる作品になったのが印象的です。強力なプロダクションでは、フュージョンの幻影も垣間見ることができ

ますが、あなたが嗜好していたフュージョン・ジャズの好みが表れていますか？

A：Cynic が、Pestilence をジャズの世界に引き込んでくれたんだよね。全く新しい世界が開かれて、俺は興味をそそられたんだけど、影響を受けるのは嫌だったけどなんだと思う？『Spheres』が生まれたのはその時なんだよ。それは Pestilence からはかけ離れていて、多くの人々がそのアルバムを好まなかったね。俺は理由を知っている。なぜならそれは俺じゃなかったからだ。俺は別の音楽スタイルに影響され過ぎたんだ。Pestilence はもはやもう Pestilence ではなくなっていた。汚染されてしまっていたといえるね。

Q：『Spheres』は 1993 年のリリースですね。オランダの Studio ArnoldMühren で制作され、Shrapnel Records の作品に精通した Steve Fontano がエンジニアです。ここからフュージョン・ジャズのテクニックを真剣に見ることができますが、あなたはそのままデスメタルから脱出しようとしましたか？

A：デスメタルは、一定のルールの中で、非常に制限されているよね。結局のところ、当時の俺たちは、本当に Roadrunner Records から逃げ出したかったんだ。このルールやセットから逸脱した作品を生み出すことによって、その悲惨な状況から抜け出したってワケだよ。

Q：この作品でギターシンセの使い方を間違えたという記事を読んだことがありますが、実際のところはどうだったのでしょうか？ 攻撃的なサウンドは作ろうとしたのですか？

A：ギターシンセを使う事によって、楽曲に良い追加要素を加えることができるかもしれないけど、決してメインにはならないよ。この機材では、攻撃的なサウンドへは到達できなかったんだよ。

Q：例えば Pestilence が、Death, Atheist, Cynic, Believer 等の成功と比較して技術的になった場面には、Suffocation, Gorguts, Cryptopsy 等のブルータルなバンドの登場を挿入することができると思います。あなたはテクニカル / ブルータル・デスのシーンを知っていましたか？ やはり他のバンドには興味がありませんでしたか？

A：俺が関心を持っているのは Pestilence の成功だけだし、それは今でもそうだよ。なぜなら、それだけが俺に関係のあることだからね。シーンで何が起こっているかだけを把握したとしても、俺は何とぶつかるかを知っているよ。自由な戦いの中で、誰が挑戦者であるかを知るようなものさ。闘いに勝って、病的にねじ曲がったオリジナルの音楽を届けないとね。

Q：このような素晴らしい活動の後、Pestilence は長い眠りに就きました。シーンへの復帰は 2006 年となり、C-187 の活動から来ていますが、これまでのあなたの人生はどうでしたか？ どのような仕事をされていましたか？

A：会計事務所で普通の仕事をしていたよ。脚光を浴びずにいられる生活を求めていたね。メタル・シーンの表舞台では、非常に厳しい要求を受けることがあり、それに合わせないといけないからさ。

Q：あなたはその時楽器を演奏しましたか？ あなたは音楽の趣味を変えましたか？

A：俺は常にキーボードやギター、そしてドラムを演奏していたね。それが俺をミュージシャンでいさせてくれるんだよ。ジムにトレーニングに行くようにもなったね。こっちの方が、大きな満足感を得られる時もあるよ。

Q：C-187 で活動した後、2009 年に Mascot Records から『Resurrection Macabre』をリリースする形で、Pestilence を再開していますね。あなたと Tony Choy、Darkane の Peter Wildoer の 3 人組ラインナップによる、モダンでブルータルなサウンドとして、その 3 つの驚異的な技巧性が前面に現れていますが、それはフュージョン・ジャズとデスメタルのミックスとも呼べる方法論の延長線上にある、強力なサウンドだと思います。しかし復活ということもあり、昔の Pestilence が持っていた魅力的なサウンドについても、旧来のファンからのウォントがあったように思います。現在のデスメタル・シーン自体の、技術的能力の全体的なレベルが高まっていますが、こういった動きやシーンがある中で、目標等についてあれば教えてほしいです。

A：俺はシーンと呼べるものに上手くフィットできたことが少ないと思う。常に自分の道を選んできたからね。復活後は、8 弦ギターで新たなスタイルの作品をいくつか作ったね。2018 年に Hammerheart Records からリリースされた『Hadeon』では、オールドスクールな作風を意識しているよ。この作品を本当に誇りに思っている。

Q：誠にありがとうございました。

Pestilence、Bolt thrower、Autopsy - Blood Brothers Tour 1990

ダッチ・デスメタルのブルータリティを刷新したレジェンド

Sinister

出身地 南ホラント州スキーダム
活動年 1988 〜 2003、2005 〜

ド迫力のフルブラストによりブルータル・デスメタルとも見なされている

　Sinister は、南ホラント州スキーダム出身のバンドである。Encyclopaedia Metallum での記述では、1988 年に活動を開始したことになっているが、Facebook のバイオグラフィでは、1989 年からの活動とある。バンド自身が、Death-Metal hype（デスメタルの誇大宣伝）の真っ只中で産まれたと述べているように、シーンの先駆者ではないものの、ダッチ・デスメタル史上、最も影響力のあるバンドの一つへと成長することとなる。ド迫力のフルブラストが目を見張り、ブルータル・デスメタル側のバンドとして認知されることも多い。本書掲載においては、1990 年代の活動とカタログを中心に掲載したい。

　Mike van Mastrigt(Vo)、Ron van de Polder(Gt)、Aad Kloosterwaard(Dr) の 3 人がオリジナル・ラインナップである。そこに Corzas(Ba) という人物が加わって制作された 1990 年デモ『Perpetual Damnation』、1991 年デモ『Sacramental Carnage』の反応を受けて、Nuclear Blast と契約を交わした。初期のデモ音源は、1500 以上の販売があったということで、当時からの人気の高さを窺わせる。また、Nuclear Blast 外での活動としても、数多くの音源が存在する。1990 年 DSFA Records からの 4 Way Split 『Where Is Your God Now...?』、1990 年スイスは、Witchhunt Records のファーストタイトルともなった 7"EP 『Putrefying Remains / Spiritual Immolation』、1991 年 US は、Seraphic Decay Records からの 7"EP 『Sinister』等である。1991 年からは、Entombed とのツアーで意気投合した Lars Rosenberg と共に、Monastery というサイド・プロジェクトを立ち上げて活動していた。

　1992 年に Nuclear Blast からリリースされた、Hypocrisy, Afflicted, Resurrection との 4 Way Split 『Promo EP I』でのプロモーションを経て、1992 年に 1st フル『Cross the Styx』をリリース。その後、Cannibal Corpse, Deicide, Suffocation 等とのツアーに続き、世界的な成功を収めていった。（ディスクレビューに続く）

Nuclear Blast
1992

Sinister
Cross the Styx

Nuclear Blast からリリースされた名盤1stフル。当時は Mike van Mastrigt(Vo)、Aad Kloosterwaard(Dr)、Ron van de Polder(Gt,Ba)に、ex-Vultureの Andre Tolhuizen(Gt) を加えた4人組。ドイツでの制作で、プロデューサーは当時 Atrocity の Mathias Röderer(Gt)、エンジニアは Atrocity 等を手掛ける Falk Gruber と、意外な交際関係が確認できる。ダーク・ファンタジー的な世界観の SE に始まり、焦燥感を煽る緻密なリフ遣いと、破壊的なグロウル、圧倒的なスピードを誇るブラストビートを主軸に構成される。1992年のデビューという点で、必ずしも先駆的作品とはならなかったものの、その強靭なブルータリティは他者を圧倒し、Sinister の存在をシーンの上層に押し上げている。

Nuclear Blast
1993

Sinister
Diabolical Summoning

Nuclear Blast からリリースされた2ndフル。Ron van de Polder(Gt,Ba) が脱退(その後 Ceremony に加入)し、後任に Bart van Wallenberg(Gt) が迎えられた。ドイツの T&T Studio にてレコーディング。プロデューサー兼エンジニアに、名匠 Colin Richardson の名が連なる。アートワークは Wes Benscoter によるもので、直近で Hypocrisy『Osculum Obscenum』を手掛けている。Ron が脱退したため、ライティングの90%を Andre Tolhuizen(Gt) が務めた。Deicide の T シャツを着用し、インタビューでは Dark Angel から影響を受けたと語る氏だけに、スラッシュ経脈のプレイを仄かに活かしており、作品全体に絶妙な緩急が生まれている。#5「Leviathan」は MV が制作。

Nuclear Blast
1995

Sinister
Hate

Nuclear Blast からリリースされた3rdフル。翌年に国内盤がリリース。前作に引き続き、T&T Studio での制作で、Sodom や Massacra の作品に携わった Wolfgang Stach がプロデューサーを務めている。前作発表後に Andre Tolhuizen(Gt) が脱退したため、Bart van Wallenberg(Ba) が Gt を兼任。サウンドも全作からは大きく異なっており、Gt と Ba のユニゾン・プレイや、硬質な Ba ライン、不協和音的な主張等が、Sinister の持つ激速のダークな作風に脈打っている。スラッシュ経脈の技法から脱して、異形のブルータリティを発揮した傑作である。翌年の『Bastard Saints』EP を最後に、オリジナル・メンバーは Aad Kloosterwaard(Dr) のみとなり、その後も女性 Vo の在籍期間や、活動休止期間を挟みながら活動を続けている。

Vic Records
2015 Netherlands

Monastery
Ripping Terror [Reissue]

1990年代初頭に Sinister の Ron van de Polder(Gt) と Aad Kloosterwaard(Dr) が、Carbonized /Entombed 等での Lars Rosenberg(Vo,Ba) を迎え活動していたプロジェクトの1991年1stデモ。Vic Records からの CD 化再発盤。スラッシュメタル直系だった当時の Sinister とは異なり、露悪的なグロウルやブラストビートを軸としたグラインドコア寄りのデスメタル・サウンドを聴かせてくれる。本作の制作後は、1991年に Sicktone Records から Sinister との Split。1992年に US は Seraphic Decay Records 系列の Skin Drill Records からの唯一作 7"EP と、Slap a Ham Records からメキシコ Anarchus との Split をリリースしている。

Modern Primitive
1993　Netherlands

Acrostichon
Engraved in Black

1989 年に北ブラバント州にて結成された、Corinne van den Brand 女史 (Ba, Vo) 中心とする 4 人組。1990 年に DSFA からの V.A、1991 年に Seraphic Decay からの V.A に参加しており、当時注目されていた存在。1993 年に本作、1994 年に『Forgotten』EP、1995 年に 2nd フル『Sentenced』をリリース後、Corinne 女史以外のメンバーが Master のツアーに出張し、不協和が生まれ解散。その後、2009 年に円満な形で再結成。現在もライヴ活動等を行っている。Modern Primitive から発表され、2011 年に Memento Mori から 1991 年『Dehumanized』デモを追加し、再発された本作。グラインドコアからの影響を受けたスリリングな展開を主軸に、随所に哀愁のあるメロディを落とし込み、陰影に富んだサウンドを描き切る。

Displeased Records
1994　Netherlands

Altar
Youth Against Christ

オランダはハルデンベルグ出身の Altar は、1990 年の結成から 2001 年までに掛けて 5 枚のフル・アルバムと 1 枚のコンピレーションを残し、一時解散。その後、再結成と解散を繰り返す中で、Mandator の Marcel Verdurmen(Gt) や、Paper Doll Decay の Janneke de Rooy 女史 (Vo) 等が在籍した。2018 年からは AltarEgo へと改名し、女史をフロントウーマンとした体制を継続している。本作は両名の在籍以前に、オランダの Displeased Records 等からリリースされた 1st フル。反キリストと無神論主義を併せ持つ彼らの楽曲は、ニヒリスティックな表情を覗かせる。ヴァイオレントなスラッシュ・リフに、ファスト〜ミドル・パートからブラストまで変幻自在に展開されるリズム・セクションを絡め、原初的なデスメタル・サウンドに技巧的な聴き応えを感じさせる作品となった。

Blackend Records
1993　Netherlands

Antropomorphia
Necromantic Love Songs[EP]

北ブラバント州出身。ネクロフィリアや性倒錯のデスメタルを表現する一風変わったバンドの 1stEP。1993 年にスイスで極短期間運営された Blackend Records からのリリース。2011 年に The Crypt 並びに Metal Blade が 1992 年デモを追加した形で呼び起こし、2016 年に CD 化もされたカルト・タイトル。ミッドテンポ主体の退廃的でオドロオドロしい音に、シックなタメが効かせられる、まさしく死の瘴気を漂わせるような作品。メロウな Ba ワークも印象的である。バンドは 1993 年に本作を残した後、1998 年に 1st フルを自主制作。そこからラインナップの問題で一度活動休止したが、2009 年に再結成。2011 年の Neurotic Deathfest での出演から Metal Blade Records と契約。現在も死とエロティシズムに満ちた作品を鋭意作成中。

Displeased Records
1997　Netherlands

Arcane
Cascade

Mourning から Eternal Solstice へと渡る André van der Ree(Dr) が Dr、Vo として 1990 年代後半に在籍していた、南ホラント州のドゥーム・デスメタル。1995 年に『The Hatred in My Confused Mind』デモを制作後、Displeased Records と契約を交わしリリースされた唯一フル作。Sempiternal Deathreign や Asphyx、Mourning 等をルーツにしつつも、ゴシック寄りのダークな世界観を持つ音楽性。Decomposed(UK) 辺りにも類するミッドテンポ主体のもので、退廃的な曲進行にメロウな陰影を浮かべている。氏は本作発表の後にバンドを解散し、Dark Remains の結成〜 Warmaster での活動へと渡った。

● Shark Records
📅 1993 👤 Netherlands

Beyond Belief
Towards the Diabolical Experiment

東部オーファーアイセル州のカンペンにて 1986 年から 2012 年まで活動。2 作のデモを制作後、ドイツの Shark Records と契約を交わし、2 枚のフル・アルバムをリリースした。US の Revelation やデンマークの Nigro Mantia 等といったドゥームメタルからの影響とダッチ・デスメタルのミックスを生み出す。Delirium や Mystic Charm とも通じるサウンドのバンド。この 1st フルは、同時期に Dead Head でも活動している Robbie Woning(Gt) や Ronnie V.D. Wey(ここでは Fretless Ba) 等が織り成す、どんよりとしたリフの反復により、侘しく殺伐と展開。Acc や Key の病的な音色をフィーチャーしたパートも聴きどころだ。後年のラインナップでは The Monolith Deathcult のメンバーが絡んでいた時期もある。

● Witchhunt Records
📅 1992 👤 Netherlands

Bluuurgh...
In My Embrace

現在は Bong-Ra 名義で活躍するブレイクコア・アーティストの Jason Köhnen が元々在籍していた、ユトレヒト州ザイスト出身の Bluuurgh...。1989 年に結成から 1993 年まで活動。1990 年に Nuclear Blast 系列の Cannibalised Serial Killer から『Suffer Within』1stEP、1991 年にブラジルの Blackout Discos から Sentenced、Carbonized、Xenophobia との Split。翌年にスイスの Witchhunt Records から、この唯一フル作を残した。スラッシュ・リフのグルームな良さを煮詰めたようなダッチ・デスメタルを演奏しながら、Prong や Mitch Harris 系のインダストリアル要素も取り入れている。2015 年には Vic Records からディスコグラフィ盤がリリースされた。

● West Virginia Records
📅 1993 👤 Netherlands

Burial
Relinquished Souls

南西部ゼーラント州テルネーゼンにて 1991 年に結成。ドイツは Andy Classen 運営の Stage 1 Studio での制作を経て、West Virginia Records からのデビューとなった Burial の唯一フル作。オリジナルは激レアの 500 枚限定プレス。2012 年にスペインの Memento Mori からリイシューされた。多くのマニアを魅了する傑作として誉れ高い。Death や Massacre を始めフロリダ・デスメタルから強烈に影響を受けたサウンドは、手数の多い技巧的な Dr やスラッシュ・リフを軸に展開。メロウなソロ・パートも充実している。バンドは 1994 年に一度解散したが、2001 年に活動再開後はライヴやデモの制作等を行っている。それと並行して 2016 年から短期間、Bullcreek というバンドも稼働し、2017 年に唯一フル作『Osschaert』をリリースした。

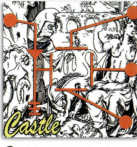

● Malodorous Mangled Innards Records
📅 1994 👤 Netherlands

Castle
Castle

リンブルフ州マーストリヒトにて 1989 年に結成。1991 年に『Chasing Unicorns』デモ、1992 年に『In Purple Visions』デモを制作後、Malodorous Mangled Innards Records と契約し、この唯一フル作をリリースした Castle。専任の Key、ピアノ奏者を擁する編成。やや自己内省的なムードの漂り、帝国、皇帝、城、魔導士、エターニティ等が連なる、ファンタジックな世界観を創出。初期の Gathering にも近いアヴァンギャルドな雰囲気に、ゴシックロックのイメージが同居したデスメタルは、アンニュイな立ち上がり。ダッチ・ドーム / デスが独創的変容を見せた形でミッドテンポ主体の進行となるが、後半の優麗な Key を起点にした転調がペーソスを効かせる #1「The 7th Empire」他、ドラマティックな展開力に富んで、聴き手の心を掴んで離さない。

Western Europe

Full Moon Productions
1999　Netherlands

Centurian
Choronzonic Chaos Gods

ex-Inquisitor の Wim van der Valk(Dr) と Rob Oorthuis(Gt) に、Severe Torture の Seth van de Loo(Dr/ここでは Vo) と Patrick Boleij(Ba) が加わり、1997 年に結成。2000 年代初頭にかけて Purgatory、Krisiun、Marduk、Sinister 等と共演してシーンを賑わせたバンド。本作は、ブラックメタル・レーベル Full Moon Productions からリリースされた 1st フル。2014 年に Hells Headbangers Records からリイシュー。ジャケットは Rob の血で描かれている。Seth 曰く「Morbid Angel の系譜に連なるサウンド」。自身のフルブラストを核とした手法に、Deicide や Krisiun からの影響を取り入れている。本作発表後、アムステルダムのオカルト・デスメタル、Zi Xul と合流した。

Cyber Music
1993　Netherlands

Ceremony
Tyranny from Above

1989 年のオランダ北部リッデルケルクにて Peter Verhoef(Gt) を中心に結成されたテクニカル・デスメタル。1991 年『Victims of Morbidity』デモを制作後、1992 年に Sinister の Ron van de Polder(Gt, Vo) が Ba で加入し、Cenotaph Records から『Inclemency』EP をリリース。2 作共にアンダーグラウンドで高い評価を受け、Cyber Music と契約。本作を残した。Sinister にも通じる鋭角かつソリッドなリフを、初期 Atrocity にも匹敵する技巧力で超然と組み替えたサウンド。独特の不協和的な進行やグラインドコアも飲み込んだアグレッションにより、高い独自性と疾走感のカタルシスを与えている。2016 年に Vic Records からリイシュー。2015 年には再結成し、ライヴ・シーンを中心に活動。

Displeased Records
1995　Netherlands

Consolation
Brave Melvin from the Southern Point

北ホラント州で 1989 年に結成され、2001 年に Cardinal へと改名を行い、2004 年まで活動。Nembrionic Hammerdeath ～ Nembrionic での活動と並行する Dennis "Gor Gho Phon" Jak(Gt, Key, Ba.Vo) を中心としたデス / グラインドコア。本作は、オランダの Displeased Records からリリースされた 1st フル。ブラストビートとトレモロ・リフを主軸とした Sinister や Vader にも通じる音楽性だが、作中ラストとなる #13 は、ブラックメタルのような金切声を聴かせており、当時のモダニズムを感じさせる。コンセプトはジャケットやアルバム・タイトル、歌詞に見られる通りで、アメリカ南部の奴隷制度を題材に扱った社会思想が詰め込まれている。因みに 1991 年から 2003 年までの Dr は、2011 年から Sinister で活躍する Toep Duin。

Mascot Records
1993　Netherlands

Creepmime
Shadows

南ホラント州にて 1991 年に結成。1998 年までの活動で当時設立されたばかりの Mascot Records と契約し 1993 年に本 1st フル、1995 年に 2nd フル『Chiaroscuro』をリリースした Creepmime。Pestilence の Patrick Mameli(Gt, Vo) によるプロデュースの元で、ロッテルダムの Excess Studios にて制作。1990 年代の Pestilence や Death にも通じる、低音のスラッシュ・リフを陶然と響かせる詩趣の、デス / スラッシュメタル・ルーツのプログレッシヴ・デスメタル。全 8 曲総てが 5 分以上のタイムランで作り込まれている。多彩なリフ遣いと、本作リリース後に脱退する Rogier Hakkaart(Vo, Gt) の、時にウィスパーで時に吐き捨てるようなグロウルにより、様々な影 (Shadows) の視点を覗かせる作品。

- Self-released
- 2002　Netherlands

Cremation
Retaliation

1999 年から Thanatos、2006 年から解散まで Hail of Bullets、2007 年からは Asphyx にて活動している Paul Baayens(Gt) が、元々 Gt, Vo として在籍。氏を中心に 1993 年の結成から 2003 年までユトレヒト州にて稼働していた Cremation の唯一フル作。オリジナルは自主制作盤であるが、2016 年に Vic Records からリイシューされた。初期のデモにて Pestilence の名曲「Out of the Body」カヴァーを演奏していることもあり、音も影響を窺わせる緻密なリフで構成。そのグルーム感覚で溢れかえる構成に、後期 Death にも通じる叙情的な Gt ワークをフィーチャーした展開が組み込まれ、聴き手への求心力を高めるプログレッシヴ・スタイル。Excess Studios での制作。

- Bad Taste Recording
- 1993　Netherlands

Dead Head
Dream Deceiver

1989 年にオーファーアイセル州カンペンで結成されたオランダを代表するスラッシュ／デスメタル・バンドの一つ。Possessed、Dark Angel、Sadus 等から影響を受けた攻撃的なサウンドが当時のデスメタル・シーンで評価され、Bad Taste Recordings と契約。Edge of Sanity と Invocator とのツアーを始め、多くの名バンドと共演を行い 1990 年代に成功を収めた。この Bad Taste Recordings からリリースされた 2nd フルでは、デスメタル特有のミッドテンポを軸とするサウンドへの変容を見せている。Beyond Belief で活動を行っていた Ronnie Vanderwey(ここでは Gt)、Robbie Woning(Gt) によるヘヴィなツインリードと、Tom van Dijk(Ba, Vo) によるジャンキーなデス・ヴォイスが絡み合う。

- Prophecy
- 1990　Netherlands

Delirium
Zzooouhh

北ホラント州ホールンにて 1988 年に結成。同年に『Delirium』デモ、翌 1989 年に『Amputation』デモを制作後、Prophecy of Doom(UK) の Shrew(Vo) が絡んでいた Prophecy と契約を交わし、本唯一フル作をリリースした Delirium。後に The Gathering や Phlebotomized 等の諸作を生み出す Beaufort Studio のエンジニアを務める Han Swagerman(Dr) を中心に、Mark Honout(Gt, Vo)、Laura Beringer(Ba) 等の編成。その DIY な環境で制作されたカルト・ドゥーム・デスメタル作品である。Hellhammer をルーツとして Asphyx 等との共振を見せる、息の詰まるような轟音は、ハードコア・サイドのシンプルなリフ構成とビート感が魅力。近年 Memento Mori から再発された。

- Cyber Music
- 1993　Netherlands

Dissect
Swallow Swouming Mass

南ホラント州で 1990 年から 1997 年まで活動。Vincent Scheerman(Gt, Vo) を中心に、Eternal Solstice 等での Philip Nugteren(Gt) が在籍していたことでも知られるバンド。Dissect の Cyber Music からリリースされた唯一フル作。Han Swagerman 運営の Beaufort Studio にて制作。緻密なダッチ・デスメタルの曲構造にゴアやゾンビなどのコンセプトを持ち併せつつ、Grave や Carcass 等に触発され、激 Low な要素を飲み込んだディストーションで溢れいる。Carcass 影響下という点で初期の Gorefest ともシンクロした、スロウネスの濃厚な楽曲は、時に不安感を煽る SE 等を挿入し、病的なムードを高めている。2012 年に Vincent を中心としたラインナップで再結成後、2013 年に Xtreem Music から再発された。

Western Europe　63

De Muziekfabriek
1994　Netherlands

Eternal Solstice
The Wish is Father to the Thought

南ホラント州にて1990年から1997年まで広域の欧州シーンで活躍。同郷のMourningやDissectの他、Pentacle、At the GatesやSentenced等とも共演した。その後、2010年に再結成し、Dark Descent RecordsやSlowrunner Recordsと契約して活動を続けている。本作は、De MuziekfabriekやPoseidon Productions等の非メタル・レーベルからリリースされた名作1stフル。オリジナル・メンバーのRamon Soeterbroek(Ba, Vo)、Dissectでも活動を行うPhilip Nugteren(Gt)を中心に、ex-Sempiternal DeathreignのMischa Hak(Dr)が加わった編成。度々Pestilenceと類型される技巧的なスラッシュ・リフを軸とした作風に、陰鬱な初期サウンドの残滓も見られる。

Malodorous Mangled Innards Records
1994　Netherlands

Etherial Winds
Saved

オランダ東部のオーファーアイセル州で1991年に結成されたEmbitterを母体に、1992年に改名を行い、1996年まで活動。Malodorous Mangled Innards Recordsが発行したダッチ・ドゥーム・デスのカタログでは、Castleの『Castle』やSolstice『An Era of Weary Virtues』等と並ぶ、Etherial Windsの1stEP。鈍重なトレモロと退廃的なパワーコードを軸としたGtワークに、ツービートの疾走を絡める原初的な展開を土台として、専任のKey奏者によるCastleや初期のThe Gathering等にも通じるアヴァンギャルドで耽美派な旋律を響かせる。翌年にCyber Musicからリリースされた1stフル『Find the Way... Together』では、更にUKゴシックメタルへの理解を深めた。

Adipocere Records
1992　Netherlands

Excavation
Psychotic Possession [EP]

リンブルフ州にてノイズ・バンドR.B.P.としてスタートし、1990年に改名。1991年に『Gravemouth』デモを制作後、フランスのAdipocere Recordsと最も早い段階で契約。1992年に本唯一作EPをリリースした。その後、幾つかのプロモやリハーサル音源を制作したものの、結果本作のみで活動終了。1995年にBeyondへと改名を行い、数年間活動を行った。前身の活動では、ノイズ・ブラックメタルのSatanic Deathを生み、ベルギーChemical Breathのメンバーも在籍したExcavation。マニア人気の高いオブスキュアな活動っぷりだが、サウンドとしてもAsphyx系の激Lowな曲展開に、ゴアな瘴気や腐臭が充満したもので、思わず頬が緩む。妖気溢れるGtソロ・パート、ブラストビートからのブレイクダウンといった手法も映える。

Moonlight Records
1996　Netherlands

Excision
Dreamality

北ブラバント州でFestering Bowelsとしてスタートし、改名後1990年から1998年まで活動を行っていたExcision。1992年に『Silhouettes』デモ、1993年に『The Drowning Tear』デモを制作後、ドイツのMoonlight Recordsと契約。1996年にこの唯一フル作とMasterとのSplitをリリースした。元々同郷のThe Gatheringに触発されたようなスタイルで、ゴシックロックからの影響を感じさせる、女性コーラスを導入したダークでメランコリックなデスメタルを表現している。本作に関しては、前年に発表されていたSentenced『Amok』にも通じる作風といえ、パンク寄りの刻みや、時にクリーントーンを用いた哀愁溢れる展開力などが特徴的である。ジャケットはBaのMarc van de Boomによるもの。

Shark Records
1992　Netherlands

God Dethroned
The Christhunt

ドレンテ州にて1991年に結成されたGod Dethronedは、Henri Sattler(Gt, Vo)を中心に活動。現在もブラッケンド・デスメタルのジャンルを追求する古豪バンドである。本作は、1991年の『Christhunt』デモを機に、ドイツのShark Recordsと契約。後にCold Blood Industriesのオーナーともなる Berthus Westerhuys運営のFranky's Recording Kitchenにて制作された1stフル。ダッチ・デスメタルに直接的なサタニズムを取り入れた初期の代表作。重厚なミッドテンポを軸に、崇高なサディズムすら漂うフル・ブラストを絡めつつ、Gtソロやvio、Synthの音色を用いた抒情的な構築美を響かせている。本作発表後の1993年に解散。1996年に再結成後は、Metal Blade Recordsと契約した。

Shiver Records
1996　Netherlands

Inquisitor
Walpurgis - Sabbath of Lust

ヘルダーラント州で1990年から活動しているDesultoryのメンバーを中心に、1991年に結成。デモやDesultoryとのSplitを制作後、Shiver Recordsから本作をリリースし、活動を休止した。一部メンバーはCenturian～Noxといった後進の活動に移行したが2015年に活動終了。こちらは2014年に再結成している。反キリストやブラスフェマスな思想を前面に推し出したサウンドは、Sinister等に比類する研鑽性とベスチャルなプレイ・パターンで紡がれる。あまりに速過ぎて、早送りに聴こえる程である。荒々しいスラッシュ・リフを軸としたブルータリティは、テクニカルなデス／スラッシュにも通じる緻密さで展開されている。その圧倒的な疾走感の中で、ファニーな雰囲気すら漂っているシャウト主体のVoも印象的で、Sadistik Exekutionを聴いている時と似た感覚を彷彿とさせる。

Effigy Records
1995　Netherlands

Judgement Day
Cir-Cum-Cis-Ion of the Mar-Tyr

Judgement Dayは、ヘルダーラント州を拠点に1988年～05年まで活動。1990年代にPungent Stench、Purgatory、Krabathor、Blood等と共演していた、アンダーグラウンド・バンド。後にSinisterに加入するBas van den Bogaard(Ba)や、後にThanatosやHail of Bulletsに加入するTheo van Eekelen(ここではGt)が在籍した。本作はMolestedやAlgol等のデスメタル作品で知られる、ノルウェーのEffigy Recordsからリリースされた1stフル。Mid 90'sに独創性を追求したダッチ・デスメタルの一つ。スカンジナビア系の哀愁感じさせるメロディを導入し、レーベル・カラーに同化させている。2013年にVic Recordsからディスコグラフィがリリースされ、局地的に話題を博した。

Vic Records
2015　Netherlands

Korsakov
Unique Remains [Compilation]

北ホラント州にて1988年から1997年まで活動していたKorsakovによる、Vic Recordsからリリースされたディスコグラフィ。1989年『Hangover Heroes!』デモ、1991年『Radiation Exposure』デモ、1994年『Prolong the Agony』デモを収録。バンドはその他にもBluuurgh...とのプロモ・Split等を制作している。その時代には、Bluuurgh...の解散からCelestial SeasonへとりわたるJason KöhnenやOlly Smitが絡んでいたことも。デス／スラッシュメタルを標榜していたバンドであるだけに、サウンドとしても原初的な初期デスメタルの肖像を見せつつ、1991年デモでのAutopsyのカヴァーを始めとして、後年はドゥームかつシックな展開も聴かせていたことが判る。

Western Europe　65

Mourning
Greetings from Hell

Sempiternal Deathreign のいた南ホラント州にて 1989 年に結成。1992 年にベルギーの Midian Creations から Eternal Solstice との Split『At the Dawn of...』。1993 年に Foundation 2000 から本作をリリース後、1997 年に Rouwen へと改名を行い、自主レーベルから EP『Rouwkots』をリリースした。Split 音源は元々 Deaf Records からのリリース予定で、表舞台から姿を消した Cyber Music からのリイシュー盤 (CYBER CD 7) が在ったりと、中々にいわくつき。その頃はハードコア・ルーツの陰鬱なデスメタルであるが、本作ではその延長線上にありつつも、ドゥーム面へ焦点を絞った渋い作風となり、Hellhammer 直系の 2 ビートとダウナーなパワー・コードの演奏に、淫靡な退廃性が孕んでいる。

● Foundation 2000
📅 1993　👤 Netherlands

Rouwen
Rouwkots [EP]

嘆き (オランダ語) をその名に冠する、Mourning の改名後バンド。Rouwen の唯一作 EP。ロッテルダムは Hans Pieters 運営の Excess Studio にて制作。オリジナルは Mourning Productie なる自主と思しきレーベルからリリース。レア盤だが、2016 年に Vic Records がリマスター、ラジオ・インタビュー、リハーサル音源 2 曲を追加した仕様にてリイシューした。オランダ語でのデスメタルに挑戦した作品で、Mourning はドゥーム系の音遣いに特化していたが、Dr の変更もあって、スピードアップした内容。ネガティヴな視点から紡ぎ出される歌詞は、アヴァンギャルドなデスメタルの枠組みに収縮しており、本質にある激陰のスラッジネスやグラインドの生々しさが助長される形となった。

● Mourning Productie
📅 1997　👤 Netherlands

Mourning (1989 ～ 1997)

Mourning-Rouwen、
Marc van Amelsfoort インタビュー

オランダは非常に渋いドゥーム・デスメタルのシーンを生み出した。ある面では、The Gathering を始めとした UK ゴシックメタルにいち早く呼応し、女性ヴォーカルを起用した大衆化の促進も見られる。日本ではこちらの方が有名だ。本書界隈に関しては、Asphyx とそのメンバー達の関わっていたバンドは伝説的だが、それ以外はあまり知られていないのが現状としてある。しかしアンダーグラウンドでも数多くのバンドが存在した。いや、当時のシーンが向かっていた過激さの追求から鑑み

て、対極にあった遅く重く暗いアプローチが、地下に潜らざるを得ないのは必然でもあった筈。そういったシーンの中で Mourning は、その完成されたアートワークと激渋で時に斬新な要素を見せるサウンドにて、近年興隆みせている本書界隈の再検証から、非常に愛おしいカルト・オブスキュアな存在を発露するに至った存在である。今回、Vo を務めた Marc van Amelsfoort に Facebook 経由でコンタクトすることが叶い、その歴史について長文メールでお伺いした。

翻訳協力：土田有希

Q：1989 年に南ホラント州ゴーダで Mourning が結成されていますね。あなたが Sempiternal Deathreign の Mischa Hak(Dr) と出会ったのは、いつごろでしょうか？結成秘話について詳しく教えてください。

A：これはすでにとても難しい質問だね。なぜならとても昔の事だからね。多分ハウダとレーウェイクの会場での自主練習や、他のバンドを観に行った時だと思うんだけど。そのような場所で Rene にも会った。彼は R.I.P というバンドをやっていて、ヴォーカルを探していたんだ。俺の友達でもあったベースの Hams が労働災害で亡くなってしまったから、俺は Rene とプレイするようになったんだ。Mischa はすでに従兄弟の Frank Faase と Victor van Drie と共に、Sempiternal Deathreign をやっていた。Mischa

は多分 Eternal Solstice とプレイするために去り、そしてしばらくの間 Thanatos のドラマーと交代したんだと思う。その頃、俺は Frank と Mischa と共にオールドスクールなロックンロールバンドもやっていたよ。俺は初めから Pim Siere と一緒にプレイしていたし、そういう流れで Rene と Mischa と、Mourning を結成したんだよね。さっきも言ったように、あまりにも昔の事でそれ以上の詳しい事はわからないけど、当時は沢山のドラマーがいたんだ。

Q：その時点での南ホラント州のシーンは、どのようなものだったのでしょうか？ Sempiternal Deathreign の他にも、周りには Thanatos、Usurper、Dissect、Bacterial Disease(pre-Phlebotomized)、Sexorcist、Sinister 等がおり、非常にエキサイティングです。

A：君が今ここで挙げたバンドは、どれも練習やギグやレコード会社を通してお互いを知っていたよ。俺たちは、ただ沢山の音を奏でて、ビールを飲んで楽しんだりメッセージのやり取りをしていたよ。個人的には、漠然とシーンを眺めていたわけではなく、音楽的な部分以外の側面にも興味があったんだ。だけど、音楽を作る事が最も重要で。とにかく俺はほとんどのバンドが好きだったし、そのエネルギーが好きだったね。

Q：当時は、他の州、他の国との交流も盛んでしたか？ エピソードがあれば教えてください。

A：最初にデモを制作した後は、テープを使って沢山の人々と交流していたよ。当時はコンピューターもなかったから大変な作業で、とってもオールドスクールな感じだったね！ 懐かしいな。今では、君とこのようにコンタクトを取っているように大分楽になったし、インターネットを通して世界中で音楽を手に入れられるのは良い事だよね。

Q：結成から『Demo 1991』の制作までに 2 年ほど経過していますが、初期はどのような活動をしていたのでしょうか？

A：俺たちはただ音楽を作る事に楽しみを感じていたし、よりヘヴィなサウンドを作ろうとしていたね。様々なドラマーを迎えたり、ただ単にビールを飲んだりして、楽しい時間を過ごしていたよ！

Q：Sempiternal Deathreign が 1986 〜 1990 年の短い活動で終わった理由については、何か知っていますか？

A：最初の質問で少し説明したけど、Mischa が最初に去って、その後に Frank が AC/DC や Rose Tattoo のような、オールドスクールなロックンロールを作りたいと思っていたんだけど、彼らのドラマーは Thanatos での活動で忙しかったんだよ。でも何度も言うけど、それはだいぶ昔の事さ。

Q：私はあなたのバンド・ロゴが好きです。バンドのロゴを手掛けたのは Wim Baelus ですか？ 氏は Dutch Aardschok metal magazine のライターでしたよね？ このマガジンは実際にオランダ・シーンの発展に関して、どのように機能していましたか？ 日本ではデスメタルの登場に対して、その過激な音楽性を良く思わなかった評論家が大勢いましたが、このマガジンはどうでしたか？

A：バンドのロゴを描いたのが誰かは定かじゃないんだけど、Wim Baelus は多かれ少なかれ最初のスプリット LP に関わっていた。最初のデモでは、俺がロゴを描いたけど、そんなに上手くはなかったね。ここは Wim に名声を与えるよ！ Aardschok は、実際にシーンを統治していたね。人々が俺が思い入れのある音楽に反対するのは、残念に思うよ。

Q：1992 年に Wim Baelus が運営する、ベルギーの Midian Creations から Eternal Solstice との Split 『At the Dawn of...』という形でデビューします。イントロ部分にサックスが取り入れられていますが、何かのサンプリングですか？ あなたはこの時代にどのような考えを持ってデスメタルの独創性を追求しましたか？

A：ハハハ。いや、俺たちは、ワールウェイクのスタジオで最初のデモをレコーディングしている時に、あらゆる種類のノイズを取り入れた何らかのイントロを作りたくなっただけで、確か Lats Varga だったかな？ そこのスタジオのやつに、何かできないかと尋ねたら、サックスを吹いてくれることになったんだ。俺たちはオープンマインドだったから「いいよ」って言ったんだ。ただそれだけの事なんだよ。でも、それが曲にしっくりきていると思うよ！

Q：『At the Dawn of...』は、Cyber Music からもリリースされる予定だったのでしょうか？ 現物を見たことはありませんが、ネット上でその規格番号が存在しているように見えます。

A：今ではもう定かではないけど、それは事実かもしれないね。確かにその名前は覚えているよ。

Q：1993 年の『Greetings from Hell』について、André van der Ree の加入作、Pim Siere 脱退後の作品ですね。イントロでのオルガンの音色や、ダウナーなヘヴィ・リフ等、この作品はドゥームメタルのような音の傾向を感じますが、どのような意図でこの作風となったのでしょうか？ そもそも元々の速い部分が、Mischa Hak と Pim Siere の趣向によるものだったのですか？

A：俺たちは、オランダ北部のフローテブルクにあるスタジオで 2 週間レコーディングすることになった。Pim はすでにバンドを離れていたから、3 人組だったんだけど、スタジオに入る少し前に、今度は Mischa がバンドを去ってしまった。それで大問題、大慌てさ。新加入の Andre van der Ree は、本当に頑張らなければならなかったんだけど、長い間ドラムを叩いていなかった。それでも彼はベストを尽くしてくれて、結果的に少しドゥーミーになったんだ。オルガンのイントロは、スタジオの人物が作ってくれたんだけど、彼の名前は忘れてしまったな。でも、スタジオにオルガンがあって本当に良かった。曲の雰囲気に合っていると思うよ。Pim と Mischa が当時の楽曲を一緒に演奏していたら、少し違ったかもしれないね。

Q：1997 年に Rouwen となりますね。なぜ改名したのでしょうか？ この名前の由来はなんでしょうか？ このバンドは 1997 年にあなたのレーベル、Mourning Productie から『Rouwkots』をリリースしています。制作秘話があれば教えてください。私

Western Europe　67

Rouwen (1997)

は、Vic Records からの再発盤でこのサウンドを知りましたが、かなり独創的なものだと思います。Sci-fi / Abstract な雰囲気のあるグラインドコアといった印象を持ちます。実際にはどのような意図がありましたか？
A：ロゴからも見て取れるように、Rouwen は本当の意味での、Mourning のオランダでの名前なんだ。Andre はオランダ語でデスメタルを作るのは不可能だと言っていたから、俺は挑戦してみることにした。全て上手くいったと思っているよ。特にこの CD のために書いた、「Rot Godverdomme op!」だね。それ以外の曲は、英語でレコーディングされていて、Mourning のオリジナル曲なんだよ。もし本当にシリアスなメッセージが欲しければ、できるだけ大音量でやらなきゃ駄目だと思っていたし、なんとか実現できたと思うよ。
現在、英語ヴァージョンはリマスターされて、2019 年にはリリースされると思うよ。Andre が俺に約束してくれたんだ。もっとブルータルになると思うよ。もしかしたら、その後に国際的なメッセージを受け取るかもしれないね。

Q：『Rouwkots』の後、どのような歴史を歩みますか？
A：Mourning/Rouwen は今も永遠の歴史となっているね。バンドの永遠のギタリスト、Rene Roza は数年前にこの世を去ってしまったんだ。彼の存在なしでは、Mourning はもはや存在しないよ。最高の音楽と思い出は残っているけどね。Andre は、現在 Warmaster というオールドスクール・デスメタル・バンドで活動している。俺たちは「You're Sold」という古い Mourning の曲を、もう一度レコーディングしたんだけど、アルバムは恐らく 2019 年にはリリースされると願っているよ。1991 年の時よりも良くしようと頑張ったよ！

Q：実際に Mourning/Rouwen の歴史は、1990 年代の中盤から後半にかけて最も精力的だったと思います。ギグの思い出はありますか？
A：地元の町で演奏する事が一番だったね。多くのファンもいたし、特にズウォレの Poppodium Hedon では一番いたんじゃないかな。アナ・パウローナでは感電死しそうになったな。その他にも、ボーデグラヴェンでの最初のギグや、バーレンドレヒトでアンプなしで歌った事、エイントホーフェンでの熱烈な女性ファン等……。色んな記憶が蘇るね。観客の前で演奏する事は、いつも素晴らしかったよ。観客が 3 人でも、300 人でもね。

Q：歌詞を考えていたのはあなたですか？　どのようなテーマがありましたか？　本やホラー映画の影響はありましたか？
A：歌詞は、俺が聞いたり興味を持ったものや、世界の問題や最新のニュース、宗教、魔法、母なる大地などについてだね。時々、誰かや何か他の物を擬人化する時もあるよ。ホラー映画は、一度も観た事がないし、テレビすら見なかったな。本は、科学の本や単語や言葉の本、地図や百科事典、旅日記や歴史の本などを読んでいたね。もちろん『The Exorcist』は知っているし、ピーター・ジャクソン初の自主製作映画『Bad Taste』は伝説的な作品だよね。

Q：各作品について当時のフィードバックはありましたか？
A：デモ作品は世界中から反応があったし、Eternal Solstice とのスプリットはアンダーグラウンドでは、今やクラシックとなっているよ。『Greetings from Hell』は、『Rouwkots』LP と同様に、2 回再発されているね。俺たちは世界中で知られてはいるけど、かなり限定的だよね（笑）でもあんまり気にしていないよ。「カルト」というステータスを気に入ってるんだ。

Q：Mourning ～ Rouwen(Sempiternal Deathreign / Eternal Solstice) の歴史は、様々な音をカヴァーしているのが興味深いです。どのような音楽から影響を受けましたか？
A：俺はあらゆるジャンルの音楽が好きだよ。1950 年代のガールズ・バンドやブルースから、エクストリーム メタル までも ね。Bon Scott と AC/DC、Loudness、Gary Moore、Destruction や Slayer を 始 め、Amy Whinehouse や Nina Simone など、非常に沢山の素晴らしい音楽があるよね。ほとんどは、爆音で演奏されるものが好きだね。

Q：例えば 10 枚をリスト化すると、どのようなものになりますか？　また、このリストを教えていただける場合ですが、それはオランダのデスメタル・バンドの多くが聴いていたバンドとも捉えられますでしょうか？
A：多分これは一番難しい質問だと思うよ。俺は君たちが思っているような平均的なデスメタル・ファンではないから教えられないよ。リストはかなり長くなるし、デスメタル作品は少ないと思うね。俺の音楽のテイストは幅広いからさ。ごめんよ。幸運を祈るよ。そしてまた連絡を取り合おう。地獄より愛を込めて。Marc より

Q：誠にありがとうございました。

● Vic Records
📅 2014　👤 Netherlands

Morthra
Desecrated Thoughts (From Insane Minds) [Compilation]

北ブラバント州シント・アントニスにて 1990 年に Rene Arts(Gt)、John Kerstens(Vo) を中心に結成。1991 年に『Alteration of Faith』デモ、1993 年に『Birth of Damnation』デモを制作。1994 年には『Corrupted Words promo』を制作したもののレーベル契約には至らず、デモのみで終了した Morthra。これらの音源に 1992 年のライヴ・トラックを追加し、Vic Records からリリースされたディスコグラフィがこちら。荘厳なイントロからのドープなダウン・ビートを打ち出し、すぐさまダッチ・デスメタル特有の緻密な音遣いによるグルーヴを醸し出す 1st デモから音は既に完成形。冒涜的で、密教的な雰囲気が濃厚だ。因みにバンドは『Heartwork』発表時の Carcass のサポートを務めた経験もある。

● Shiver Records
📅 1994　👤 Netherlands

Mystic Charm
Shadows of the Unknown

Rini Lipman 女史 (Vo, Key)、Mark van de Bovenkamp(Dr)、Herwig Schuiling(Gt) 等により北ブラバント州アムステルダムで 1989 年に結成。1995 年までの活動で、ベルギーの Shiver Records と契約。1993 年に『Lost Empire』EP、1994 年にこの 1st フルをリリース後解散。2000 年に復活。Rini 女史から、ゴシックメタル・シーンで活躍していた Rein Doze(Vo) に交代し、2001 年に『Hell Did Freeze Over』EP を制作後、再び姿を消した。サウンドは、後に Opera IX 等をリリースするレーベルの原点だろう。Black Sabbath 影響下の訝し気なドゥームとイーヴルネスの要素を軸としたデスメタルに、退廃的な Key と情感的な Gt が絡み合う。2013 年に Memento Mori からリイシュー。

● From Beyond Productions
📅 2001　👤 Netherlands

Necro Schizma
Erupted Evil [Compilation]

オーファーアイセル州ズヴォレで 1989 年から 1990 年まで活動。1993 年に Beyond Belief のメンバーを迎え、短期間活動していたバンドによる、1989 年の『Erupted Evil』デモと『Live Zwolle 30-6-1989』デモをカップリングした音源集。Cianide 等とも親交があったオランダの From Beyond Productions からのリリース。2010 年にはギリシャの Black Vomit Records から未発表音源が発掘リリースされていて、その原初的で強烈なサタニズムがウォー・ベスチャル系の界隈からカルト視される。その音楽性としては Hellhammer から影響を受けた暗黒性の濃厚な、スピードを極端に落としたデスメタル。屍臭やネクロな雰囲気が漂っており、Goatlord 等に通じる部分も多い。ジャケットは『Angel Witch』の裏表紙から。

● Displeased Records
📅 1995　👤 Netherlands

Nembrionic
Psycho One Hundred

北ブラバント州にて 1988 年に Nembrionic Hammerdeath として結成。1994 年に Nembrionic へと改名後 1999 年まで活動を続け、Displeased Records から 2 枚のフル・アルバムを残した。Consolation との親交が厚い。またアムステルダムのヒップホップ・グループ Osdorp Posse とも親交があり、1994 年に Split、1996 年にコラボレーション作品を制作している。その頃の音源はさながらラップメタル / ミクスチャーな音楽性だが、1st フルとなる本作のほかメタル・サイドのキャリアとしては、サタニックな趣きを留めていて、Sinister 等にも通じる緻密なデスメタルを聴かせてくれる。ダウン・テンポの挿入や、グルーヴ重視の無機的なリフ遣い感覚等による、独特のサウンドに昇華されている。Altar の Edwin Kelder(Vo) がゲスト参加。

Western Europe　69

Nocturn
Estranged Dimensions

1989年のヘルダーラント州にて、クロスオーヴァー・スラッシュメタルDisabuseのEdwin Woerdman(Gt)、Brian Haverkamp(Gt)を中心に結成されたデス/スラッシュメタル。1990年代初頭に活動を行い、Old World Recordsから1990年に『Shades of Insanity』EP、1991年に本作をリリースした他、Hard Blastからの1990年『More Than Death Vol. 1』V.Aにも参加。唯一フル作となった本作のCD盤はDiscogsで￥58738の取り引き価格を叩き出した伝説のレア盤として知られていて、緻密なスラッシュ・リフと強烈なアグレッションに、神経衰弱グルームを惹き起こすテンポ・ダウンを絡め緩急豊かに展開される。2016年にDark SymphoniesからEP音源を追加し、リイシューされた。

Old World Records
1991　Netherlands

Obtruncation
Sanctum Disruption, Sphere of the Rotting [Compilation]

1989年の南ホラント州ドルトレヒトでMalfeidorとして始まり、1990年に改名。PhlebotomizedのLawrence Payne(Dr)がVoで在籍した他、多数のミュージシャンが関わっていたバンドの初期音源集。Vic Recordsからのリリース。タイトル通り、1991年デモ、1992年デモを収録。1997年の1stフルは洗練されたブルータルな代物だが、その音が何からの影響であったのかが本作で少しわかるようだ。ライナーでメンバーがIncubus(LA)、Nocturnus、Morbid Angel、Autopsy等のTシャツを着用。Thrash to Deathを前衛的で充足させたUSデス以降のブラスト・サウンドに、独自のゴア思想を取り入れ、グルーム的倍音で増幅した様相を繰り広げる。2017年に亡くなったMartin Steigenga(Dr)との思い出に捧げられている。

Vic Records
2018　Netherlands

Pentacle
...Rides the Moonstorm

Venom、Hellhammer、Celtic Frost、Possessed、Messiah、Destruction、Necrovore、Bathory、Treblinka、Slaughter、Necrophagiaから影響を受け、1989年に北ホラント州にて結成。数多くのダッチ・デスメタルの他、DesasterやRepugnant、Sadistic Intent等ともSplitをリリースしている影の重鎮、Pentacleの傑作1stフル。オリジナルはDamnation Recordsからのリリース。地下の混沌とした雰囲気が漂いつつも、ミッドテンポを軸にスラッシュメタル由来の疾走感を絡める作風はしこたまキャッチーで、国内外問わずファンが多い。イントロの「ウッ！」は、Tom G. Warriorのサンプリング。Pentagram Chileのカヴァーも収録。

Damnation Records
1998　Netherlands

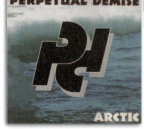

Perpetual Demise
Arctic

ヘルダーラント州アーネムにて1989年にスタート。メンバーが揃った1991年から本格的に活動を開始。デモ2作を制作後、Gorefest、The Gathering等とギグを行い、名を上げ、後にWithin Temptation等の作品で知られるDSFA Recordsと契約。この唯一フル作を残した。初期はRawなデスメタルを聴かせているが、ここに来て独自の変遷を見せた。奇跡的に今でも見られるオフィシャル・サイトの記載では、「Groovy Progressive Death (?) Metal」なるジャンルで言い表されている。ミッドテンポを主体としたデスメタルを核に、Gothな爬虫類系ヴォイス、愁気を帯びたメロディ、不協和音的な進行をフィーチャーした先進的な音が広がる。2016年にVic Recordsから別ジャケットにてリマスター再発された。

DSFA Records
1996　Netherlands

Phlebotomized
Preach Eternal Gospels [EP]

Vio 奏者と Key 奏者を擁する伝説的アヴァンギャルド・デスメタル。南ホラント州ローゼンブルフにて 1989 年に Bacterial Disease として結成。1990 年に改名後 1997 年まで活動。2 本のデモ音源を制作後、Malodorous Mangled Innards Records と契約。2 つの EP をリリースし Cyber Music に移籍。2 つのフル作を残した。その後、2013 年に再結成。本書界隈からも評価の高いプログレッシヴな作品である 1994 年の 1st フル『Immense Intense Suspense』で広く知られる存在でもあるが、前年に発表されたこの EP も傑作だろう。病的で陰鬱なドゥーム・デスメタルを土台に、譫妄的な Vio と妖気漂う Key による装飾が施された轟音を聴かせてくれる。その暗黒的な作風に、Necrolord の手掛けたアートワークも映える。

● Malodorous Mangled Innards Records
📅 1993　👤 Netherlands

Polluted Inheritance
Ecocide

ゼーラント州テルネーゼンにて 1988 年に結成されたテクニカル・デスメタル。2008 年までの活動で 3 枚のフル・アルバムを残した。1st フルとなる本作では、Andy Classen プロデュースの元、ドイツの Stage 1 Studio にて制作。氏が運営し、Jumpin' Jesus の唯一フル作等でも知られる West Virginia Records 系列の Morbid Music からリリースされた。バンド自身は「Old-School Tech-Death Metal」を標榜。Death からの技巧的な影響を受けたサウンドを提示しており、邪悪なスラッシュ・リフを軸に、Pestilence に代表されるダッチ・デスメタル特有の緻密なプレイの応酬が繰り広げられる。2013 年に Vic Records からリイシュー。後年には不協和的進行を織り交ぜ、さらに複雑な曲構成へと向かう。

● Morbid Music
📅 1992　👤 Netherlands

Sad Whisperings
Sensitive to Autumn

フローニンゲン州にて 1989 年に前身の Desecrate が結成され、1992 年に Sad Whisperings へと改名後、2004 年まで活動。その後 The Bleeding に改名し、活動していった Alexander van Leeuwen(Vo, Gt)を中心とするバンド。唯一のフル作となった本作は、Foundation 2000 からのリリース。Delirium や The Gathering、Mourning 等を手掛ける Beaufort Studio で制作された。スタジオ運営の Han Swagerman や、Usurper の Patrick Harreman(Vo) がゲスト参加している。Key の導入などメロウな要素もありつつ、ジャケット等含めゴシック寄りの外観ながら、この頃はダッチ・ドゥーム・デスの文脈に通じる詫び寂びがあって、味わい深い響きで聴かせてくれる。

● Foundation 2000
📅 1993　👤 Netherlands

Sempiternal Deathreign
The Spooky Gloom

1986 年に南ホラント州にて、従兄弟同士であった Victor van Drie(Vo, Ba)、Frank Faase(Gt, Vo)、Mischa Hak(Dr) の 3 人組として結成され 1990 年まで活動。オランダで Delirium や Asphyx に先駆けてドゥーム・デスメタルを演奏していた先駆者。Sempiternal Deathreign による、Foundation 2000 のファースト・タイトルとなった唯一フル作。当時 Mischa は脱退しており、後任として Thanatos の Remo van Arnhem が参加。Celtic Frost や Sodom、Post Mortem 等から影響を受けたティーンエイジャーによる、スラッシュメタルを鈍化させた原初的な音像。物憂げで Raw な雰囲気が漂う情感的な Gt ソロや、Black Sabbath 影響下の哀愁溢れる展開を収録したカルト名盤である。

● Foundation 2000
📅 1989　👤 Netherlands

Sexorcist

Welcome to Your Death [Compilation]

南ホラント州のデス／グラインドコア。1990年に結成後、1998年にBrutality Reigns Supremeへと改名し、2000年代初頭まで活動した。この編集盤が1991年の『Demo I』、1992年にWild Rags Recordsからリリースされた『Sexorcist』デモ、1993年の『Welcome to Your Death』デモとライヴ・トラックを収録。Bleedin' Hemorrhoid Recordsからのリリース。その下品な歌詞やご婦人が苦悶するSEの導入から、隣国ドイツのGutやDead等に先駆けている状態のポルノグラインド。音自体はBloodやAgathocles等にも比類するようなデスメタル的な歪んだダウンチューニングにより形作られる。ブラストを軸に猛攻をかけるダークな疾走感と、決死期の絶叫といった雰囲気のスクリームがイカしている。

Bleedin' Hemorrhoid Records
2001　Netherlands

Swazafix

Anthems of Apostasy [Compilation]

1990年にAsphyxを脱退したTheo Loomans(ここではVo, Gt)(R.I.P)を中心に1990年代初頭に活動。当時デモを制作したのみで終了したオブスキュア・バンドの音源集。Vic Recordsからのリリース。Berthus Westerhuysによるリマスタリング。ex-AsphyxのBob Bagchus(Dr)やEric Daniels(Gt)によるライナーを掲載。1991年のプロモ音源と、1992年のデモをカップリングした8曲入りで、テープ音源をリマスタリングしているため音質は悪い。ダッチ・デスメタルを主軸としたノイズコアともいえるような、跳ねるようなリズムセクションや、サイコな単音リフを駆使した、ややアヴァンギャルドな音を形成していた。強烈なインパクトを与えるTheoのまるで憑りつかれたようなグロウルを、ここでも聴くことができる。

Vic Records
2013　Netherlands

Thanatos

Emerging from the Netherworlds

南ホラント州ロッテルダムにて1984年に結成された古豪デス／スラッシュメタル、Thanatosの1stフル。オリジナルはShark Recordsからのリリース。その後も幾度となく再発されている。Stephan Gebédi(Gt, Vo)、Remo van Arnhem(Dr)、Ed Boeser(Ba)、Erwin de Brouwer(Gt)という初期の編成で、ドイツのRA. SH Studiosにて制作。少なくとも1986年にはその文脈の音源を制作しており、世界的に見てもDeath、Possessed、Necrophagia等と並ぶ先駆的な存在といえる。本作で聴ける緻密なダッチ・テクニカルにジャーマン・スラッシュの暗黒性が同居したような過渡期のサウンドは、未だファンから根強い人気を誇る。1992年に傑作2ndフルを残し、一時解散。1999年に復活し、活動を続けている。

Shark Records
1990　Netherlands

Throne

The Full Moon Sessions [Compilation]

Beyond BeliefのA.J. van Drenth(Gt, Vo)が、AsphyxのBob Bagchus(Dr)やEric Daniels(Gt)等と共に、1995年の短期間を活動していたカルト・ドゥーム／ブラック／デス。1993年にNecro Schizmaに参加したものの、音源を残さなかったA.J.の、その高まった創造性を構築するべくして生まれた1995年録音の音源集。Vic Recordsからのリリース。1990年代Asphyxのオカルト思想と、Necro Schizmaのオカルト思想がぶつかり合うかの、超オカルト・プロジェクトな編成とその概観となるが、サウンドはHellhammer直系の暗黒性をよりスロウにしたもの。密教的な地下系の雰囲気の中で金切声の鳴り響く狂的な楽曲が連なるが、Baレスの編成であるだけに低音が弱く、ブラックメタル寄りに聴こえることが多い。

Vic Records
2015　Netherlands

72　Old School Death Metal Guidebook

フランスでは英雄視されるタンパサウンド、音源毎に作風が変化

Loudblast

出身地 フランス・ノール＝パ・ド・カレー
活動年 1985～1999、2000、2002～

初期はスラッシュメタル、中期にはイーヴルなデス・スラッシュ、そしてモダン路線へと迷走

　フランス北端、ベルギーと国境を接するノール＝パ・ド・カレー地域圏にて結成された Loudblast は、フランスで一番最初のデスメタル・バンドといわれる。同国の Agressor や Massacra、Mercyless 等に先駆けて国でデス/スラッシュの音楽性を開拓した先駆者としての意義が大きく、世界的な認知度では前三者に劣る印象もややあるが、母国フランスでの人気は高い。各作品の合計販売数は 30 万以上に上る程という。初期は Slayer を始め、UK クラスト/パンクからも影響を受けたようなスタイルであったが、その後洗練されイーヴルなスラッシュメタル・サウンドを経過し、1990 年初頭には純然たるオールドスクール・デス/スラッシュメタルとして自身の音楽性を確立するに至った。その後もサウンドのモダン化や活動休止期間がありながらも、長きに渡って活動を続ける古豪である。
　1985 年にリーダーである Stéphane Buriez(Vo, Gt) を中心に、Nicolas Leclercq(Gt)、Joris Terrier(Dr)、Patrick Evrard(Ba) の 4 人組として結成。Patrick は 1985 年の 1st デモ『Behind the Dark Mist』制作後すぐに脱退してしまうが、後任に François Jamin を迎え、初期のラインナップが固まる。1987 年にフランスのハードコア/クロスオーヴァー・レーベル New Wave からの Agressor との『Licensed to Thrash』Split が最初のリリース音源となり、1989 年にフランスで一時的に運営していた Jungle Hop International から 1st フル『Sensorial Treatment』をリリース。1991 年にはフレンチ・デスメタル黎明の一端を担った Semetery Records に移籍し 2nd フル『Disincarnate』、次いで 1993 年に 3rd フル『Sublime Dementia』をリリース。この 2 作品は、Death と Morbid Angel 等の影響からフロリダ・タンパの Morrisound Recording にて Scott Burns を迎え制作され、世界的に股に掛けるデスメタル・バンドとしての頭角を現した時期でもあった。その後も活動を続け、XIII Bis Records 傘下の Metal 13 からリリースされた 1998 年の 4th フルにて、同時代の試行錯誤が見られるバンド群にも近しいモダンなアプローチとなり低迷、その後 1999 年に解散することとなった。

Chuck Schuldiner 支援の為に再結成し、ブラックメタル出身のメンバー加入

月日は流れ、2000 年に病床に伏した Death の Chuck Schuldiner への支援コンサートを行うため再結成。2002 年からは Stéphane Buriez(Gt, Vo) と、1992 年からバンドに参加している Hervé Coquerel(Dr) に、盟友である Agressor の Alex Colin-Tocquaine(Gt)、Alex Lenormand(Ba) を迎えたラインナップで活動を再開し、極短期間運営した Boycott Records から 2004 年に 5th フル『Planet Pandemonium』をリリース。2005 年からは再び表舞台から姿を消し、2000 年代終盤よりオールドスクール・デスの世界的な再興の流れを受け、Alex Colin-Tocquaine に代わってブラックメタル畑のミュージシャンである Drakhian を迎えたラインナップにて活動を再開。2011 年には XIII Bis Records から 6th フル『Frozen Moments Between Life and Death』、2014 年には Listenable Records に移籍し、7th フル『Burial Ground』をリリースしている。

Loudblast
Sensorial Treatment

Jungle Hop International と契約を交わし、1989 年 11 月に発表された 1st フル。Stéphane Buriez(Gt, Vo)、Nicolas Leclercq(Gt)、François Jamin(Ba)、Joris Terrier(Dr) のラインナップで WW Studio にて制作。この時点でチューニングは低くなく、初期 Slayer からの影響が色濃いイーヴルなスラッシュ・リフに、バック Vo を据えた凶悪な吐き捨て声による Thrash to Death を収録。イギリスでの Earache Records の成功から、フランスでも独立系レーベルが多く作られるが、Jungle Hop もその時代を彩っている。本作はプロモーション力の弱さと弱小流通から世界的にはカルトな音源に留まるものの、リリースを受けてのフランス地下での熱量は高く、仏デスメタル時代の到来を予感させる作品の一つとなった。

● Jungle Hop International
📅 1989

Loudblast
Disincarnate

1991 年 7 月に発表された 2nd フル。FNAC Music のデス/スラッシュ専門として運営されたフランスの Semetery Records に移籍、フロリダ・タンパの Morrisound Recording にて Scott Burns プロデュースの元レコーディング、フロリダ・マイアミの Fullersound Inc. にて Mike Fuller によるマスタリングという、Death の『Leprosy』と同じ環境で制作された。1st フル発表後、Joris Terrier(Dr) が脱退したため、後任に ex-Agressor の Thierry Pinck を迎えている。Death 直系のサウンド・アプローチに、ミッドテンポのオドロオドロしさを掛け合わせたデスメタルで、ギター・ソロの整合性等を含めて Obituary にも近い US の方法論で覆われている。フランスでスラッシュのマインドから脱した意義深い一作。#6 に Kam Lee(Vo) がゲスト参加。

● Semetery Records
📅 1991

Loudblast
Sublime Dementia

1993 年 10 月発表の 3rd フル。前作に引き続きフロリダ・タンパの Morrisound Recording にて Scott Burns プロデュースの元レコーディング、Mike Fuller によるマスタリングが施された。前作『Disincarnate』発表後、Thierry Pinck(Dr) が脱退したため、新たに Hervé Coquerel を迎えている。フロリダへの憧憬が前面に現れた前作から、フレンチ・デス/スラッシュ由来の研磨性が回帰し、波打つアンサンブルを聴かせてくれる。メロウかつ煽情的なツインリードの運び、パーカッションやシンセサイザーの音遣い、Cynic の『Focus』にもゲスト参加する Sonia Otey 女史による清楚なソプラノ・ヴォイスやコーラスの起用等、オールドスクール・デスの中でも先進的な方向性に比重が置かれた意欲作。彼らの作品でも人気が高い名盤だ。

● Semetery Records
📅 1993

Metal 13
1998

Loudblast
Fragments

1998年4thフル。フランスはXIII Bis Records傘下のMetal 13への移籍作。Impuls StudioにてレコーディングQ、名手Colin Richardsonが一部ミキシングを担当。フランスのResonnanceにてマスタリングが施された。今までのソリッドなサウンドとは一線を画し、低音のグロウルに代わるStéphane Buriez(Gt, Vo)の吐き捨てるような歌唱や、コード進行によるざらついたメロディ・ラインを軸に、オルタナ/ヘヴィロック寄りの作風へ接近。1996年辺りのGraveやMorgoth等にも近しい、デス/スラッシュ界隈における1990年代末期特有の時流への迎合を意識したような試行錯誤が垣間見える。この要素は、後の作品に引き継がれる部分でもあり、彼らの歴史を語る上で決して唾棄できない作品である。Corinne Fang女史がゲストVoとして参加。

Boycott Records
2004

Loudblast
Planet Pandemonium

2004年2月に発表された5thフル。2002年にStéphane Buriez(Gt, Vo)、Hervé Coquerel(Dr)に、盟友であるAgressorのAlex Colin-Tocquaine(Gt)、Alex Lenormand(Ba)を迎えたラインナップで再始動。極短期間運営しているフランスのBoycott Recordsに移籍し、Stéphaneが新設したLB Lab Studioにて制作を行っている。Stéphaneをリーダーとするソング・ライティング自体に大きな変わりはない作風で、モダン化した前作の内容が踏襲された。これまで培ってきたデス/スラッシュ寄りの研磨性や、地を這うような重厚感が回帰してきた印象もあり。ミクスチャーやグルーヴメタルらしきリフも垣間見えるところには、Six Feet Underの様な作風にも近い趣がある。

XIII Bis Records
2011

Loudblast
Frozen Moments Between Life and Death

2011年4月に発表された6thフル。2000年代終盤より活動を再開。Alex Colin-Tocquaine(Gt)に代わり、ブラックメタル畑のミュージシャンであるDrakhianが参加したラインナップ。フランスのStudio ContrepointとE-Factory Studioにてレコーディング、HypocrisyのPeter Tägtgrenが運営するAbyss Studioにてミキシング、Centinex、Carnal Forge等でのJonas Kjellgrenによるマスタリングが施された。制作環境からモダンな音質となったが、Death直径のデス/スラッシュ・リフを主軸に、重鎮の貫禄を漂わせるオールドスクールなマインドからのプレイアビリティが発揮された。2000年代以降のBolt Throwerにも通じるエピック〜メロディアスな質感で、重厚なサウンドに仕上がっている。

Listenable Records
2014

Loudblast
Burial Ground

Listenable Recordsへの移籍作となる7thフル。LB Lab Studio、Slabsound Studio、E-Factory Studioなる3つのスタジオでレコーディング、Studio Sainte-Martheにてマスタリングが施された。Drakhianの加入から新たな交流関係が築かれ、Osculum Infameの中心人物、Drowning〜Eibonの Vo、SólstafirのGt, Vo、Melted SpaceのKey奏者、DragonForceのBa等がゲスト参加。ブラックメタル界の人物が多く参加したことで、イーヴルネスが増加傾向にあるサウンド。時にモダンなエクストリームメタルと揶揄され、本書界隈でその方向性はあまり評価されないが、作品自体はこれだけの豪傑が関わっていることもあり、高品質。時局的には、Sinsaenumでの活動に発展するマイルストーンともいえる。

Western Europe 75

Black Mark Production
1993　France

Agressor
Satan's Sodomy [EP]

Agressor は、フレンチ・シーンにおいては Loudblast 等と並ぶデス／スラッシュメタルの先駆者。海岸の美しいフランス南部アルプ＝マリティーム県アンティーブにて、1986 年に結成され、現在も活動を続けている。Black Mark Production との契約から、フランスでいち早く国外進出を果たした存在でもある。本作は 2nd フルのリリース後、Black Mark Production からリリースされた 1987 年デモの CD 化。1987 年に New Wave からリリースされた Loudblast との Split 他、2018 年の編集盤にも収録。ヒロイック・ファンタジーであるとか、オプティミスティックで幻想的な音楽性が人気を博す存在ながら、初期に制作した悪魔の肛門性交を指すタイトルの本作。「この頃が最もデスメタルらしい」ともいえる、邪悪なスピード／スラッシュメタルを展開する。

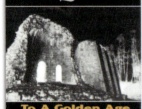

Morbid Metal Records
1996　France

Asgard
To a Golden Age

ボルドーに隣接するジロンド県メリニャック出身。北欧神話に登場する神々の住まう世界をバンド名として、US の極小レーベルである Morbid Metal Records と契約し、1990 年代中後期を活動。Unleashed の存在に続いて、勇壮なヴァイキング思想を取り入れたバンド、Asgard の唯一フル作。メンバーに Capharnaüm や Artsonic 等といったスラッシュ～ニューメタル人脈、Seth 等でのブラックメタル人脈が関わっていることもあり多彩なサウンド。トレモロ・リフを軸に紡ぎ出される、初期 Amorphis や Sentenced 系の寂寥感に叙情性が同居したロウ・エピックなダークネスに、Xysma 系にも近いグルーヴ・ライクなアタック感を絡め、展開される傑作である。2015 年に Transcending Records から限定 400 枚でリイシュー。最終作 EP では Voivod 影響下にシフト。

Dark Symphonies
2015　France

Catacomb
The Lurker at the Threshold / In the Maze of Kadath [Compilation]

地中海に面するヴァール県トゥーロンを出自として 1990 年から 2003 年まで活動していた Catacomb の音源集。Dark Symphonies から 1000 枚限定でリリース。1993 年に Drowned Productions から 7" EP 化した『In the Maze of Kadath』デモ、1992 年『The Lurker at the Threshold』デモのカップリング＆リマスター。H.P. Lovecraft 文学の影響と Nathalie 女史によるミスティックで妖艶な Key ワークをフィーチャーした、クトゥルー・デスメタル。James Moreau(Vo) のロウエンドなグロウルと、Tony(Gt) と Mike(Gt) による流麗なソロ・パートを始め、Morgoth にも通じる退廃的感覚とマイナー・スケールを軸とした展開が見事で、ここ数年の再発シーンでも屈指の名作として誉れ高い。

Semetery Records
1992　France

Crusher
Corporal Punishment

フランス東部オー＝ラン県ミュルーズにて 1987 年に前身の Frayeurs が結成。1991 年に改名後、1995 年まで活動。Kreator、Entombed、Vader 等とも共演していた Crusher の 1st フル。Loudblast や No Return の作品で知られる Semetery Records や、Noise International からもリリースされた作品。硬質なスラッシュ・リフを主軸とした、初期 Death 系の展開力で織り成される作風だが、元々は Discharge をルーツとしているポリティクス寄りのバンドでもあり、度々 UK の音と形容される Autopsy や初期 Gorefest とも類型解釈されるサウンド。人気を博し、翌年の EP は、Colin Richardson がプロデューサーを務めた。その後、2011 年に再結成。2015 年には同郷の重鎮 Mercyless との Split を制作する等、貫禄の漂う活動を続けている。

Released Power Productions
1999　France

Drowning
Drowning [EP]
1996 年パリ出身。ブラッケンド・ドゥーム Eibon の Georges Balafas(Vo, ここでは Gt も兼任) と Stéphane Rivière(Ba) が元々在籍していたバンド、Drowning による 1st EP。Restrain なる NY ハードコア・バンドとの Split を経て、ベルギーの Released Power Productions からリリースされた作品。また次作が、Aborted、Misery Index、Brodequin との 4Way Split というイカした経歴を歩む。ここで聴けるサウンドは、Morbid Angel や Bolt Thrower にも比類する重厚なデスメタルだが、ハードコア・ルーツの暗鬱な気配が立ち込める様相は、Eibon の前身としても頷ける。後年は一転してフル・ブラストの作風に推移。近年は Osmose 傘下のレーベルからの Split 音源もあり。

Crypta Records
1994　France

Krhoma Death
Grating Into Corpse
ベルギーとの国境に面するフランス北部ノール県リールにて 1988 年に結成。近郊の Supuration や Sepulchral、Putrid Offal 等と杯を交わし 1990 年代を活動していた Krhoma Death(The Death of the God of Metal の意) による唯一フル作。オリジナルは Gorement を始めとした数々の激レア盤で知られるドイツの Crypta Records からリリース。2016 年にスペインの Temple of Darkness Records からリイシューされた。ブルータルな方向性を追求したフロリダ影響下のデスメタル・スタイルに、欧州の地域性が猥雑に絡んでおり、ポーランドの Monastyr にも通じる暗黒性を持つ作品。Frédéric Blauwblomme(Vo) の歌唱は Brett Hoffmann 似の、ハンマーを振り下ろすようなグルーヴを誇る。

Shark Records
1991　France

Massacra
Enjoy the Violence
フレンチ・シーンの Loudblast や Agressor と並ぶ開拓者。ヴァル＝ドワーズ県のコミューンであるフランコンヴィルにて 1986 年に、Fred "Death" Duval(Dr ⇒ Gt, Vo)、Jean-Marc Tristani(Gt)、Pascal Jorgensen(Vo, Ba) 等により結成。Fred が皮膚癌で世界してしまう 1997 年まで活動した Massacra の 2nd フル。昨今数々のリイシュー、ブート盤が巷を賑わせるが、オリジナルはドイツの Shark Records からのリリース。ジェノサイドを硬質に描き切るデス / スラッシュ名盤。複雑化した次作と併せて、必聴が求められる。タイトルは Depeche Mode の「Enjoy the Silence」モジり。ドイツの RA.SH-Studio にて制作。本作発表後、Benediction や Candlemass 等とのツアーを敢行。

Restless Records
1992　France

Mercyless
Abject Offerings
1987 年のフランス東部オー＝ラン県ミュルーズにて Merciless として結成、1991 年にスウェーデンの同名バンドとの混同を避けるため改名。2001 年までの活動で 4 枚のフル・アルバムを残し、解散。2011 年に再結成し、Kaotoxin Records 系のレーベルとの契約下で、コンスタントに活動を続ける Mercyless。本作は、巨匠 Colin Richardson プロデュースの元制作され、US の Restless Records や Vinyl Solution 等からもリリースされた 1st フル。US フロリダ・シーンの影響を受けた暴虐的なデス / スラッシュ・リフを主軸として、魔を湛えた背徳的なメロディと、節足動物かのように俊敏な単音リフを絡め構築。当時 Pestilence や Morgoth 等と比較され話題を博し、Century Media Records との契約にも繋がった名作である。

Thunder Productions
1998　France

Mortuary
Eradicate

フランス北部グラン・テスト地域圏のムルト＝エ＝モゼル県ナンシーにて 1988 年に Total Dead として結成。翌年に今では判別不能な程いる Mortuary へと改名を行い、現在も活動中の古参。1st フルでの C 級っぷりは目に余るので一度聴いてみてほしいところだが、その 1 年後の本 2nd フルは、バンド曰く最も成熟したとされる作品だ。Slayer をルーツにフロリダ・デスメタル勢からの影響を取り込んだブルータリティの追求が巧く昇華されつつ、Deicide や Malevolent Creation をモロにパクったような超技巧も繰り出される。弾丸のようなビートが心地よい。S.U.P. 等の作品を手掛けた Bruno Donini によるプロデュース。Thunder Productions からのリリース、翌年 Pavement Music への移籍を機にリイシュー。近年は Bandcamp 上でも配信されている。

Triumph ov Death
2012　France

Mutilated
In Memoriam [Compilation]

フランス東部オーヴェルニュ＝ローヌ＝アルプ地域圏のアン県ブール＝カン＝ブレスにて、1986 年に Mutilator として結成。翌年に改名後、1993 年まで活動。当時デモ 2 作のみで終了した存在だが、初期のフレンチ・シーンにて Euronymous を始め多くのバンドと国際的な交流を持っていたデス／スラッシュメタル。Mutilated のライヴ／リハーサル音源集。Triumph ov Death からの LP リリースで、2017 年に CD 化されマニアからの話題を呼んだカルト・オブスキュア名作である。初期の Agressor や、Death Power 等にも通じるフランス南東部系のイーヴル・マッドネスを帯びて、時にブラストを絡め疾走する音楽性。Slayer、Terrorizer、Mantas ～ Death 等 US シーンの影響／共振が見られつつ、この頃から激ロウなグロウルを聴かせていた点も興味深い。

Semetery Records
1991　France

No Return
Contamination Rises

1984 年の首都パリにて Evil Power なるスピード／スラッシュメタルとして結成。1989 年に改名後、現在まで活動を続ける重鎮。日本でも知られた存在で、世界的なツアーの他メンバーの加入を始め Hate Beyond と親交が深い。後年は日本でいうデスラッシュ・スタイルのメロディック・デスへとシフトしている No Return の、Semetery Records からリリースされた 2nd フル。フロリダ・タンパにて Tom Morris プロデュースの元、Morrisound Recording にて制作。元々 Coroner 人脈とも交流があるだけの、技巧的なスラッシュ・リフの応酬を随所に組み込んだ前作の作風が、1990 年代初頭の激動を経過し、Death、Obituary、Malevolent Creation 等を彷彿とさせるフロリダ直系のデス／スラッシュメタルへと昇華された作品。

Great Dane Records
2017　France

Sepulchral
Back from the Dead [Compilation]

フランス最北のオー＝ド＝フランス地域圏ノール県アルワンにて 1989 年から 1993 年まで活動し、当時デモのみで解散。2013 年に再結成された Sepulchral の音源集。フランスの Great Dane Records からリリース。2016 年のリハーサル音源、Supuration や Putrid Offal 等と共に参加した 1992 年『Obscurum per Obscurius』V.A 音源、1991 年『Internal Decomposition』デモ音源を収録。初期はオブスキュアなデスメタルのボコボコした進行に、Autopsy や Asphyx にも通じる生々しいドゥーム・パートを絡めたサウンド。新録音源は「昔のサウンドを今の制作環境で作ったらどうなるか？」というミュージシャン・シップが見え隠れする欧州暗黒デスメタル。バンド自身によるエンジニアリング。どちらもアツい。

- Kaly Productions
- 1997
- France

Sthygma
Act 2: Khalimäa

マルヌ県モンティニー＝シュル＝ヴェルにて 1993 年に結成。Dave Morel(Vo, Ba)、Arnaud Hattat(Gt)、Quentin Moreira(Dr) の 3 人組で活動を行い、1995 年に『Sthygma』EP を自主制作後、1997 年に極小レーベル Kaly Productions と契約。この 1st フルを残し解散したバンド。Bolt Thrower 系列のケイオスなリフ進行や、スラッシュ・リフを軸とした Voivod ルーツの不協和音的進行からなる Gt ワーク。そこにブラストビートを始めとした手数の多いリズムセクション、鬱屈としたグロウルにクリーンのコーラスが組み込まれる。Supuration にも通じるアヴァンギャルドな世界観の、ややインプロビゼーションめいているほどのドラマティックかつセクシーな演奏は独創的。Demilich や Gorguts を凌駕するかの先進的な作品ともいえる。

- Self-released
- 1995
- France

Sulphura
Kind of Conception [EP]

Sulphura は、フランス南部のオクシタニー地域圏ガール県サン＝ジャン＝ド＝マルエジョル＝エ＝アヴェジャンにて、1992 年から活動を始め 2 作のデモと、この唯一 EP を残したバンド。Fred Bouchet(Gt, Ba, Vo)、Julien T.(Gt, Vo, Ba)、Loïc Teissier(Dr) というメンバー構成。575 枚限定で自主制作した本作は、昨今の激レア盤市場を賑わせている。オブスキュアな存在ではあるが、Fred は初期の Morgue(フランスのブルータル・デス)に在籍していたり、Loïc に関してはブラックメタル・バンド Mütiilation とも若干の関わりがあった。ここで聴ける音楽性としては、フランス南東部系のスラッシーな作風で、Agressor や後期 Death のエピックなスタイルを踏襲する形となっている。

- Reincarnate
- 1993
- France

Supuration
The Cube

フランス北部ノール地区のワレーなるコミューンにて元々 Etsicroxe として結成され、1990 年に改名。1995 年からは S.U.P. というアヴァンギャルドを稼働しつつ、近年は Supuration 名義で精力的に活動、名手 Loez 兄弟を擁するバンドの 1st フル。オリジナルはフランスのメタル・ショップから発展した Reincarnate からリリース、1998 年に Holy Records からリマスター再発。2018 年には、Dark Symphonies から 2013 年に行われた同作の再現ライヴ CD を追加し、再発されている。Cynic や Nocturnus にも通じる先進的なデスメタルを創出した名盤。『Nothingface』にも通じるドラマ性の溢れる構築美に、誘うようなボコーダー・ヴォイスを多用した様は、コズミックな雰囲気が支配的。死後の世界においての魂の還流をコンセプトとしている。

- Black Mark Production
- 1994
- Belgium

Anesthesy
Exaltation of the Eclipse

フランデレン地域ウェスト＝フランデレン州コルトレイク出身。NWOBHM 暗黒面からの影響を受けた Vendetta なるバンドを母体に、1988 年に改名。1992 年に EP 発表後、1994 年に Black Mark Production や Tessa Records から、本作をリリース。そして成功を収めたが、Gt, Vo の Franky "Liberty" Libeert が、交通事故で亡くなってしまったことを機に分裂。結果 Dr の Diëgo Denorme がバンドに残り、メンバーを補填。1998 年に 2nd フルのリリース後、自然消滅した Anesthesy の名作 1st フル。ここで聴けるのはスラッシュ寄りのサウンドだが、音作りはデスメタリック。Pestilence や Crypt of Kerberos 系列の独創的展開に、時折 Key の装飾を施し、ダイナミックに迫っていく。

Western Europe 79

Blasphereion
Rest in Peace

1986年にMorbid Deathとして結成され、1991年に改名後、1993年まで活動。その後Enthronedの結成メンバーとなる、Fabrice Depireux(Dr)が在籍していたドゥーム・デス・メタラー。Osmose Productionsからリリースされた唯一フル作。同レーベルから、2016年に別ジャケットでリイシュー。歪んだトレモロを軸とした原初的なファスト・パートに、どんよりとしたミッドテンポを絡め、侘しげな雰囲気を醸し出す作品。メロディに焦点を当てる場面では、ユーロ圏の哀愁を象りつつ、時にクラシカルな調律も覗かせている。CianideやDelirium等が挙げられる、Celtic Frost追随者の退廃性が表れた。ここで陰鬱なグロウルを響かせるDan Vandeplas(Ba, Vo)は、1997年に自殺している（R.I.P.）。

Osmose Productions
1991　Belgium

Caducity
The Weiliaon Wielder Quest

1989年の結成から現在までにかけ、同国のIn-Questと並び、隣国オランダのPhlebotomizedやPolluted Inheritance等にも通じるプログレッシヴな曲展開で、エピック、ダーク・ファンタジックな世界観を表現したバンド。Caducityの1stフル。Shiver Recordsからのリリース。デスメタルの退廃思想に連なる暗黒的な音楽技法を軸としつつも、シンセサイザーやアコースティック・ギター等も用いながら、そのサガとしての物語性を補完していく彼らの手法は、本作で既に確立済み。ひりひりとした苛烈なディストーション・サウンドの裡で、妖精、魔術、ドラゴン、王女、魔法のマントといったワードが吐き出され、いとも幻想的な炎が立ちあがる。この世界観を維持しながら、更にメロディアスな方向性を追求。2009年までにかけ4枚のフル・アルバムを発表した。

Shiver Records
1995　Belgium

Chemical Breath
Fatal Exposure

1990年から1998年に掛けて活動。2枚のフル・アルバムを残した、ベルギー産テクニカル・デス・メタラーの1stフル。Crypta Recordsからのリリース。オリジナルはかなりの高額で取り引きされる作品で、アンオフィシャルも出回っている。2019年に長年再発の噂が立っていたVic Recordsから、遂にリイシュー。スラッシュ・リフを極限に混沌とさせ、技巧的に組み替えたような曲構造。その中で甘美で叙情的なソロ・パートを配しており、Pestilence、Death、Atheist等の代表格にも負けず劣らない、高度なプレイアビリティを発揮した名盤である。退廃的なムードを醸し出すテクニックの表出には、ダッチ勢との共振も。レーベルの意向で制作環境にも恵まれており、Acceptの諸作を始めGorementやAmboss等の名作を生んだ、ヴィルスターのDelta Studioにて制作されている。

Crypta Records
1992　Belgium

Exoto
Carnival of Souls

当時ベルギー、オランダ周辺で人気を博し、ドイツ語のWikipediaページも作成されている、モル出身のデス/スラッシュメタルExoto。Tessa Recordsから、Anesthesyの『Exaltation of the Eclipse』と同時期にリリースされた1stフル。2017年にDark Symphoniesから再発。Pestilenceに通じる技巧派志向を持ちながらも、スウェーデン勢とフロリダ勢のミックスのような感覚で、思わずゾクゾクするような低音のスラッシュ・リフを繰り広げる。本作を機にAnesthesyと同様にBlack Mark Productionと契約し、1995年2ndフル『A Thousand Dreams Ago』発表後に解散。2014年には、Vic Recordsから復活作となる『Beyond the Depths of Hate』をリリース。

Tessa Records
1994　Belgium

音楽の都ウィーンが生み出した悪趣味、SMスカムの猛臭変態伝説

Pungent Stench

出身地 オーストリア・ウィーン
活動年 1988 〜 1995、2001 〜 2007

Disharmonic Orchestra とのスプリットでハードコア・レーベルとしての Nuclear Blast の名を轟かせる

　オーストリアのウィーンに拠点を置く Pungent Stench は、1987 年に解散した Carnage の Rector Stench(本名 Alex Wank)(Dr) と、Don Cochino(本名 Martin Schirenc)(Gt, Vo) を中心に活動。1995 年に一度解散後、2001 年に復活し、2 枚のフル・アルバムを制作。2007 年に所属する Nuclear Blast Records との軋轢が生じ、再び解散することとなったが、別プロジェクト名で何度か活動を再開していた時期もある。1988 年 2 月に Pitbull Jack(Ba) を迎えリハーサル、ここで最初のラインナップを完成させ、Pungent Stench の誕生を迎えた。そして地元のリハーサル・ルームで翌 1989 年に『Mucous Secretion』デモを制作。Repulsion、Terrorizer、Death、Death Strike 等の当時地下シーンで暗躍していた US バンドたちからの影響を受けた同作は、極少数生産ながらヨーロッパのテープ・トレード・シーンからの反響を得ている。その後、2nd デモを制作するため UK へと渡り、ウスターの Birdsong Studios にて Napalm Death の 2nd フル『From Enslavement to Obliteration』にミキシング・プロセスとして一部携わった後、同スタジオでの 2nd デモ制作の際に Nuclear Blast Records からレーベル契約の話を持ちかけられた。

　結果的に契約を交わした彼らは、翌 1989 年に Disharmonic Orchestra との Split 音源『Pungent Stench / Disharmonic Orchestra』でデビュー。僅か一年足らずで 4000 部以上のヒットとなり、今は亡きアンダーグラウンドなハードコア・レーベルとしての Nuclear Blast Records とバンドを、地下シーンに轟かせた。同年に未発表曲を収録した『Extreme Deformity』7" EP をリリース後、翌 1990 年に半ば宣伝用の Benediction との『Blood, Pus & Gastric Juice / Confess All Goodness』Split と共に、1st フル『For God Your Soul... for Me Your Flesh』をリリース。同作は US でのマーケティング用にリミックスを施し、1993 年に別ジャケットでリイシューされている。ここまでの活動で、既にバンドは Carcass、Napalm Death、Extreme Noise Terror をはじめ、Entombed、Atrocity 等と共演している。新人ながら同作をきっかけに Abomination とのヨーロッパ・ツアーを敢行する形となり、バンドは全世界的な活動を視野に入れた活動を続けていくことになるのであった。

Western Europe　81

悪趣味ジャケット、SMボンデージなど変態ヴィジュアルを体現

翌 1991 年に 2nd フル『Been Caught Buttering』をリリース後は、Pantera のようなモダン・ヘヴィネスへ傾倒していた時期もあったが、2001 年の復活後は、再び初期のグラインドコア影響下のデスメタルへの揺り戻しを感じさせた。サウンドについて Pungent Stench は、ハードコア・パンク界隈からの流れを意識しつつも、Saint Vitus や Witchfinder General 等ドゥームメタル勢からの影響も公言している。稀に有識者から「UK の潮流にある音」として捉えられることから、US の Autopsy が引き合いに出されることがある。また、Mentors からの影響、発禁含む悪趣味なジャケット、その SM ボンデージ衣装を身に着けたヴィジュアル、サウンドの強烈な世界感からは、「変態」と形容されることも多い革新者である。

Nuclear Blast
1990

Pungent Stench
For God Your Soul... for Me Your Flesh

Nuclear Blast から発表された名盤 1st フル。Don Cochino(Martin Schirenc) (Gt, Vo)、Rector Stench(Dr)、Pitbull Jack(Ba) の 3 人で西ドイツの Masterplan Studios にて制作。1990 年の CD(NB029CD) には 1989 年の Disharmonic Orchestra との Split 音源や 7" EP が丸々収録されており、彼らの初期衝動が垣間見える。内容としては Carcass 風のジャケットが物語る通り、グラインドコアからの影響を感じさせるデスメタル。その実バンドは Repulsion、Terrorizer、Death、Death Strike 等からの影響を受けていたので、この時点で彼らは US 勢のエクストリーム性を、UK 勢の風情に撹拌するハイブリッドな存在であったといえる。

Nuclear Blast
1991

Pungent Stench
Been Caught Buttering

Nuclear Blast から発表された名盤 2nd フル。ウィーンの Donnersound Studios にて Gregore Schwarzenegger をエンジニアに制作。地元での制作だが、そこでは未だデスメタルの制作環境と呼べるものが存在しておらず、今回のスタジオもかなり古い機材が用いられた。ただ今作でより顕著に表れることとなった、70'sHR からの影響が偶然奏効し、荒々しい音質にも深い味わいがあり、オドロオドロしい地平から独自的なデスメタルを確立している。フィンランドのグラインドロック勢や Entombed『Wolverine Blues』とも似た波長の、先進的かつ特異性の高い作品。数々のガイド等で代表作に挙げられる、Pungent Stench のベストセラーだ。ジャケットは、US フォトグラファー Joel-Peter Witkin の 1983 年作「Le Baiser」。

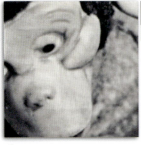

Nuclear Blast
1994

Pungent Stench
"Club Mondo Bizarre" For Members Only

Nuclear Blast から 1994 年に発表された 3rd フル。オーストリア・ウィーンの Sing Sang Studios にて前作同様 Gregore Schwarzenegger をエンジニアに迎え、制作。メンバーのデスメタルへの薄れ始めた関心と、当時の時流の中で、前作でも感じさせていた 70'sHR 影響下的要素の推論を推し進め、Carcass 『Swansong』とも共通する Death 'n' Roll の作風あるいは、Pantera のようなグルーヴメタル／モダンヘヴィネス直下の作風となった。精神性やアルバム・タイトルに SM や色欲のもたらす退廃美を盛り込んでおり、彼らの変態的な音楽性にも、ゴアのみではない文化的な深みを得ている。ミッドテンポ主体の、起伏に富んだ演奏には、スラップ奏法や JET エフェクトがかけられた展開等もあり、多様性を感じさせるキャッチーな作品に仕上がった。

Nuclear Blast
2001

Pungent Stench
Masters of Moral - Servants of Sin

2001 年に活動を再開し、Nuclear Blast から発表された 4th フル。Sodom や Destruction ほかジャーマン・パワーメタル系を多く手掛ける Achim Köhler によるプロデュース / エンジニアの元、ドイツはヴィンターバッハの House of Music Studios にて制作。Pitbull Jack(Ba) がシーンに復帰しなかったことから、新たに Belphegor に在籍していた Reverend Mausna を迎えている。オールドスクールな作風に回帰しながらも、技巧的なクランチ・リフを軸に疾走する作風へ変化してきており、スラッシュメタル寄りのマインドからでも 2001 年当時のモダン性が表れている。変態性は薄れ気味だが、多彩な表情を見せる技巧的なリフの数々には、未だ聴かせる姿勢が窺える。テクニカル・デス側の音として聴ける展開も多い。

Nuclear Blast
2004

Pungent Stench
Ampeauty

2004 年に Nuclear Blast から発表された 5th フル。前作発表後 Reverend Mausna(Ba) が脱退、新たに Fabio Testi なる人物を迎え、Don Cochino(Martin Schirenc)(Gt, Vo) が新たに設立した Vato Loco Studio にて制作。実際には Don Cochino が Ba も演奏。作風としてはオールドスクール・デスへの回帰を見せ、Autopsy や Cianide 系列にあるミッドテンポ主体のダウナーな進行に疾走パートを絡め展開される。時にバンドの影響源である 70'sHR からの趣がコード進行に艶やかな流れを与えつつ、ドゥーミーなスラッジネスが Eyehategod 的な暗黒性の雰囲気を漂わせるところも。Master や Witchfinder General 等から影響を受けたバンドのアイデンティティが随所に発揮された作品といえよう。

Dissonance Productions
2018

Pungent Stench
Smut Kingdom

Fabio Testi(Ba) がメロディック・デス系のシーンで活躍した Gregor "El Gore" Marboe と交代。2006 ～ 2007 年にかけてレコーディングされ、Vaco Loco でミキシングされていた音源が、2017 年に Outhouse Studios にてマスタリング。2018 年に Dissonance Productions から、過去名作の大々的なリイシューと共にリリースされた 6th フル。#3 に Kam Lee が、#6 に Entombed 等での L-G Petrov や Mentors の Dr. Heathen Scum がゲスト Vo として参加している。音楽的には 5th フルの延長線上にある作風。ダーティーな作風もここまで発展するとストーナーメタル的で、録音の同時期に世界的な成功を収めていた Mastodon 等との共感も。あくまでも根っこには、ハードコアとメタルの混沌がある。

Dissonance Productions
2018

Pungent Stench
First Recordings [Compilation]

2018 年に Dissonance Productions からリリースされた初期音源集。Pungent Stench の結成 30 周年を記念した、リリース / リイシュー作品の一つである。1989 年 Disharmonic Orchestra との Split 音源、同年の『The Pleasures In Life』V.A 提供音源、『Extreme Deformity』7"EP 音源、1988 年『Mucous Secretion』デモ。加えて、1988 年ポーランドのギグでの Slaughter カヴァー、同年オーストリアでのライヴ音源といった、1988 年から 1989 年までの総ての音源を網羅している。1989 年音源は、1990 年の 1st フル CD 版で既出なので、後半のデモとライヴ音源がハイライトだろう。UK ドゥーム調の侘しさや、グラインドコアの荒々しさが、スラッシュメタル経脈のアレンジで呼び起こされており、Cerebral Fix 等の渋さを彷彿とさせる。

Western Europe 83

Depreŝion
Mindgate

フォアアールベルク州ドルンビルン郡のDepreŝion。チェコ人のDaniel Gregorovic(Gt)とオーストリア人のRadim Chalupa(Ba)、Alex(Vo)、Milan Pocak(Dr)等により、1993年に結成。1995年にKrabathorの作品をリリースしていたチェコのDeathvastation Productionsから、Infanticideとの Split、翌1996年に本フル作、2000年に『Evil Fantasy』EPを自主制作した。KrabathorやDementor、同国のMiasma等にも通じる、ソリッドなGtワークの応酬が繰り広げられるデスメタル。ジャケットはRadim自身によるもので、欧州DIYな意匠が光る。Deathvastationの他、ドイツのMorbid Recordsからも流通されていた作品。

🟢 **Deathvastation Productions**
📅 1996　📍 Austria

Disastrous Murmur
Rhapsodies in Red

🟢 **Osmose Productions**
📅 1992　📍 Austria

オーストリアでは、Pungent Stenchに次ぐ知名度を誇る重鎮デスメタル・バンド、Disastrous Murmurの名盤1stフル。Disharmonic Orchestraと同郷のヴェルター湖周辺にて、1988年に同バンドを脱退したHarald Bezdek(Gt,Vo)に、Manfred Fülöp(Gt)とManfred Perack(Dr)が加わり活動開始。Nuclear Blast傘下Gore Recordsからの1989年7"シングル『Extra Uterine Pregnancy』を経て、Napalm Recordsのファーストタイトルとなった『Where the Blood for Ever Rains』EPと同年に、Osmose Productionsからリリース。翌年にJL Americaからライセンス盤がリリースされた。共同プロデューサー/エンジニアに、オルタナティヴロック・バンド、Naked LunchのOliver Welter(Vo,Gt)を起用している。当時は上述のラインナップから、Manfredが脱退し、Walter Schweiger(Ba)が加入した3人組。サウンドは、極悪ロウステンチなビートにブラストを絡めた、ブルータルな進行が閉塞感を煽る。その手数の多いアタック、喉を押し潰したような苦悶のグロウル、激ロウなGtワーク、Oliverによる偏向的なKeyアレンジと、ゴア&病的な思想が綯い交ぜになって、聴き手に訴えかける。アートワークを手掛けたRalph Manfredaは、後にBelial『Never Again』やBelphegor『The Last Supper』等、Lethal界隈の作品を描く人物。バンドは、1994〜1995年に解散し、1998年に再結成。現在も唯一のオリジナル・メンバーであるManfredを中心に活動を続けている。

Disharmonic Orchestra
Not to Be Undimensional Conscious

🟢 **Nuclear Blast**
📅 1992　📍 Austria

ケルンテン州クラーゲンフルトはヴェルター湖周辺で、1987年にMartin Messner(Dr)、Patrick Klopf(Vo)、Harald Bezdek(Gt)の3人組として結成。HaraldがDisastrous Murmurの結成に向かい、PatrickがGtを兼任、新たにHerwig Zamernik(Ba)を迎えた編成でNuclear Blastと契約し、1995年まで活動。2001年に活動を再開したDisharmonic Orchestra。ドイツのDust Productionsにて制作したこの1stフルは、デス/グラインドコア時代の音源で、初期のCarbonizedにも通じる作風。次作以降にある、アヴァンギャルド要素が窺える名盤だ。後にバンドは、NWOBHMを始め、VoivodやNomeansnoからの影響を受けていたとも語られている。

Self-released
1993　Austria

Heftschentis
Life Changes [EP]

Heftschentis が 300 枚限定で自主制作した唯一作 EP。ニーダーエスターライヒ州グログニッツにて、1992 年から 1998 年までを活動。Thomas Fuxreiter(Dr)、Martin Artbauer(Ba)、Suat Yaldiz(Vo)、Markus Wottle(Gt)、現在は Infested なるデスメタル・プロジェクトを稼働している Joe Brunflicker(Gt) の 5 人組。本作の他に、1995 年録音の未発表音源が確認されているのみで、滅茶苦茶オブスキュアな存在。ネット上で視聴できる野外ライヴの様子も、ただ友達を集めただけみたいな集客。そしてほとんどがノッていない。デスメタル自体が理解されていない、田舎シーンの悲哀が確認できる。Celtic Frost の影響下のリフ使いやブラストビートを用いた楽曲には、デプレッションを感じさせる場面もあり。

Crypta Records
1993　Austria

Media in Morte
Remember the Future

1988 年にフォアアールベルク州はブラーツという田舎町で産声を上げた Media in Morte。Martin Rajek(Vo, Gt)、Stefan Dietrich(Ba)、Andreas Reinalter(Dr) からなる Pestilence フリークスとして、Crypta Records からの本作をリリース。また幾つかのデモに加え、極初期の Napalm Records と契約していた Invocation との Split 等をリリースしている。Crypta Records は、Agretator や Chemical Breath 等、テクニカルなバンドが軒を連ねるレーベルとして名を上げており、本作もそのカラーに見合った技巧性が特徴的。チューニング高めのスラッシュ・リフを軸に、変拍子や不協和的な旋律を交えたデス / スラッシュメタルである。

Lethal Records
1992　Austria

Miasma
Changes

1990 年ウィーンにて結成。サタニズムに根差した死の連想性を感じさせる暗黒的なアプローチと、『Consuming Impulse』の別解釈にも近いテクニックを持つ。その初期ブルータル・デスにも接近した、ロウエンドで混沌とした楽曲群が人気を博す、Miasma の唯一フル作。結成年の 1st デモ『Godly Amusement』が、Pungent Stench の Don Cochino によるプロデュース (本作にもミキシングで参加)、翌年のライヴ・デモが、ドイツはライプツィヒ公演。本作は、Lethal Records によるオリジナル・リリース。2001 年には Napalm Records からのカップリング再発盤があったりと、オーストラリアの名門 / 名匠といえるレーベルやバンドとの繋がりがあり、当時から有望視されていたことが判る。2016 年にはブラジルの Marquee Records からもリイシュー。

Demonware Records
1998　Austria

Rampage
In a Cryptic Dream

Rampage は、ウィーンで 1994 年に結成。Bertl RAMPAGE(Vo)、本作のジャケットも手掛ける Andreas Proksch(Gt, Vo)、Alfred Zimmermann(Gt, Vo)、Wolfgang Bruckner(Ba, Vo)、Wolfgang Haider(Dr) というメンバー構成。1996 年に『The Burden of Melancholy Gravity』EP を自主制作後、1997 年に新設されたばかりの Demonware Records と契約を交わし、この唯一フル作を残した。トレモロ・リフやブラストビートを駆使しながら、Cadaver や Mid 90's の Pungent Stench にも通じるグルーヴ、多彩な Vo アレンジの効かせたシアトリカルな展開等により構成。精神疾患的なムードの漂う 1998 年のオールドスクール・デスメタルだ。

Western Europe　85

Raydead
End in Sight

1988 年からウィーンで活動していた 4 人組。1991 年に『Raydead』EP、1993 年に Sing Sang Records のサブ・レーベル、Dark Matter Records から 500 枚限定で、この唯一フル作をリリースした。同郷の Ravenous や Mekong Delta の所属していた Aaarrg Records 系にも類する、テクニカル・スラッシュ要素の濃厚なデスメタルの様式がある点で、2nd 以降の Death や Protector 等にも通じる作品だ。ダミ声 Vo がアンバランスに感じるほど、聴かせる意図が伝わってくる。プロデューサーは、Pungent Stench を手掛けた Gregore Schwarzenegger。ジャケットは、Disastrous Murmur の 1st や Lethal Records の諸作等での、Ralph Manfreda が手掛けている。廃盤市場でも人気。

Dark Matter Records
1993　Austria

Skull Crusher
The Darkside of Humanity

1991 年から 2000 年まで活動した Skull Crusher の 1st フル。オリジナルは自主制作盤で、翌年に AFM Records からリイシューされた。2018 年に行ったリユニオン・ショーに先駆け、Bandcamp 上にも登録。本作発表後に、NSM Records と契約を交わし、2nd フル『Tormented』をリリース後、解散。解散後は Force というメロディアス・ハードロック・バンドを結成している。1996 年と、やや時流遅れのリリースとなっているが、初期に Napalm Death、Massacre, Tiamat のサポートを務めた経験を持っていて、実力は折り紙付き。Malevolent Creation や Deicide 等のフロリダ勢から強い影響を受けたデスメタルに、緻密な単音リフ、トレモロ・リフ、流麗なソロ・パート、ブラストビート等、テクニカルで王道の趣向が凝らしてある。

Self-released
1996　Austria

Accelerator
The Prophecy

1993 年にゾロトゥルン州ダイティンゲンで結成されたバンド。Accelerator の 1st フル。自主制作 CD で、地元の Headline Studio にてレコーディングしている。メンバーは、Adi Krebs(Dr)、Esther Hofer 女史 (Vo)、Fredi Zaugg(Vo, Gt)、Sascha von Arx(Gt, Key)、Roger Friedrich(Ba) の 5 人 組。H. R. Giger 風のジャケットが目を惹くが、Mike Lindner なる無名のグラフィック・アーティストによるもの。音楽性は、Coroner や Metallica のインテリジェンスを落とし込んだデス / スラッシュメタル。アトモスフェリックかつ、リリカルな雰囲気に覆われた展開美が魅力だ。スイス国外では、ルクセンブルクの Vindsval やドイツの Karkadan とのギグを行っていた。

Self-released
1997　Switzerland

Ambiguous
Wasteland Paradise [EP]

「Private Swiss Death Metal Indie Limited」の一つ。出身地不明、活動期間不明のデスメタル・バンド。Markus Felber(Ba, Vo)、Sascha Felber(Dr)、Christian Furrer(Key)、Philip König(Gt/ ゲスト扱い) という 4 人編成で自主制作した唯一 EP。激レア。ルツェルン州の Schweinesound Studio にて制作。幅広い母国作を取り扱う、ゾロトゥルン州ヌニンゲンの Greenwood Studios にてマスタリング。Goatlord 系の鈍重ミッドテンポを軸に、密教的かつ物悲しい Key アレンジを施した、デスメタル・サウンド。1990 年代初頭の Samael と共鳴した雰囲気が濃厚で、魔界のような音景を演出している。

Self-released
1995　Switzerland

Witchhunt Records
1995　Switzerland

Amon
Shemhamforash

チューリッヒの地で 1991 年から 1998 年までを活動した Amon。1992 年に『The Shining Trapezohedron』EP と、この唯一フル作を残した。オリジナルは Witchhunt Records からのリリース。2010 年にドイツの Funeral Industries と、Galgenstrang Productions から 666 枚限定で LP 化された。Dan B. Zahed (Gt) を中心としたキャリアながら、ex-Messiah の Pete Schuler (Dr) も在籍していたバンド。Belial (フィンランド) や Fester (ノルウェー) 辺りのリリースにも共通する、悪魔崇拝を信条としたデス/ブラックメタルのマージンに、スラッシュ文脈の緩急豊かなテクニックを与えた名盤である。ジャケットはゴヤ画伯の「Appeal」(1797 ～ 1798)。

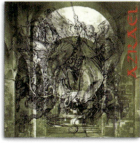

MMP Recordings
1995　Switzerland

Azrael
There Shall Be No Answer

チューリッヒはディーティコンで 1990 年代を活動したバンド。Azrael の唯一フル作。Caustic の 1992 年 EP や、Apocalypse の 1993 年 2nd フル等といったレア盤を送り出した、MMP Recordings と契約を交わしてのリリース。当時 Nuclear Blast からディストリビュートされた。Boom (Gt)、R.T. (Gt)、Herman (Ba)、Thomas (Gt, Vo) からなる 4 人組で、チューリッヒの Dynamo Studio にて制作。ゾロトゥルン州ヌニンゲンの Greenwood Studios にてマスタリングが施されている。スイス産スラッシュメタル・ルーツの比較的ピッチの高いディストーション Gt を軸に、オーセンティックなメタルの素養を漂わせる、中期 Death 系列の先進的な楽曲が立ち並ぶ。歌唱も Chuck Schuldiner 似である。

Self-released
1992　Switzerland

Babylon Sad
Kyrie

チューリッヒで 1991 年～ 1993 年を活動した Babylon Sad の唯一フル作。オリジナルは自主制作、翌年に Massacre Records から別ジャケットでリイシュー。メンバーは、当時 Mekong Delta の Peter Haas (Dr)、ex-Messiah の Dani Raess (Gt)、ex-Messiah で ex-Fear of God の Reto Kühne (ここでは Ba)、Peter と関係があった Christian Muzik (Gt) や、Reactor ～ Sickening Gore 界隈の Nenad Đukić (Vo)。録音は 1991 年に行われており、ゴシックメタル草創期の音源ともなっている。時にゴシック・デスとも形容されたサウンド、Watchtower から影響を受けたプログレッシヴなデスメタルに荘厳な Key の装飾を施した結果、Sadist 系のアヴァンギャルドな世界観に雅致が宿る。

Self-released
1993　Switzerland

Corruption
Resignation [EP]

「Private Swiss Death Metal Indie Limited」系の激レア盤。グラウビュンデン州クール出身のデスメタル・バンド。Corruption による唯一 EP。Oliver Rupp (Ba)、後年に Requiem に加入する Adrian Fuhrer (Dr)、1992 年に Corpus Domini の結成メンバーとなる Daniel Nay (Gt, Vo)、Jean-Pierre Bergamin (Gt) というラインナップ。ゾロトゥルン州ダイティンゲンの Headline Studio にて制作された。#3「Trailer」のインストゥルメンタル曲を含む全 4 曲収録。Coroner の影響を窺わせる、テクニカルなスラッシュ・リフを主軸としたデスメタル。眼裏に高次の Sci-Fi を導く、独創的世界が拡がることだろう。

Damnation Call
Carnage of Soul

今現在は、フリブール州ヴァードンにて FullmoonStudio を構える、David Gachet(Gt, Key, Ba) を中心に、1994 年から活動しているバンド。Damnation Call の 1st EP。氏に ex-Anarchus (首都ベルンはヴィンミスの) Philippe Veluz(Vo) と Paul Aebischer(Dr) を加える編成で自主制作。「Private Swiss Death Metal Indie Limited」系のオブスキュア作品である。活動初期の風貌に関して、Vo は Celtic Frost で固定、他は Bolt Thrower、Death、Cannibal Corpse、Sinister 等の T シャツを着用。サウンドは、やや緩慢な単音リフと Key アレンジ等を駆使した技巧的なデスメタル。ところにより Burzum 的なブラックメタルの影響を取り入れている。

- Self-released
- 1996
- Switzerland

Damnatory
The Complete Disgoregraphy 1991-2003 [Compilation]

スイス南部ヴァレー州の地より、Hellhammer の遺伝子を継承した暗黒系バンド。Damnatory によるディスコグラフィ。Memento Mori からのリリース。いずれも自主制作した 1992 年『Hybridized Deformity』7"EP、1993 年『Docta Ignorantia』EP、2003 年『The Second Side of the Coin …』CD-R デモ、1991 年デモ 2 作をリマスター。Samael と同郷で、共にギグも行っていたバンドといわれる。レーベル・インフォでは、「初期 Pungent Stench の荒廃、初期 Disharmonic Orchestra の複雑なテクニックに対する愛情、Grave のドゥームネス、シックネスなトレモロとスラッシュ・リフにより、聴く者の頭を揺さぶらせる音を鳴らす」とされ、熱狂者向けのオブスキュア・バンドとも紹介されている。

- Memento Mori
- 2018
- Switzerland

Deflagration
Suicide or Sacrifice

「Private Swiss Death Metal Indie Limited」の一つ。出身地不明、活動期間不明のデスメタル・バンド。Daniel Gauch(Vo, Ba)、Francois Lienard(Dr)、David Chardonnens(Gt)、Richard Uldry(Gt) の 4 人編成で、その当時限定 500 枚で自主制作された唯一 EP。激レア。1993 年 12 月にレコーディング。仄かに詩情を感じさせるイントロ曲を主旋律に置いた、作品全体での展開を繰り広げる全 4 曲入り。ブックレットでは Francois が Obituary、Richard が Slayer の T シャツを着用。サウンドも、まさに US 圏影響下であることが窺える。それは、Obituary、Gutted、Morta Skuld、Viogression 等に通じる、ミッドテンポ主体の重厚さに満ちた様式的表現である。

- Self-released
- 1994
- Switzerland

Desecration
Time of Death

「Private Swiss Death Metal Indie Limited」の一つ。Werner Rutz(Gt, Vo)、Christian Plaschy(Vo, Ba, Key)、Jean-Claude Brunner(Dr, Vo) のラインナップにて、チューリッヒ近郊で 1990 年代半ばを活動。2000 年代にかけ、Flag of Doom への活動へと発展したデスメタル・バンド。Desecration が、当時 500 枚限定で自主制作した唯一フル作。Discogs では 50000 円超えで出品される激レア盤。影響源は不明だが、グロウルのコーラス・ワークが交差するミッドテンポ主体のデスメタルを組み立てている。同時代における Obituary や Gutted 系の荒廃を感じさせつつ、欧州由来のゴシック / デス・ドゥーム系の展開も垣間見せる作品。

- Self-released
- 1996
- Switzerland

Art-Team Music
1998　Switzerland

Disaster
No Hope for the Future

Teuf(Vo)、Alex(Gt)、Scual(Gt)、Fab(Ba)、Phil(Dr) というラインナップの、詳細な出身地不明、活動期間不明のデスメタル。1990 年代後期にスイスで短期間運営され、Flesh and Blood の EP 等のタイトルを持つ、Art-Team Music からリリースされた唯一フル作。Teuf 自身（Metal Zone というアカウント）が公開している YouTube の動画があり、そこで各メンバーの写真を見ることが出来る。着用している T シャツは Cannibal Corpse、Deicide、Sinister、Hypocrisy 等。音楽性としても、そこに通じるような焦燥感のあるサウンドとなっており、トレモロ・リフにおどろおどろしい単音リフ／パワーコードやグルービーな展開を絡めた暴虐的な様相を呈する。終盤には味わい深い Synth アレンジ。

NSS-Records
1996　Switzerland

Dissident
Dissident

活動期間不明。チューリッヒ出身のテクニカル・デスメタル。Dissident による、スイスの（オールジャンルを取り扱う）老舗レーベル NSS-Records からリリースされた 5 曲入り EP。限定 500 枚の激レア盤。Disparaged の Tom Kuzmic(Gt, Vo) を中心に、Moribund にも在籍した Philipp Eichenberger(Dr)、Raphael Neuburger(Vo)、Sacha Cameroni(Dr) を加えたラインナップ。Coroner、Watchtower、Sadus、Agressor 系のプレイアビリティと、Krabathor の 2nd にも通じるような整合感で、ハイスピードの緻密なスラッシュ・リフとジャズ・プレイヤーとしても通用しそうな技巧的な Ba ラインを軸に進行。Funeral March のオマージュほか、様々な音楽への造詣が深い。

Turbo Music
1991　Switzerland

Excruciation
Anno Domini - An Anthology of the Past [Compilation]

チューリッヒで 1984 年から 1991 年まで活動を続け、Messiah、Coroner、Samael、The Young Gods（インダストリアルロック重鎮）等と共にツアーを行っていた、古参スラッシュ／デス／ドゥームメタル。Excruciation の編集盤。Turbo Music からのリリースで、1988 年『Prophecy of Immortality』デモ、1989 年『Abyss of Time』デモ、1990 年『Act of Despair』デモからの選曲。バンドは、Hellhammer や Goatlord 等とよく比較され、音も Celtic Frost や Messiah 系のスラッシュメタルを鈍化したような趣き。影響は公言しておらず、よく聴いているとダークネスの源流はクラストコア由来のようでもあったり、邪な歌唱も少しシアトリカルに感ぜられる。2005 年に再結成し、活動中。

Opus Dei's Licence Productions
1995　Switzerland

Exhortation
The Last Trial

チューリッヒはデューベンドルフにて 1992 年から 1999 年まで活動。ラインナップの変更を機に Ex-Ortation へと改名し、現在まで活動を続けるバンド。本作は、Exhortation 時代の唯一フル作。Witchhunt Records のサブ・レーベル、Opus Dei's Licence Productions からのリリース。Disparaged の Ralph Beier(Gt) が元々在籍していた他、当時は Haiko Gemici(Gt)、Marco Boehlen(Vo)、Giuseppe Cirotti(Ba)、Roland Ribi(Dr) というラインナップ。Pestilence や Death、Suffocation 等の技巧的なバンドから感化された、緻密な刻みとブラストビートによる激昂サウンド。随所に重厚なミッドテンポを組み込み、オールドスクールの時代性にも補完している。

Western Europe　89

- Temple of Love Records
- 1988　Switzerland

Fear of God

Fear of God [EP]

1986 年～ 1988 年に Erich Keller(Off the Disk Records オーナー) と、Messiah の Reto Kühne を中心に活動したバンド。Fear of God の 1st EP。オリジナルはドイツの Temple of Love Records からリリースされ、後年に何度か再発中。そこに極初期グラインドコアの肖像があり、金字塔がある。リユニオン期間もあり。当時の視点では、脳内に押し詰められた Swans や Amebix、Chaos UK 等を拡散する、グラインドコア前夜のノイズコアといえるものだが、テープトレード・シーンを通して与えた影響は大きい。昨今におけるシーン再考の流れで、Napalm Death や Carcass、Repulsion のようなジャンル初期の重要アクトとして高い評価を受け、数々のブートやアンオフィシャル盤は市場を賑わせる。

- Self-released
- 1993　Switzerland

Manifest

Evil Side of Mind

「Private Swiss Death Metal Indie Limited」の一つ。スイス中部のルツェルン州ズールゼーで 1990 年代を活動していたデスメタル・バンド。Manifest の唯一フル作。Patrick Mortom(Gt)、Robbie Gorgioski(Vo)、Stefi Haller(Ba)、S. A. Criseo(Dr) というラインナップにより、限定 500 枚で自主制作された激レア盤。Coroner にも通じるテクニカルなスラッシュ・リフが与えるカタルシスを満載しつつ、グラインドコア由来の不穏なブラスト / ブレイクや、Morbid Angel 系の重厚なデスメタル要素などが渾然としている。アングラながらも Defleshed や The Crown 的スタイルの先駆けのようでもあり、全 7 曲約 24 分間を激速で駆け抜ける。

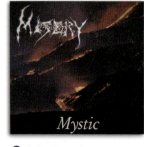

- Chainsaw Murder
- 1986　Switzerland

Messiah

Hymn to Abramelin

ツーク州バールを拠点に 1984 年から 1995 年まで活動。5 枚のフル・アルバム他、数多くの作品を残し、日本でも高い人気を博すデス / スラッシュメタル。Messiah の、Chainsaw Murder からリリースされた 1st フル。2nd プレスはジャケットが赤い。後年になり、数多くの再発盤が巷を賑わせている。オリジナルメンバーの R.B."Brögi" Broggi(Gt)、Fear of God にも在籍していた Tschösi 名義での Reto Kühne(Ba, Vo)、Jazzi(Dr) という初期のラインナップ。ハードコア的陶酔感に、ホラー映画的な趣向を配した、至高の Thrash to Death サウンド。RECORD BOY のレコメンドでは、サンクスリストの Amebix、Slaughter、Poison、Necrophagia についても触れられている通り。2017 年より再び活動中。

Misery

Mystic

1988 年に Samael を脱退した Pat Charvet(Dr) を中心として、1990 年代初頭を活動したドゥーム / デスメタル。Misery の Antropomorphia(オランダ) や Magnus(ポーランド) 等の希少盤で知られる、スイスの Blackend Recording からリリースされた唯一フル作。氏に Roberto Jiriti(Ba, Vo)、Batiste(Gt) を加えたラインナップで、Pat の後任で Samael に加入する Xy(ここでは Xytraguptor 名義) も、作曲でゲスト・クレジットされている。これは、Hellhammer ルーツの侘しげな雰囲気の漂う怪音源。彼らは Sadness と同郷のヴァレー州シオン出身でもあり、その共感を感じさせるかの憂鬱な Key アレンジを施した、退廃的な初期ゴシックメタルの一つとしても捉えられる。ガンベルト着用の風体が厳めしい。

- Blackend Recording
- 1993　Switzerland

90　Old School Death Metal Guidebook

Moribund
Oracular Eyes

「Private Swiss Death Metal Indie Limited」の一つ。チューリッヒ近郊にて Luca Amarina(Gt)、Pablo Kissner(Gt, Vo)、Roger Welti(Ba)、Philipp Eichenberger(Dr) の4人組として活動していたバンド。Moribund の唯一フル作。チューリッヒの Artag Studio で、Celtic Frost『Vanity / Nemesis』や Coroner『Grin』を手掛けた Voco Faux-Pas や、Coroner の Tommy T. Baron(Gt) による、ミキシング / マスタリングが施されている。Chuck Schuldiner 風のシャウトと、テクニカルなスラッシュ・リフを軸に畳み掛ける、中後期の Death と Coroner のミックスの様なプログレッシヴ・デスメタル。

● Self-released

 1996　　Switzerland

Offering
The Ultimate Offering

「Private Swiss Death Metal Indie Limited」の一つ。スイス南部ヴァレー州のシャラを拠点に、ex-Pustulated の P. Neuwerths(Ba) と A. Neuwerth(Dr)、Nick(Vo, Gt)、Fritz(Gt) の4人組で、スカーメイクを施し活動していた Offering。本作は、地元の Fab Recording Studio にて制作した唯一 EP。同州の Damnatory にも通じる含蓄に富んだサウンド。Grave や Bolt Thrower 系列の重厚なデスメタルを土台に、緻密なリフ・ワークが紡ぎ出すもので、限定的に女性コーラスや、煌々とした Synth ワークを取り入れ、整合を高めている。Dr と Ba は兄弟だったのか、アルバム・タイトルは Vader からの影響もあったのか等、気になる点は多いものの、残念ながら全く足どりが掴めない。

● Self-released

 1994　　Switzerland

Parusie
...in Silence

「Private Swiss Death Metal Indie Limited」の一つ。Danny(Vo)、Marcel(Gt)、Dave(Gt)、Rolf(Ba)、Adi(Dr) というラインナップの、詳細な出身地不明、活動期間不明のデスメタル。当時 300 枚限定で自主制作した唯一フル作。ゾロトゥルン州ダイティンゲンの、Headline Studio での制作。2017 年にオランダの Raw Skull Recordz からリマスター再発されている。Marcel(Gt) が Celtic Frost の T シャツを着用しているが、音楽的には Malevolent Creation や Deicide 等を彷彿とさせる、US フロリダ系のサウンド。スラッシュ・リフと死臭とが渾然とした強力なブルータリティを発散している。様々な角度からの、ブラストや多彩なタム回しを駆使する Dr プレイも特徴的だ。

● Self-released

 1995　　 Switzerland

Reactor
The Tribunal Above [Reissue]

Sickening Gore の前身としてチューリッヒで 1991 年から 1992 年まで活動。Massacre、Asphyx、Bolt Thrower、Running Wild、Biohazard、Kreator 等と同じステージを共有した Reactor が、1991 年に Arena Records 傘下に入り、唯一制作した同タイトル・デモの CD 化。Vic Records からのリリース。Pauli(Gt)、Neni(Gt, Vo)、Dany(Ba)、Howi(Dr) のラインナップで、翌年に Babylon Sad を手掛ける Christian Muzik によるエンジニアリングの元制作。殺気立ったリフの応酬により濃艶に組み立てられ、ロウエンドな暴虐性を放出するサウンド。#3 での愁気を帯びた Gt ソロ等は、もはや官能の境地にあり、Sickening Gore 時代よりも評価されることもある名作だ。

● Vic Records

 2017　　 Switzerland

Massacre Records
1993　Switzerland

Sickening Gore
Destructive Reality

Sickening Gore は、Reactor の後進として、Massacre Records からこの唯一フル作を残すバンド。当時のラインナップは Dany(Ba)、Howi(Dr) に加えて、Matt Burr(Vo, Gt)、Alex Burr(Gt) の 4 人組。Gt が総入れ替えとなったことで、Reactor 時代の暗黒的な楽曲とは異なる様式が生まれ、Morbid Angel『Covenant』以降のデスメタルに、邪悪なトレモロと技巧的なスラッシュ・リフを組み込んだ、趣きのあるサウンドを展開している。US 圏影響下の雰囲気が色濃く表れているが、ブラストビートを始め、強力なブルータリティを誇った Dr は健在で、こちらもオールドスクーラーからの評価が高い。2017 年にブラジルの Urubuz Records からリイシューされた。

Massacre Records
1995　Switzerland

Silent Death
Stone Cold

チューリッヒ出身の Silent Death は、1991 年に『Infinite Answer』デモ、1995 年に Massacre Records からこの EP を残した。当時は Oli Stubi(Gt)、Beat Muhlemann(Ba)、Orlando Maccarone(Dr) に加えて、Malevolent Creation『Stillborn』リリース以降バンドを一時離脱していた Brett Hoffmann(Vo) が在籍。武者修行的に、強靭なデス・ヴォイスを聴かせてくれる。バッキングも Malevolent Creation や Deicide 直系で、US フロリダから直輸入したかのブルータリティを伴う刺激的な作品に仕上がっている。エンジニアリングに、Babylon Sad や Reactor 等を手掛けた Christian Muzik を迎えており、音質も良好である。

Self-released
1994　Switzerland

Supremacy
Human's Destiny

「Private Swiss Death Metal Indie Limited」の一つ。ヴァレー州マルティニーで 1989 年に結成。1991 年に『Lost Century』デモ、1992 年に『Anguish』デモ、1994 年にこの唯一フル作をリリースした Supremacy。当時のラインナップは、Fabian Cretton(Gt, Vo)、Olivier(Gt)、Gaetan(Ba)、Stéphane(Dr) の 4 人組。地元の Feeling Studio にて、初期の Sadness を手掛けた D. Carron によるエンジニアリングの元制作している。再生すれば、ヴァレーの Misery や Sadness 他、Gorement や Cemetary 等にも通じる退廃的でメロウなデスメタルに浸れることだろう。限定 500 枚生産で、Nuclear Blast/SPV や多くのディストロから流通された。

Opus Dei's Licence Productions
1994　Switzerland

Tiburon
The Underdark

アールガウ州ツォフィンゲンにて 1992 年に結成。2000 年代初頭には Shredmaster というテクニカル・デス系のサイド・プロジェクトもありつつ、Emilio MG Barrantes(Gt)、Manuel Alberati(Vo) を中心に、現在まで活動を続けている古参。スペイン語で「鮫」を意味する Tiburon の 1stEP。オリジナルは、Witchhunt Records 傘下の Opus Dei's Licence Productions からリリース。バンド自身により、近年 Bandcamp 上でも配信されている。サウンドは欧州アングラ街道まっしぐらの、独特のローファイさが味わい深いデスメタル。本作発表後は Dr が脱退し、Emilio がドラムマシンを操る形で活動を続けていった。「Muerte Metal」を標榜。Facebook のフォロワー約 180 人。

Coffins 内野氏インタビュー

2018年 Party San Open Air でのライブショット

Hellfest, Maryland Deathfest などに出演し、Relapse Records に所属する、世界的にも評価が高いドゥーム・デスメタル・バンド Coffins。そのリーダーの内野氏について、オールスクール・デスメタルとドゥーム・デスなどについての見解をお伺いした。

Q：この度は貴重な機会を頂き誠にありがとうございます。ドゥーム・デスメタルについてお話を伺いたいと思います。
そもそも最も早い段階でドゥーム・デスメタルを鳴らしていたのは、どういったバンドになるのでしょうか？当時どの様に受け入れられたか、どの様な影響を受けていたか、影響を与えたか等、もし知っていましたらお聞かせください。国によって様々だと思います。
A：私の記憶ですと明確にドゥーム・デスを謳っていたバンドの登場は、Goatlord や Paradise Lost などがデモテープをリリースして出てきた80年代後半あたりからではないでしょうか。一般的な「デスメタル」の発生とほぼ同時期にごく初期のドゥーム・デスバンド自体は生まれ出てきていたようですがジャンルとしてはまったく未熟で、現在ドゥーム・デス神として祀られている Autopsy や Asphyx などは当時通常のデスメタルバンドとして紹介されてましたし、90年代に入るまでいわゆるメインストリームであるデスメタルのニッチなサブジャンルとしても今ほど明確に認知され

ていなかったのではないかなと思います。デスメタル登場以前の、いわゆるドゥーム・デスの元祖的な存在としては Hellhammer/Celtic Frost になるでしょう。そもそもドゥーム・デスに大きな影響を与えたルーツとして、Saint Vitus、Witchfinder General、Pentagram、Candlemass などのドゥームメタルバンド勢と Hellhammer/Celtic Frost、Death Strike、Possessed などのスラッシュメタルバンド勢に大別されますが、Black Sabbath を大元の起源としてのスラッシュメタル、さらにデスメタルがスラッシュからの派生であるという系譜を考えると、ドゥーム・デスの歴史はやはりその緩急をつけた音楽性、デスメタルルーツの世界観などから Hellhammer/Celtic Frost が始祖と言っても過言ではないと思います。

Q：それは、1980年代の話になると思うのですが、まだジャンルとしては確立されていないと思います。具体的にジャンルとして確立されたのは、いつ頃だと言えますでしょうか？ 1990年代になると、デスメタル・ムーブメントの影響から、エクストリーム化するドゥームメタル・バンドが、数多く出てきますよね。ゴシック、スラッジ、フューネラル・ドゥームのジャンルにも続いていくと思いますが、同時に、デスメタルとドゥームメタルの境界も曖昧になってくると思います。これらのサウンドについても、オールドスクール・デスメタルの派生系と捉えて良いのでしょうか？

Interview 93

2014年シカゴにて Mike/Cianide と

A：やはりジャンルとして確立したのは90年代に入ってからと言えるでしょう。
Deathから始まったデスメタル・ムーブメントやCathedralから始まったドゥームメタル・ムーブメントに牽引される形で、サブジャンルとして大量発生してきつつあったドゥーム・デスバンドが徐々に注目されるようになっていったかと思います。最近ではジャンルレスの傾向があるのも事実で、実際ローチューニング・デスボーカルのドゥームスラッジバンドや、ブラストが入る楽曲構成のスラッジメタルなど多種多様で、一見してこれはデスメタルなのか？ ドゥーム・デスなのか？というバンドも出てきていますが、そもそもBlack Sabbathをベースにハードコア・パンク解釈した楽曲がスラッジコアだし、Candlemassなどエピックドゥームを極限解釈したものがフューネラル・ドゥームであるとすれば、それらのジャンルレスサウンドをプレイするバンドはその歌詞世界や精神性を無視してオールドスクール・デスメタルの派生系とは一概には言えないのではないかなと思います。

Q：日本で内野さんはどのようにして、これらのシーンへのめり込んで行ったのでしょうか？ それは、Coffinsの結成に直接影響しますか？ 日本でのドゥーム・デスメタルの受け入れられ方等についても分かればお願いします。

A：正直言って私も最初から遅い音楽に傾倒してたわけではありませんでしたね。世代的にスラッシュメタルからメタルにのめり込んでいって「速さ＝正義」みたいな感覚で音源を聴いてたので、遅さを前面に出した音には否定的でした。時が経つといろいろな音楽を聴くようになるもので、この方面に傾いたのはそれこそ自分でバンドをやるようになってからです。94年頃、GodfleshやSwans、Scornのような遅く重いサウンドをやろうと結成したのがCoffinsの前身バンドでしたし、名前がCoffinsに変わった96年頃はCathedralやMelvins、Eyehategodあたりの影響を受けたドゥーム／スラッジ寄りのサウンドを志向してました。個人的には並行してスラッジコアバンドなんかもその頃やってたりで「遅さ」にはどっぷりでしたがどちらかというとドゥーム・デスからは離れた場所にいた感じです。Coffinsは2000年頃一旦活動休止になり、そのスラッジバンドメインでしばらく活動してたんですがどうにも面白くなくなってきてて。自分の中でもっと趣味丸出しのデスメタル寄りの遅い音をやりたいな～もっとDivine EveやWinterみたいな音出したいな～と漠然と思い描き始めていたんですね。そんな時に対バンして見たGrudgeのライブと、同時期に結成したばかりのAnatomiaのデモを聴き「私がやりたかった音をやっている！」と感銘を受けて私はCoffinsをドゥーム・デスバンドとしてリファインして再始動させる決意をしました。日本でのドゥーム・デスの受け入れられ方は……どうでしょうか。Transgressorという日本のドゥーム・デスメタルの元祖的バンドはいましたが、やはり日本のシーンはクラスト／ハードコアやグラインドコアなどが昔から強いですからスピードの速さこそが正義だったし、当時はそもそもの流通の悪さに加えあまりに地味なサウンド故に一部を除きリスナー的にはそんな積極的ではなかったんじゃないかという印象です。ゴシックデスという新しモノという部分で初期のPeacevilleバンド（Paradise Lost、Anathema、My Dying Brideなど）なんかは割と話題にはなってたのかなと思いますが、もっとトゥルーなドゥーム・デスバンドがもてはやされてたという印象はあまりないですね。

Q：内野さんは、Anatomia、Grudge、そしてCoffinsによる2007年の3Way Split『DDDH - Doomed To Death, Damned In Hell』のライナーで、ドゥーム・デスメタルを、オールドスクール・デスの裏表徴のようなジャンルという風に言っていると思います。当時としては、表には出てこない存在感、地味感のような、良さが分かりづらい面があったということでしょうか？ 具体的にはどのようなバンドでしょうか？

A：デスメタルってやっぱり速くてナンボみたいなところがあってそれがまた売りでもあったと思うんです。速いスラッシュメタルがより凶暴にスピードアップして……みたいな。聴く側もそれぞれありきな部分はあったはずしフィーリングに大きく左右される音楽である以上、速さの逆を行くということはやはりリスナーへのアピールとしてマイナスポイントではあるわけで「遅っせ！」の一言で片付けられちゃう危険性がはるかに大きいわけです。しかし、実際にそういう遅さを追求したデスメタルバンドは存在してきてて、Beyond Belief、Delirium、Cianide、diSEMBOWELMENT、Novembers Doom、Decomposed、Sorrow、Eternal Darkness、Rippikoulu、Symphony of Griefなど……名前を挙げればキリがないのですが、各バンド全てが同じベクトルではないにせよ禍々しくも神々しい粋なスローサウンドで好き者にはたまらない世界観を確実に構築しています。アンチコマーシャリズムというかカウンターカルチャー的という部分でのデスメタルにおいてさらにその反商業的な姿勢という意味では、ドゥーム・デスこそがデスメタルの「裏表徴」ではないのかなと思わざるを得ないのです。

Q：そういったバンドは、今になって評価されたという

声をよく耳にします。それについてどのようにお考えですか？ なぜ評価が変わったのでしょうか？ オールドスクール・デスメタルがリバイバルする歴史とも重なりますか？

A：一番大きな影響として考えられるのが Cathedral の影響で「ドゥームメタル/スラッジコア」というジャンルが一大ムーヴメントとして確立し、盛り上がったことですね。当時、最速を謳っていた Napalm Death を電撃脱退した Lee Dorian が始めたバンドが、こともあろうかスピードの真逆を行く最遅サウンドだったことの衝撃波はとてつもなかったですし、デスメタル/グラインドコア界隈では当然「速い」バンドが隆盛を極めていた時期だったわけで首をかしげていたリスナーも多かったはずです。ただ、やはりそこは Lee の先見性かでもいうのか次第に Cathedral/Rise Above Records を起点として Electric Wizard や Orange Goblin などを追随するバンドを始め、前述の Pentagram や Saint Vitus などのルーツバンドにもスポットライトが当てられていき、その大流に引っ張られる形で、また Lee 自身がデスメタル/グラインドコアに近い立場の人間だったことで、ドゥーム・デスバンドにも注目が集まって行ったのかなと推察できます。ただ、とにかくドゥームスラッジに比べてノリもなく、華のない湿気ったサウンドなので、ドゥーム・デス界隈の奥の奥の方まで光が届いたかというとそこまでではない気がします。また、よくオールドスクール・デスメタルリバイバルに関連してドゥーム・デス再興への影響などに触れられることがありますが、あのリバイバルはどちらというとスウェディッシュ・デスメタルからの潮流で一般的にオールドスクール・デスメタルが盛り上がっている感じで、個人的にはそこまでドゥーム・デスは直撃してないのではないかなと思っています。

Q：この頃（2007年）と現代を比較して、「オールドスクール」に対する認識は変わりましたか？ 少し話は逸れますが、2000年代に Bloodbath や Chaosbreed が目指した「オールドスクールなデスメタル」と、2010年代の Blood Incantation や Tomb Mold などが演奏する「オールドスクール・デスメタル」では意味が違ってくると思いますか？

A：私は2007年以前……1990年代あたりのデスメタルを聴いていても未だにオールドスクールだなぁと思ったことは一度もありません（笑）常に新鮮な気持ちで当時のサウンドを楽しめています。何をもってオールドスクールなのかという部分にもかかってきますが……ただ、最近のいわゆる Blood Incantation や Undergang、アメリカ西海岸勢のオールドスクール・デスメタルバンドを見聞きすると、逆に「現行のオールドスクールだな〜」と感じることはあります。なぜかとよく考えるのですが一因として「とにかくみんな演奏が上手い」「整合感がある」ということではないかなと。リアル初期のデスメタルはとにかく技術力は二の次で勢いが前面に突出してたんです。おそらくハードコアの影響やそっちから出てきたバンドが多かったからでしょうが、初期 Carcass とか初期 Bolt Thrower とかもう前のめり感がすごいじゃないですか（笑）現行のバンドは最初からデスメタル、もっと言えばオールド

スクール・デスメタルをカッチリやろうとしてやってる、という印象なんですね。もちろん良し悪しは別問題、現行でもかっこいいバンドはたくさんいるんですが。なので、私自身のオールドスクールに対する認識が変わったかと言えば、「現行バンドに対して新しい視点での認識」は変わったかなと思います。Bloodbath、Chaosbreed などの世代と Blood Incantation、Tomb Mold などの世代に関しては、おそらく彼らの代双方が目指したサウンドイメージは80年代後期〜90年代初期あたりのバンド群だと思うので、スタート時期が違うこと以外に特にオールドスクール・デス的意味合いでは相違はないんじゃないでしょうか。

Q：内野さんが思う、ドゥーム・デスメタルの音楽的な魅力について、率直な意見を伺いたいです。遅ければ遅いほど、重ければ重いほど良いのでしょうか？ ただ、そうなるとドローンやフューネラル・ドゥームに向かって行きますよね。また、「重さ」の種類なのですが、例えばデスメタルには「スラミング」だけではなく、デスコアの「ダウンテンポ」等もあります。ドゥーム・スラッジとはまた別のニュースクールなりの「重さ」は好きなのかどうか、どう評価しているのかも気になります（本書編集者からの質問）。

A：おっしゃるように「遅さ」を究極に際立たせればフューネラル・ドゥームに行き着くでしょうし「重さ」を追求するならスラミングやダウンテンポなんかに行き着くでしょう。しかし、実はドゥーム・デスメタルってただ遅けりゃいいというわけではないんですよね。上述のようにドゥーム・デスメタルはスラッシュメタル系譜なので、リフや歌詞、身なりやアティテュードなど全ての面で「オールドスクール・デスメタル」でないとまず成り立ちません。その中で Black Sabbath ルーツのドロドロした引き摺るような「遅い」サウンドを出して始めてドゥーム・デスメタルだと言えるのです。そこが魅力であるし、そうあるべきものだと私は考えています。よくそういう比較でドゥーム・デス風サウンドをプレイするニュースクール・ハードコアの話なんかも出てくるんですが、そこまで行くともう文脈が違ってきてしまう。それはフューネラルもスラミング/ダウンテンポも同じく違う文脈なので、一緒くたにして語られるべきものではないと私は思います。ニュースクールなりの「重さ」は好きなのかどうかについては、あまりそっち系統

2010年 Maryland Deathfest にて Martin/Asphyx

Interview 95

2019 年 Kill-Town Death Fest での Coffins ライブ

を聴かないので正直なんとも言えません……スミマセン（笑）

Q：過激化するスピードへのカウンター的に、ドゥーム・デスメタルは誕生したと思うのですが、一部のデスメタルは現在もスピードを追求しています。例えば、超ハイパー高速のタイの Ecchymosis やインドネシア Gerogot のブルータル・デスメタル等は、聴いたことはありますか？ もし初めて聴いたとして、気に入る可能性はありますか？（本書編集者の質問）

A：すいません、そのあたりのバンドも……まったくわからなくて（笑）いわゆる元祖的な初期 Suffocation や初期 Cannibal Corpse などは聴くんですが、ブルデスやスラミングデスといった流れのバンドはまったく聴きません。速さや音作りに耳が追いつかないというか……おそらく私がスラッシュからメタルを聴くようになったからというのが大きく関係してるのかなと思いますが、少しでもわかりやすいメタル要素を求めてしまうんです……。

Q：ドゥーム・デスメタルのメロディックでも、速くもないサウンドは、日本での評価が得づらいと思うのですが、外国との受け入れられ方に違いを感じますか？ ここ数年のリバイバル的なムーブメントの中で、少し状況は変わりましたか？

A：海外と日本でそのあたりの評価の違いとかを考えることはナンセンスです。そもそもメタル自体海外発祥の音楽なわけだし、この手のジャンルが日本で評価を得づらいということは言わずもがな。その状況は今も昔も変わってないですよ。ことドゥーム・デスなんていうのは玄人好みジャンルなんで、まぁ日本で評価なんてされるどころか、ジャンルとしてこの先浸透すらしていかないんじゃないでしょうかね（笑）ただ、海外は状況が違います。それこそデンマークやアメリカ西海岸のシーンを中心に新しい若くて渋いサウンドのドゥーム・デスバンドもかなり出てきてるし、老若男女問わずファンも多い。みんなでシーンをサポートする体制が整っている。おそらくこの先も間髪入れずシーンはどんどん盛り上がっていくと思います。日本もアジアでメタル後進国の汚名を返上して、メタルが「正当に」評価されていくようになればいいんですが……どうでしょうかね（笑）

Q：現行のバンドもチェックされていると思いますが、お気に入りのバンドについてはいかがでしょうか？ ハードコア方面でも異常な盛り上がりを見せています。

A：最近はそこまで現行のドゥーム・デスを掘って聴いてはなくて友人のバンドをメインにフォローするといった感じですが、オーストラリアの Inverloch やフィンランドの Hooded Menace はチェックしてます。同じフィンランドの Solothus、イタリアの Assumption なども渋いなと思いますね。アメリカだと Caffa や Spectral Voice とか好きです。デンマークの Undergang と日本の Anatomia メンバーからなる Wormridden も極悪で最高です。2014 年の Undergang ジャパンツアーの一環で Wormridden のファーストショーがあってライブセッションでギターを弾かせてもらったんですが、チューニングが 1 オクターブ下の E と聞いて驚愕した記憶があります（笑）さすがに低音すぎるのでライブでは A くらいまで上げてやりましたが、それでも一般的にはかなりのローチューニングですよね（笑）

Q：誠にありがとうございました。

Q：HMVの未来さんとのインタビュー（『【コラム】ドゥーム／デス・メタル』（HMV&BOOKS online - Rock & Pop）を見ていて、気になったのですが、My Dying Bride とか Anathema 等も好きなのですか？ なぜ Coffins はその様な耽美系・ゴシックメタル路線に突き進まなかったのでしょうか？ ブルデスと OSDM の数少ない共通点の一つに「メロディ嫌い」があると思うのですが、実は内野さんがそういう傾倒も好きだったというのが意外です。また実は著者の村田さんが世界で一番好きなバンドが My Dying Bride らしいです。（本書編集者による質問）

A：初期ゴシックドゥーム／デス系は好きでよく聴いてますよ。Paradise Lostの『Gothic』は外せませんし、他に 2nd 以降の The Gathering、Novembre の 1st なんかもマイフェイブです。My Dying Bride は 1st が大好きで収録曲の「The Forever People」はベストデスメタルソングの一つだと思ってます（笑）いわゆるメロデスなる類いは聴かないですが、基本的に一メタルキッズとして NWOBHM 群から LA メタル、パワーメタル、ジャーマンメタル、ヴァイキングメタルなど一通り聴く人間なので、特にメロディ嫌いとかではないです（笑）ただ、メロディってセンスが如実に出る部分ですし、それこそゴシックメタル的耽美系メロディは作曲者のお国柄というかそういう土地に染み付いたセンスみたいなのが絶対出ると思うんで「聴く」のと「演る」のは別物という観点から踏み込まないようにしています。あと、ステージ演出や衣装とかも大変そうですしね（笑）

南欧

Xtreem Music オーナー、Dave Rotten 率いる Avulsed をメインコンテンツに紹介。スペインは、Dave Rotten のレーベル (Drowned Productions) を通じた北欧デスメタルの影響下バンドが多数存在した。南部では、スラッシュメタルを独自に発展させた勢力が先駆者となった。Obscure、Aggressor、Canker 等である。スペインの隣国であるポルトガルはデスメタル大国とはならなかったが、Sacred Sin、Thormenthor、Disaffected 等の、後世に語り継がれる名バンドを輩出。イタリアは Necrodeath や Bulldozer 等の北部勢が、スラッシュメタルの枠組みの中でブラックメタルの第一世代となり、同時にデスメタルにも影響を与えた。ギリシャは Rotting Christ が先駆的にグラインドコアを演奏したが、その後ブラックメタルへの変遷を見せる。同国はメロディック・デスメタルが発生する以前のメロディ志向のバンドが多く、Nightfall や Death Courier 等はアトモスフェリック・デスメタルと呼ばれることが多い。オールドスクール・デスメタルのシーンで注目を浴びるのは、Nuclear Winter の登場以降だろう。イタリア、ポルトガル、ギリシャは、基本的にはブラックメタル大国と呼ばれている。北欧発祥のシーンとは異なるオリジナルな発展を見せており、ウォー・ベスチャル・ブラックメタルへの影響も大きい。そのため回り回って、原理主義的な姿勢を見せる現行 OSDM にも接近してくる。

死，ゴア，カニバリズム，エロス，南欧のゴッドファーザー

Avulsed

出身地 スペイン・マドリッド
活動年 1991 〜

Drowned、Repulse、Xtreem のオーナー Dave Rotten が率いる

　南ヨーロッパ、イベリア半島に位置するスペインより、Drowned Productions 〜 Repulse Records 〜 Xtreem Music オーナー Dave Rotten による長年に及ぶレーベル運営と 2005 年に来日ツアーを敢行したことで、日本でも一部マニアから支持を集めている Avulsed。1991 年 8 月、3 年間のボランティアの軍事活動を終えた氏が、首都マドリッドへと戻りスタートした。最初の音源となる 1992 年の『Embalmed in Blood』デモ制作時には、Dave(Vo)、Haemorrhage の Luisma(Gt)、Lucky(Ba)、Toni(Dr) というラインナップが完成していた。その歴史はオフィシャルの声明によると、「Avulsed は 1991 年 8 月のスタート以来、スペインのエクストリームメタル・シーンで活動を続ける、最もベテランのバンドである。リリース面で最もアクティブなバンドで、そのライヴ・パフォーマンスで世界中を駆け回る。常にデスメタル・スタイルに忠実で、小さな休息をとることさえない。バンドは初期の活動で様々なデモ、1992 年『Embalmed in Blood』、1993 年『Deformed Beyond Belief』『Promo'95』や、1994 年『Carnivoracity』7" EP 等を制作。Repulse Records を通じ 1996 年の 1st フル『Eminence in Putrescence』を録音するまでの、1993 年の段階で 2 つの海外レーベルとの契約を結び、スパニッシュ・エクストリーム・シーン最初の成功例となった」とのことだ。この時期への捕捉を加えると、地元の Fono Music から Fermento、Antropomorfia、Sacrophobia、Spontaneous Combustion との Split や、ギリシャの Molon Lave Records から Acid Death との Split も制作していた他、Dave 運営の Drowned Productions から多くの作品をリリース、世界中に分布しており、Avulsed がスパニッシュ・デスメタル・シーンのアンダーグラウンドな発展に欠かせない重要なアクトであったことを認識することが出来る。これまでを初期として、その後の彼らの活動については、ディスコグラフィやインタビューを中心に追っていきたい。

ゴア、グルーム、フィニッシュの価値をいち早く見抜くも、B 級扱いされ続ける

　音楽的には、Dave が運営している Repulse Records が 1990 年代半ばのブルータル・デスの発展に一役

買っていたことで、ブルータル・デス・バンドとして見られることもあるが、一時的にバンドのインダストリアル系リミックス音源を制作したこともある程に意欲的かつ、独特のフレキシブルな捉え方をしている。Impetigo や Impaled、Dead 等のゴアや、Grave や Autopsy、Gorefest 等のグルーム、Xysma やレーベルの運営で輩出した Adramelech を始めとするフィニッシュ・デスメタルへの的確な理解等、全世界の様々なデスメタル・スタイルへの造詣が深くありながらに、作品によってはメロディアスな展開にも長けている存在。食人をモチーフとしたグロテスクな歌詞の内容やそのサウンドに関しては、Cannibal Corpse が引き合いに出される程のクオリティを誇る。そんな中で、現在の彼らが置かれている B 級デスメタル・バンドのような立ち位置には、懐疑の念を禁じることが出来ない。執筆者として主観でモノはいえないものだが、本稿を通じて彼らの積み重ねたキャリアが再評価されることを願うばかりだ。

 Malodorous Mangled Innards Records
1994

Avulsed
Carnivoracity [EP]

Dave(Vo)、Luisma(Gt)、Lucky(Ba)、Toni(Dr) という最初のラインナップに、Cabra(Gt) が加わり、地元の El Jardín Paramétrico にて制作。ドイツのグラインドコア・レーベル Malodorous Mangled Innards Records よりリリースされた 1st EP。1995 年に Repulse Records より CD 化され、同年 5 月のライヴ・トラックを追加。人肉の謝肉祭という異様な歌詞を歌う (#1) を始めとしたオドロオドロしいデスメタルに、Key を用いたカルトな展開も収録。Pentagram Chile「Demoniac Possession」カヴァー (#3)。ライヴ曲では Demigod、Brujeria、Slayer のカヴァーも収録されており、南欧が咀嚼したデスメタルの一つの元祖を知ることが出来る。

Repulse Records
1996

Avulsed
Eminence in Putrescence

Toni(Dr) が Intoxication の Furni、Luisma(Gt) が Juancar に交代し、El Jardín Paramétrico にて制作。Repulse Records からリリースされた 1st フル。2004 年にはロシアの Coyote Records や UK の Blackend からもリイシューされており、クラシックな作品として誉れ高い。ジャケットは Motörhead の作品で知られる Joe Petagno が手掛けた。Demigod や Funebre 等のフィニッシュ・デスメタルを彷彿とさせる高度な展開力に、閉塞感のあるリフさばきやガテラル・ヴォイス等のニュースクール／ブルータル・デスの側面も併せ持つ。その随所で Key や Gt ソロ、ゴアなコーラス等のアレンジが光る、恐怖の食人デスメタル。国の重鎮メタラー Barón Rojo「Resistiré」カヴァーも収録 (#10)。

Repulse Records
1998

Avulsed
Cybergore [Compilation]

Incantation と Deeds of Flesh とのツアー後、Repulse Records からリリースされたリミックス音源集。Christ Denied の David Nigger を始め、M.C. Velarde や BigSimon 等のエンジニアによるリミックスとなった。Dave Rotten の証言を掻い摘んで記すと「作品と作品の間で何らかの実験をしたくなり、本作をリリースした。デスメタルとテクノをミックスし、我々の期待以上に素晴らしい、強力な音楽を創り出した。多くのデス／グラインド・ファンが否定的な姿勢を示したのを知ったが、一部ファンには受け入れられた。少なくとも音楽の宇宙には境界がないことを示した」とのこと。再生ボタンを押してみると、1990 年代インダストリアル／ノイズの暗黒面に同調するようなディストーションのループに飲み込まれる。ダーク・ウェイヴに通じる美点もある。

Repulse Records
1999

Avulsed
Stabwound Orgasm

Lucky(Ba) が Iván に交代したもののツアー後脱退したため、新たに Tana を迎えた制作した 2nd フル。Repulse Records からのリリースで、ウルグアイの Extreme Zone Records やロシアの Coyote Records を始め数多くの再発盤がリリースされている。ドイツの SpaceLab Studio にてメロパワ系の作品に携わる Oliver Philipps をエンジニアにレコーディング。US カリフォルニアの Temple Studio にて James Murphy によるマスタリングが施された。音質が向上しつつ、メロディアスな Gt ワークをフィーチャーした James キャリア作品の整合感を彷彿とさせるデスメタルへの変容を見せており、時に Oliver による (Key) アレンジや、ラテン音楽系の音遣い感覚等も取り入れ、独創を磨いている。性倒錯も健在。

Avantgarde Music
2003

Avulsed
Yearning for the Grotesque

イタリアの Avantgarde Music と契約を交わしてリリースされた 3rd フル。レーベルのカタログでも異色のタイトルとなっており、「AV 069」という規格番号がなんとも意味深だ。前作に引き続き、ドイツの SpaceLab studio にて Oliver Philipps によるエンジニアリングの元制作。地元の The Noise Labs Studio にてマスタリングが施された。当時 Night in Gales の Björn Goosses(Vo) がゲスト参加。相変わらず食人と性倒錯の歌詞は猥褻極まりないものの、音楽的には前作の内容をさらにコマーシャルに追求した作品である。ところによっては北欧メロディック・デスのような聴き易さもありつつの、ラテン音楽系の音遣い感覚を取り入れた独特のスリリングな構造を導いている。こちらも再発盤が多くあり、残念ながら完全に需要より供給が上回っている作品だ。

Metal Age Productions
2005

Avulsed
Gorespattered Suicide

Furni(Dr) 脱退後、後に Wormed へ加入する Riky を新たに迎え、制作。スロヴァキアの Metal Age Productions や、US は Severed Records 傘下の Goregiastic Records からリリースされた 4th フル。地元の Looking for an Answer と親交が深い Samuel Ruiz 運営の VRS Studios にてレコーディング、フロリダ・タンパにて Erik Rutan 運営の Mana Recording Studio にてマスタリングが施された。これまでの音楽的要素を活かしつつ、Raw さに長けた録音環境とマスタリング柄により渇いた音質となった。硬質なスネアのアタック音による烈しいブラストビートや、ピッキング・ハーモニクス、ピッグ・スクイール等の手法を新たに用いたことで、ブルータル・デス / グラインド的側面が強調されている。

Xtreem Music
2009

Avulsed
Nullo (The Pleasure of Self-Mutilation)

Xtreem Music や John McEntee 運営の Ibex Moon Records 等からリリースされた 5th フル。地元の Room 101 Studio にてレコーディングされ、Dave Rotten 自身の手によるマスタリングが施された。ジャケットは Monstrosity の Mike Hrubovcak によるもの。Riky(Dr) の加入によりブルータル・デス寄りの手法を可能にした前作の技巧性を継承しつつも、オールドスクール側への揺り戻しを感じさせる作品だ。Incantation や Immolation 等を想起させる 90's デスメタルの暴虐的な音楽理論を主軸とした展開に、多彩なリフ遣いと小気味の良いリズム・セクションが溶け込み、聴き手を翻弄する。負の感情を詰め込んだ歌詞と音像に、自己破壊の傾倒やカニバリズムの強い主張があり、濃艶なる醜と儚いエロスの混沌に心を掻き乱される。

Avulsed
Ritual Zombi

Riky(Dr)脱退後、Oskarを迎えた6thフル。Xtreem Music他からのリリースで、当時 Obliteration Records からの日本盤もリリースされた。地元の La Casa del Ruido にてレコーディングを行った後、バルセロナの Moontower Studio にて Graveyard(スペイン)の Javi Bastard がミキシングを行い、Key でもゲスト参加。その後スウェーデンは Dan Swanö 運営の Unisound Studio にてマスタリングが施された。タイトルと2013年の時局柄、純粋なオールドスクール・デスメタルとして注目を集めた作品で、重厚なミッドテンポにブラストビートやゴアなグロウルを絡めながら展開。Unisound でのマスタリング効果も手伝い、奥深い響きを残す力作。Death「Zombie Ritual」カヴァー収録(#10)。

Xtreem Music
2013

Avulsed
Deathgeneration

Oskar(Dr)が、メロディック・ブラックメタル・バンド Frozen Dawn の Arjan van der Wijst と交代したラインナップで制作。Xtreem Music からリリースされたリ・レコーディング・ベスト。前作に引き続き、Dan Swanö によるマスタリング。ゲスト Vo として Per Boder(God Macabre)、Chris Reifert(Autopsy 他)、Antti Boman(Demilich)、Sven de Caluwé(Aborted)、Will Rahmer(Mortician)、Rogga Johansson(Paganizer)、Ludovic Loez(Supuration)、Mike van Mastrigt(ex-Sinister 他)、Johan Jansson(Interment / ex-Centinex 他)、Paul Zavaleta(Deteriorot)、Anton Reisenegger(Pentagram Chile)、Ville(Purtenance)、Tomas Lindberg(Grotesque / At the Gates 他)、Kam Lee(Mantas / Massacre 他)、Bongo(Necrophiliac)、John McEntee(Incantation 他)が各曲に参加。Dave Rotten(Vo)の築き上げたキャリアの集大成ともいうべき作品に仕上がっており、この錚々たるメンバーにより、死/ゴア/性倒錯/カニバリズムの暴虐を映し出す Avulsed の音楽が展開されていく。聴きやすい音質となっていて、長年に及ぶ彼らの幅広い音楽性をざっくりと理解することも出来るため、ファン&ビギナー必携の作品といえるだろう。

Xtreem Music
2016

Avulsed、Dave Rotten インタビュー

バイオグラフィやディスクレビューを始め本書では、Avulsed をスパニッシュシーンを活性化させた存在として取り上げている。
Dave Rotten による世界的にも最も早い段階でのフィニッシュ・シーンの的確な理解や、Drowned Productions 〜 Repulse Records 〜 Xtreem Music の運営が無ければ、この世に出ていなかったデスメタルは数多く存在していた筈。スペインのゴットファーザーのような氏にインタビューできることを、光栄に思う。

翻訳協力:土田有希

Q:Avulsed は1991年8月にマドリッドに移住されスタートしたといわれています。移住前の生活やあなたの生い立ちについて、詳しくお聞かせいただけますか? また、音楽、映画、本等のような趣向があったと言えますか? その趣向は現在までお変わりありませんか?
A:俺は3年間のボランティアの軍事活動を終えた後、1991年にマドリードに戻ってきた。それまでは12歳頃からの幼少期をほとんどマドリードで過ごしていた。メタルを聴き始めたのは15歳頃で、元々は The Beatles や The Alan Parsons Project など両親が家で聴いていた1960〜1980年代の音楽を聴いていた。
映画は色々なジャンルが好きだったが、ホラー映画と SF とスリラーは特に好きだ。Avulsed の歌詞からは

Southern Europe 101

想像できないかもしれないがが、実はゴア映画のファンではないのだ！　ハハ！

Q：Drowned Productions の設立は 1990 年に遡ります。Purtenance『Crown Waits the Immortal』が最初の海外契約となったかと思います。この時の思い出はありますか？　ジャケットを手掛けた Luxi Lahtinen は Avulsed のロゴも手掛けますよね。

A：そうだね。1990 年の 9 月に Drowned Production を始めた。国外へのプロモーションやディストリビュートの手助けをするために、スペインのデスメタル・バンドの沢山のデモ・テープを送ったのだ。その一年後にメタル専門のレコード・ショップとのパートナーシップが生まれ、7" EP や CD、LP、カセットなどをリリースできるようになった。特に最初の EP をリリースされた時はとてもワクワクしたよ。その後はアルバムもリリースし、とても良かった！　Luxi は今でもそうだが、デモをトレードしていた時に最も近かった遠くの方。一番の古き良き友達。彼は俺に沢山のフィンランドのデスメタル・バンドを紹介してくれて、そのまま Avulsed のロゴも依頼したんだ。

Q：1993 年の Fonomusic からの Split CD に関して、どのような経緯で実現したのですか？　当時のスパニッシュシーンはどのようなものでしたか？音楽的にはどのようなものが人気を博していましたか？　初期の Gorefest？

A：始めは、Avulsed と Intoxication のデモと EP の制作に利用したレコーディング・スタジオのオーナーによるアイデアだった。彼はこの Split を出す事が凄く良いアイデアだと思って、全てのバンドがオーナーのスタジオでレコーディングした。マドリードから 5 バンドが収録される予定だったが、Antropomorphia が解散してしまったからウトレラの Spontaneous Combustion に頼んだ。スペインのシーンはそんなにバンドは多くはいなかったが、良いシーンになるには十分だった。当時の音楽的にいえば、デスメタルは一番重要なものだったな、Gorefest、Morbid Angel、Demigod、Death etc……。

Q：初期作品では (リイシューも含め)Asphyx、Demigod、Slayer、Brujeria & Pentagram Chile(Anton Reisenegger!!!) のカヴァーも聴くことが出来ます。これらは Avulsed に影響を与えたバンドとして捉えて良いものですか？　Pentagram は Mitch Harris や Nicke Andersson とも交際があった顔の広いバンドですが、当時から Avulsed も関係していましたか？

A：もちろんカヴァー曲はいつもインスピレーションを与えてくれている。バンドがまだ若い頃に特に。どちらにせよ Avulsed に関しては、カヴァー曲をやるのが好きなバンドだったね。当時の Pentagram とはなんの関わりもなかった。彼らは解散していたので、Anton に会ったのは 2013 年くらいだね。スペインに住んでいて、それからは連絡を取り合っている。彼は俺たちが楽曲をカヴァーした事を嬉しく思ってくれていた。

Q：1994 年に『Carnivoracity』EP がドイツの Malodorous Mangled Innards Records からリリースされます。Markus Woeste とはどのようにして知り合いましたか？　リスナーからの反応はどうでしたか？

A：俺が Markus のリリースをディストリビュートしていて、彼が Avulsed のデモを気に入ってくれていたこともあり、彼とは早期から連絡を取り合っていた。それで、7" EP をリリースするようオファーしてくれて、その時は、海外のレーベルと契約する初めてのスパニッシュ・デスメタル・バンドとしても、Avulsed にとって名誉なことだった。この EP の反応は非常に良く、バンドとして成長させてくれている。アンダーグラウンドなバンドにとって当時の 7" EP は、アルバムと同じくらい重要な価値があった。

Q：1990 年代半ばのデスメタル・シーンは、商業主義化した部分 (Melodic Death Metal trend) とアンダーグラウンドな技術と思想の深耕が同時に進んだと思います。Repulse Records のカタログを見ても Immolation、Imprecation、Incantation 等のアンダーグラウンドな思想を持ったバンドや Adramelech、Demilich、Deeds of Flesh 等のブルータル＆テクニカルな側面を持ったバンドの登場が挙げられると思います。こういったバンドを世に送り出したあなたは、当時のシーンの変容をフレキシブルに楽しんでいましたか？

A：俺はトレンドについて気にしたことは一度もない。他のレーベルがブラックメタルやメロディック・デス等のトレンドに依存したサウンドへ傾倒していく間も、常に暴虐的なデスメタルをリリースしていた。約 30 年に渡って俺は同様の方向を向いていたことになるが、それが一番好きな事だった。もちろんデスメタルだけでなくスラッシュメタルやブラックメタル、グラインドコアやドゥームメタルも良いのだが、俺にとってはデスメタルが一番好きな音楽性だったのだ。

Q：またこれは個人的な意見になりますが、こういった時代の中でリリースされた、1996 年の『Eminence in Putrescence』や以降の作品はそのモダニズムを感じさせつつも、今でも親しまれるようなオールドスクールの構成が保たれていると感じます。こういったシーンの変容の中でも変わらないデスメタルの本質と言えるような部分について、Avulsed はどのような考えを持っていますか？　Avulsed にとってのデスメタルの本質はどこにありますか？

A：俺は 1st アルバムにはモダニズムを感じてはいないね。俺たちの音楽性はトレンドを気にしたものではなく、ずっと 1990 年代のクラシックだと思っている。最近のリフなど使ったこともない。クソ喰らえだね！俺たちのリフは 1990 年代のスタイルで、メロディーと暴虐性を平等に織り交ぜ、常にデスメタルの本質を保つようにしていたね。Cybergore に関しては、アルバムというよりは当時やってみたかったプロジェクトと言えるけど、君も知っている通りそれが Avulsed の音楽に影響を与えたことはない。デスメタルの本質は 1980 年代後半から 1990 年代初頭のバンドに根付いたものだよ。

Q：Avulsed の歌詞についてですが、初期から一貫して 1980 年代のホラー映画の延長線上にあるようなゴアで、カニバリズムや性倒錯を象徴するような露悪的な

Avulsed (2016 ～)

ものですよね。いつもどの様にして考えていますか？宗教観はどうですか？

A：Avulsed は初めからブルータルな音楽をやりたかったから、残忍な歌詞とアートワークが必要だった。主にゴアで気味が悪く、変態的な事を取り扱っているのだが、たまに反宗教的な面も取り入れていた。サタニックではなく、宗教そのものに対してのだ。しかし俺たちは宗教的ではない。いずれにせよ Avulsed はこれについて、あまり関係なければ、関心もないね。

Q：2005 年には来日公演を行っていますが、日本での出来事は覚えていますか？

A：もちろん覚えてる！　日本のファンは盛大に受け入れてくれて、人生の中で最高の経験だった！　いつかまた行ってみたいけど、ちょっと難しいかな。

Q：2017 年の Mercyless とのヨーロッパ・ツアーはどのようなものでしたか？

A：偉大なフランスの Mercyless との殺人的なツアーだった！　Avulsed にとって彼らとツアーできるのは名誉なことだった。Avulsed の結成前から聴いていたバンドだからね。6 回目のヨーロッパ・ツアーで、4 回目のヘッドライナー・ツアーだ。次はいつヨーロッパをツアーできるのか……

Q：最近のバンドでフェイバリットはありますか？

A：フィンランドの Amputory！ I love them!!

Q：プロモーションや、メッセージなどがございましたらお願いします。

A：大したことはない……。インターネット上で完結せず、ビッグ・バンドだけでなく、マイナーなバンドのラ イヴにも参加しながら、フィジカルなフォーマットを購入して、実際に音楽を生かし続けることをお勧めする。音楽の未来は、常に建設的なものであれ、破壊的ではない。シーンに立つもの同士も、互いにサポートしていかなければならない。未来のために。Keep it brutal !!

Q：誠にありがとうございました。

Xtreem Music
2013　Spain

Absorbed
Reverie [Compilation]

ガリシア州で1990年～1996年を活動した、Absorbedの2CDディスコグラフィ。1996年未発表アルバム音源『Reverie』、UnnaturalとDismalとの1994年Split『Avowals』提供音源。1992年未発表7"EP音源『Abstract Absurdity』、同年にDrowned Productionsからリリースされた『Unreal Overflows』デモ、1996年ライヴ音源、1991年リハーサル音源を収録。プロモでは、DeathやConfessorのロングTシャツを着用。Disc1の#4はCalhoun Conquerのカヴァー。音楽的にも、Aaarrg Records系のテイストや、VoivodやCynic影響下の独創性を感じさせる、テクニカル・デスメタル。他に類を見ない知的さは、2010年代のオブスキュア発掘市場において、多くのマニアを驚嘆させている。

Black Mass Records
2013　Spain

Aggressor
Brutal Aggression [Compilation]

スペインの中では、比較的早い時期からデスメタル・シーンが発展していた南部勢だが、中でも南東部の湾岸都市バレンシアにて1980年代半ばから活動を行っていたAggressorは、群を抜いた存在であろう。ObscureのAnselmo RocaがA. Roca "Animal"名義で在籍したバンドでもある。本作は、イタリアのBlack Mass RecordsからリリースされたLP編集盤。1988年にリリースした唯一作デモと、1985年のリハーサル音源を収録。デモと同タイトルである「Brutal Aggression」の名に相応しく、Venom～ジャーマン・スラッシュ由来のイーヴルネスと、南米スラッシュ勢の並行線式で過激性を追求した、黒々しい楽曲が立ち並ぶ。南欧の奇跡とも呼ぶべきカルト・アンダーグラウンド音源だ。

Escila
1994　Spain

Canker
Physical

スペイン南部アンダルシア地方グラナダにて1990年に結成。1990年代後期に一時活動休止。その後、2018年まで活動。3枚のフル・アルバムを残したスラッシュ/デスメタル。Escilaなる小さなレーベルからリリースされた1stフル。なんとColin Richardsonがプロデューサー、Tomas Skogsberg(Sunlight Studio)がミキシングを務めている。弾丸の様な速度に確かなヘヴィネスを伴うリズム・セクションと、目まぐるしいスラッシュ・リフの超展開が融合したサウンドは、Death, Sadus, Pestilence, Coronerに匹敵する技巧性を誇る。その至高のテクニックに根差したインスト重視な偏向がありつつ、3人の兼任Voによるイーヴルな歌唱も素晴らしい名盤である。2014年にはXtreem Musicから初期のデモ音源を追加してリイシューされた。

Memento Mori
2013　Spain

Feretrum
From Far Beyond [Reissue]

アンダルシア地方の湾岸都市カディスにて、1989年から1995年までを活動した、ラテン語で「棺」をその名に冠するバンド。Feretrumの1992年に制作された唯一フル作。オリジナルは地元のLa Kaleta Recordsで録音した限定100本のカセット・テープ。正に知られざる作品となっていたが、2013年にMemento Moriがリマスター CD化、Me Saco Un Ojo RecordsとBlack Mass Recordsがリマスター LP化し、局地的に話題。激動の1980年代末期から1990年代初頭におけるPossessedやKreator等の過激性から触発された、スパニッシュ・シーンの先駆的カルト・デスメタルがこれだ。ホラーやダークネスをモチーフに、ほとんどトレモロのようなリフで疾走する。Dr, Voを中心とした3ピース編成という点も特筆すべきだろう。

104　Old School Death Metal Guidebook

Xtreem Music
2015　Spain

Human Waste
Harvest Remnants [Compilation]

カタルーニャ州タラゴナ県にて1990年代に活動していたテクニカル・デスの編集盤。Xtreem Musicからのリリース。Drowned Productionsからリリースされた、1991年『The Miracle of Death』デモ、1992年『Existential Nausea』デモに、『Promo 1993』とセッション音源を追加。Celtic Frostをルーツに、Voivodの不協和的な音遣い感覚からの影響を受けつつ、ドラム・マシンを用いた、超人的なサウンド構築を可能とした。自らがCarbonized、Carcass、Samael、Coroner等を推し、共鳴した様相には、国のブルータル・デス勢とも異なる独自性がある。Cyber MusicのV.Aに参加したり、Narcotic Greedとのツアー経験を機にLard Recordsからの編集盤もリリースしていたバンド。

Drowned Productions
1992　Spain

Intoxication
Cerebral Parasite [EP]

Furni(Dr)、Jose(Gt)、Felix(Vo, Ba)等により構成。マドリードにて1990年にSuffocationとして結成。すぐに改名後、1990年代初頭に活動したバンド。Intoxicationの唯一作。Drowned Productionsからのリリース。近年Discogs等でも度々取り引きされている通り、地下シーンの7"音源としては根強い人気がある。その音楽性は、マドリード・スタイルとも形容できる、初期Avulsedとも共振したアティチュードがある。国に価値観が流入したとされる、フィニッシュ・デスや、Carcass、初期Gorefest、初期Pungent Stench系列のサウンド・テクスチャーが組み込まれ、低音のグロウルが響き渡る。イントロのみA.Gtでゲスト参加した、Natachaによる侘び気な音色が哀愁を誘う。解散後、FurniはAvulsedに加入した。

From the Grave Productions
2013　Spain

Mortal Mutilation
Demon's Lust 1991 - 1994 [Compilation]

カタルーニャ州バルセロナにて1991年に結成。1992年にDrowned Productions他から『Dawn of the Dead』デモ、1993年にPractikから『Katie King』7" EPをリリース、翌年に、同レーベルのV.Aに参加し解散。Dave Rottenを通じてUSのSeraphic Decay Recordsとも接触。白塗りブラック・メタラーのBlack'et(Dr)を擁したバンド。Mortal Mutilationの、チリはFrom the Grave Productionsからリリースされたディスコグラフィ。未発表の『Demon's Lust』EP音源を追加収録。ゾンビ・モチーフのスカンジナビア系デスメタルながら、Black'etが影響を受けていたImpaled Nazarene系列のKeyや、悪魔崇拝に根差した荘厳なアレンジが効いている。

Necrophiliac
Chaopula: Citadel of Mirrors

セビリア州ウトレアにて1988年に結成された先駆者の一つであるNecrophiliacの唯一フル作。Spontaneous CombustionのBongo(Vo)、Miguel(Gt)、Ery(Gt, Key)、Uly(Ba)、Sweick(Dr)というラインナップに、Dave Rotten(Vo)やCarmen Cruz女史(Vo)がゲスト参加し、制作。キャリアの中でNihilistカヴァーを行う尖った嗜好性が、Daveとの交際を通じたフィニッシュ勢のダークさ、USデスメタルのエッジを摂取し、レンジの広い構成力を生んだOSDMフェチ全開の傑作である。オリジナルは、1990年のデモ・コンピレーションに引き続きDrowned Productionsからリリース。2015年にThe CryptがLP化。その翌年には、別件でXtreem Musicから全音源集がリリースされている。

Drowned Productions
1992　Spain

Obscure
Back to Skull [Compilation]

南東部の港湾都市バレンシアにて 1989 年から 1994 年まで活動。Aggressor の Vo、Gt でもあった Anselmo Roca が Ba として在籍し、Vicent Riera(Vo) と共に、1995 年にゴシック／ドゥームメタル Nadir へと発展した先駆的デスメタル・バンド。Obscure の編集盤。1989 年『Disgusting Reality』デモ、Drowned Productions よりリリースしていた 1990 年『Curse the Curse』デモ、1992 年『Non Existendi Cultus』デモからの選曲。Carnivore 影響下のスラッシュ／ハードコアを特集した極初期より、Entombed や Gorefest などを始め世界的なシーンの洗礼を受け、自らの音を重厚に染め上げていく歴史を追体験できる。近年は 2005 年から 2009 年と、2016 年からの活動期間も。

Xtreem Music
2016　Spain

Pulmons Negres
Víctima innocent

カタルーニャ州ジローナ県プラー・デ・レスターニ郡バニョラスで 1990 年代を活動。Mortal Mutilation の 7" EP をリリースしていた Practik から 1994 年に『Pulmons negres』と、1995 年に 500 枚限定で本作をリリースしたバンド。2000 年代以降、UVI というオルタナ方面へ発展する Joan Vidal(Ba)、David Masó(Dr)、Sergi Valero(Gt)、Xavier Vidal(Vo) に、Xavi M.(Gt)、Albert(Vo) が加わる 6 人組ラインナップで構成。Pungent Stench にも近いパンキッシュなグルーヴを感じさせるデスメタルを、Sacrilege 系のうねりを持つ Slayer リフや、タッピングを用いたソロ・パートといった、多彩な手法で聴かせるオブスキュア・マニアクス。Bandcamp で配信中。

Practik
1995　Spain

Rotten Flesh
Holy Tears (Ego Fum Papa) [EP]

バルセロナを拠点に 1989 年から活動を行っていた Decomposed が、1991 年に Rotten Flesh へと改名し、1993 年まで活動。その後、Undivine へ改名し、白塗りメイクを施したブラックメタル・バンドへと転向。短期間活動を行い、ウォー・ブラックメタル Blazemth の母体ともなったバンド。本作は、Drowned Productions からリリースされた EP。A.Gt と鐘の音色に始まるデス／スラッシュメタルの構造で、Hellhammer ルーツの黒々しいグルーヴが反復する。限定的に Key を用いて密教性を高めるところに、サタニック／反キリストの濃艶で訝し気な雰囲気が醸し出されることから、1st Wave of Black Metal のマニアにも訴求するミスティカムな音源といえよう。近年 Bandcamp 上にて、本作のページを確認できる (The Horror Dimension)。

Drowned Productions
1992　Spain

Rottest Slag
Let Be Us Corrupt

カステリョン・デ・ラ・プラナで 1988 年に Angoixa なるハードコア・バンドとして結成。Rottest Slag に改名後、1990 年代初頭を活動。2012 年に再結成。本作は、1991 年にパンク系レーベル Matraka Diskak からの V.A『Matraka Monsters』参加後、同レーベルと Caramelo Records、Pub Manowar からリリースされた 1st フル。激速のスラッシュ・ビートを軸としたデス／スラッシュメタルと、パンキッシュなグルーヴをミックスしたバッキングに、ゴアなグロウルを重ねていくスタイル。ショートカット然とした響きが胆だが、比較的長尺となる 2 分以上の楽曲に関しては、神経衰弱グルームや、Metallica 的な構成のインテリジェンスもあり奥深い。本作発表後に、Vo の Mole を中心として The Art of Butchery への活動へと移行。

Matraka Diskak
1992　Spain

Sacrophobia
Dark Requiems [Compilation]

Avulsed の Juancar(Gt) が元々在籍していたバンド。1990 年に首都マドリードにて結成され、1991 年に Drowned Productions からの『Only Death is Irreversible』、1992 年にプロモ用の『Demo-92』、計 2 本のデモを制作した後、Fonomusic から 1993 年 Split『Dead Flesh』に参加。1994 年初頭に解散した。Seraphic Decay Records からの EP のリリース予定もあったが、レーベルの倒産により叶わなかったという。Xtreem Music からリリースされたこの編集盤では、全ての音源を網羅し、ライヴ・トラックも追加収録。スパニッシュ・シーンの早期から活動していただけあり、スラッシュメタルの延長線上にある原初的なデスメタル・サウンドを奏でている。スウェディッシュ勢からの影響も取り込んでいる。

● Xtreem Music
🗓 2015　👤 Spain

Total Death
Alcoholic Death [demo]

1988 年の晩夏にバレンシアにて結成され、現在まで活動を続ける古参バンド。日本ではあまり知られた存在ではないものの、Facebook では 20000 人以上のフォロワーがいるローカル・スター。後年には同国の Ktulu にも触発され、グルーヴメタル色の濃厚な楽曲を演奏している。Bandcamp 上ではバンド自身によって、ほぼ全ての音源がアップロード。この 1st デモは、1992 年に Momentos Trashicos からリリースされた V.A『Smash Hits from Hell』の 3 曲を含んだ全 4 曲入り。8 分程度の音源で、核戦争や、ゴア、アルコール等の露悪的なモチーフをして、ハードコアをルーツとするダウナーな原初的デスメタルを繰り広げる。#1 は、Chopin「Funeral March」の冒頭にも似た暗い Ba ラインによる進行をみせ、死の世界の到来が告げられるようだ。

● Self-released
🗓 1990　👤 Spain

Unbounded Terror
Nest of Affliction

バレアレス諸島パルマ・デ・マヨルカのオリジネイター。1990 年結成の前身バンド Putrefact Monstruosity での短期間の活動を経て、Vicente Paya(Gt)、Toni Pereida(Gt, Vo)、José Rosa(Ba)、Esteban(Dr) 等により 1991 年に結成。1993 年までの活動で Drowned Productions と契約を交わし、デモとこの唯一フル作を残した。その後、Gt の Vicente Paya はゴシックメタル・バンド Golgotha を結成。音楽性は、スカンジナビア系のサウンドから影響されたような濃密な退廃性が漂うデスメタル。暴力的な歌詞とは裏腹に、Key の装飾などを施した発狂を呼び起こすかのメロディに導かれ、独特の幻想性を瞥見させる怪作。2011 年に Xtreem Music からディスコグラフィがリリース。

● Drowned Productions
🗓 1992　👤 Spain

Aiwaz
Dreams of Ancient Gods [Compilation]

首都ローマにて 1994 年〜 1995 年を短期間活動していた Aiwaz の編集盤。Blasphemophagher の編集盤等で局地的に知られるイタリアの Despise the Sun Records から 500 枚限定でリリースされた。未発表のまま終わった『Remote Atavism』EP とプロモ音源をリマスタリングで復刻。2016 年に他界した EU 文学賞作家の Lorenzo Amurri(Ba) や、1990 年代後期にシンフォニック・ブラックメタルの Stormlord メンバーとなる Marcello Baragona(Dr) が在籍していたバンド。レーベルが Morbid Angel と H.P.Lovecraft 文学の系譜にあると語るサウンド。その神秘性と重厚さを内包したデスメタルを聴かせてくれる。カルト発掘音源に相応しいミスティックな響きが趣深い。

● Despise the Sun Records
🗓 2017　👤 Italy

Southern Europe　107

Cenotaph
Thirteen Threnodies

イタリア北東部にあるフリウリ・ベネチア・ジュリア自治州トリエステで1988年に結成。1994年にPlanet K Recordsから本作、1997年にSterminioから『Heart and Knife』EPを発表後、1999年にNecrosphereへと改名。2002年にデンマークのDiehard Musicから2ndフル『Revived』発表後、解散したバンド。Slayerフォロワーのバンドだが、Incantation、Immolation、Cannibal Corpse、Deicide等といったUSデスメタルの影響も取り入れている。後にAngelcorpseのサポート等も務めるAndrea Janko(Dr)による、えげつないブラストビートを特色とした、背徳的な激烈サウンド。初回プレス1000枚は赤ジャケット、それ以降は青ジャケットのものが流通されている。

● Planet K Records
📅 1994　👤 Italy

Electrocution
Inside the Unreal

イタリア北部にあるエミリア・ロマーニャ州ボローニャにて1990年から1997年まで活動。2012年から活動を再開しているElectrocutionの1stフル。オリジナルは『Heavy Demons』期Death SSの諸作で知られる、イタリアのContempo Recordsからリリースされた激レア盤だが、2012年にGoregorecordsから別ジャケ仕様でリマスター再発。2017年には、Dark Symphoniesから1990～1994年のデモ音源を追加した2CD仕様にて再発された。Slayerをルーツに、HellwitchやSadus辺りに接近していった技巧的なデス/スラッシュメタル。そこに地下イタリア発のカルト・エピックがコンフュージョンした、初期イタリアン・デスメタル史に残る名作の一つ。ジャケットはMick Montaguti(Vo, Gt)自身によるもの。

● Contempo Records
📅 1993　👤 Italy

Euthanasia
Hideous Memories [Compilation]

エミリア=ロマーニャ州ボローニャ県カルデラーラ・ディ・レーノにて、1990年代に活動していたEuthanasiaのディスコグラフィ。Dark Blasphemies Recordsからのリリース。1992『Chopped by Sin』デモ、『Wormeaten』デモ、1993年『Corpses Promo』、1994年にデンマークはEmanzipation Productionsからリリースされた『Cassette EP』デモをリマスター。同時期に活躍していたElectrocutionの1997年EPに参加するManuele Bruno(Vo)が元々在籍。サウンドとしてもElectrocutionに比類する情報量と技巧性のデス/スラッシュメタルを演奏していて、原初的なイーヴルと暗黒性の漂うオブスキュアな魅力を留めている。デモであるだけに、荒々しい音質はご愛嬌だ。

● Dark Blasphemies Records
📅 2018　👤 Italy

Horrid
Blasphemic Creatures [EP]

1988年のロンバルディア州ヴァレーゼにてBelfagor(Gt)とMax(Ba, Vo)を中心に、Rites of Deathとして結成。その翌年にHorridへと改名。現在まで活動を続ける古参バンドの名盤1st EP。イタリアの極小レーベルBehind the Mask Productionからのリリース、2014年にThe Spew Recordsからリイシュー。2002年の編集盤にも含まれる。初期はHellhammerやGraveのほか、Kreator等スラッシュメタルの影響を受けたが、次第に世界的興隆を見せたデスメタルへの造詣を深め、スウェディッシュ・デスの音楽性を追求した。ストックホルムのSunlight Studioにて制作された本作はその完成形。Dismemberに比類する叙情的なサウンド表現の端々に、Grotesque系の邪悪アングラな雰囲気が讃えられている。

● Behind the Mask Production
📅 1998　👤 Italy

Maleficarum
Across the Heavens

モリーゼ州カンポバッソ県テルモリ出身。1993年から2000年代半ばまでを活動していた Maleficarum。メンバーは、ex-Excidium の Danny Cinicolo(Gt) と Gianni Caralla(Ba) を中心に、ex-Angel Death の Giovanni Grifoni(Dr) と Drowned Productions から EP をリリースしていた ex-Iconoclast の Andrea Zanetti(Vo) の4人組。本作は、Morbid Noise Production や Wild Rags Records から流通した 1993年 1st デモを経て、Defiled Records からリリースされた 1st フル。Pestilence や Immolation 等からの影響を公言するサウンドは、物悲しいメロディを推し出したブラックメタル寄りの仕上がり。2016年の編集盤にも収録。

- Defiled Records
- 1995
- Italy

Necrodeath
Into the Macabre

1984年にリグーリア州ジェノヴァで Ghostrider として結成、翌年に Necrodeath へ改名。1990年に一度解散したが、1998年に復活し現在も活動中。イタリア北部の出自と、Venom、Slayer、Bathory、Kreator 等の影響を昇華したサウンド思想から、1st Wave of Black Metal の一派に捉えられることが多いバンドだ。本作は、イタリアの極小レーベル Nightmare Productions からリリースされた 1st フル。1999年に Scarlet Records からリイシューされて以降は、何度も再発されている。上述の影響と初期の Bulldozer、Schizo、Messiah との共演から培われた破滅的感性により築かれる、カルト・スラッシュ/デスメタル名盤である。Ingo(Vo) は翌年 Schizo へ加入。Marco Pesenti(Dr) は 1990年に Sadist を結成する。

- Nightmare Productions
- 1987
- Italy

Sadist
Above the Light

1990年のリグーリア州ジェノヴァにて Tommy Talamanca(Gt, Key) と Necrodeath の Peso(Dr) 等を中心に結成。Tommy を中心に、現在も活動を続けるプログレッシヴ・デスメタル。Sadist の名作 1st フル。オリジナルは Nosferatu からのリリースで、翌年にドイツの Rising Sun Productions からリイシュー。1996年に Toy's Factory から日本盤も配給。その後も幾つかのレーベルから再発されている。この頃はイーヴル・スラッシュな研磨的グルーヴに、Goblin や ELP 影響下の Key ワークを前面に押し出した音楽性。イタリアン・プログレ・シーンを生んだ奇々怪々なアトモスフィアの漂う、不協和音も飲み込んだ先進的なメロディの応酬が繰り広げられる。Schizo の Alberto Penzin(Ba) によるプロデュース。

- Nosferatu
- 1993
- Italy

Sinoath
Research

1990年から1996年まで活動。2003年に復活し、現在も活動を続けている Sinoath の 1st フル。1990年代半ばに短期間運営していた Polyphemus Records からのリリース。現在はデス/ブラックメタル双方のジャンルをカバーし、ダークメタルを標榜するが、元々は US デスメタルの影響からスタートしている。初期は Catacomb(Novembre の前身バンド) や Iconoclast とギグを行っていた存在でもあり、麗し気な Key ワークをフィーチャーしたデスメタルに共感を覚える。爬虫類系クリーン・ヴォイスを用いた Goth な作風は Septicflesh、思想的には Iconoclast が影響を受けていた Rotting Christ 等とも類型される作品だろう。ジャケットは後の Secret Sphere に在籍する Roberto Messina(Vo) によるもの。

- Polyphemus Records
- 1995
- Italy

Southern Europe 109

Afterdeath
Backwords

Sérgio Paulo(Vo) を中心に、首都リスボンで 1990 年～ 1997 年まで活動していた Afterdeath の唯一フル作。地元の Guardians of Metal からのリリース。Candle Serenade の Stregoyck 女史がゲスト Vo として参加。元々は Pestilence や Metallica の知性を吸収したかのデス / スラッシュメタルを聴かせたが、ここでは 1990 年代半ばの Gorefest 等を彷彿とさせるミッドテンポを主体に、普遍的なロックの影響を感じさせる音楽へとシフト。国のシーンでは、MTM の 1992 年 V.A『The Birth of A Tragedy』の参加や、多くのデモ音源を制作。数々のギグに参加するなど精力的であったが、徴兵を含む度重なるラインナップの問題から活動が困難となり、末期は Nameless のサポートを受けつつも解散の道を選択した。

- Guardians of Metal
- 1995
- Portugal

Agonizing Terror
Disharmony in Existence [Compilation]

TóJó(Gt, Vo) が妻と共に、20 世紀最後の日食の日に両親を刺殺したことで、解散の一途を辿った歴史を持つ。アヴェイロ県イリャヴォにて、1993 年から 1999 年までを活動した Agonizing Terror のディスコグラフィ。Firecum Records からのリリース。Key として在籍した Vasco Reigota 運営の Lustful Records/Prophetical Promotions からリリースされる、1995 年『Disharmony in God's Creation』デモ、1997 年『Ways of Existence』デモを収録。Carcass, Napalm Death, Bolt Thrower 等の UK シーンからの影響を感じさせるサウンド。1 作目はデス / グラインドコア、2 作目はツイン・リードの美旋律とポルトスロウィングの趣のあるメロディック・デスメタルへと変容。

- Firecum Records
- 2015
- Portugal

Deification
A New God Had Been Created [EP] [Reissue]

アヴェイロ県イリャヴォ、ガファーニャ・ダ・ボアヴィスタ周辺で、1993 年から 1996 年まで活動。デモを 3 作残した Deification の、Lustful Records から 1995 年にリリースされた 2nd デモ。2014 年に Firecum Records から、66 枚限定でリマスター CD 化された。Lustful Records/Prophetical Promotions を運営する Vasco Reigota が、Vo として在籍していたバンド。Hellhammer ～ Celtic Frost 影響下の退廃的かつ濃艶なグルーヴを土台に、黄昏のヨーロピアン・エピックを漂わせるメロディを配した結果、カルト・サタニックな世界観が醸し出される。端的にいうとアンホーリーなデスメタルだが、初期 Root や Mortuary Drape 等にも通じる密教性や、異質さが漂う。ジャケットはリマスター CD 化した際のもの。

- Firecum Records
- 2014
- Portugal

Devileech
Leechtron

セトゥーバル県アルマダの地にて 1994 年にスタート。2002 年に D'Evil Leech Project へと改名を行った Devileech の 1st フル。ポルトガルで幅広い音楽を多く取り扱う Discossete の改名レーベルである、CD7 からのリリース。Pedro Fonseca(Vo)、Paulo Marçalo(Gt)、Nuno Casola(Gt)、Diogo Coelho(Ba) というドラム不在のラインナップにて制作。ドラムマシンを用いた冷徹無慈悲なグルーヴと、正確なデス / スラッシュ・リフ / ツインリード、硬質な Ba ワーク、2000 年代の Satyricon 等にも通じる Vo ワークにより築かれた作品。Fear Factory みたいなアートワークとも相まって無機的でキャッチーな整合性で、デスメタルの攻撃性を取り込んだエクストリームメタルみたいな雰囲気が刺激的だ。

- CD7
- 1998
- Portugal

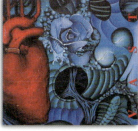

Disaffected
Vast

1991年にリスボンにて結成。1996年にSlayerのV.A『Slatanic Slaughter II』への参加後、1997年に、バンド内部の問題により活動休止。その後、アルゲイラン＝メン・マルティンス拠点に、2006年から活動を再開したプログレッシヴ／デスメタル。DisaffectedのSkyfall Recordsからリリースされた1stフル。デスメタルを土台としていながらも、ジャズやトラッドなど多様な音楽からの影響を取り込んだ楽曲群。静寂や醜美の対比、奇天烈なKeyと多彩なGt/Voワークからなる、リリカルな混沌とも呼ぶべき、Phlebotomized, Pan.Thy.Monium, Cynic等に比類する、アヴァンギャルドな意匠を以って組み立てられた名盤である。2015年にポルトガルのChaosphere Recordingsからリイシュー。

Skyfall Records
1995　Portugal

Gangrena
Infected Ideologies

ポルトガル第2の都市で、北部の港湾都市であるポルトを拠点に、1990年代を活動していたGangrenaの唯一フル作。国の重鎮であるTarantulaのLuís BarrosプロデュースのRec'n'Roll Studioにて制作。オリジナルは『The Birth of A Tragedy』V.A等で知られるMTVから500枚限定でリリースされたCDで、Discogsでの最高取り引き額￥44897を叩き出す等、近年の中古デスメタル市場では上位のプレミア価値を誇る。バンドはBolt ThrowerやBenedictionにも通じる、重厚なミッドテンポを軸とした荒廃感のあるサウンドを構築した。具象化された戦争のイメージを追随しつつ、時にメロウな響きを交え、緩やかに展開される本作。港町(ポルト)出身であるが故の、世界に目を向けたポリティカルな視点もアツい。

MTV
1994　Portugal

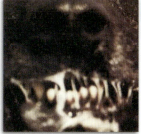

Genocide
Genocide

北部の湾岸都市ポルトにて1990年に結成。ポルトガル最初のデスメタル／グラインドコア・バンドといわれるGenocideの1stフル。Sacred Sinの諸作で知られるMúsica Alternativaからのリリース。国のシーンでは、Napalm Death, Benediction, Grave, Gorefest, Hypocrisy, Cradle of Filth, Extreme Noise Terror, Forbidden等との共演歴があり、数多くのライヴやフェスへの出演を行っていたバンド。サウンドとしても地下的なクオリティを超越していて、テンポ・チェンジやブラストビートを駆使した緩急豊かな展開に、初期のBrutal TruthやNapalm Deathの3rdフル等にも通じるデス／グラインドコアの正攻法がある。その中で欧州風の甘美なGtワークが渾然としていて泣ける。

Música Alternativa
1994　Portugal

Grog
Macabre Requiems

1991年にリスボンで結成され、現在まで活動を続ける先駆者の一つ、Grogの1stフル。ポルトガルにて短期間運営されたSkyfall Recordsからのリリース。この初期はHugo(Gt), Johnny(Dr), Pedra(Vo), Marco(Ba)というラインナップ。殺傷力の高い強靭なスラッシュ・リフと、ブラスト・ビートを軸に疾走しまくるリズムセクションに、ややChris Barnes似た下水道寄りのグロウルを聴かせるVoワークにより組み立てられる楽曲。Carcass, AvulsedやCannibal Corpse等にも通じるゴア、ホラー・マインドの作風は、ポルトガルでも群を抜いた露悪性を誇る。本作発表後、Pedra以外のメンバーが脱退したことでの音楽的変遷により、ポルトガルにおけるブルータル・デスメタル・シーンの先鞭をつけるに至った存在だ。

Skyfall Records
1996　Portugal

Música Alternativa
1993　Portugal

Sacred Sin
Darkside
1991 年にリスボンにて結成され、José Costa(Vo, Ba) を中心に現在も活動を行うポーチュギーズ・デスメタルの代表格、Sacred Sin の 1st フル。オリジナルは Música Alternativa からのリリース。ミスティックな Key と叙情的なリフ遣いを軸としたデスメタル。グロウルに影のあるクリーン・ヴォイスを絡める Vo によりドラマティックな構成を導きつつ、Morbid Angel 影響下にもあるクトゥルー神話かの宇宙的恐怖を演出している。MTV Headbangers Ball にて MV が放映され、Cradle of Filth と Vader とのヨーロッパ・ツアーを敢行、Wild Rags Records と Metalmind Productions のライセンス盤がリリースされる等、世界的なバンドへの布石を投じた作品だ。ジャケットは H.R. Giger によるもの。

Self-released
1999　Portugal

Thanatos
Melégnia
1997 年にポルトガル北部ヴィラ・レアル地区のサンタ・マルタ・デ・ペナギアンという当時の人口 600 人程度の小さな村で結成。メンバーは、TóMané(Vo)、Guilhermino Martins(Gt)、Marco "China"(Ba)、Paulo Adelino(Dr) の 4 人組。Guilhermino と Paulo を中心に、2001 年に ThanatoSchizo へと改名を行い、現在もゴシックメタル側のバンドとして活動を続けている。本作は、デスメタル・バンド Thanatos 時代の唯一作となる自主制作 EP。作風としては、1990 年代半ばの Gorefest にも通じる、フレキシブルな演出が効いたもの。時にリスボンのゴシック勢由来のアトモスフィアが漂うもので、クリーン・ヴォイスや麗し気な Key を用いながら、Paradise Lost みたいな叙情美と哀しげな気配を漂わせている。

Morgana Records
1994　Portugal

Thormenthor
Abstract Divinity
セトゥーバル県アルマダで 1987 年から 1996 年まで活動。1988 年のデモ 2 作がポルトガル最初のデスメタル作品となり、1991 年『Dissolved in Absurd』EP が青年期の Christophe Szpajdel(ロゴ・アーティスト) を魅了した作品の一つともなる。その高度な音楽性を以って Disaffected 等にも影響を与えた Thormenthor の唯一フル作。1990 年代に 3 作品のみ残したポルトガルの Morgana Records からリリースされた激レア盤。元々からアヴァンギャルドな音楽性であったが、このキャリアの最終作で、デスメタルの基線から大きく逸れることになる。『Nothingface』時代の Voivod 直系にある独特の拍子とリフ遣いによる不協和的進行の先に、尖鋭的なサイケデリアを生み出した。譫妄の世界で享楽に浸るようなクリーン Vo は正に Snake 譲り。

Metal Mad Music
1997　Greece

Acid Death
Pieces of Mankind
首都アテネで 1989 年から 2001 年まで活動。その後、2011 年に再結成している Acid Death の 1st フル。オリジナルは Metal Mad Music というギリシャのプログメタル系レーベルから 500 枚限定でリリース。1999 年に UK の Copro Records からリイシュー。2016 年にはリマスター再発された。1993 年にギリシャの Molon Lave Records から Avulsed との Split をリリースしていたバンド。その時分はテクニカルな素養のある初期デスメタルであったが、本作では Watchtower や後期の Death 等にも通じるプログレッシヴ・デスへの変容を遂げた。元々はスピードメタル人脈でもあるだけの疾走感を持つ、幻想奇譚の音世界が繰り広げられる。Flames や Nigel Foxxe's Inc. 等での Nigel "Earring" Foxxe が Key でゲスト参加。

Psychosis
1992　Greece

Death Courier
Demise

ペロポネソス半島北西部の湾岸都市であるパトラにて 1987 年から 1993 年まで活動。2009 年に再結成し、活動中の Death Courier による 1st フル。オリジナルは激レアで、元々 Wild Rags からのリリース予定があったものの、本作の他 Horrified の 7" しかリリースが確認されていない Psychosis Rec なるレーベルからリリース。2014 年に Weird Face Productions から、2016 年に Nuclear War Now! Productions からリイシューされている。Kreator や Possessed の影響に始まり、Necromantia や Rotting Christ 等にも通じるカルト性を秘めたダーク・アトモスフェリックな叙情性の漂うデス／スラッシュメタルの名作。当時 Therion、Nihilist、Samael 等と連絡を取り合ったバンドでもある。

Black Power Records
1993　Greece

Horrified
In the Garden of the Unearthly Delights

首都アテネにて 1990 年から 1994 年までと、1998 年から 2000 年代初頭までの期間に活動した Horrified。2 作の EP を経て Black Power Records からリリースされた 1st フル。2005 年に Black Lotus Records から別ジャケットでリイシュー。2013 年に Floga Records から別ジャケットで LP 再発された。ex-Varathron の Stavros Mitropoulos(Gt)、Septicemia の Thanos Mitropoulos(Ba)、Nordor の Gore(ここでは Vo) 等が在籍。Key アプローチを前面に押し出した Septicflesh 等にも通じる音楽性。メロウでダークな世界観の形成においては、女性コーラス　フォークロアの笛の音色等といった神秘的な手法が揺蕩うように織り交ぜられている。CD 盤はオリジナル LP 盤より 2 曲多く収録。

Holy Records
1992　Greece

Nightfall
Parade Into Centuries

首都アテネにて 1991 年に結成。後年にゴシック系のバンドとなり、現在も活動中の Nightfall による 1st フル。フランス拠点のレーベル、Holy Records のファースト・タイトルともなった作品。初めて国外から CD フォーマットでリリースされたという点で、歴史的重要度が高い。1993 ～ 94 年に開陳される Septicflesh、Rotting Christ、Necromantia、Varathron といった同国の古豪たちの 1st フルよりも早い段階でリリースされた、独特の初期グリーク・エクストリームメタル・シーンの肖像を窺い見ることが出来る作品だ。「Thrash to Death のディストーションがそのままゴシック／デス方面に向かったよう」とも形容すべきリリシズムがある。メロウな Key ワークを交えた推移に攻撃性は希薄で、オカルトの雰囲気が充満している。

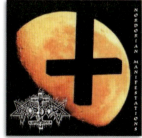

Sleaszy Rider Records
2003　Greece

Nordor
Nordorian Manifestations [Compilation]

1989 年結成。アテネの Nordor による初期音源集。ギリシャは Sleaszy Rider Records からのリリース。1995 年に一度活動休止するまでの 1991 年『Ceremony of Demonic Brutality』　デモ、1993 年『His Fictitious Grandeur』　デモ、1995 年『The Semen of Satan』　デモ　を網羅。「Necronomicon」な思想を持ちつつも、Morbid Angel の影響はあまり感じさせない。初期 Rotting Christ の毒性に Goatlord の鈍重さを掛け合わせたかのダウナーかつベスチャルな展開は、オカルト／リチュアルな世界観で彩られている。そのサウンドもさることながら、3 番目のデモには ex-Disharmony of Blind Priest(Dr) が在籍しており、グリーク・ブラックメタルの裏歴史系としても検証できそうだ。

Southern Europe　113

Self-released
2003　Greece

Nuclear Winter
Abomination Virginborn [demo]

アテネにて1995年から2003年まで活動したNuclear Winter。2作のデモとフィンランドのIncriminatedとのSplitを残したのみ。だが、Nuclear Winter Records ～ Martyrdoom Productionsの運営者であることと、2000年代以降のオールドスクール・シーンを牽引する存在の一つであるDead Congregationの前身であることにより、カルト的に知られる。基本はAnastasis Valtsanis(Vo)とVagelis Voyiantzis(Dr)の2名により構成。この最終作であるが、オリジナルは自主制作カセットで、ギリシャのBlastbeat Mailmurder / Productionsから2006年に7"化、2016年にMartyrdoomからCD化。暗黒派の音像。その名作だ。

Hammerheart Records
1996　Greece

Obsecration
The Inheritors of Pain

1990年にアテネで結成され、Costas "Dead" V.(Vo)を中心としたラインナップで活動中のデス／スラッシュ／ドゥームメタル。オランダのHammerheart RecordsからリリースされたIstフル。2016年にKill Yourself Productionsからリイシュー。ゲスト参加したNecromantiaのMagus Wampyr DaolothによるKeyワークが随所で発揮された、オカルティックな幻想性の漂う作品である。Necromantiaとも共通するシアトリカルな正統派メタルの要素に、限定的にスラッシュ・リフや悪魔のようなVoワークを絡めつつ、H.P. Lovecraft ～ Necronomicon的思想をドラマティックに演出。インストゥルメンタル・パートに比重が傾けられた作風の先進性に、Third Ear Band的なリチュアルも伴う。

Unisound Records
1994　Greece

Rotting Christ
Satanas Tedeum [Reissue]

Rotting Christの1989年3rdデモ。故Euronymousも嗜好した極上のカルト・アンダーグラウンド。1994年にUnisound Recordsからリイシューされて以降、数多くのバージョンが制作された歴史的重要作品である。Themis Tolis(Dr)とSakis Tolis(Gt, Vo)の兄弟へ、後にVarathronの初代BaともなるMutilatorが加わる形で、首都アテネにてスタートした1987年から1989年までは、グラインドコア・バンドとして活動。反キリストに根ざした魔術的なモチーフを醸し出すKey入りの先駆的サウンドは、その延長線上の本作で確立された。リリース以降Necromantia等でのGeorge Zacharopoulosが加入。Osmose Productionsとの契約を通じ、世界的なブラックメタル・バンドとして成功を収めている。

Seven Records
1999　Greece

Sadistic Noise
A Decade in the Grave

1987年アテネにて結成。その頃は4人組であったが、翌年にNikos Tagalos(aka.Flesh)の個人的なプロジェクトとなり、都度メンバーを補填しながら活動。氏が心不全により40歳の若さでこの世を去る2006年まで活動していたSadistic Noise。ギリシャのMetal Hammer誌のライターを務めたり、バンド体制ではNapalm Deathの初ギリシャ公演をサポートした存在としても知られるが、同氏(Gt, Vo)を中心に、John(Ba, Vo)、ex-Kawirやex-Deviser等のブラックメタル界隈で活躍していたNick(Dr)の3人編成で制作した本作。ハイソな経歴とは対照的な音で、ノイジーかつプリミティブな暗黒性を撒き散らす。そのSeven Recordsからリリースされた唯一フル作。2016年にFloga Recordsからディスコグラフィが発表。

Ek Nekron Records
2017　Greece

Sanctorum
Crystal Tears of Silence [Remixed]

ギリシャ北部はペラ県にある水の町エデッサを拠点に、Sephiroth(Final Fantasy VII の敵キャラクターに由来) や Natural Fear 等、いずれもデモのみで終了したバンドのメンバーにより、1993 〜 1995 年半ばまでを活動していたバンド、Sanctorum の唯一作。2017 年にギリシャの Ek Nekron Records から LP 化されて Bandcamp にもアップロードされた。再発されるだけある作品だが、些かアンダーグラウンドな案件である。音楽的には現代の Nocturnal Vomit に通じるような、アトモスフェリックな叙情美を響かせるオールドスクールなデス / ドゥームメタル。グリーク勢に蔓延るオカルティズムは、自然愛の深耕や、自己内の探求、ファンタジックな神秘性に向けられた芸術派の姿勢を窺わせるもので、時代が違えばポストメタルの方面にも訴求していたように思える。

Dark Symphonies
2016　Greece

Sarcastic Terror
The Last Act of Subsidence [Compilation]

アテネで 1991 年から 1995 年まで活動。1992 年に『Sarcästic Terrör』デモ、1995 年にベルギーの In-Quest との Split をリリースした Sarcastic Terror のディスコグラフィ。Metal Hammer V.A の楽曲やデモ音源の「deadly」ヴァージョンも追加し、Dark Symphonies から 1000 枚限定でリリース。1990 年代半ばの運営で Necromantia や Kawir 等の EP を送り出す Dark Side Records を走らせていた、John Hajiyiakoumides(Dr) 在籍のアングラ・バンド。Key を用いた初期グリーク・シーンさながらのオカルト幻想曲や、ノイジーでネクロなデス / スラッシュを展開。作品後半以降の初期デモ音源は、ポコポコ・プリミティヴ・ウルトラ・ノイズ・カルトな音楽となっている。2015 年からバンド活動を再開中。

Floga Records
2017　Greece

Septicemia
Years of the Unlight [Compilation]

アテネ周辺で 1989 年から 1993 年まで活動していた Septicemia の、Floga Records からリリースされた音源集。Nightfall や Horrified のメンバーが元々在籍し、Thrash to Death 的界隈からオカルティックな変化を見せた先駆者。1990 年『Natorum de mondo』デモ。1992 年に Black Power Records からリリースされた『Sabbath Conventions』EP をコンパイル。この 2 作の他に、Mortuary Drape の EP や Order from Chaos のアンオフィシャルを配給したギリシャの Decapitated Records からの、Death Courier 等との 4waySplit が存在。Sodom「Blasphemer」カヴァーを収録した初期音源から一貫して、地下臭の濃厚なデス / スラッシュをかき鳴らす。

Black Lotus Records
2000　Greece

Septicflesh
Forgotten Paths (The Early Days) [Compilation]

Spiros(Ba, Vo)&Christos(Gt) の兄弟と Sotiris Vayenas(Gt, Vo) を中心に首都アテネにて 1990 年に結成。デスメタル由来のペーソスに美的感覚を見出し、ゴシック・デス、シンフォニック・デス等のデスメタル・ジャンルのオリジネーターとなったバンド。Septicflesh の 1991 年『Forgotten Path』デモにライヴ音源を追加した初期音源集。ギリシャは Black Lotus Records からのリリース。この頃はミスティックな雰囲気の漂う敬虔なアーリー・デス / スラッシュメタル。終盤に Key を取り入れた展開もある。このデモ音源は元々 Paradise Lost『Gothic』のリリースと同月の制作。その 6 か月後にリリースされた 1st EP では、相通じるものがあるメロディックな作風にシフトしており、グリーク・シーンの或る変容が捉えられる。

Southern Europe　115

デスメタルにとってのスタンダード・ホラー

デスメタルの概念構築に関わるイメージとそのメタファーは、幻想、SF、死、暗黒、宗教、悪魔、破滅、飢餓、悪疫、困憊、喰い、病理学、暴力、淫靡、退廃、アルコール、銃や戦争など様々だが、総合的に見るとホラーなものが、最も判りやすくマッチする部分といえるだろう。有名作を挙げていくだけの稿なので、恐れ多いところだが、改めて説明しておきたい。

デスメタルと映画

ホラーの要素については、先ず映画との共通項が挙げられる。Alfred Hitchcock 監督の 1960 年米『Psycho』(サイコ) の打ち立てたサイコ・スリラー・サスペンスの美学、スプラッタームービーの原点となった Herschell Gordon Lewis による 1963 年米映画『Blood Feast』(血の祝祭日)。低予算自主制作かつゾンビが人を襲う血みどろの描写が伝説的な、George Andrew Romero 監督による 1968 年の米映画『Night of the Living Dead』(ナイト・オブ・ザ・リビングデッド) や、1978 年の伊映画『Dawn of the Dead』(ゾンビ)。同年の『Psycho』から着想を得たスプラッター・ホラーとして成功を収めた John Howard Carpenter 監督の米映画『Halloween』、1982 年の Sam Raimi 監督による米映画『The Evil Dead』(死霊のはらわた) 等からの流れを汲んだものが多い。

ホラー映画とデスメタルの共通する作風

またその中では、1973 年の悪魔と神父との戦いを描くオカルト映画の金字塔『The Exorcist』(エクソシスト) や、1982 年米映画『John Carpenter's the Thing』(遊星からの物体 X) での SF ホラーといった世界観もシンボリックだ。少し踏み込むと、Herschell Gordon Lewis が活動初期で直接携っていたセクスプロイテーションや同時代に見られる性表現の寓意、UK の Hammer Film Productions での諸作にも取り上げられたクラシックな題材としてある、Dracula(魔人ドラキュラ) や Frankenstein(フランケンシュタイン) 等の影響も昇華している George Andrew Romero 監督の意匠といった面も、デスメタルの(正調と呼べる暗黒的)作風には含まれているのが興味深い。

デスメタルに蔓延するホラーとゴア

例を挙げれば、1985 年にニュージャージー州ベイヨンの町から出てきた Bloodlust を前身とする New Renaissance Records 所属のスラッシュメタル Blood Feast。同レーベルから 1987 年にリリースされる故 Killjoy の率いた Necrophagia の 1st フル『Season of the Dead』。1987 年 の Death『Scream Bloody Gore』での「Zombie Ritual」や「Evil Dead」といった名曲。徹底的なゴア、スプラッター的な世界観の中で、はらわたを抉り出したりと凄惨な描写が続き、表現は猛烈な臭気にまで及ぶ Autopsy の 1989 年 1st フル『Severed Survival』。その Autopsy から影響を受け、喰人や猟奇的なワードを吐き出す Cannibal Corpse の 1990 年 1st フル『Eaten Back to Life』。バージニア州アーリントン郡を拠点とするマニア King Fowley(Vo, Dr) 率いる Deceased... の 1991 年 1st フル『Luck of the Corpse』等を始め、他にもイリノイ州の Impetigo、ミシガン州の Repulsion、NY 出身の Mortician、シリアルキラーを題材としたイリノイ州の Macabre、メキシコの Toxodeth……US 圏のバンドを中心にその世界観が取り入れられ、人気を博した。そしてゴア〜ブルータル・デス化していく流れも存在する。US 圏以外の有名どころとしては、UK デスメタル Cancer の 1990 年 1st フル『To the Gory End』でのゾンビのジャケットのパロディであったり、イタリアの Sadist によるイタリアン・プログレの巨匠 Goblin と Hitchcock 映画の影響下にある先進的サウンドの確立等が有名だ。テープトレード・シーンを通じて Repulsion の影響を受け、Autopsy 等とも関わりのあった UK のレジェンド Carcass に関しては、その音楽性の中で医学用語を連発しながらに、鮮烈なゴア描写を打ち出し、新たな世界観を生み出した。その音楽性は欧州シーン全域に伝播したこともあり、結果的にはゾンビ、ゴア、カルト・ホラー映画の意匠は、多かれ少なかれ全世界の様々なバンドに受け継がれていくのであった。

ホラー文学、幻想文学も影響大

もう一つデスメタルには、ホラー文学からの影響も色濃い。Edgar Allan Poe、H.P. Lovecraft 文学が生み出した幻想怪奇/クトゥルフの呼び声に連なるものが挙げられる。それらは概ね歌詞の部分から窺え、Imprecation 等のカルト・リチュアルなバンドへも影響を与えている。その他にも、J.R.R.Tolkien 文学や、神話等の幻想世界からデスメタルの概念構築を図ったものも数多く存在する。

Carcass 1988

北欧

USデスメタルと双璧を成したデスメタル大国スウェーデンでは、Dismember、Entombed、Grave、Unleashedといったスウェディッシュ・デスメタルの「Big 4」をメインに紹介。At the Gates、Therion、Tiamat、Morbid、Abruptum、Necrony等、後の他ジャンルで成功を収めるバンドも、活動初期はデスメタルとして高く評価されていた。フィンランドでは、伝説的に語り継がれているDemilichとDemigodをメインに、AbhorrenceやXysma等の先駆者他、数多くの病的なバンドを紹介する。Carcass影響下のバンドが多いが、後に個性を追求した結果、SentencedやAmorphis等のメロディ派が成功を収めている。その一方でThergothon、Unholy、Sceptical Schizo、Rippikoulu等、フューネラル・ドゥームメタルのオリジネイターと見なされるバンドも輩出した。デンマークはUndergang他の現行OSDMシーンが非常に発達しているため、本書でも重点を置いた検証を心がけた。スウェディッシュデスやJames Murphyに接近したKonkhraをメインに、NYHC影響下のシーンを追う形となる。ブラックメタル大国ノルウェーでは、Cadaverをメインに紹介。Mortem、Molested、Old Funeral、Mayhem、Darkthrone等のブラックメタル文脈も活動初期はデスメタル。最後のレビューには、アイスランドの名バンド、Sororicideを掲載する。

デスメタルに叙情美を確立したスウェディッシュ・レジェンド

Dismember

出身地 スウェーデン・ストックホルム
活動年 1988 〜 2011、2018

当初は Carnage で活動し、Micael Amott が在籍

　Dismember は、シーンの草創期から 2008 年まで活動を続け、多くのフォロワーを生んだ。UK の Terrorizer 誌等では Entombed、Grave、Unleashed と並びスウェディッシュ・デスメタルの「Big 4」と称される。音楽的変遷の中で、メロディック・デスメタルと形容された時代があるが、Matti Kärki(Vo) の歌詞には、反宗教的なものの中に、古い時代のゴア映画への造詣があり、Autopsy の Chris Reifert との親交も深い。1988 年の Autopsy『Critical Madness』が、Dismember の音楽性に多大なる影響を及ぼしたともいわれる。氏は Murder Squad なる Autopsy のオマージュ・バンドも稼働していた。2018 年にリユニオンを窺わせる詳細不明のオフィシャル・サイトが設営されただけで、界隈がお祭り騒ぎとなった程（これは、Scandinavia Deathfest 2019 でのリユニオンに先駆けたものだった）。その歴史の始まりでは、Carnage という別の伝説的バンドが重要な役割を担った。Dismember はストックホルムの地で、1988 年 5 月に Robert Sennebäck(Vo, Ba)、David Blomqvist(Gt)、Fred Estby(Dr) の 3 人組として結成。バンドのロゴは当時 Nihilist の Nicke Andersson(Dr) によるもの。デモ 2 を制作したが、最初の 1 年の活動で一度活動を休止し、ゆっくりと Carnage の活動へと移る。Carnage は、当初 Global Carnage という名前で 1988 年の秋頃に、Johan Liiva(Vo, Gt) と、スウェディッシュ・ハードコアの Disaccord を脱退した Michael Amott(Gt) により結成された。1989 年の最初のデモ『The Day Man Los...』は、両氏に Jeppe Larsson(Dr) と Johnny Đorđević(Ba/ これは名義のみで実際には Johan が弾いていた) を加えたラインナップでの制作となった。2nd デモ『Infestation of Evil』の制作は、Jeppe の脱退を受け、Fred を後任に迎えている。そこから Carnage の伝説的ともいわれる 1st フル『Dark Recollections』の制作までには紆余曲折あり、Michael が Napalm Death の第 2 の Gt オーディションを受けたことを機に知り合った Jeff Walker と Bill Steer から Carcass『Symphonies of Sickness』への参加を提案されたが、一度断り Carnage での活動を続けることになる。その後に Earache Records の旗本で両氏が運営した Necrosis Records からのリリース・オファーを受け、制作に至ったようだ。

118　Old School Death Metal Guidebook

その制作時のラインナップに Johan はおらず、Michael(Gt)、Fred(Dr)、ex-Entombed の David Blomqvist(Gt)、ex-Therion, Carbonized, General Surgery 等での Matti Kärki(Vo) という 4 人組であった。1990 年 2 月に当作がリリースされた後の Michael は、父親の故国でもある UK へと戻り、Carcass『Necroticism - Descanting the Insalubrious』制作時より加入、その後の世界的成功は承知の通りだろう。

話は Dismember の視点へと切り替わるが、この Carnage 1st フルの発表から前後して離脱した Michael 以外の Fred、David、Matti の 3 名により Dismember は再始動。1990 年半ばに再始動後最初の作品となるデモ『Reborn in Blasphemy』を制作。8 月には Nuclear Blast からリリースされ、2000 年代初頭まで関係を持つことになった。その後は、General Surgery や Unanimated 等でも活動していた Richard Cabeza(Ba) が加入、1989 年に一度 Dismember が活動休止後、ex-Nihilist の Johnny Hedlund(Ba) と共に Unleashed を結成していた Robert が復帰、そして当時 Entombed の Nicke Andersson(Dr) によるバックアップを受ける形で、1991 年 5 月の名作 1st フル『Like an Everflowing Stream』の制作に移行することになる（ディスクレビューにつづく）。

● Necrosis Records
▦ 1990

Carnage
Dark Recollections

1990 年 2 月に Carcass の Jeff Walker と Bill Steer 運営の Necrosis Records からリリースされた 1st フル。単体でのリリースは LP と、US の Relativity Records からの CD 盤で、Necrosis からの CD 盤は Cadaver との Split という形式であった。Ba として Johnny Đorđević がクレジットされているが実際には弾いていない。作曲は Michael Amott(Gt) と Fred Estby(Dr) を中心としたもので、初期 Dismember の楽曲も含まれている。メロウな部分を排斥した Napalm Death や Carcass の影響下にあったグルームと、当時の Nihilist とも共振していた HM-2 エフェクターによる重厚なトーンで統一された、Sunlight Studio 初期の名作である。ジャケットは Dan Seagrave。

● Nuclear Blast
▦ 1991

Dismember
Like an Everflowing Stream

1991 年 5 月に Nuclear Blast からリリースされた Dismember の名盤 1st フル。その音は頻繁に Entombed と比較されるものだが、こちらは General Surgery、Carnage、Carbonized 等といったグラインドコア（フォロワー）の存在を経過した素養のある疾走感が魅力。David Blomqvist(Gt) と本作より復帰した Robert Sennebäck(Gt) のユニゾンプレイが重厚さを惹き立て、#1 以外の全ての楽曲でリードパートを担当した Nicke Andersson の叙情的な Gt ソロが鳴り響く。Sunlight Studio での制作。Dan Seagrave によりジャケットが手掛けられた、スウェディッシュ・デスメタルの代名詞的作品で、2010 年には Decibel 誌の「Hall of Fame」（殿堂入りアルバム）にも挙げられている。

● Nuclear Blast
▦ 1992

Dismember
Pieces [EP]

1st フルをリリース後の欧州全域に渡るツアーの数々で Morbid Angel、Death、Cannibal Corpse、Pestilence 等との共演を経て、Nuclear Blast からリリースされた EP。メンバーはこのジャケットを気に入っているようで、2018 年オフィシャル・サイトのトップにも使用されている。Sunlight Studio での制作。US 盤には Carnage の「Torn Apart」カヴァーを収録。前フル作を継承する好内容であるが、怪獣が咆哮するようなアーミング使いを始め攻撃性が向上した印象も。発表後は Napalm Death や Obituary 等との欧州ツアー。その終盤の UK 公演では、1st フル収録の「Skin Her Alive」にある「娼婦を虐殺した思い出に笑みを浮かべる」といった趣旨の歌詞が残虐すぎるとの事で論争を巻き起こし、Dismember の名を世に知らしめることになった。

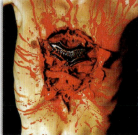

Nuclear Blast
1993

Dismember
Indecent and Obscene

1993年6月からのVaderとのUSツアーやBenedictionとのヨーロッパ・ツアー後、12月にNuclear Blastからリリースされた2ndフル。Sunlight Studioでの制作。マスタリングは直近で『The Spectral Sorrows』を手掛けていたCuttinggroom Solna運営のPeter in de Betouにより施された。本作もまたスウェディッシュ・デスを象徴する傑作。随所で聴かれる普遍的なロックのダイナミズムに、同年にリリースされたEntombed『Wolverine Blues』への回答を織り交ぜつつ、#6「Reborn in Blasphemy」なる旧来のワードもあり、暗黒的叙情美に覆われた終曲まで妖艶なる魔力が込められている。Jim Morrison(The Doors)のAmerican Poetポスターから着想を得たジャケット。

Nuclear Blast
1995

Dismember
Massive Killing Capacity

1995年8月にNuclear Blastからリリースされた3rdフル。前作に引き続いてSunlight Studioでの制作、マスタリングはCuttinggroom Solna運営のPeter in de Betouにより施された。前作のデス・エン・ロール風味を活かしつつ、ラジカルなCarcass、At the Gates、Dissection等の登場を受け、メロディック・デスメタル寄りの作風となった作品。現在は軟弱であるとしてDismemberのワースト・アルバムであるともいわれているし、恍惚と響き渡るメロディを評価する筋の意見も否定し難い。インスト曲となった#10「Nenia」には、「Master of Puppets」のオマージュのような部分も見受けられる。ジャケットはNecrolord(Kristian Wåhlin)によるもの。

Nuclear Blast
1997

Dismember
Death Metal

原点に立ち返り、売れ行きがあまり思わしくなかったといわれる4thフル。1997年8月というメタル全体が衰退してきたといっても過言ではない時期の、Nuclear Blastからのリリース。Sunlight StudioにてDrのみTomas Skogsbergが手掛けている他は、エンジニアとなったFred Estbyによるセルフ・エンジニアリング/プロデュースとなり、後の方向性を定めた重要作品である。今までの諸要素が集結したDismemberにとってのデスメタルかくあるべしな作風で、At the Gates以降の攻撃的なツイン・リードとトレモロの妙技も派手やかだ。AutopsyのChris ReifertをゲストVoに迎える予定であったが、都合により実現しなかったという逸話があり、#8ではそれらしき死の瘴気も漂う。ジャケットはイラストレーターのAlvaro Tapiaが手掛けた。

Nuclear Blast
2000

Dismember
Hate Campaign

5thフル。本作を以て「遠巻きに音楽性の転換を促されたし、プロモーションも死んでいて、もはやDismemberのようなデスメタルを売る気がなかった」(Matti Kärki)とまでいわれた(※意訳)Nuclear Blastと離別する。ラインナップに変更があり、Robert Sennebäck(Gt)が家族との生活を優先するため脱退、Richard Cabeza(Ba)が個人的な理由のため脱退し、新たにTiamatの『Wildhoney』等で在籍していたMagnus Sahlgren(Gt)が加入。Mercyful FateやArch Enemy等でのSharlee D'Angelo(Ba)をサポートに迎え、Fred Estbyのセルフ・プロデュースにより制作されている。作風としては前作の延長線上にあたるものだが、叙情的なメロディに比重が傾けられている。

● Karmageddon Media
📅 2004

Dismember
Where Ironcrosses Grow

Hammerheart Records 傘下の Karmageddon Media 等からリリースされた 6th フル。Magnus Sahlgren(Gt) が前作のみで脱退。David Blomqvist(Gt) が2人分の Gt を担当した上で Ba も兼任しつつ、Richard Cabeza(Ba) が2曲に参加して、ストックホルムの Sami Studio にてレコーディング、Cosmos Mastering にてマスタリングが施された。ジャケットは Dan Seagrave。内部での事実上の分裂状態から這い上がったと Matti Kärki がインタビューで語る作品で、1st フル『Like an Everflowing Stream』を彷彿とさせるような原点に立ち返る作風がファンから高い評価を得た名作。これまでの積極的なメロディの導入や、思想的な面での彼らならではのストイックさも上手く作用している。

● Regain Records
📅 2005 📍

Dismember
Complete Demos [Compilation]

2005 年に Regain Records や Candlelight Records からリリースされた初期音源集。1988 年 1st デモ『Dismembered』、1989 年 2nd デモ『Last Blasphemies』、Nuclear Blast からもリリースされた 1990 年 3rd デモ『Reborn in Blasphemy』を収録。1st デモ収録の2曲は、1st フル『Like an Everflowing Stream』CD 版ボーナストラックで再録された楽曲。この頃はモロ Autopsy からの影響を感じさせるサウンドである。2nd デモの全楽曲は Carnage『Dark Recollections』で再録、最初のリフは Nicke Andersson が演奏しており、Dismember のサウンドが確立されつつあったのが分かる。その後 Carnage での活動を終えて、制作された 3rd デモで完成形を迎える。

● Regain Records
📅 2006

Dismember
The God That Never Was

新たに Regain Records や Candlelight Records と契約。2005 年にデモ音源の編集ほか過去作の大規模なリイシューを行った後にリリースされた 7th フル。メロディック・デスメタル・バンド Sins of Omission に在籍していた Martin Persson(Gt, Ba) の加入作。Fred Estby のセルフ・プロデュースで Sami Studio にてレコーディング、Tailor Maid Studio で再び Peter in de Betou のマスタリングが施されている。ジャケットは Dan Seagrave。前作の延長線上で #7 他 Iron Maiden 由来の叙情性が顕著になりつつ、新世代をファン層に取り込んだ作品。同年12月には Grave、Unleashed、Entombed とのヨーロッパ全域に及ぶ「Masters of Death tour」を敢行。

● Regain Records
📅 2008

Dismember
Dismember

Regain Records からリリースされた 8th フル。2007 年に Fred Estby(Dr) が家庭を尊重するため長く検討した上で脱退。後任には ex-Repugnant の Thomas Daun が迎えられた。また Tobias Cristiansson(Ba) の加入作ともなった。Entombed の Nico Elgstrand(Gt, Ba) によるエンジニアリングの元、Studio B.A.S にて制作した。マスタリングは Candlemass 等を手がけた Sören Elonsson によるもの。5th フル以降の Dismember の中で Iron Maiden と Autopsy を同時に解釈した作風だが、今作に限ってはロウエンドな音作りである。ダウナーな雰囲気が充満しており、さながら土葬のようなサウンドスケープが映える。結成 20 周年を迎えたが、本作が最終作となっている (一旦)。

HM-2でスウェディッシュ・デスメタルのプロダクションを決定

Entombed

出身地 スウェーデン・ストックホルム
活動年 1987 ～ 1989(Nihilist)、1989 ～ 2014、2014 ～ (Entombed A.D.)、2016 ～

前身バンド Nihilist がスウェディッシュ・デスメタルの基本を作る

　Entombed と、前身バンドに当たる Nihilist は、スウェディッシュ・デスメタルの基本パターンを生み出した。そのサウンドは脈々と受け継がれ、後年にスウェディッシュ・デスメタルのリヴァイバル・バンド他、クラスト・デスメタルの文脈を生み出し、今なお多くのデスメタル・ヘッズを魅了してやまない。当時ハイスクールに通う Nicke Andersson が、サマーキャンプで同窓の、Leif "Leffe" Cuzner、Alex Hellid 等と共にバンドを結成した。最初は、Venom の曲名「Sons of Satan」をその名に冠したが、リハーサル中いくつも名前を変更して、一度 Brainwarp というバンド名になった。そこでリハーサル音源の制作やライヴ活動を行っている。この頃の彼らは Sodom、Cryptic Slaughter、D.R.I 等を始め、ハードコア・パンク、メタル両方のフリークであった。なお、ハイスクールでは、Entombed『Clandestine』で歌詞にクレジットされている Kenny Håkansson とも出会っている。

　その同時期に Nicke が、Heavy Sound というレコードショップ（エクストリーム・ミュージックを買う唯一の場所だった）の広告を通じて、Morbid にて Drutten という名前で活動していた、L-G Petrov(ここでは Dr)、Morbid で Napoleon Pukes という名前で活動していた、Ulf "Uffe" Cederlund(Gt) の 2 名と出会った。ここで Nicke は、Morbid とも関係を深めたが、後年に Nihilist ～ Entombed のサウンドは、Dead からは「Life Metal... Rot in Peace ya bastich.」という風な皮肉を言われている。この出会いから、後に Treblinka ～ Tiamat で名を馳せる Johan Edlund とも関わっていたが、実際に Nicke が覚えている限りでは、参加していない。この 2 つの活動をミックスする形で、1987 年に Nihilist は結成された。地元で行った小さなショーでは「これは何なのか？」の反応だった。この時既に Repulsion、Master、Napalm Death、R.A.V.A.G.E(Atheist の前身)、Insanity、Death 等から触発され、明確なデスメタルのビジョンを持っていた。

　1988 年 3 月、最初のデモ『Premature Autopsy』を発表。ストックホルムにある Studio Z にて Leif Martinsson をエンジニアに迎え、制作された。正式なメンバーとして Nicke Andersson(Dr)、Alex Hellid(Gt)、Leif "Leffe" Cuzner(Ba) がクレジットされ、ゲスト・メンバーとして L-G Petrov(Vo)、Ulf "Uffe" Cederlund(Gt)

がクレジット。新メンバーとして Mattias "Buffla"(Vo) もクレジットされているが、実際には参加していない。データ・ベース・サイトなどにて初期メンバーとして見ることの出来る、この Mattias "Buffla"(Vo) は、デモの録音直後に加入、そして極短期間関わっていたようだ。この音源、(Death の前身である Mantas にも通じるような正統派の陰りを持つ) Morbid の伝説的な 1987 年デモ『December Moon』とはまた違う。1980 年代のハードコアとクロス・オーバーの影響を最初に受けていた Nihilist の音源は、同時期に過激な方向性を追求していた同士たちを触発させた。時はテープ・トレードの時代、この音源は特定の世界へ分布され、Death や Kreator 等の手にも渡る。

エフェクター HM-2 がスウェディッシュ・デス・サウンドの特長に

その後、新たに Johnny Hedlund(Ba) が参加、Leif "Leffe" Cuzner(Ba) は Gt へ転向し、4 人組となった。Morbid の『Last Supper...』デモのレコーディング・スタジオであったのを理由に、1988 年 12 月ストックホルムの Sunlight Studios に向かった。そこで当時無名だった Tomas Skogsberg をエンジニアに起用し、『Only Shreds Remain』デモを制作している。ここでの 3 曲は、Nihilist の音楽的発展を示しており、HM-2 なるエフェクターを用いたスウェディッシュ・デス特有のボトム・エンドを与えた。Nicke の伝では、Leif "Leffe" Cuzner により生み出されたトーンである。1987 年の『Raging Death』5way Split に収録された R.A.V.A.G.E. の楽曲に衝撃を受けて、試行錯誤した結果に生まれたものだ。これについて Nicke は「Leif がこの音を手に入れたとき、私たちは控えめにいってもわくわくした」と語っている。このデモは、アンダーグラウンドで傑作と評された。Nihilist がスウェーデンから世界的なデスメタル・バンドとなっていき、スラッシュメタルの過激化がデスメタルへの橋渡しとなる前提的な下地が存在していなかったスウェーデンの情勢は変わっていった。しかし『Only Shreds Remain』デモを制作後、Leif "Leffe" Cuzner(Gt) が脱退し、1989 年 5 月に両親とカナダに移住してしまう。後任として同年に Morbid 解散後、Infuration なる新バンドの構想を持っていた Ulf "Uffe" Cederlund(Gt) を正式に迎えた。当時実現はされなかったが、Slayer Magazine の Jon "Metalion" Kristiansen により Carcass、Bolt Thrower、Paradise Lost との EP に参加するチャンスも与えられた。

Johnny Hedlund との不和、Nihilist 解体、そして Entombed へ

1989 年 8 月に『Drowned』デモを制作。Entombed の 2nd フル『Clandestine』にも収録される楽曲ともなり、友人が運営していた Bloody Rude Defect Records から半公式で 7" もリリースされた。この後、Johnny Hedlund(Ba) との関係が悪化、Nihilist は解体することとなった。1989 年 8 月 30 日の出来事である。その数日後、Johnny Hedlund(Ba) は Unleashed へ動き出し、その他のメンバーによって Entombed が結成された。音楽性は Nihilist の時代を引き継ぎ、1989 年 9 月にストックホルムの Sunlight Studios にて『But Life Goes On』デモを制作した。デモは CBR Records からのリリース。翌年に Unleashed は、同レーベルより 2nd デモ『....Revenge』をリリースしていることから、どちらも安定して活動を開始し始めていることが窺える。

『But Life Goes On』デモ制作後、一時的に離脱していた Alex Hellid(Gt) が戻り、Ulf "Uffe" Cederlund(Gt) が Ba を兼任する、そして Earache Records と契約を交わし、1989 年 12 月 Sunlight Studios にて Tomas Skogsberg プロデュースの元、レコーディングを始め、翌 1990 年 6 月に 1st フル『Left Hand Path』をリリースした。リリースに合わせて UK ツアー、リリース後は、「Left Hand Path Tour」と題して約半年間に渡るヨーロッパ・ツアーを敢行。Ba のサポートとして、当時 Carnage の Michael Amott や、Carnage や Dismember の David Blomqvist を迎えている。その後、Carbonized の Lars Rosenberg(Ba) が加入。L-G Petrov(Vo) が脱退し、Comecon へ向かった。1991 年 1 月に再び Sunlight Studios にて Tomas Skogsberg プロデュースの元、Nirvana 2002 の Orvar Säfström(Vo) をゲストに迎えレコーディングを行い、『Crawl』7" EP をリリース。同年 11 月に前作と同じ制作環境にて、Nicke Andersson が Vo を兼任する形で制作を行い、2nd フル『Clandestine』をリリースした。『密葬』なる邦題で国内盤も配給され、同時に 1st『Left Hand Path』も『顛落への道』なる邦題がつけられ、国内流通盤がリリースされている。リリース後、解散した Carnage の Johnny Dordevic(Vo) が加入。『Clandestine』のサウンド広めるために大々的なワールド・ツアーや、Earache Records によるパッケージング・ツアーを Carcass、Cathedral、Confessor 等と敢行。それに先駆け、同年 12 月にこのバンドたちとの、『Rock Hard Presents: Gods of Grind』4way Split をリリース。また、このパッケージング・ツアーの模様が翌 1992 年に『Gods of Grind』としてリリースされる。過酷なツアー生活は Johnny Dordevic(Vo) の脱退を招く事になるが、L-G Petrov(Vo) が再加入することにより、一時的にラインナップが安定することとなる。1991 年 11 月に『Clandestine』の企画盤として、Nicke Andersson(Dr)、Ulf "Uffe" Cederlund(Gt) のみによる別テイク Ver の演奏を収録した『Stranger Aeons』7" EP が制作され、1992 年 6 月にリリースされた。彼らが一般的なスウェディッシュ・デスメタルのオリジナルに準拠したサウンドを演奏するのは、ここまでとなる。

より大衆的なデス・エン・ロールへと変化、Nicke Andersson は The Hellacopters へ

これ以降彼らはより技巧的かつ、大衆的なロックのフィーリングに富んだものになる。それはデス・エン・ロール「Death 'N' Roll」と呼ばれる。オールドスクール・デスメタルとは別種のサウンドだが、親和性は高い。そこからの歴史は簡潔に進めていこう。1992 〜 1993 年にかけて Sunlight Studios にて Tomas Skogsberg プロデュースの元レコーディングを行い、UK にある Nimbus Records の Nimbus によりマスタリングが施され、3rd フルに先

Northern Europe　123

駆けた EP『Hollowman』をリリース。その後、北アイルランドのパンクロック・バンド Stiff Little Fingers のカヴァー曲で Doll Squad、Teddy Bears との Split に参加。King Kong なるレーベルから 1993 年 5 月にリリースされた後、Wolverine(ウルヴァリン) が描かれた Marvel Comics 社製の特別なデモ『Wolverine Blues (Special Advance Copy)』を経て、同年 10 月に 3rd フル『Wolverine Blues』がリリースされた。やはり、今の耳で聞けばもうオールドスクールなデスメタルでもあるものだが、厳密には異なる代物で、1990 年代半ばに一時的に確立されたデスメタルのサブ・ジャンルである。その後のリリースを追っていくと、1994 年シングル『Out of Hand』や翌 1995 年『Night of the Vampire』という The New Bomb Turks との Split 作に Roky Erickson のカヴァーで参加。Lars Rosenberg(Ba) が脱退し、Therion へ加入し、Grave を脱退していた Jörgen Sandström を後任に迎える。そして UK の大手 Music for Nations に移籍し 1997 年にシングル『Two Track Sampler』、Earache Records からは同年に EP や Split 音源などを収録した編集盤『Entombed』をリリース。Music for Nations から新曲とカヴァー曲集となった EP『Wreckage』などを経て、1997 年 10 月に 4th フルとなる『To Ride, Shoot Straight and Speak the Truth』をリリース。Music for Nations と、新たに設立していたバンドの自主レーベル Threeman Recordings からも配給したが、そこで各レーベルとの関係にごたつきを感じていた Nicke Andersson(Dr) が脱退してしまう。彼は 1994 年から始めていたサイド・プロジェクト The Hellacopters での活動を本格化させ、ロック・スターへの階段を登っていくことになる。その後も Entombed の活動は続き、後任として Merciless や Regurgitate 等で叩いていた Peter Stjärnvind を迎え、翌 1998 年に 5th フルとなる『Same Difference』をリリース。この頃のサウンドは比較的オルタナティヴ / グルーヴメタル色の強い大衆的な作風であったため、時代に迎合したと反感を買うこととなるが、そのまま翌 1999 年にかけてオーセンティックなハードロック・バンドのカヴァー曲からなる EP『Black Juju』や、Earache Records からのライヴ作『Monkey Puss: Live in London』をリリース。そこで徐々に元来備わっていた攻撃性を取り戻していきながらも、伝統的なロックのフィーリングは高まっていき、2000 年 3 月にリリースされた 6th フル『Uprising』では Motörhead や、ややヴィンテージな気配を独自の Death 'N' Roll スタイルに落とし込む等、先進的なアプローチを採っていたことが窺える。1990 年代後半から 2000 年代にかけての Entombed は、デス・エン・ロールへの音楽的変遷のみならず、Nicke Andersson による The Hellacopters の登場や、Lars Rosenberg が在籍していた Serpent といった Black Sabbath 直系的界隈との繋がり等、クラシックなマインドの独自的かつ鋭い維新的アプローチが行われている。その後のオールドスクール・デス再興への苗床、ないしはアイデンティティを担うことになる。

オールドスクールなデスメタルへ回帰するも内部分裂し、Entombed A.D. と並立

　その後もコンスタントにリリースが重ねられるが、作風としてはオールドスクールなデスメタルへ回帰していくことになり、中でもやや悪魔主義的なデスメタルを鳴らすこととなった。2001 年 11 月に 7th フル『Morning Star』、翌 2002 年にカヴァー曲集『Sons of Satan Praise the Lord』、2003 年に 8th フル『Inferno』等をリリース後、所属していた Music for Nations との関係が終了。一時的に Threeman Recordings での活動へ専念するが、大部分の配給は新たに契約した Candlelight Records USA が担当することとなる。

　2004 年に Jörgen Sandström(Ba) が脱退し、The Project Hate MCMXCIX との活動と並行して Vicious Art を始動。その後、Unleashed の Fredrik Lindgren(Gt) によるストーナーロック・バンド Terra Firma に在籍していた Nico Elgstrand が加入。2005 年に 2 作目のライヴ作品『Unreal Estate』がリリースされ、Ulf "Uffe" Cederlund(Gt) が脱退。更に翌 2006 年に EP『When in Sodom』発表後、Peter Stjärnvind(Dr) の脱退と続き、Olle Dahlstedt を迎える。2007 年に『Serpent Saints - the Ten Amendments』を Candlelight Records からリリースし長いツアーを行った後、小休憩を置いて 2010 年に Victor Brandt(Ba) が加入、Nico Elgstrand が Gt へ転向、その後 2012 ～ 2014 年にかけ、いくつかのシングルと Candlemass や Evile 等との Split をリリース後、Entombed 内にて分裂が起きることになる。

　2013 年に Alex Hellid(Gt) が Entombed ツアーに参加せず、バンドを離れていた Ulf "Uffe" Cederlund と Nicke Andersson 等と交流を図っていた頃に、バンドは L-G Petrov(Vo) を中心として Alex Hellid(Gt) 抜きで 2013 年秋にリリースを予定する作品のレコーディングを開始、この時点でメンバー間のすれ違いが生じており、事実上の分裂が発生したことになる。L-G Petrov(Vo) を中心とした Entombed は、Century Media Records と新たに契約を交わし、当初の予定より大幅に遅れ 2014 年 8 月 Entombed A.D. 名義で、同名義として 1st フルとなる『Back to the Front』をリリース。Entombed として一人残された Alex Hellid(Gt) は、2 年間の活動休止期間を経て 2016 年に活動を再開。Alex Hellid(Gt) を中心に、Nicke Andersson(Dr)、Ulf "Uffe" Cederlund(Gt) という 3 人組のラインナップとなっている。また一時的にライヴ・サポートとして 2015 年に解散した Morbus Chron の Edvin Aftonfalk(Ba) と Robert Andersson(Vo) を迎えた時期もある。

　同年に Entombed A.D. の方は 2nd フル『Dead Dawn』をリリース。2017 年 5 月 17 日にスウェーデンの第一審裁判所では、「Entombed」というオリジナルのバンド名自体に関して、Alex Hellid(Gt) を中心としたバンドのものとする判決が下された。その後、2019 年に Entombed A.D. は、3rd フル『Bowels of Earth』をリリース。Entombed は、『To Ride, Shoot Straight and Speak the Truth』7"EP をリリースしている。なお、Entombed A.D. の L-G Petrov(Vo) と Victor Brandt(Gt) は、Unleashed の Fredrik Folkare(Gt) 等と 2014 年に結成された Firespawn でも活動中で、Century Media Records との契約下でコンスタントに作品をリリースしている。

● Threeman Recordings
📅 2005

Nihilist

Nihilist 1987-1989 [Compilation]

2005 年に Entombed が運営する Threeman Recordings からリリースされた、Entombed の前身バンド Nihilist の音源集。スウェディッシュ・デスメタルの原点を収めた歴史的に重要なマテリアルだ。1988 年から 1989 年にかけてレコーディングされた総ての音源を網羅。後にこの Nihilist は Unleashed と Entombed に 2 分化されるが、既に音像は完成済み。多くは Sunlight Studios にて録音されたもので、1980 年代のハードコア/スウェディッシュ・クラストや Master、Repulsion、Autopsy 等、US オリジネイター影響下のデスメタルを融合させた整合性を有する。この HM-2 エフェクターの歪んだディストーション・サウンドが、多くの同世代を触発させた原点となった。Nicke Andersson(Dr) 自らが手掛けたジャケットすらも象徴的だ。

● Earache Records
📅 1990

Entombed

Left Hand Path

1990 年 6 月に発表された名盤 1st フル。Earache Records と契約を交わし、ストックホルムの Sunlight Studio にて Tomas Skogsberg プロデュースの元制作された。Nicke Andersson(Dr)、Ulf "Uffe" Cederlund(Gt)、Lars-Göran Petrov(L-G Petrov)(Vo) の 3 名にて Entombed が結成後、新たにバンドのロゴを手掛けていた Alex Hellid(Gt) を迎えている。Ba は不在ながら L-G 以外のメンバーで分担。Nihilist 時代を継承するサウンドにあるが、オールドスクール・デスの方法論としてのホラーな展開に US 勢からの影響も感じさせつつ、幻想に戯れるようなメロディが増加傾向にあり、メタルとしての求心力に深みを得ている。発表後は約半年間に渡るツアーを敢行。同国の最も成功したバンドとなる。

● Earache Records
📅 1991

Entombed

Clandestine

Carbonized の Lars Rosenberg(Ba) が加入。L-G Petrov(Vo) が一時脱退し、1991 年 11 月に再び Sunlight Studio にて Nicke Andersson が Vo を兼任し制作した 2nd フル。Earache カラーともいうべき多くのオリジナルなデスメタルと共通していた前作の革新的内容から、よりハードコア・サイドの独自性を強く打ち出し、聴き手に力強い印象を与えた名盤である。グルーム溢れるミッドテンポのリフ進行が強調されつつ、多彩なプレイアビリティでフックを効かせている。前作と併せて日本盤でもリリース。邦題は『密葬』。日本での知名度は上がり、当時は Death、Morbid Angel、Obituary、Carcass と並び「デスメタル 5 羽ガラス」という風に取り扱われることもあった。度々再発されており、年代でロゴの色が異なる。

● Earache Records
📅 1993

Entombed

Wolverine Blues

『Clandestine』リリース後、ex-Carnage の Johnny Đorđević(Vo) が加入。長いツアー生活を行い、その過酷さから Johnny が脱退してしまうが、L-G Petrov(Vo) が再加入する。そして 1992 ～ 1993 年にかけて再び Sunlight Studios にてレコーディング、UK の Nimbus Records オーナーである Nimbus によりマスタリングが施され、1993 年 10 月に発表された 3rd フル。これまでのスウェディッシュ・デスメタルに普遍的なロックのメロディ / グルーヴ / 衝動性を攪拌し、新たな潮流を生み出した歴史的一作である。その作風はデス・エン・ロールと呼ばれることになり、当時のグルーヴ / ニューメタル・ムーブメント渦中にあるヨーロッパ圏のバンドから、現代のデス / クラスト界隈まで幅広く影響を与えることとなる。

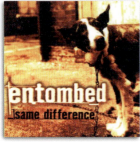

Music for Nations
1997

Entombed
To Ride, Shoot Straight and Speak the Truth

1995年にLars Rosenberg(Ba)が脱退後、ex-GraveのJörgen Sandströmを後任に迎え、Music for Nationsに移籍。1996年夏よりSunlight StudioにてTomas Skogsbergプロデュースの元制作が行われ、1997年10月に発表された4thフル。ほとんど同時期に新潮流を生み出し、ロックの方面に向かうのはCarcass『Swansong』のそれだが、Entombedも更にその方面への接近を感じさせる大衆性があった。本作からコアなファンとの乖離が拡がるだけ、キャッチーさは過去最大級だ。彼らが新設したThreeman Recordingsからも配給されたが、各レーベルとの軋轢を感じたNicke Andersson(Dr)の脱退を招く。どんなアプローチも受け入れられてきたバンドとしても、スター性の劣化の様なものが見え始める。

Music for Nations
1998

Entombed
Same Difference

1997年にNicke Andersson(Dr)が脱退後、Merciless等でのPeter Stjärnvindが加入。その後翌1998年8月にストックホルムのPolar StudiosにてNYのDaniel Reyをプロデューサーに迎え制作され、同年11月に発表された5thフル。前2作の様なデス・エン・ロール (Death 'n' Roll) スタイルは払拭され、グランジ/オルタナティヴロック寄りの作風となった。どことない感覚がClutch的にも聴こえるので憎めないものだが、ゴリゴリとしたディストーションは希薄で、L-G Petrov(Vo)の歌唱もシャウトを中心に享楽的な感じである。当時メディアからこき下ろされ、彼らにとっては思い出したくないような歴史かと思われていたが、2014年に自らのレーベルから、本作以降と本作以前のデモやライヴ音源追加の2枚組仕様で再発されている。

Threeman Recordings
2000

Entombed
Uprising

1999年にNico Elgstrandをエンジニアに迎え、ストックホルムのDas Boot Studiosにてレコーディングを行い、ウメオのTonteknik Recordingにてミキシングが施され、再びストックホルムのPolar Studiosにて調整。翌2000年3月に発表された6thフル。♯6ではヒューストンのクロスオーバー・バンドDead Horse「Scottish Hell」をカヴァー。とにかく放埒に振り切れた勢いが良い、デス・エン・ロール回帰作だ。Dead Horseのロゴにも似たジャケットもそうだが、Motörheadの躍動感が全面に出てきている。それのみならず、今作発表前に世に出したEP『Black Juju』にて、Captain BeyondやAlice Cooper等をカヴァーしてきたことから、その在り方にも一方的な焼き増しとは異なった説得力が持てる。

Entombed
Morning Star

2000年の6thフル『Uprising』発表後、ストックホルムのPolar Studios、Das Boot Studio、Dog Pound AudioにてレコーディングI、ウメオのTonteknik Recordingにてマスタリングが行われ、2001年9月に発表された7thフル。意外にもオールドスクール・デスが展開され、ファンからの注目を集めた。昔の作品に関心が在ったと述べるが『Left Hand Path』頃の作風ではなく、ミッドテンポ主体で展開されている。L-G Petrov(Vo)による悪魔的な歌詞とTom Arayaにも近い歌唱からSlayerからの影響を言及された際、氏は「レコーディングの途中に気付いたがそのまま行った」という旨をインタビューで答えているような代物である。♯2等は2010年代のObituaryを彷彿とさせるところもあり、総じてラフな感覚が良い。

Threeman Recordings
2001

Music for Nations
2003

Entombed
Inferno

2002年にこれまでのカヴァー曲をコンパイルした音源集『Sons of Satan Praise the Lord』を発表後、ストックホルムのAtlantis Studio、Gröndahl Studio、Toytown StudiosにてレコーディングとミキシングをCosmos Masteringにてマスタリングが施され、2003年8月に発表された8thフル。前作に引き続きミッドテンポ主体。悪魔崇拝チックなオールドスクール・デス側の作風で、これまでのデス・エン・ロールも通過した彼らにとってのBlack Sabbath、Motorhead、Venom、Autopsy、Slayer等の音楽的要素が、一体となり、繰り出される。スラッジーかつ重厚な整合感で演出され、終曲を迎える#13でのキーボードを配した幻想的な展開には、初期の作風を彷彿とさせることもあってか一部ファンからの評価も高い。

Candlelight Records
2007

Entombed
Serpent Saints - The Ten Amendments

8thフル発表後、Candlelight Recordsと契約。2004年にJörgen Sandström(Ba)が脱退し、以前よりエンジニア関連での親交があったNico Elgstrandが加入。更に2005年ソング・ライティングの核となるUlf "Uffe" Cederlund(Gt)が脱退。また更に2006年Peter Stjärnvind(Dr)の脱退と続き、Olle Dahlstedtを後任に迎えた編成で、ストックホルムを中心に計6つのスタジオで制作を行い、2007年に発表された9thフル。大幅なメンバーの変更とあり、音楽性も以前とは異なっていて、曲調には『Wolverine Blues』時代の息遣いを呼び戻しつつ、退廃的な雰囲気やクラスト・パンク由来のざらついた感触にも富んだ刺激溢れる作品に仕上がった。OpethのFredrik Åkesson等がゲスト参加。

Century Media Records
2014

Entombed A.D.
Back to the Front

2010年にVictor Brandt(Ba)が加入し、Nico Elgstrand(Ba)がGtへ転向。そしてCentury Media Recordsに移籍しOlle Dahlstedt(Dr)、L-G Petrov(Vo)の2名を加えたAlex Hellid(Gt)を省く計4名の編成で2013年にスウェーデン・クングエルブにてStudio Bohusにてレコーディング、ドイツはベルリンのHansa Mix Roomにてミキシング、NYのSterling Soundにて重鎮Tom Coyne(R.I.P)のマスタリングが施され、2014年8月Entombed A.D.名義として発表。Entombedの分裂を知らせた1stフル。作風はGtが一名不在の分、シンプルなアンサンブルで、『Serpent Saints〜』を引き継ぎつつも、1990年代からの旧懐のリフが際立つものである。

Century Media Records
2016

Entombed A.D.
Dead Dawn

ストックホルムのBig Island Sound、Studio Supaにてレコーディング/ミキシング、フィンランドはヘルシンキのChartmakersにてマスタリングが行われ、2016年2月に発表されたEntombed A.D.の2ndフル。このバンドとEntombedとの明確な違いは、Alex Hellid(Gt)が存在しないこと。氏は、焼き増しないし変化の無い音楽を厭うた。そのため後年のEntombedは、ファンから旧来の作風を熱望されていたにも拘らず、マイナーチェンジを繰り返した。そんな中、Nico Elgstrand(Gt)が作曲の中心となったこちらは、死の淵からオールドスクールな感性を掘り起こし続ける。前作を踏襲したサウンドが強いに活きつつ、より深みを得たL-G Petrov(Vo)の暴発寸前の怒れる歌唱が、作品全体へ強い緊張感を与えている。

進化と深化を続ける、激重なスウェディッシュ・デスメタル

Grave

出身地 スウェーデン・ヴィスビュー (初期)、ストックホルム (後期)
活動年 1984 〜 1985(Rising Power)、1985(Destroyer)、1985 〜 1986(Anguish)、1986 〜 1988(Corpse)、1988 〜

活動当初はゴッドランド島で腐臭漂う Thrash to Death サウンド

　1984 年の創生から現在まで活動を行う重鎮で、Nihilist の結成以前より活動。Slayer、Testament、Exodus、Kreator、Destruction、Celtic Frost 等から影響を受け、スタート。Rising Power という名前で結成されたが、Destroyer や Anguish 等の名を経て、1986 年に Corpse の名で 1986 年に『Black Dawn』デモを制作。Mefisto の『Megalomania』デモと同年かつ、Morbid の『December Moon』デモ、Merciless の『Behind the Black Door』デモが 1987 年の制作なのでその先駆性が裏付けられる。ラインナップは、Ola Lindgren(Gt)、Jörgen Sandström(Vo, Gt)、Jens "Jensa" Paulsson(Dr)、Jügge Oi(Ba) からなる 4 人組。1988 年、Grave へと改名。ファースト・タイトルは同年の『Sick Disgust Eternal』デモ。Jügge Oi(Ba) は脱退しての 3 人編成での制作。いくつかのデモを制作した後に、拠点をストックホルムへ移した。因みに 1989 年の『Anatomia Corporis Humani』デモはドイツの M.B.R. Records からもリリースされた。その後、幾つかのプロモーション音源や、Jonas Torndal(Ba) の加入を経て、1991 年に Century Media Records と契約を交わし、同年 6 月にストックホルムの Sunlight Studio にて Tomas Skogsberg プロデュースの元制作を行い、8 月に 1st フル『Into the Grave』をリリース。同年発表の Deviated Instinct 等との Split 等をしてハードコア・パンク勢との繋がりもあった Grave を一線級のデスメタル・バンドへ押し上げた。その後、Jonas Torndal(Ba) が脱退し、再び 3 人の編成となった Grave は、翌 1992 年 5 月に 2nd フル『You'll Never See...』をリリース。その後オールドスクールなデスメタルのサウンドから、デス・エン・ロール〜モダン・グルーヴの向きへと進んでいる。1994 年に 3rd フル『Soulless』、1995 年に Jörgen Sandström が Entombed に加入するために脱退した後の作品として、1996 年 4th フル『Hating Life』、翌 1997 年にライヴ作『Extremely Rotten Live』をリリースしたが、不安定なラインアップの状況が活動の一時的な停止をもたらした。活動を再開したのは、2001 年。唯一のオリジナルメンバーである Ola Lindgren(Vo, Gt) を中心に、2002 年から 2006 年に掛けて 3 枚のフル・アルバムをリリース。次いでスウェーデンの Regain Records へ移籍し、2008 年から 2010 年に掛け 2 枚のフル・アルバムをリリースした。Century Media Records と再契約を交わし、コンスタントにリリースを重ねている。2014 年には初来日公演も敢行。

Century Media Records
2011

Grave
Necropsy - The Complete Demo Recordings 1986-1991 [Compilation]

Corpse～Grave と 1989 年にサイド・プロジェクトとして一時的に稼動していたゴア・バンド Putrefaction の音源集。Century Media Records からのリリース。1986 年から 1991 年までに制作された、ほぼ総てのデモ/EP 音源を網羅したマニア必携のカルト・タイトルである。Corpse の音源は、Slayer や Kreator 等を筆頭としたイーヴルなスラッシュメタル直系。Grave 改名後、徐々に Celtic Frost 方面へシフトしていくが、1989 年の Putrefaction 音源は、Carcass 影響下のようなグロテスクなサウンドでも、US ニュージャージー州の Regurgitation 的な印象も。両方面からのフィードバックを経て Grave の音が確立される。完成形となる『Anatomia Corporis Humani』デモは必聴だろう。

Century Media Records
1991

Grave
Into the Grave

1991 年 8 月に、Century Media Records からリリースされた名盤 1st フル。ヴィスビューからストックホルムに移住し、1991 年 6 月から Sunlight Studio にて Tomas Skogsberg プロデュースの元制作。US デスや Entombed 等の存在に触発され、腐臭漂う Grave の音楽に更なる鋭角さと HM-2 由来のボトムエンドを与えた作品。荒々しいリズムを打ち続けるドラム、地の底から響き渡るかの轟音リフ、奈落からの呼び声のようなグロウルが、異常な荒廃感を演出している。ムーブメント特有の、サウンドの均質性があるスウェディッシュ・デス勢でも、独自なサウンドである。それは、時にドゥーム・デス、時にオールドスクール、時にクラシックとも形容される。2001 年の再発盤には、1991 年『Tremendous Pain』7" EP とデモ音源を追加。

Century Media Records
1992

Grave
You'll Never See...

1992 年 5 月にリリースされた 2nd フル。前作発表後、Jonas Torndal(Ba) が一時脱退。Jørgen Sandström(Gt, Vo) が Ba を兼任し、再び Sunlight Studio にて Tomas Skogsberg プロデュースの元制作。前作の方法論を踏襲した、土葬のようなスウェディッシュ・デスを貫いているが、苛烈な荒々しさに代わって、楽曲の整合性が高まっている。安定感のあるミッドテンポ主体の展開、キーボードを配した展開に、聴かせる意図を感じさせる。#1 は人気が高いキラー・チューンで、2003 年に同国の The Forsaken がカヴァー。歌詞上でキリスト教信仰をくさすそに言う、「You'll Never See...」には、アイデンティティが窺える。『Into the Grave』と本作のジャケットは、Asphyx の諸作を手掛ける Axel Hermann が担当。

Century Media Records
1994

Grave
Soulless

『You'll Never See...』発表時と同じラインナップで Sunlight Studio にて Tomas Skogsberg をプロデューサーに、Dismember の Fred Estby(Dr) をアシスタント・プロデューサーに迎え制作され、1994 年 6 月に発表された 3rd フル。1993 年に Entombed が『Wolverine Blues』をリリースし、デスメタルの間口を広げたことから、Grave からも一過性の潮流を経た上での大衆を意識したアプローチが垣間見えるようだ。グルーヴメタルやデス・エン・ロール要素が現れ、ジャケットからもファンキーなイメージを持ち合わせるのが本作である。キャッチーな作風としても、ミッドテンポ主体の展開や轟轟としたギター・トーンの重みに Grave らしさが感じられるが、後の作風も鑑みていけば、何かと評価の分かれ道が多い作品ともなっている。

Century Media Records
1996

Grave
Hating Life

1996年3月に発表された4thフル。1995年にJörgen Sandström(Ba, Gt, Vo)が脱退し、Entombedに加入。Ola Lindgren(Gt, Vo, Ba)、Jens "Jensa" Paulsson(Dr)という2人編成で、前作同様 Sunlight Studio にて Tomas Skogsberg と Fred Estby によるプロデュースの元レコーディング、Cutting Room にて Edge of Sanity や後期 Cemetary 等を手掛けた Peter in de Betou によるマスタリングが施された。Grave らしさは失われ、前作のグルーヴメタルを通して吐き捨て型のシャウトと微妙にメロディック・デスのような鋭角さを持つリフ・ワークが交わった作風の本作。Peter の名前を挙げたのも、そういう質感がよく表れているからで、当時のモダニズムを感じさせる。

Century Media Records
2002

Grave
Back from the Grave

Ola Lindgren(Gt, Vo)、Jensa Paulsson(Dr)に加えて、Excruciate の Fredrik Isaksson(Ba)と、1st フル『Into the Grave』にて Ba を務めていた Jonas Torndal(Gt)という4人組編成にて2001年に活動再開。2002年3～6月にかけて Sunlight Studio にてレコーディング、Polar Studios にてマスタリングが施され、2002年10月に発表された復活作となる 5th フル。その名もズバリ『Back from the Grave』で、1990年代初頭の作風を意識した作り。前フル作から6年の歳月を経て、レコーディング技術も進歩しており、力強い音圧が犇々とした轟音を巻き上げている。重厚かつ鋭敏に研磨した質感ながらに、スローネスを引き立てるリフが、やや画一的でシンプル過ぎる嫌いがあるのはご愛嬌だ。

Century Media Records
2004

Grave
Fiendish Regression

2004年8月に発表された6thフル。前フル作『Back from the Grave』発表後、Jensa Paulsson(Dr)が脱退、新たに Mastication の Pelle Ekegren を迎え、Hypocrisy の Peter Tägtgren が運営する Abyss Studio にて、氏と Tommy Tägtgren の兄弟によるプロデュースの元で制作された。原点回帰に根差した前作を経過して、激重なトレモロ・リフとドゥーム/デスの混合物が産み出されている。不協和的で昏いサウンド・イメージは幽玄な密教性を引き出し、Grave にとっての新たな世界観を構築するに至った。スウェディッシュ・デスから一時的に普遍的なデス・ドゥームの作風へと転化してきており、初期 Paradise Lost ～ Hooded Menace 系のズブズブとした展開に飲み込まれるようだ。

Century Media Records
2006

Grave
As Rapture Comes

2006年7月に発表された7thフル。前作の『Fiendish Regression』と同じラインナップで、Peter Othberg プロデュースの元、Ola Lindgren(Gt, Vo)が運営する Studio Soulless にて、Vo のみ Abyss Studio にてレコーディング、その後同様に Abyss Studio でミキシングが行われた。ダークな面が強調された前作を踏襲しつつも、スウェディッシュ・デス特有のささくれ立ったような鋭角性が回帰。そして、現代流にアップデートされており、Entombed、Dismember、Unleashed と並ぶパイオニアの威厳を見せつけるような作品に仕上がった。#9 は Alice in Chains の猟奇的なカヴァーだが、奇妙なことに Grave の作風に見事マッチしており、熟達者の様相を瞥見させる。

Regain Records
2008

Grave
Dominion VIII

2008 年 4 月に発表された 8th フル。『As Rapture Comes』発表後、Jonas Torndal(Gt) と Pelle Ekegren(Dr) が脱退し、一時 Centinex に在籍していた Ronnie Bergerståhl(Dr) が加入し 3 人編成となり、Dismember や Marduk 等を擁する同国の Regain Records へ移籍。前作に引き続き Studio Soulless にてレコーディング、Vo のみ Sandkvie Studio にてレコーディングの後、同スタジオにてミキシング、Masters of Audio にてマスタリングが施された。国の事情をよく知ったレーベルへ移籍し、いつになく生々しいプロダクションが印象的である。前々作の暗黒性や初期の荒廃感が再び立ち込めており、初期の楽曲も再録している。分厚いトレモロに激重リフを絡め、ひたすら攻撃的に畳み掛ける作品だ。

Regain Records
2010

Grave
Burial Ground

新たに Magnus Martinsson(Gt) が加入、Regain Records から 2010 年 6 月に発表された 9th フル。今回は全て Ola Lindgren(Gt, Vo) が運営する Studio Soulless での制作。前作から初期デモの楽曲を呼び起こす試みが見られ、1989 年の『Sexual Mutilation』デモからのタイトル・トラックが＃ 7 に収録された。その伝でも『Into the Grave』を遡及する密教的な退廃性が奈落の底に蠢いており、ドタバタとしたミッドテンポの展開を軸に、地の底からのグロウル、陰鬱なトレモロや退廃的なスラッシュ・リフ、激烈な単音リフやドゥーム・リフが絡められる。モダンな様相は、同時代の Autopsy、Asphyx に匹敵するオールドスクール・デス・リヴァイバルの好例ともいえる。前作同様アートワークは Costin Chioreanu。

Century Media Records
2012

Grave
Endless Procession of Souls

2012 年 8 月に発表された名盤 10th フル。2011 年に Regain Records がオーナーの健康問題で一時運営停止状態となったことから、Century Media Records と再契約、その後 Fredrik Isaksson(Ba) と Magnus Martinsson(Gt) が脱退。同年に解散した Dismember 在籍の Tobias Cristiansson(Ba) と、Facebreaker の Mika Lagrén(Gt) を新たに迎え、再び Studio Soulless にて制作を行っている。当時、オールドスクール・デスの再興は世界的な潮流を巻き起こしていた。本作も大きな注目を集め、より間口の広い所からの再評価に繋がっていた。演奏自体は前作、前々作と同様の方法論を用いているが、ミッドテンポを主体とした展開の一つ一つが無駄なく洗練されており、各媒体からの高評価を得ている。

Century Media Records
2015

Grave
Out of Respect for the Dead

Century Media Records から 2015 年 10 月に発表された 11th フル。Studio Soulless にて制作された。引き続いてアートワークはルーマニア人の Costin Chioreanu が描いている。アンダーグラウンドなドゥーム / デス側の手法よりも、冒頭からツービートでの疾走を軸にしたトレモロ〜スラッシュ・リフ由来の、研磨性の高いフレーズ使いが印象的な作風である。後半になっては 1990 年代終盤のモダン・ヘビネスも少し顔を出してくるが、ラスト・トラック＃ 9 となる激重ナンバーで締めくくられる様に、鋭角かつ仄暗く幻想的な趣を留めている。Grave の生き証人である Ola Lindgren のグロウルもある種老練の域に達しており、これまでの Grave を総括するかの豊かな出来栄え。あくまでも Grave 的な作風を貫く姿勢は、どことなく哲学的で筆舌に尽し難い。

元Nihilistのメンバーが非主流派ヴァイキングメタルの勃発点に

Unleashed

出身地 スウェーデン・ストックホルム
活動年 1989〜

Johnny HedlundがNihilistから脱退して誕生
　Nihilistが1989年8月に『Drowned』デモを制作した後に、Johnny Hedlund(Ba)がバンドの方向性の違いからメンバーと対立を起こす。結果としてそこでNihilistは解散し、Johnny Hedlund以外のメンバーはEntombedを結成。残されたJohnny Hedlundは、DismemberのRobert Sennebäck(Vo, Gt)と共に、このUnleashedを結成した。インタビューの場でEntombedはアンタッチャブルな話題だが、当時Nicke Anderssonとの間に、蟠りが生じていたことを言及する場面も見受けられる。Robert Sennebäckはバンド結成後、2作のデモを制作し、すぐに脱退してしまったが、Johnnyがシーンで名が知られていたこともあり、Anders Schultz(Dr)、Fredrik Lindgren(Gt)、Tomas Olsson(Gt)等のメンバーが集まった。Unleashedは同じ轍を踏まずとしてか、その後のメンバーの移り変わりが少ないバンドとしても有名である。1995年にFredrik Lindgrenが、元々Incardineというバンドで活動していたFredrik Folkareと交代するのみだ。メンバーが揃った後、1990年3月にストックホルムのKuban Studiosにて『The Utter Dark』デモを制作。同年に地元のCBR Recordsから1st EP『....Revenge』をリリース後、Century Media Recordsと契約。『And the Laughter Has Died....』7"シングルのリリースを経て、翌1991年5月に1stフル『Where No Life Dwells』がリリースされた。その後は多くのツアー、ライヴ活動を行いながら2006年にSteamhammer、2010年にNuclear Blast、2018年にNapalm Recordsとレーベルを移り、数多くの作品をリリースしている。初期はドイツのスタジオでの制作もあったが、後の作品はスウェーデンでの制作にしても、Tomas SkogsbergのSunlight Studio産ではないオリジナルのスウェディッシュ・デスメタル作品を産み出した。それについてJohnny Hedlundは、Entombedほか多くのデスメタル・バンドを成功へ導いたTomasとの間に何も問題はないが、Unleashedのサウンドとは合わなかった旨を述べている。

Century Media Records
1991

Unleashed
Where No Life Dwells

Nihilist の Johnny Hedlund により結成された Unleashed の、1991 年 5 月に Century Media Records から発表された 1st フル。Entombed、Dismember、Grave、Centinex 他多くのバンドを成功へと導き、当時の主流となった Tomas Skogsberg の Sunlight Studio ではなく、ドイツは工業地帯であるドルトムントの Woodhouse Studios での制作。スウェディッシュ・デス勢の中でも異質な概観を有し、オールドスクール・デスメタルの暗黒性を前面に打ち出した名盤だ。極初期のデモ音源で聴ける深い陰性が昇華され、作中冒頭のケルト音楽の素養を持つインストや、北欧伝説を取り入れた歌詞等、後の作風への萌芽が随所に現れている。死をモチーフとしながら、既に個性を確立していて、Unleashed の最高傑作との呼び声も高い。

Century Media Records
1992

Unleashed
Shadows in the Deep

1992 年 5 月に Century Media Records から発表された 2nd フル。前作に引き続きドイツの Woodhouse Studios にて制作。オールドスクール・デスの名盤となった前作に続いて、こちらもその種の名盤であるが、前作と比較するとソング・ライティング面で陰影に富んだ疾走感が生まれており、先駆者の Bathory との連続性が見受けられるコールド・リフを、デスメタル準拠のダウンチューニングの中でアレンジしたような展開を主軸としている。ヴァイキングメタルへの発展へ一石を投じたとも取れるダイナミズムを生み出した作品。ex-Morbid/Mayhem の Per "Dead" Ohlin(R.I.P.) へ捧げられたアルバムでもあり、黄昏の氷河に刻まれた時の記憶は Johnny Hedlund(Vo, Ba) の無慈悲なグロウルの裡に清らかなアトモスフィアを渦巻かせる。

Century Media Records
1993

Unleashed
Live in Vienna '93

1993 年 10 月に Century Media Records からリリースされたライヴ作品。2008 年にドイツの Kneel Before the Master's Throne Records から LP 化された他、複数のレーベルから幾つかのカセット版がリリースされている。1993 年 1 月にオーストリア・ウィーンでの熱演を収録し、同公演のブートレグに対抗してリリースされた音源である。前年リリースの『Shadows in the deep』収録曲をメインに、『Where No Life Dwells』や『Across the Open Sea』からの楽曲も演奏している。明瞭な音質で、初期ベストとしても楽しめる音源だ。#11「Countess Bathory」は Venom のカヴァー（2nd フルにも収録）、#14「Breaking the Law」は Judas Priest のカヴァー（3rd フルにも収録）。

Century Media Records
1993

Unleashed
Across the Open Sea

1993 年 10 月に Century Media Records から発表された 3rd フル。スウェーデンはストックホルムの EMI Studios にてレコーディング、同地の Cutting Room にてマスタリングが施された。元々この手のバンドを手掛けている制作環境ではないながらにも、スウェディッシュ・デス特有のハードコア寄りの中音域が際立ったアタック感を持つサウンド・メイキングとなった。リフ・ワークの変化による当時の Dismember や Necrophobic と共鳴するような仄かな叙情性が音像の独創的な発展を導いている。ヴァイキング性を追求するように、荒波の大海を漂流するようなリフの反復を生み出し、ひりひりとした起伏が聴き手を包み込むように壮大な臨場感を生んだ、発展期の佳作。♯ 4 の MV はライヴ映像を中心に描かれるが、簡素な角杯で何かを飲むような描写も見受けられる。

Northern Europe 133

Century Media Records
1995

Unleashed
Victory

1995年2月にCentury Media Recordsから発表された4thフル。本作は元々『Death Metal Victory』というタイトル。前作同様、スウェーデンはストックホルムのEMI Studiosにてレコーディング、同地のCutting Roomにてマスタリングが施された。メロディック・デスや、デス・エン・ロール、ブラックメタルという細分化した他ジャンルの登場から旧来のスウェディッシュ・デスメタル・シーンの衰退を受け、Unleashedも今までの画一的なデスメタルの構想から抜け出し、事実上の転換作を作り出した。ヴァイキング文化を取り入れた楽曲は、メロディアスなパートが増加傾向にあるが、Graveとも近しい整合感で自らの音を深化させているようでも。以後の数作では、様々な試行錯誤が感じられる作風となる分、その奇妙な個性は広域に影響を与えることとなる。

Century Media Records
1997

Unleashed
Warrior

1997年6月にCentury Media Recordsから発表された5thフル。前作発表後、Fredrik Lindgren(Gt)が脱退（そしてex-Count Ravenでex-Saint VitusのChristian Linderson(Vo)と共にTerra Firmaというストーナー・バンドを結成する）後任にIncardineのFredrik Folkareを迎えたラインナップへ変化。前2作でエンジニアを務め、後にAmon Amarthへ加入するFredrik Andersonをプロデューサーに迎え、ストックホルムのEMI Studiosにてレコーディング、CRP Recordingにてマスタリングが施された。ヴァイキング化した前作の延長線上で、ややモダン化の影響が見られる作品。賛否両論となった。2010年代のEinherjer的な作風にも近い。

Century Media Records
2002

Unleashed
Hell's Unleashed

2002年4月にCentury Media Recordsから発表された6thフル。ストックホルムのA-Music Studioにてレコーディング、2000年代初頭のEntombedを手掛けたPolar Studiosでのマスタリング。ここへ来てヴァイキング色が希薄な作風となった。タイトルから察せられる通り、地獄、悪魔、宗教思想をモチーフとしている。グルーヴメタル色の濃厚なサウンドへの変化もあり、時にスラッシュ・リフを軸とした疾走パートやタッピングを用いた技巧を織り交ぜ、緩急豊かに展開。Johnny Hedlund(Vo, Ba)の歌唱も低音のグロウルからシャウト・スタイルへ変化、その筋肉質なタフネスを助長する形でハマっている。前作から数年の活動休止期間を経て、ナチ問題や作風の変化から、当時はこき下ろされた問題作だが、今聴くとクオリティは高く、グルーヴ・デスメタルとして堂に入っている。

Century Media Records
2004

Unleashed
Sworn Allegiance

2004年6月にCentury Media Recordsから発表された7thフル。当時Fredrik Folkare(Gt)が新設したChrome Studiosにてレコーディング、Tailor Maid ProductionsにてDismember他多くのバンドを手掛けたPeter in de Betouのマスタリングが施されている。北欧神話やヴァイキング側の作風への揺り戻しを感じさせた力作。Necrophobicに類する、トレモロ・リフを強調したサウンドへ変化している。その中で同時期のDeicideにも似た流麗なGtソロ等による、叙情的な疾走感を打ち出しつつ、前作の延長線上にあるグルーヴ要素を発展した形でBolt Throwerとも呼応。血腥いタメの深さと推進力が発揮され、Unleashedの音楽性を更に超然として多様的なものとした。若干詰め込み過ぎたきらいがあるのはご愛嬌だ。

● Steamhammer
📅 2006

Unleashed
Midvinterblot

ドイツの Steamhammer へ移籍後、2006 年 10 月に発表された 8th フル。前作に引き続き Chrome Studios でのレコーディング、Tailor Maid Productions でのマスタリングが施された。彼らの新たなスタイルを確立した名盤である。Tomas Olsson(Gt) と Fredrik Folkare(Gt) による情熱的なツインリードは、スウェディッシュ・デスのリフを核としつつも叙情的で、気持ちが高揚する程の疾走感があり、各々のソロ・パートも充実としたものに。Bloodbath や Vomitory、Fleshcrawl 等と通じ合う暴虐的な仕上がりで、前作で発揮したボルトスロウィング・スタイルも随所に際立った。Johnny Hedlund(Vo, Ba) の歌唱も低音のグロウルに渋みを帯びており、勇壮なヴァイキング世界のストーリー・テラーとして完成された節がある。

● Steamhammer
📅 2008

Unleashed
Hammer Battalion

2008 年 6 月に Steamhammer からリリースされた 9th フル。前作の成功から本作もまた Chrome Studios でのレコーディング、Tailor Maid Productions でのマスタリングが施されている。『Hell's Unleashed』を汲み取った宗教的な歌詞も盛り込みつつ、基本的にはヴァイキングの勇ましさを堅持し一貫してアドレナリンを爆発させるようなエクストリームな内容の作品となっている。前作の内容を踏襲したような疾走感や攻撃性に重きが置かれた作風でもあり、スウェディッシュ・デス界隈での Slayer フォロワーらしき強靭なスラッシュ・リフの応酬と焦がす妖艶なソロ・パートの連続が繰り広げられる。発表後は Krisiun 等とのヨーロッパ・ツアーに繰り出した。アートワークを手掛けたのは Necrophobic の Sebastian Ramstedt(Gt)。

● Nuclear Blast
📅 2010

Unleashed
As Yggdrasil Trembles

Nuclear Blast に移籍し、2010 年 3 月～4 月に発表された 10th フル。Chrome Studios でのレコーディング、Tailor Maid Productions でのマスタリングという制作布陣は変わらず。作風は前作の内容を継承、そこに叙情的な面で新たな手法を取り入れメロディック・ブラック寄りのトレモロ・リフが作品のエッジを際立たせている。当時のレーベル・カラーを表したような更にスケール感の大きなサウンドとなり、歌詞には「Viking Death Metal」「Chief Einherjar」といったワードも直接取り入れ、聴き手にキャッチーに訴求している。トータルでの醜美の対比や、緩急の豊かな表現力から物語性の高い作品になったともいえ、Unleashed が持つデスメタルの可能性を更に拡張している。デジパック盤には Death「Evil Dead」カヴァーを収録。

● Nuclear Blast
📅 2012

Unleashed
Odalheim

2012 年 4 月に Nuclear Blast から発表された 11th フル。今作で初の国内盤がリリースされた。ストックホルムの Chrome Studios にて制作。プロデューサーとして当時 Scarpoint や Feared での活動で知られ、発表の翌年に The Haunted へ加入する Ola Englund を迎えた。前作の物語を受け継ぎ、これまで積み重ねてきた諸要素が渾然として繰り出される。音程がやや高い威厳を備えたグロウルと、スウェディッシュ・デス経脈のリフが楽曲の骨格を組み立て、メロディック・ブラック側の寂寞感のあるトレモロが壮大に疾走する展開を軸に扇情的なツイン Gt が絡み合う。時にアコースティックなパートを配し、ヴァイキングの勇壮な世界観を、独自の視点で嫣かかつ妖艶に引き立てる。当時の Tiamat 等もブラックメタルの要素を取り入れており、モダンな整合感に世情やトレンドが窺えるところも。

● Nuclear Blast
📅 2015

Unleashed
Dawn of the Nine

2015 年 4 月～5 月に Nuclear Blast からリリースされた 12th フル。Chrome Studios でのレコーディング、マスタリングは異色の人選となり Blowout Productions にて Eclipse 等のメロディックロック界隈で名を馳せる Erik Mårtensson。サウンドは概ね前作と同じ気風のある内容だが、ややこもった音質となったことから、デス・メタリックな感触が呼び戻された。ブラックメタルの要素にグルーヴメタルの躍動感も織り交ぜながら、象徴的な Fredrik Folkare(Gt) による技巧的過ぎない一音一音が際立たせられたソロ・パートも更に能動的な姿勢で畳み掛けられる。Amon Amarth 経脈のヴァイキング / メロディック・デス的方向性を彷彿とさせるサウンドによって、静動の対比や叙情美を伴ったドラマ性が引き立てられている。

● Napalm Records
📅 2018

Unleashed
The Hunt for White Christ

Napalm Records へ移籍し、2018 年 10 月にリリースされた 13th フル。前作同様、Chrome Studios でのレコーディング、Blowout Productions にて Erik Mårtensson によるマスタリングが施された。2010 年以降（ヴァイキングの伝統と価値観～、オダルハイムの世界とミッドガルドの戦士）のストーリーを継承するリリシズムで、前作と比較してはスピード感溢れる演奏が回帰してきており、Fredrik Folkare が 2015 年から活動している Firespawn ともリンクする内容。これまでの Necrophobic 的共振を見せるメロディアスなフレーズにより、そのデス・メタリックな中にも優麗な構造を導き、結成 30 周年に差し掛かって最高傑作ともいえるクオリティを提示した。

ヴァイキングメタルと Unleashed の関係について
1976 年にスウェーデンはストックホルムで結成された Heavy Load が、ヴァイキングのテーマを持っていたことで元祖とされるが、実際にはマイナーな存在である。その後に登場する、Manowar の 1983 年 2nd フル『Into Glory Ride』辺りの作品に感化されたバンドも存在する。しかし、ヴァイキングメタルは、デス／ブラックメタルから派生した音楽ジャンルとして捉えられることが多い。そんな中、当時はデスメタルにも含まれていた、Bathory の 1988 年 4th フル『Blood Fire Death』、続く 1990 年の 5th フル『Hammerheart』の流れによって、ヴァイキングメタルのジャンルが確立された。従来の作風に対して、A.Gt やクリーン Vo、16 チャンネルの合唱を取り入れ、長尺の作風へと変化させたことで、後続へと影響を与えた作品である。当時の Quorthon は、US のファンタジー作家、C. Dean Andersson が Asa Drake 名義で書いていた『Warrior Witch of Hel』『Death Riders of Hel』『Werebeasts of Hel』の三作に感化されていたようだ。Enslaved、Einherjer、Hades、Graveland 等の後続が続き、ペイガニズム（自然崇拝や多神教の信仰）とも接近して、ブラックメタルのサブジャンルに類似していった。なお、その文化性から、反キリストに代わって、キリスト教に支配される以前の、北欧の文化や伝統を重視するようになった音楽だとも定義されている。
このようにブラックメタルの方で密接な関わりを持つヴァイキングメタルだが、Unleashed はスウェディッシュ・デスメタルの角度から、ヴァイキングの文化に最も早い段階で切り込んだ。バンドの創設者である Johnny Hedlund は、次のように語る。「Unleashed を始めたときに、ヴァイキングの伝統と価値をデスメタルに導入した。一般的に学校やスウェーデンの社会では、ありとあらゆることは当時のキリスト教に基づいていた。学校で仏教、イスラム教、キリスト教は学べたが、北欧神話については分からなかった。政治的には、スウェーデンの歴史、その民俗、または伝統について訴えるのは、この国では冒涜的だった」「私がスウェーデン人であることとは関係がなく、象徴主義的にヴァイキングの価値観や知見を取り入れた。逆境に屈服せず家族や友のために戦う、地に足付いた人間であることのようなね」。1990 年の『The Utter Dark』デモ収録の「The Dark One」という楽曲で、Olog-hai（トロールの一種）が登場する等、極初期から Tolkien 文学からの影響を取り入れていた彼ら。1991 年の 1st フル『Where No Life Dwells』収録の #7「Into Glory Ride」にて、オーディンやヴァルハラといった、北欧神話としてのヴァイキングが確認できる。2010 年の 10th フル『As Yggdrasil Trembles』からは「World of Odalheim and their Midgard warriors」という独自のストーリーを展開中である。

136 　Old School Death Metal Guidebook

the Crypt / Dark Descent Records
2012　Sweden

Abhoth
The Tide [Compilation]

1989年にヴェステロースで結成された最初のスウェディッシュ・デスメタル・バンドの一つ。The Crypt/Dark Descent Records から 2012 年にリリースされた全音源集。1989 年『The Matter of Splatter』デモ、Sunlight Studio で録音した名作 1991 年『Forever to In』デモ、1992 年『The Tide』EP、1994 年『Divine Orphan』デモ。加えて、1990 〜 1991 年にかけて制作した未発表のデモ／リハーサル音源を収録。Macabre End 〜 God Macabre 〜 Bombs of Hades での活動で馴染み深い Jonas Stålhammar や、Afflicted の Joakim Bröms がオリジナル・メンバーとして在籍した他、多数のミュージシャンを輩出したバンド。オブスキュア、アーリー好きなら必聴級。

Hellspawn
1995　Sweden

Abruptum
Evil Genius [Compilation]

It が 1987 年に構想を抱き、All 等と共に活動へ発展。Ophthalamia 経由で Dan Swanö が別名義で関わり、1991 年から Marduk の Morgan が Evil 名義で参加。ストックホルムのブラックメタル、Abruptum による初期音源集。データサイト等で 1990 〜 1991 年までにリリースしたデモ 3 作と EP はデスメタル期の作品とされ、本作ではそれらを網羅。Hellspawn からのリリース。2007 年に、Black Lodge や Southern Lord からリイシュー。本書的には、その後者が価値を見出した点で、Winter 等とも共通、悪魔崇拝に根差した密教性の高さでは、Grave Miasma 筆頭に現代の暗黒デスメタルに先駆けたサウンド。収録以降の作品では脱メタル化し、親交の深かった Euronymous からは「Pure Black Evil の聴覚的本質」と評されている。

Nuclear Blast
1992　Sweden

Afflicted
Prodigal Sun

ストックホルムで Reptile 〜 Defiance 〜 Afflicted Convulsion に名を変え、活動していた 5 人組が、1990 年に Martin Holm の後任 Vo として加入する Joakim Bröms の一存で改名し、Affected は爆誕した。1992 年に Nuclear Blast から発表され、2008 年に Metal Mind が再発した 1st フルは、技巧的な初期デスメタルの亜流として親しまれる作品。それは、プログレッシヴな展開力を有するデスメタルだが、バンドはこれを「Psychodelic Ultraviolent Heavy Grindcore」と称した。魔境を彷彿とさせる独特なスケール感は、Carbonized と類似されることも多い。今作発表後、先進的なパワーメタル・バンドに転向。1995 年にドイツの Massacre Records から 2nd フルを発表し、解散。

Crypta Records
1994　Sweden

Agretator
Delusions

南部スコーネ県の都市ヘルシンボリにて、1990 年に結成された Demise なるスラッシュメタルを母体に、1992 年に Agretator へと改名。1994 年本 1st フル、1996 年 EP、1997 年デモを残した。後にメロディック・デスの文脈で世界的人気を博す Darkane の前身バンドでもある。『Delusions』のタイトル通り、人々を幻影の世界へと誘う。それは同国でも Afflicted や Carbonized に比肩する世界観、リフ・ワークは Pestilence かのように知的なセクションを成している。アヴァンギャルド・アートな世界の裡では、シンセを用いた展開等も多く、後の活動への布石を感じさせるメロディの充実も見逃せない。Gorement 等の作品で知られるドイツは Crypta Records からのリリース。長らく廃盤だったが、2016 年に Dark Symphonies から復刻され、ファンは泣いた。

Northern Europe　137

🔘 Konqueror Records
🗓 2012　📍 Sweden

Altar
Dark Domains [Compilation]

1988年にクムラにて結成されたWortoxを母体に、1990年にAltarへと改名。1992年には、フィンランドのCartilageとのSplitを、スペインのDrowned Productionsから発表する等、他国とも交流しつつ、1995年に解散したバンドの音源集。Dan Swanö運営のUnisound Studioにてリマスタリングが施され、シンガポールのKonqueror Recordsが発表。2015年にPulverised Recordsが再発した。スウェーデンで、いち早くデスメタル・サウンドを鳴らしたバンドの一つである。スラッシュ・リフの妙技が乱舞する初期から、Keyを取り入れ、静動の対比を感じさせる先進的展開を実践した後期まで、全音源を網羅した作品。先駆者ならではの実験的方法論の数々は、初期 Dan Swanö関連バンドにも通じる部分も多い。

🔘 Deaf Records
🗓 1992　📍 Sweden

At the Gates
The Red in the Sky is Ours

1990年に解散したGrotesqueでのTomas Lindberg(Vo)とAlf Svensson(Gt)を中心に、Adrian Erlandsson(Dr)と、元々Infestationで活動していたAnders Björler(Gt)、Jonas Björler(Ba)の兄弟が合流、結成されたバンド。本作は、Deaf Recordsから発表された1stフル。前身で聴かせていたトレモロ・リフの暗黒性が奇天烈に変質した地点。初期のNecrophobicやDissectionに類する音遣い感覚と、専任ヴァイオリニストの起用、変拍子を絡めるジャズ・フュージョンの息遣い等により、アヴァンギャルドで複雑な構築美を創造した名盤。バンドは1993年2ndフル発表後、メイン・ソングライターの片割れであるAlfの脱退を経て、今日日広く知られているメロディック・デスの完成形を生み出した。

🔘 Putrefaction Records
🗓 1991　📍 Sweden

Authorize
The Source of Dominion

セーデララという田舎町で1988年に結成。その際はMorbid Fear名義だったが、1990年にAuthorizeへと改名。同年にOpinionate!から、Nirvana 2002、Fallen Angel、Appendixとの4way Split、翌1991年にフランスのPutrefaction Recordsから、この唯一フル作をリリースした。約3分間の不気味なイントロ#1に始まり、ダウナー極まりないミッドテンポと、巧みなテンポ・チェンジ、Epidemic系のスラッシュ・リフ、情感的なGtソロ、表現力の高いグロウルにより構成。その禍々しい雰囲気を引き起こす様相は、オールドスクール・フリークからの評価が高く「埋もれた名盤」と評される。チリのArsenal of Gloryからの版権周りの怪しい再発盤とThe Crypt / Dark Symphoniesからの再発盤が存在する。

🔘 Burn
🗓 1996　📍 Sweden

Bloodstone
Hour of the Gate [Compilation]

ストックホルムにて、1991年から1996年まで活動していたバンド。本作は、House of Kicks Records系列のBurnなるレーベルからリリースされた編集盤。1994年デモと1995年のデモをカップリング。白塗りに鋲バンドといった出で立ちのDamien Hess(Vo)や、1994年にブラック・スラッシュのFace of Evilを結成するMats Wikberg(Dr)が在籍。ブラスト寸前のファスト・パートとトレモロ・リフが織り成すダークな疾走感が宿る、聴き手を魅了する名盤である。悪魔崇拝の邪悪性を全面に押し出したGrotesque系のオブスキュア・デスメタルだが、DissectionやDawnの登場に類する、叙情派の契機も見られる。2008年にBlood HarvestからLP化、2015年にDark Symphoniesからリイシュー。

- Eurorecords
- 1993
- Sweden

Captor
Lay It to Rest

カトリーネホルムにて1989年から本格的に活動開始。2000年代初頭まで活動を続け、4枚のフル・アルバムと1枚のEPを残したバンド。Captor。本作は1stフルで、Mercyのクロアチア人GtであるAndrija Veljacaが短期間運営していた、Eurorecordsからのリリース。次作以降はニューメタル系のサウンドに転向するが、この頃は、技巧的なデス/スラッシュメタルを演奏。随所に流麗なGtやKey、コーラス・ワークを取り入れ、叙情的に展開してゆく。ツイン・リードの猛攻が要となっているが、ややまったりしているから、哀愁漂う詩趣を留めて、メロディック・デスの煌びやかなエピックとも異なる幻想性が引き立つ。当時、B級作品として埋もれた訳だが、Jacob Nordangård(Va, Ba)のオフィシャル・サイト掲載の回想録では、レーベルの流通に難があったとも。

- Thrash Records
- 1991
- Sweden

Carbonized
For the Security

1988年にストックホルムで結成されたCarbonizedの1stフル。後にEntombedにも在籍するLars Rosenberg(Ba, Vo)、1990年にバンド脱退後CarnageやDismember、General Surgeryに向かうMatti Kärki(Vo)、TherionのブレインであるChristofer Johnsson等が在籍。CarcassやNapalm Death影響下のデス/グラインドコアに、Voivodのプログレッシヴな手法を通過した摩訶不思議なリズム・パターンを組み込んだバンド。初期のスウェディッシュ・デスメタル・シーンの形成に、奇天烈な影を差し落とした先進的傑作である。Sunlight Studioでの制作。オリジナルはThrash Recordsからのリリース。次作以降は、更にプログレッシヴロック寄りの音空間を形成した。

- Black Mark Production
- 1992
- Sweden

Cemetary
An Evil Shade of Grey

ヴェストラ・イェータランド県ボロースにて1989年に結成。Mathias Lodmalm(Vo, Gt, Key)を中心としたラインナップに、限定的にCeremonial Oathや再結成後Evocationのメンバーも在籍。Black Mark Productionとの契約を交わし2005年まで活動。6枚のフル・アルバム、Cemetary 1213名義での1枚のフル・アルバムの他、EPや編集盤を残したCemetary。本作は1stフル。Tomas Skogsbergのプロデュースで Sunlight Studioにて制作。TiamatやGorement、Therion等に類する耽美派のサウンド。暗黒的なトレモロとスウェディッシュ・デスを象徴するような重厚たるリフの応酬に、幽玄なKey、A.Gt等を導入し、リリカルなムードを醸し出す名作である。本作発表後は、更なるゴシックメタルのマインドを追求。

- Underground Records
- 1992
- Sweden

Centinex
Subconscious Lobotomy

1990年にダーラナ県ヘーデモラにて結成された、Centinexの1stフル。Sorceryの1stフル等での、Underground Recordsからのリリース。Carnage～DismemberのFred Estbyによるプロデュースの元、Sunlight Studioにて制作された。「当時(のスタジオで)は酒に酔っぱらっていた」と言い、サウンドは粗削り。或いはシンプルなスウェディッシュ・デスといった雰囲気。それはそれでローファイな魅力があるが。当時トレンディーだった、KeyワークやVo声コーラスも導入している。その後は試行錯誤があり、ドラム・マシンの使用や、ブラックメタルからの影響を昇華。ドラマティックで叙情的なスウェディッシュ・デスへと洗練されていった。バンドは2006年に活動を休止し、Demonicalを結成。2014年には、こちらの活動も再開しており、双方で活躍中である。

Northern Europe 139

Modern Primitive
1993　Sweden

Ceremonial Oath
The Book of Truth

1988 年に Striker としてスタート。1989 年に Desecrator へと改名。Oscar Dronjak(Gt, Vo/ 後 の Hammerfall)、Anders Iwers(Gt/ 後 に Cemetary ～ Tiamat へ加入)、Markus Nordberg(Dr/ 後に Cemetary へ加入) の 3 人に、In Flames を結成する Jesper Strömblad(ここでは Ba) が加わり、1991 年に再び改名。Ceremonial Oath が生まれた。本作は、フランスの Modern Primitive からリリースされた 1st フル。10 つのチャプターからなるダーク・ファンタジー作品だ。メロディック・デス時代への布石ともいうべき、ヒリヒリと乱舞するツイン・リードが光る。イエテボリの Studio Fredman にて制作。2013 年にリイシュー。メンバーの人気にあやかり、国内盤も配給された。

Me Saco Un Ojo
2010　Sweden

Chronic Decay
Justify Your Existence

Macrodex や、D-Beat ハードコア Dischange のメンバー等により 構成。1980 年代半ばにスタートした Hellfire から発展し、1987 年から 1994 年 ま で 活 動。Studiefrämjandet か ら 1991 年 に『Ecstasy in Pain』EP、1993 年に Exanthema との Split をリリースしていた 他、CBR Records や Nuclear Blast の V.A にも参加した、エシルストゥーナのバンド。本作は、Pelle Saether が運営する、Studio Underground での 1994 年レコーディング音源が LP 化されたもの。UK は Me Saco Un Ojo からリリース。当時 Obliteration records からも帯付の国内流通盤がリリース。ハードコアとデス / スラッシュの要素を煮詰めたような、攻撃的サウンドをフィーチャー。

Century Media Records
1993　Sweden

Comecon
Converging Conspiracies

1982 ～ 1992 年に掛け、The Krixhjälters から Omnitron へと改名し、活動したスラッシュメタルの Rasmus Ekman と Pelle Ström により、サイドプロジェクト (ユニット) 的に 1989 年に始動。一時期 Nihilist の L-G Petrov(Vo) も関わっていたバンド。ストックホルムの Comecon による、最高傑作と誉れ高い 2nd フル。オリジナルは Century Media Records からのリリース。打ち込みの Dr と、技巧的なスラッシュ・リフにより組み立てられる音楽は、多くの先進的な展開を有した。Sunlight Studios での制作。当時 Asphyx の Martin van Drunen(Vo) がゲスト参加。US ハードコアの Dr. Know カヴァーも収録。ジャケットは「Erection of the tower at Babel」。

M.B.R. Records
1992　Sweden

Crematory
Denial [EP]

1989 年にストックホルムで結成。Regurgitate や General Surgery 等での 活 動 と 並 行 した Urban Skytt(Gt)、Mats Nordrup(Dr)、Johan "Joppe" Hanson(Ba) に 加 え、初 期 Necrophobic での活動と並行していた Stefan Harrvik(Vo) に より、1994 年 ま で 活 動。2009 年 に は Necroharmonic Productions から全音源集がリリースされているバンド。Crematory の、ドイツは M.B.R. Records からのリリースとなった唯一 EP。スウェディッシュ・デスメタルを構成する、ハードコアの動性とメタルの叙情性が融合していく過程において、抜きん出たダークネスが起源。Carcass 影響下のデス / グラインド・サウンドで、一切の贅肉を削ぎ落とした約 15 分間が繰り広げられる名盤だ。

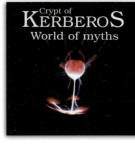

- Adipocere Records
- 1993
- Sweden

Crypt of Kerberos
World of Myths

南部エシルストゥーナにて1990年から1993年まで活動。2009年に再結成し、現在も活動中のプログレッシヴ・デスメタル。ネオフォーク系レーベルのErebus Odoraを設立した、Peter Bjärgö等によるバンドで、初期にPain of SalvationのJohan Hallgren(Gt, Vo)が在籍したことでも知られる。本作は1stフル。フランスはAdipocere Recordsからのリリース。2012年にPulverised Recordsからリイシュー。カルトな人気を博した名盤だが、人気の訳はその先進性と独創性の高さにある。ツイン・リードの速弾きによる美旋律と、緻密なリフ・ワークが調和した優麗な曲構造を見せる、オカルトやアルマゲドン的世界観のNocturnusにも通じるKey入りデスメタルだ。メロディック・デスの、奇々怪々なオリジナルのようでもあり。

- Vic Records
- 1995
- Sweden

Crystal Age
Far Beyond Divine Horizons

イエテボリの地で1993年にCeremonial Oathを脱退したOscar Dronjak(Gt, Vo)を中心に活動。氏の再始動点となったバンド。Crystal AgeのVic Recordsからリリースされた唯一フル作。メンバーは本作発表後、氏と共にHammerFallでの活動を本格化させるFredrik Larsson(Ba)に加え、ex-Liers in WaitのMoses Jonathan(Gt)、Liers in Waitで後にDiaboliqueやLuciferion等で活躍するHans Nilsson(Dr)。その音は、Key奏者を擁せずして「スウェーデンのNocturnus」との異名を誇る。猛ラッシュをかける技巧的なツイン・リードにより、星々のきらめくような世界観を形成している。やや勇壮でエピックな雰囲気は、後の活動に昇華されている。

- Vic Records
- 2012
- Sweden

Darkified
Cthulhu Riseth - The Complete Works of Darkified [Compilation]

セーデルシェーピングにて1990年代初頭を活動。Dave Rottenと通じていたオブスキュア・バンド。1991年に『Dark』デモ、翌1992年にDrowned Productionsから『Sleep Forever...』EPを発表し、解散。1995年にRepulse Recordsから2作をカップリングした『A Dance on the Grave』がリリース。本作は、そこにライヴやリハーサル音源を追加したディスコグラフィ。Vic Recordsからのリリース。トレモロの暗黒性を前面に推し出したスウェディッシュ・デスに、激烈で陰鬱な展開に、リリカルなKeyの展開を取り入れた美醜の対比がある。クトゥルフ由来の恐怖と、欧州系のエピシズムが渾然とした密教的なヴィジョンが鮮烈。マッドネスを引き立てるライヴ・トラックでは、Bathoryのカヴァーも披露している。

- Finn Records
- 1996
- Sweden

Dellamorte
Everything You Hate

1993年から2001年まで活動。Moondarkでの活動を母体としたアーヴェスタのバンド。1stフル。Johan "Chainsaw" Jansson(Gt)と、後にCentinexやIntermentへ在籍するKennet Englund(Dr)、後にKataloniaやIntermentに在籍するMattias Norrman(Gt)、後に『Swedish Death Metal』の著者として名を馳せるDaniel Ekeroth(Ba)、後にCentinexやCarnal Forgeに在籍するJonas Kjellgren(Vo)の5人組。ハードコア・シーンで活動していたこともあり、クラストコア・レーベルのFinn Recordsからのリリース。デス・エン・ロールな作風に、殺伐とした疾走感を忍ばせ、ヘイトをかますサウンド。今でいう「クラスト・デスメタル」的な聴き応えがある。

Northern Europe 141

Metal Blade Records
1993　Sweden

Desultory
Into Eternity

スラッシュメタル・バンド Flotzilla のメンバーにより、1989 年ストックホルムで結成。1996 年まで活動し解散。その遺灰からストーナー・バンド Zebulon が生まれ、2000 年代後期まで活動。2009 年には、こちらも再結成し、2017 年まで活動していたバンド。Desultory の名作 1st フル。Metal Blade Records から登場した最初のスウェディッシュ・デスとしても知られる。1993 年の作品にしては、Dismember や Entombed 等に比類するオーセンティックな作風となったが、愁気を帯びた叙情的なメロディ・ラインが実に秀逸。多彩なリフにグルービーな Dr が絡み合うスリリングな曲構造に、スラッシュメタル・ルーツらしさも垣間見える。続く 1994 年 2nd フルも、当時国内盤が配給された名作である。両作とも 2011 年にシンガポールの Pulverised Records からリイシューされているので是非。

Black Mark Production
1991　Sweden

Edge of Sanity
Nothing But Death Remains

1989 年にフィンスポングにて結成。当時 Pan.Thy.Monium 等とも並行して活動していた、Dan Swanö を中心に活動。元々 Bathory の作品をリリースするために設立された、Tyfon の拡張版である Black Mark Production と契約を交わした最初のデスメタル・バンド、Edge of Sanity。後の作品で、プログレッシヴなメロディック・デスの様式を生み出し、世界的な人気を博すオリジネイターだ。1st フルとなる本作は、オールドスクールな音楽的枠組み内での試行錯誤が見られる作品となった。楽曲の壮大さは、この頃からシーン屈指。転調を多用した暗黒的なスウェディッシュ・デスの、死や墓、魂にまつわる幻想譚を聴かせてくれる。ちなみに Gt の Andreas Axelsson は、この頃 Marduk の Vo でもある。

Thrash Records
1992　Sweden

Epitaph
Seeming Salvation

ストックホルムで 1989 年に結成された Dark Abbey が、1990 年に改名。Epitaph となり、1993 年まで活動。1991 年に Thrash Records のサブ・レーベル Infest Records から、Excruciate との Split。翌 1992 年に Thrash Records から、この 1st フルをリリース。それが 2008 年に Konqueror Records からリイシューされたことを機に、幾度も活動が再評価。2015 年に Dark Symphonies と契約を交わして再結成している。当時 Edge of Sanity との親交があり、サウンドには多様性がある。Carcass からの影響を受けていたが、緻密なリフは Deicide に通じるところも。Therion の Christofer がゲスト参加。Sunlight Studios で制作。Necrolord によりジャケットが彩られた。

Memento Mori
2016　Sweden

Eructation
The Fumes of Putrefaction (1992-1995) [Compilation]

イエテボリから北に約 30km 進んだ田舎町アラフォースにて、1990 年から 1997 年まで活動。当時デモのみで解散したバンド。Eructation の編集盤。名著『Swedish Death Metal』で取り上げられ話題を呼び、スペインは Memento Mori からのリリースとなった。ジャケットはアメコミ系イラストレーター Frank Brunner の作品を流用している。1992 年の唯一デモ作のもの。本作は、その楽曲に、各セッション音源、1994 年に EP としてリリース予定であった未発表音源を収録したディスコグラフィ。「フロリダのデスメタルから影響を受けていた」というふうに語った音楽性は、Morbid Angel と Atheist のミックスとも評され、技巧的で緊張感に溢れたスラッシュ・リフを軸に進行。スウェーデンでは、あまりいなかったスタイルで、オブスキュアな魅力を留めている。

Morbid Wrath Records
2006　Sweden

Eternal Darkness
Total Darkness [Compilation]

US の Morbid Wrath Records からリリースされた、Eternal Darkness のディスコグラフィ。Necropsy という名で 1990 年に結成。すぐに改名し、1995 年まで活動。幾つかのデモと、1992 年に Distorted Harmony Records から EP を残した。その同年に『Twilight in the Wilderness』という Necropolis Records からの EP を予定していたが実現せず。メンバーは、Crypt of Kerberos の Jonas Strandell(Gt) や、The Black の The Black こと Make Pesonen(Dr) を始め、エシルストゥーナ在住のフィンランド人で構成。初期のフィニッシュ・フューネラル・ドゥームに通じる、陰鬱に黄昏れ暝闇に没するかのドゥーム・デス。Key を用いたエピックな展開に、救いを見出せる。

Century Media Records
2012　Sweden

Evocation
Evoked from Demonic Depths - The Early Years [Compilation]

Tjompe(Vo.Ba) や Christian Saarinen(Ba) 等が在籍し、同郷の Cemetary とも関わりの深かったバンド。ヴェストラ・イェータランド県で 1991 年から 1993 年まで活動。Dismember、Edge of Sanity、Dark Tranquility 等とのギグを行い、Promo 音源が、Roadrunner、Osmose、Black Mark、No Fashion、Relapse 等からの注目を集めたが、結果的にはデモのみで終了した。2005 年に再結成し、メロディック・デスメタルにシフト。本作は、Tomas Skogsberg をエンジニアに Sunlight Studios で制作された 1992 年『The Ancient Gate』デモ、『Promo 1992』デモ、未発表音源を収録した初期ディスコグラフィ。Dismember に匹敵するメロウな HM-2 サウンド。

Thrash Records
1993　Sweden

Excruciate
Passage of Life

ストックホルム郊外のウプランズ・ヴェスビーにて 1989 年に結成。1991 年に Infest Records から Epitaph との Split、翌 1992 年に Thrash Records から本フル作をリリース後解散。2001 年に限定的に再結成し、デモ音源を制作。2006 年に活動を再開した Excruciate。初期は Carbonized や同郷の Therion とも親交があった。Sunlight Studios にて制作した本作は、実際の Carcass や Bolt Thrower からの影響は感じさせない独創性のある作風となり、ブラストビートにミドルを絡め展開。スラッシーなリフ遣いによる複雑な連音符や、テンポ・チェンジを多用する技巧的な曲進行に Key も導入。その混沌とした様相は猟奇的ですらあり、多くのマニアを唸らせた傑作だ。2013 年にシンガポールの Konqueror Records からリイシュー。

Step One Records
1992　Sweden

Furbowl
Those Shredded Dreams

スウェーデン南部ベクショーにて、ex-Carnage の Johan Liiva が Arch Enemy の結成メンバーとなる以前に稼働させていたバンド。Furbowl の 1st フル。オリジナルは Step One Records からのリリース。2009 年に Vic Records からリイシュー。この頃は Johan(Gt, Ba, Vo) と Max Thornell(Dr, Key) のユニット。両氏のスウェディッシュ・ハードコアへの傾倒がみられる、Entombed 系列のサウンド。リンシェーピングにて Kultivator の唯一作を始めアヴァン/プログレ系の作品を手掛けていた、Forest Studio なる制作環境の化学反応が出ていて、カオスな面も多い。#1～2で Michael Amott(Gt) が、#7 でエンジニア兼プロデューサーの Lach'n Jonsson(Vi) が参加し、エピックなプレイを披露。

General Surgery
Necrology [EP]

Carcass や Repulsion を始め世界的なグラインドコア・シーンの高まりの中、1988年ストックホルムにてスタートし、1991年まで活動。1999年に復活後、Machetazo、Butcher ABC との Split や2枚のフル・アルバムをリリース。精力的な活動を続けているバンド。General Surgery の Relapse Records からリリースされた名作 EP。中心人物で当時 Afflicted でもあった Joacim Carlsson(Gt)、Carnage や Dismember 等での Matti Kärki(Ba, Vo)、Grant McWilliams(Vo)、Crematory の Mats Nordrup(Dr) という編成で、Sunlight Studio にて制作。どんよりと歪んだゴアなグラインド／デスメタル。土着性のある暗黒的叙情が孕んでいる。2011年にリイシュー。

- Relapse Records
- 1991
- Sweden

God Macabre
The Winterlong...

ヴェーネルン大湖北岸にあるカールスタードのヴァールベリにて、1989年に結成された Macabre End の改名後バンド。1991～1992年まで活動。当時 Utumno でもあり、後年に Bombs of Hades、At the Gates、The Crown 等で名を馳せる Jonas Stålhammar(Gt, Ba) 等を中心としたバンド。God Macabre の唯一フル作。ドイツは M.B.R. Records からのリリース。2002年と2014年に Relapse Records からリイシュー。多くのファンを魅了するスウェディッシュ・デスの名盤。随所に氏によるメロトロンの音色等を始め、超俗的な趣向が凝らしてあり、70'sHR からの影響や Black Sabbath ルーツの Goth/退廃性が恍惚として、ディストーションが生む攻撃的なムードへ攪拌されている。Sunlight Studio での制作。

- M.B.R. Records
- 1993
- Sweden

Goddefied
Inhumation of Shreds (Complete Recordings 1991-2009) [Compilation]

カールスクーガにて1990年結成の Enshrined が、1991年に1stデモ『Assembly of the Damned』制作後、Gt の脱退を経て Goddefied に改名。1995年までの活動で Wild Rags Records と契約を交わし、Sunlight Studio にて制作を行い、EP『Abysmal Grief』を残し解散したが、2007年に再結成。2009年には Blood Harvest からの復活作 EP『Remnants of the Art』をリリースした。スペインの Memento Mori からリリースされた本編集盤では、これら全ての音源に加え、未発表デモを追加したキャリアを包括する内容となっていて、Nihilist～Entombed 直系のアングラなスウェディッシュ・デスを起点に現代へ、音圧を増してレザレクトした彼らの変遷を知ることが出来る。

- Memento Mori
- 2014
- Sweden

Gorement
The Ending Quest

Gorement は、バルト海沿岸のニュヒェーピングにて1991年に結成され、1995年まで活動。1992年にドイツの Poserslaughter Records からのEP、1994年に Crypta Records からの唯一フル作を残し、シーンから遠ざかった。一部メンバーは、1996年から Pipers Dawn なるゴシックメタル・バンドへと転身した。2000年代半ばより度々、Necroharmonic Productions や Century Media Records が、その活動を掘り起こしている。重厚なスウェディッシュ・デスメタルを基軸に、Bolt Thrower や Paradise Lost といった UK シーンからの影響を独自に昇華して、耽美かつ陰鬱な暗黒世界を築いた名盤。リリース直後にレーベルが倒産してしまったため、オリジナルは今では激レア。世界中のコレクターが探し求めている。

- Crypta Records
- 1994
- Sweden

● Black Sun Records
📅 1996　📍 Sweden

Grotesque
In the Embrace of Evil [Compilation]

1988 年にイエテボリにて結成。Tomas Lindberg(Vo) や Alf Svensson(Gt) 等が在籍し、At the Gates への布石ともなり、現在は Necrolord 名義で著名な Kristian Wåhlin(Gt) 等も在籍していた、伝説的バンド。Grotesque の、Black Sun Records からリリースされた編集盤。当時の新曲と 1990 年『Incantation』EP、1989 年に録音した未発表デモ『In the Embrace of Evil』等の音源に、リミックス / リマスタリングを施した作品。ブラックメタル側のバンドとも目されるに至った、イーヴルなグロウルや混沌としたスラッシュ・リフを軸に、ハードコア然とした躍動を見せる。破壊的で暗黒性の高いデスメタルを提示。その緩急豊かなライティングと、密教的な歌詞のテーマによって、退廃の渦へと導かれる。

● Konqueror Records
📅 2004　📍 Sweden

Harmony
Summoning the Past [Compilation]

ストレングネースを拠点とした、Torment ～ Maze of Torment の前身バンド。1992 年から 1994 年まで活動。1994 年に UK は Deviation Records からデモ、ノルウェーは Arctic Serenades から Serenade(UK) との Split をリリース。その他にも、Cyber Music の V.A 等へ参加している、Harmony の編集盤。シンガポールは Konqueror Records からのリリース。全 3 回の 1994 年レコーディング音源を収録。同郷の Merciless、Necrophobic や Morbid の邪悪な遺伝子ともいうべき、ダークなサウンドである。後の活動への布石ともなった、エピックなデス / スラッシュ・リフの応酬。不定期で Vinterland の Gt, Vo ともなった Pehr Larsson が Vo で在籍している点も、敵対関係がない当時の自国シーンを物語る。

● Repulse Records
📅 1994　📍 Sweden

Hetsheads
We Hail the Possessed... [Compilation]

1988 年にストックホルムにて、Hetsheads with Hetsfaces and the Fuckfaces of Death というハードコア・バンドとしてスタート。やがて Hetsheads に短縮し、デスメタル化。デモ音源を 2 つ制作 (内一つは Drowned Productions からリリース)。Repulse Records からリリースされた本作にてカップリング。1994 年に Blackshine へと改名を行い、デス・エン・ロール的な趣向で現在も活動を続けるバンド。Necrophobic の Vo である Anders Strokirk(Vo, Gt) が（1st フル時や 2014 年以降に）在籍するバンドとしても知られ、サタニックな排他性と、ハードコア・ルーツの能動性が渾然一体となったサウンドを生み出した。2016 年にマレーシアの New Southern Records からリイシュー。

● Nuclear Blast
📅 1992　📍 Sweden

Hypocrisy
Penetralia

現在はダーラナ県ルドビーカの湖畔にて The Abyss Studio を運営する敏腕プロデューサーの Peter Tägtgren は、過去 US に移住していたことがある。そこで、Malevolent Creation の Phil Fasciana(Gt) とのセッション等からデスメタルへ感化され帰国。1991 年にスタートしたプロジェクトが、この Hypocrisy だ。Nuclear Blast からリリースされた 1st フル当時は、サタニックな思想のデスメタルであった。後の Dark Funeral ともなる Masse Broberg の邪悪なグロウル、絨毯爆撃の様な Dr、退廃的なトレモロ・リフを始め、強い暴虐性を発揮。随所に Pain 等の活動に繋がる無機質な質感も漂う音像。その後メロディ志向を強めつつ、近代化していく SF ホラーのマインドとも融合し、メロディック・デスメタルのオリジネイターへ向かう。

Northern Europe　145

🗓 1995　📍 Sweden

In the Colonnades
Rest and Recreation

1984 年～ 1995 年の活動で、ゴシック／ニューウェーブ発オルガンハード／トラディショナル・ドゥーム経由デス・エン・ロール行きをキメたストックホルムの 5 人組。本作は最終作の 3rd フル。CBR Records から Accelerating Blue Fish なる小レーベルへの移籍作ともなった。完全に『Wolverine Blues』以降の代物でカタが付いてしまう、当時の Entombed のメジャーっぽりが間接的に窺える作品の一つだ。同ジャンルの特色でもあるドライヴ感の押し出しとは異なった、ミニマムなリフ遣いには、彼らならではの成熟の妙があるし、限定的な Key 遣い一つとってもその伝統性を尊重するもので、コンテンポラリーな味わいが○。ネット上では 1992 年の TV 出演動画が上げられ、公開から約 10 年後の 2018 年 10 月には、Dr の実娘による特に意味のないコメントも書き込まれている。

 Invasion Records
🗓 1999　📍 Sweden

Infestdead
JesuSatan

1994 年から Dan Swanö と Dread により、Edge of Sanity での活動と並行して稼働していたプロジェクト。ドイツの Invasion Records と契約を交わし、1996 年に『Killing Christ』EP にてデビュー。1997 年に 1st フル『Hellfuck』、1999 年に 2nd フルとなる本作ほか、Split 等を残した。2016 年には Century Media Records からの全音源集がリリース。ここでは、Edge of Sanity がメロウな幻想主義への傾倒を見せ始めたことの裏返しかのように、反キリスト思想を前面に押し出したブルータルなデスメタルを築いた。最終作となる本作では、焦燥感を煽るブラストにミッドテンポを絡める暴虐のリズム、重量級のリフ遣いに流麗な Gt ソロやピッキングハーモニクスを交えながら、地獄の業火みたいな世界観を演出している。

 Shiver Records
🗓 1996　📍 Sweden

Inverted
The Shadowland

イエテボリ近郊のアリングソースで 1991 年に Inverted Cross として結成。すぐに改名し、1998 年まで活動。1994 年に Wild Rags Records から EP をリリース後、ベルギーの Shiver Records と契約を交わし 1996 年にこの 1st フル、1997 年に 2nd フルのほか、シングルや Centinex との Split 等を発表した。メンバーの Kristian Hasselhuhn(Dr) は VOD Records を運営。Patrik Svensson(Vo) と Joel Andersson(Ba) は、X-treme Records を設立するが、どちらも短命に終わっている。オブスキュアな本作、ヒリヒリとした音質で、ザラついたスラッシュ・リフを土台に聴き手へ緊張感を与える緻密な楽曲。叙情的かつ柔軟な進行を見せる。2017 年にブラジルの Marquee Records から再発。

 Black Mark Production
🗓 1993　📍 Sweden

Leukemia
Suck My Heaven

マルムショーピングを拠点に 1989 年から 1994 年まで活動。The Project Hate MCMXCIX のブレインである Lord K. Philipson が、当時 House of Usher での活動と並行していたバンド。Leukemia の、Black Mark Production からリリースされた 1st フル。Sunlight Studio での制作。シーンの立役者である L-G Petrov や、Excruciate の Lars Levin 等のほか豪華ゲスト陣を迎えた。『Wolverine Blues』の潮流に類するサウンドで、クリーン・ヴォイスやシンセ、サンプリングを導入し、エモーショナルな進行を見せている。この頃は Entombed フォロワーの音楽だが、次作以降は The Project Hate MCMXCIX の母体となるような、打ち込みのデスメタル・サウンドへの変容を見せている。

146　Old School Death Metal Guidebook

Dolores Records
1992　Sweden

Liers in Wait
Spiritually Uncontrolled Art [EP]
1990 年、Grotesque 解散後に結成。1995 年まで活動。Diabolique の前身バンドともなり、Necrolord(Kristian Wåhlin)(Vo, Gt, Key) と Johan Österberg(Gt, Vo) を中心に、後に Crystal Age で活動する Hans Nilsson(Dr) や、Moses Jonathan(Gt) 等が絡んでいたバンド。Liers in Wait の唯一作 EP。Grotesque での契約を引き継ぎ、地元のインディペンデント・レーベル、Dolores Records からリリース。Sunlight Studio での制作。Christofer Johnsson がゲスト参加。Grotesque での邪悪で原初的なデスメタルの別ヴァージョンで、Synth や叙情リフ等のテクニックを入れた。1996 年と 2004 年の別ジャケットでの再発盤が存在。

Chaos Records
1995　Sweden

Lobotomy
Lobotomy
1988 年結成の Rapture を母体に改名後 1989 年から 2000 年まで活動。初期はイタリアの Obscure Plasma やプエルトリコの Thrash Corner Records、フィンランドの Rising Realm Records 等から作品をリリースするアングラな存在であったが、1990 年代末期には、No Fashion Records と契約を交わしていた。結果、解散までに 3 枚のフル・アルバムほか EP や編集盤を残したストックホルム出身のバンド。この 1st フルは Vermin 等を輩出した地元の Chaos Records からリリース。マスタリングは Dismember を始め、多くの作品を手掛ける名匠 Peter in de Betou が。音楽的には初期の Edge of Sanity にも比類する独創的なスウェディッシュ・デスで、Key や多彩なコーラス・ワークを絡め、幻想的な世界観を演出している。

Lucifer
The Dark Christ [Compilation]
ミェルビューにて 1990 年に結成され、1990 年代半ばまで活動。2000 年に Thy Primordial へ加入する Mikael Andersson(Gt) を始め、Belsebub、Salvation、Metroz 等、初期の地下シーンで動いていた Jonny Fagerström(Dr, Vo) が在籍。幾つかのデモとメキシコの Bellphegot Records から EP をリリースしたバンド。Lucifer のディスコグラフィ。メキシコは Bellphegot から音源が流れ、同国の Distorted Harmony Records がリリースしているグレーな作品。F.O.A.D. Records をして「ULTRA-CULT SWEDISH DEATH METAL!」と驚嘆させた数々の音像を収録。Metroz の唯一デモでカヴァーしていた Sodom ルーツの暗黒性に、無慈悲なブラストビートが絡められる。

Distorted Harmony Records
2015　Sweden

Luciferion
Demonication (The Manifest)
イエテボリにて 1993 年から 2003 年まで活動。Listenable Records から 2 枚のフル・アルバムをリリースした Luciferion の 1st フル。Studio Fredman での制作。ジャケットは Necrolord によるもの。Wojtek Lisicki(Gt, Vo) や Hans Nilsson(Dr) が在籍。HammerFall や Lost Horizon 等の、1990 年代後期から 2000 年代初頭にかけての、メロディック・パワーメタルの次世代シーンに属していたバンド。サウンドは、Deicide や Morbid Angel 等の US デスメタルから影響を受けている。良好な音質と多彩なリフ構成に、1969 年の Coven まで遡る、サタニズムの断片が散りばめられた体系的な佇まいがある。現在ネット上で「過小評価されているオールドスクール・デスメタル作品」に挙げられることも多い。

Listenable Records
1994　Sweden

No Fashion Records
1992　Sweden

Marduk
Dark Endless

1990年にノルヒェーピングで結成された、スウェディッシュ・ブラックの立役者 Marduk の1st フルは、「2nd Wave of Black Metal」がスウェーデンのシーンに根付く寸前の作品。スウェディッシュ・デスの影響が大きく、ファンの間では評価の分かれる作品だが、Dissection や Dark Funeral 等を輩出する、No Fashion Records の活動初期を支えたヒットタイトルでもある。シーンの成り立ちの上では、重要な作品となった。Dan Swanö がエンジニアを務め、Morgan(Gt) を中心に、当時 Darkified の Af Gravf(Dr) や、Edge of Sanity の Dread(Vo) 等により構成されたサウンド。それは、暗い原初性が緩急豊かな展開に混じり合う。不気味な Key ワークを導入し、野蛮な疾走とダウナーなテンポ・ダウンを絡め、悪魔的な破壊力を生み出している。

Thrash Records
1991　Sweden

Mega Slaughter
Calls from the Beyond

1987年の極初期イエテボリ・シーンにて、Din Loyd という名でスタートし1988年に改名。1992年まで活動したバンド。Mega Slaughter の唯一フル作。オリジナルは Thrash Records から LP のみでリリース。1993年にポーランドの Loud Out Records からカセットが流通。2007年にアンオフィシャルで CD 化。2013年にはスウェーデンの Cryptorium Records から、デモ音源を追加したディスコグラフィがリリースされた。これもまたオリジネイターだが、バンド自身は、アングラなハードコア側の存在を演出していたこともあり、長年オブスキュアな存在に留まっている。反キリストにおける邪悪性と死の退廃性を吐き出す不穏なテクスチャーは、Nihilist、Death Strike、初期の Death 等にも通じるアーリー系の魅力で溢れる。

Deathlike Silence Productions
1990　Sweden

Merciless
The Awakening

最初のスウェディッシュ・デス / スラッシュメタルの一つが、Merciless。ストックホルムから約80km進んだストレングネースにて1986年に結成。1988年の2ndデモ『Realm of the Dark』が2000本以上の動向を見せ、Mayhem や Euronymous をノックアウト。Deathlike Silence Productions と契約を交わし、同レーベルのファースト・タイトルとなった名作 1st フルが本作。Cliff Burton に捧げられたアルバムでもあり、Kreator や Metallica からの影響が Merciless の骨格を形作っている。邪悪な焦燥感を誇るデス / スラッシュ・リフが分厚い音質で助長され、緊張感のあるダーク・サウンドを生み出した。発表後は、Entombed、Dismember、Dissection 等とのギグのほか Sepultura のサポートも行った。

Century Media Records
2011　Sweden

Morbid
Year of the Goat [Compilation]

1985年のストックホルムにて、後に Mayhem で名を馳せる Dead(Vo) と Mefisto の Sandro Cajander(ここでは Dr) 等により結成。当初 Scapegoat という名前であったが、Ulf "Uffe" Cederlund(Gt) と L-G Petrov(Vo) が加入してからは Morbid となっている。1988年まで活動し、名作『December Moon』を筆頭に、デモのみで終わったバンドであるが、Nihilist や Mayhem への布石ともなったバンド。Bathory に次いで、Merciless、Marduk、Watain、Nifelheim 等の挙げられる、スウェディッシュ・シーンの邪悪な系譜に連なる伝説的存在である。本作は、Century Media Records からのディスコグラフィ。イーヴルな歌唱と激烈なスラッシュ・リフによる原初的サウンドを収録している。

Morpheus
Son of Hypnos

1990 年のストックホルムで Exhumed という名でスタート。同年に改名し、1993 年まで活動。バンド解散後、Necrophobic に加入する Sebastian Ramstedt(Gt) や Johan Bergebäck(ここでは Ba) の他、Egypt の David Brink(Vo)、初期の Carbonized に在籍した Markus Rüdén(Dr) 等で構成されたバンド。Morpheus の Step One Records からリリースされた 1st フル。2015 年に Dark Symphonies がリイシュー。錚々たるメンバーかつ Sebastian によるジャケット・アートが秀逸である割に、リスナーからの評価は低い。初期の Carbonized 系列ともいうべき実験的詩趣の、多彩な展開が魅力的である。劣悪な音質も味だ。Unicorn Music Studio でのレコーディング。

Step One Records
1993　Sweden

Mourning Sign
Last Chamber / Alienor [Compilation]

人口 10000 人程度の小さな町、ハルストハンマルにて 1992 年から 1996 年まで活動。2013 年から活動を再開中。Godhead Recordings と契約を交わし 1994 年に 1st フル『Mourning Sign』、1996 年に 2nd フル『Multiverse』をリリースしたプログレッシヴ・デスメタル。本作は、初期活動の 1992 年の『Last Chamber』デモと、1993 年の『Alienor』EP をカップリングした音源集。デモは朦朧とした音質で聴かせるオブスキュアな内容で、暗黒的なスウェディッシュ・デスに、瑞々しい先進性が盛り込まれている。変質を感じさせる EP の時分に、モダンな音質となり、嫋やかなリフ進行と愁気を帯びたクリーン・ヴォイスが同居する佇まいを披露。Tiamat のエモーションや、後の Opeth にも通じる先駆的知性が見られる。Dark Symphonies からのリリース。

Dark Symphonies
2016　Sweden

Murder Squad
Unsane, Insane and Mentally Deranged

Merciless の Peter Stjärnvind(Dr)、Entombed の Ulf "Uffe" Cederlund(Gt)、Dismember の Matti Kärki(Vo) と Richard Cabeza(Ba) 等により 1993 年から 2008 年まで活動。純然たる Autopsy ウォーシップ・バンドの、Pavement Music からリリースされた 1st フル。The Project Hate MCMXCIX で Entombed にも在籍していた Jörgen Sandström がゲスト Vo として参加。愛情を感じさせるドゥーム & サイケデリックなデスメタルは、スウェディッシュ流に研磨され、ノリ良く展開されるハードコアな性格で、本家となんら遜色のない、病んだ世界観を放出している。Autopsy 再評価の好例だ。次作ではゲストとして、Chris Reifert を迎えている。

Pavement Music
2001　Sweden

Necrony
Pathological Performances

エレブルーにて 1990 年から 1996 年まで活動。メンバーは、Rickard Alriksson(Dr, Vo)、Anders Jakobson(Ba, Vo)、Dan Wall(Gt)。前 2 者によるサイド・プロジェクト、Nasum での活動が本格化したことで終了したパソロジカル・デス / グラインドコア。Necrony のドイツの Poserslaughter Records からリリースされた 1st フル。後に Carcass のカヴァー集を制作する位のフォロワーであるが、音は HM-2 由来。そこにフルートの音色や、Gt ソロのジャズ的側面を落とし込み、独創性を高めている。Unisound Studio での制作となり、Day DiSyraah 名義で Dan Swanö、Johan Axelsson 名義で ex-Carnage 他での Johan Liiva がゲスト参加。現在は数々のブートが巷を賑わせる名盤。

Poserslaughter Records
1993　Sweden

Northern Europe　149

Necrophobic
The Nocturnal Silence

1989年にストックホルムにて、Slayerの楽曲名をバンド名に結成されたバンドの1stフル。1991年にWild Ragsからデモと1stEPをリリース後、Black Markへ移籍しリリース。Unanimatedのメンバーがゲスト参加。この頃は、結成メンバーのJoakim Sterner(Dr)と、本作発表後Dark Funeralを結成するDavid Parland(Gt)を中心に、Hetsheads ～ BlackshineでのAnders Strokirk(Vo)、Tobias Sidegård(Ba, Vo)という編成。既にスウェディッシュ・デスの音楽性をメロディック・ブラックなるジャンルに発展させた叙情的構造を露わに。Sunlight Studioでのミックスで、ネクロなサウンドに仕上げられた名盤。#1は悪魔崇拝に根差したダークファンタジーの中で、魂の永遠性を歌っている。

● Black Mark Production
1993　 Sweden

Nirvana 2002
Recordings 89-91 [Compilation]

1988年のイェヴレボリ県イェーツビンという小さな町を出自に、Prophet 2002としてスタート。Nirvanaへの改名を経て、やがてNirvana 2002となり、1992年まで活動。Opinionate!のSplit、CBR Recordsからのデモなどをリリースした。国で有名な映画批評家/ゲーマーかつ一時期Entombedに参加するOrvar Säfström(Gt, Vo)や、現Under the ChurchのErik Qvick(Dr)や、Lars Henriksson(Ba)等によるバンド。ほとんどデモのみで解散し知名度は低かったが、シーンでの支持は厚くあり。『Swedish Death Metal』への掲載や、本作がNihilistの音源集などと共にRelapse Recordsから発掘リリースされたことで世界的に注目を集めた。サウンドは、まさにスウェディッシュ・デス。

● Relapse Records
2009　 Sweden

Obscurity
Wrapped in Plastic [EP]

ストックホルムにて1989年から1995年まで活動。メロディック・デスメタル・バンドDominion Caliguraへの活動へと発展。この活動と並行してHypocrisyからDark Funeralへと渡る、Emperor Magus CaliguraことMasse Broberg(Vo)、後にDark Funeralへ一時在籍するRobert Lundin(Dr)や、DominionことMatti Mäkelä(Gt)等を擁したことで若干知られるバンド。Obscurityの唯一作EP。サウンドはスウェディッシュ・デス。ミッドテンポの技巧リフにトレモロによる疾走を絡め、暗黒性を醸し出している。時にメロウなGtソロやMia Ternström女史によるコーラスをフィーチャー。嫋やかなクリーントーンで締めくくられる#6まで佳曲が並ぶ。自主リリースのため市場価値が高い。

● Self-released
1992　 Sweden

Obscurity
Damnations Pride [Compilation]

デンマークの国境に近いスウェーデン南部のマルメにて1985年から1992年まで活動した、カルト・デス/スラッシュメタル。1986年に『Ovations to Death』デモ、1987年『Damnations Pride』デモ、1992年のデモを収録したディスコグラフィ。イタリアはScarlet Recordsからのリリース。スウェーデンのシーンでは、MefistoやMorbidと並ぶカルト・バンド。音楽的背景に、Venom、Slayer、Hellhammer、Bathory、Mercyful Fate等の悪魔崇拝がある。Nihiist以前の原初的楽曲は、その邪悪なスラッシュ/スピードメタルに、クラストコア寄りの狂暴なグルーヴを織り交ぜている。後にメンバーが稼働するプロジェクト、S.K.U.R.K.では正統派を、Flegma、Redrvmではハードコア寄りのサウンドを追求している。

● Scarlet Records
1998　 Sweden

Pan.Thy.Monium
...Dawn / Dream II [Compilation]

Edge of Sanity のサイドプロジェクトとして、1990 年から 1996 年まで活動したプログレッシヴ／アヴァンギャルド・デスメタル。1990 年『....Dawn』デモ、1992 年の Avantgarde Music の前身レーベルからリリースされた『Dream II』EP をカップリングした音源集。The Crypt/Dark Symphonies からのリリース。このプロジェクトは、Celtic Frost をルーツに Bolt Thrower と Nocturnus からの影響を受けたが、そこに 60's サイケ／プログレの要素を取り入れた実験的なサウンドを検証していた。Day DiSyraah 名義である Dan Swanö を始め、全員が別名義での参加。Winter(Dr, Vio) や Mourning(Gt) に関しては、Ophthalamia での名義と共通しており、白塗りメイクを施した時期もある。

● the Crypt / Dark Symphonies
▥ 2015   👤 Sweden

Runemagick
The Supreme Force of Eternity

Terror(Nicklas Rudolfsson) を中心に Desiderius として始まり、同年に Runemagic に改名し、1993 年まで活動。ここではデモのみで終了したが、1997 年に Runemagick として復活。2007 年まで活動を続け数多くの作品をリリース。2017 年に再結成したバンド。Century Media Records からリリースされた 1st フルは、Bolt Thrower を追随した、エピックなオールドスクール・デスの力作。イエテボリを出自に、初期は Dissection のメンバーが絡んでいた時代もあり、メロディックな展開の求心力を裏付ける。2000 年からは女性 Ba を擁することで、更に Bolt Thrower フォロワーのニュアンスを強めるも、2003 年の 6th フル辺りで軌道修正を行い、侘しく陰鬱な雰囲気の漂うデス／ドゥームメタルを構築した。

● Century Media Records
▥ 1998   👤 Sweden

Seance
Fornever Laid to Rest

Total Death と Orchriste が合併する形で、1990 年にリンシェーピングにて結成。1990 年代で Black Mark Production との契約を交わし、2 枚のフル・アルバムを残したバンド。1995 年にイエテボリに移住し Witchery と The Haunted で活動する Patrick Jensen(Gt) や、同時期に Diabolique に加入する Bino Carlsson(Ba) 等を擁したことでも知られる、Seance の名盤 1st フル。重く歪み込んだトレモロやスラッシュ・リフを軸に、苛烈を極めるサウンド。Luciferion とも共通する、Slayer ルーツのスウェディッシュ・デスを確立した異色の名盤である。ジャケットは Dan Seagrave。2009 年に、Johan Larsson(Vo) を中心としたラインナップで復活作をリリース。

● Black Mark Production
▥ 1992   👤 Sweden

Sorcery
Bloodchilling Tales

サンドビーケンという、雪と湖に彩られた辺鄙な地域で 1984 年にスタートした Curse を母体として、1986 年から 1997 年まで活動したオリジネイター。2009 年に活動を再開、度々オブスキュアな活動が掘り起こされながら、Xtreem Music から 2 枚のフル・アルバムを発表し、健在ぶりを示す。この 1st フルは、当時 Underground Records から LP リリースされたのみで、現在は幻級の価値を持つ。1998 年にドイツの No Colours Records から CD 化されて以降は、多くのアングラ・レーベルからリイシューされている。これぞオールドスクールというような、ミッドテンポを軸にグルームを巻き起こす展開が堪らない。邪悪さとオドロオドロしさが共存したサウンドである。Sunlight Studio にて制作され、Carnage や Dismember とも共通する、重厚な質感に昇華されている。

● Underground Records
▥ 1991   👤 Sweden

Napalm Records
1994　Sweden

Suffer
Structures

Joakim Öhman(Gt, Vo) や Patrik "Putte" Andersson(Ba) を中心に 1988 年～ 1994 年まで、ファーガシュタ、リンデスベリ、ストックホルム等で活動していたバンド。Suffer の唯一フル作。Napalm Records からのリリース。ノルウェーからスウェーデンに移住した Morbid Magazine の編集である Ronnie Eide(Gt) が在籍していた時期もあるが、当時は Heathendoom Music 設立者の Perra Karlsson(Dr) と、後にドゥームメタル Serpent を結成する Ulf Samuelsson(Gt) が加わった編成。サウンドは Death『Spiritual Healing』にも通じる知的な様式美があり、ソリッドなリフとテンポ・チェンジを応用し、緩急豊かに展開されている。Sunlight Studio での制作。

Shiver Records
1995　Sweden

Temperance
Krapakalja

スウェーデン南部ベクショーのバンド。1988 年に結成された No Remorse なるスラッシュメタルを母体に、1991 年に結成。デモを制作後、ベルギーの Shiver Records から 1993 年に『One... Grave』EP、1995 年に本唯一フル作、1999 年にスウェーデンの Stormbringer Productions から『Temperance』EP をリリース。ポーランドやリトアニアでもライヴを行いながらも、アングラな存在で終了している。初期はドゥーミーな質感の退廃的なスウェディッシュ・デスを奏でていたが、本作発表時はゴシックメタルからの影響を取り込んだかの音楽的変遷を見せた。くたびれたオッサンが歌っているような、哀愁味のあるクリーン・ヴォイスにより紡ぎ出されるサウンド。抒情的なメロディ・ライン、オールドスクール・デスの残滓、アンビエントで実験的な息遣いの対比が美しい。

Deaf Records
1991　Sweden

Therion
Of Darkness...

ストックホルム郊外、ウプランズ・ヴェスビー出身の Christofer Johnsson を中心に活動。メロディック・デス化していく国の時局で「シンフォニック・デスメタル」なるジャンルを創出し、シーンの第一人者となったバンド。Therion の 1st フル。当時、Carbonized での活動とも並行していたに加え、ex-Dismember の Erik Gustafsson(Gt)、Procreation の Peter Hansson(Gt)、Oskar Forss(Dr) というラインナップ。この頃は幻想的なオカルトのマインドで覆われた、ミッドテンポ主体のドゥーミーなデスメタル。Sunlight Studio 制作。Deaf Records からのリリースに伴い、ベルギーとオランダでの公演を敢行し、大手 Music for Nations 傘下の Active Records との契約にも繋がった。

Century Media Records
2013　Sweden

Treblinka
Shrine of the Pentagram [Compilation]

ストックホルムはタビーで 1987 年～ 1989 年を活動していた、Tiamat の前身デス / ブラックメタル、Treblinka のディスコグラフィ。Century Media Records からのリリース。Sunlight Studio でレコーディングされた 1989 年『Severe Abominations』7"EP、1989 年『The Sign of the Pentagram』デモ、1988 年『Crawling in Vomits』。その他、ライヴ、リハーサル音源や、Tiamat『Sumerian Cry』のアウトトラック音源を収録。73 万人以上のユダヤ人を殺害した、トレブリンカ絶滅収容所をその名に冠して、初期のストックホルム・シーンで悪名を轟かせたバンド。Mefisto を継承したかのような邪悪さに覆われた、原初的なスウェディッシュ・デスメタル。カルト的人気を博し、後年ブート音源が出回ることになる。

 C.M.F.T. Productions
 1990　Sweden

Tiamat
Sumerian Cry

1987年にストックホルム近郊のタビーにて、デス/ブラックメタル・バンド、Treblinka が結成。1989年に Tiamat へと改名した。この1stフルは、Sunlight Studio にてレコーディングされた最初のデスメタル・アルバム。UK ハードコア・レーベル、CMFT Productions や Metalcore からのリリース。初期の限定的なラインナップで、Johan Edlund(Gt, Vo) と Jörgen Thullberg(Ba) に加え、Treblinka から Expulsion に移行した Stefan Lagergren(Gt) と Anders Holmberg(Dr) が在籍。#8 での可笑しげな Key 等による展開は微笑ましいが、基本はダウナーなミッドテンポでの展開を軸とした作風であり、次作以降のデカダンスとは異なった、原初的な暗黒性が漂う。アートワークは Necrolord。

 Dark Descent Records
 2010　Sweden

Toxaemia
Buried to Rise: 1990-1991 Discography

ムータラにて 1989 年から 1991 年まで活動。Belsebub や Metroz でも活動していた Stevo Bolgakoff(Gt, Vo) を中心としたバンド。Toxaemia のディスコグラフィ。Dark Descent Records からのリリース。オランダの Wimp Records からも出回っていた 1990 年『Kaleidoscopic Lunacy』デモや、同年の US は Seraphic Decay Records からの『Beyond the Realm』EP 他、アングラな名作群を Dan Swanö の手によりリマスタリング、オリジナル音源とカップリングした 2 枚組。Lucifer、Salvation 等にも通じる黎明期の地下シーンで活動し、Carcass のゴアな躍動や、Bolt Thrower のシックネス、Incantation にも通じるトレモロの暗黒性を取り入れた、先駆的音源である。

 Traumatic Entertainment
 1996　Sweden

Traumatic
Spasmodic Climax

1989年にミェルビューにて結成された Crab Phobia を母体に、1990年から 1999年まで活動。1991年の『The Morbid Act of a Sadistic Rape Incision』EP が、Distorted Harmony Records からリリースされる等、同郷の Lucifer とも共に、当時メキシコのレーベルと関係を持ったバンド。Traumatic の唯一フル作。Traumatic Entertainment なる自主レーベルからリリース。極小の流通数で、近年かなりの高額で取り引きされる。コレクション・ブートが制作される等マニア人気の高い、ストレートなスウェディッシュ・デスを初期音源として、ここでは 1990 年代半ばの Entombed にも通じるグルーヴ志向の強いサウンドへ変遷。Kyuss みたいなジャケットからも察せられる通りの、ミステリアスな雰囲気も漂うサウンドである。

Unisound Records
 1994　Sweden

Uncanny
Splenium for Nyktophobia

Uncanny は、1989年のアーヴェスタにて Cicatrication として始まり、1990年に改名。1994年まで活動。2008年から活動再開中。本作は、ギリシャの Unisound Records からリリースされた 1stフル。一時解散後、Katatonia や October Tide 等で活動を行う Fredrik "North" Norrman(Gt) と、Fulmination の Mats Forsell(Gt) が奏でる叙情的なツインリード。Christoffer Harborg(Ba) と、後の Moondark ~ Dellamorte である Kennet Englund(Dr) による攻撃的なリズムセクション。Jens Törnroos(Vo) の邪悪なグロウル等で構成される、疾走感溢るるサウンド。Tolkien 文学由来の幻想世界を描いている。Unisound Studio での制作。

Northern Europe　153

● Cenotaph Records
📅 1993　👤 Sweden

Utumno
Across the Horizon [EP]

ヴェステロースにて 1990 年に結成された Carnal Redemption が同年に改名。デモ音源とオランダの Cenotaph Records からの EP を 2 作制作後、1998 年に解散。後の At the Gates や Bombs of Hades 等での Jonas Stålhammar(Vo) が、当時 Macabre End ～ God Macabre と並行して在籍し、当時「Juicy Death」の異名を誇っていた。この 2ndEP は、Sunlight Studio での制作、Necrolord によりジャケットが彩られた、当時のスウェディッシュ・シーンを象徴する名作。攻撃的なサウンドで、Jonas により吐き出される悲壮なデプレッションと Tolkien 文学の幻想に、Gorement 等にも通じる狂気と退廃とが渦巻いている。2010 年に Cyanide Syndicate Records からリイシュー。

● Chaos Records
📅 1994　👤 Sweden

Vermin
Plunge Into Oblivion

ネッシェーにて 1991 年に結成。デモ 3 つ制作後、Chaos Records から 1994 年に本 1st フルと、デモ 3 作収録の『Obedience to Insanity』リリース。その後、No Fashion Records へ移籍し、デス・エン・ロールの音楽性へシフト。1998 年の 2nd フル『Millennium Ride』は Metal Blade Records からもリリースされたが、2000 年に 3rd フル『Filthy F***ing Vermin』のリリースを最後に、自然消滅した。Sunlight Studio 制作の本作でも、Entombed からの影響が顕著。ゴリゴリに歪んだ Ba と、小気味の良いグルーヴを叩きだす Dr による重厚なリズムセクションに支えられた、スウェディッシュ・デス。Johnny Cash のカヴァー収録。2013 年に Punishment 18 Records からリイシュー。

● Fadeless Records
📅 1996　👤 Sweden

Vomitory
Raped in Their Own Blood

1989 年にカールスタード周辺で、Tobias "Tobben" Gustafsson(Dr) と Ronnie Olson(Gt) により結成された人気バンド。Vomitory は、1990 年代初めから中盤までを、デモと 7" EP をリリースしたのみで、結果的にシーンが一度落ち着いてから登場する。2000 年代以降に、Metal Blade Records と契約し成功を収めた。現在のメンバーは Cut Up にも在籍。この 1st フル当時から、音楽的な批評性が高い、濁声に近いグロウルと、Sodom 影響下のダークな疾走感溢れるグルーヴを軸としたサウンドである。エッジの効いたトレモロによる叙情的展開や、ミッドテンポの哀愁ある展開のほか、前時代的なスウェディッシュ・デスのシーンが育んだ、音楽的技法の博覧会のような楽曲を聴かせてくれる。オランダの Fadeless Records からのリリース。

● Thrash Records
📅 1993　👤 Sweden

Wombbath
Internal Caustic Torments

サーラにて 1990 年に結成された Seizure が同年に改名し、1995 年まで活動。1992 年の『Several Shapes』EP で Thrash Records からデビュー。その翌 1993 年に本作。1994 年に、Napalm Records への移籍作で、デス・エン・ロールの要素を取り入れた『Lavatory』EP をリリースした。2014 年には、再結成し活動を続けている。Thrash Records の作品は、後年に軒並み価格高騰の傾向があり、本作のオリジナル盤も高額で取り引きされる。サウンドは、US 東海岸系のデスメタルとも近い。病的なタメの効いたリズムセクションと、暗黒的なトレモロ、オドロオドロしいパワーコードや、初期 Broken Hope を想起させる複雑な単音リフを駆使して、Wombbath 独自のゴア表現を完成させている。

叙情的なメロディが伝説的に語り継がれたフィニッシュ・デスメタル

Demigod

出身地 フィンランド・ロイマー
活動年 1990〜1994、1997〜2008、2010〜

フィンランドの田舎からオールドスクール・デスの名盤『Slumber of Sullen Eyes』を送り出す

　Demigod は、フィンランドはロイマーという田舎町出身のバンド。国のデスメタル・シーンにおいては、Abhorrence、Xysma、Interment、Sentenced、Convulse 等と並んで最初の潮流に混じり合っている。彼らが残した 1992 年の 1st フル・アルバム『Slumber of Sullen Eyes』は、オールドスクール・デスメタルの名盤として数多くのウェブジンやデータベース・サイトに掲載されている。アンダーグラウンドな存在ながらに確かな支持を集める彼らの始まりを追っていこう。時は 1990 年、Infernal Majesty、Possessed、Obliveon 等の Thrash To Death、デンマークの Invocator といった技巧派や、同時期に世界的に大きな影響力のあった Carcass から影響を受けたバンドとして活動を開始した Demigod は、当初 Esa Lindén(Gt, Vo)、Tero Laitinen(Ba)、Seppo Taatila(Dr)、Erik Parviainen(Gt) というラインナップであった。結成時、Erik Parviainen により Demigod と名付けられた。「深い意味はなく、当時目にした言葉の中でとてつもなくクールなものだったから」と後にインタビューで語っている。しかしながら結成後 Erik Parviainen は、音楽性の違いから脱退してしまった。3 人組での編成となり、1990 年 9 月にリハーサル・デモを録音した後、同年 12 月に市近郊の AMR-Studio にてバンド唯一のオフィシャル・デモとなる『Unholy Domain』デモを制作。早くからアンダーグラウンドを賑わせることとなる。推定出荷本数は 1500 本から 2000 本であるが、テープ・トレードの時代ともいうことで、実際の分布は遥かに多いものといわれている。そして幾つかのリハーサル音源を制作した後の 1992 年、『Unholy Domain』デモを機に、US オハイオ州クリーブランドの Seraphic Decay Records が Demigod へ連絡を取り、同国ラハティの Necropsy との Split という形で『Unholy Domain / Necropsy』をリリースした。

　同年に Jussi Kiiski(Gt) と Mika Haapasalo(Gt) が加入し、5 人での体制となったバンドは、新たに 1990 年代初頭に機能し、後に Repulse Records 〜 Xtreem Music へと名を変えていくスペインのデスメタル・レーベル Drowned Productions と契約。同年 7 月にフィンランドはラッピ県ケミにある、多くは Sentenced や Impaled Nazarene の作品で知られる Tico-Tico Studio に入り、Ahti Kortelainen を共同プロデューサーに迎え、音源の制

作に取り掛かる。Seppo Taatila(Dr) が Key を兼任し、ロゴを変え、Turkka G. Rantanen による力強いカヴァー・アートに彩られ、1992 年 12 月、その伝説的傑作『Slumber of Sullen Eyes』がリリースされた。

その後は、界隈からドロップ・アウトしていたと思われていたバンドであったが、1993 年からもメンバーを入れ替えつつ、活動休止期間を挟みながらに幾つかの音源を制作しており、その音源では先進的な音楽スタイルが確認できる。Demilich の Antti Boman(Gt, Vo) による証言によれば、Demigod 自身も、Sentenced や Amorphis の劇的な音楽的志向の変化について、「これがシーン（フィンランドの初期デスメタル・シーン）の終焉であった」と述べている通り、その時流の変化に迎合したようなエピックな変遷を見せている。Sentenced や Amorphis のみならずメキシコの Cenotaph の様な、幻想感あるサウンドへの移り変わりを感じさせるものである。2002 年に Spikefarm Records から 2nd フル『Shadow Mechanics』、2007 年には 3rd フル『Let Chaos Prevail』をリリース。同作は Open Game Productions という自らのレーベルに加えて、Xtreem Music からもリリースされた。

2012 年 5 月 25 日に開催したボルチモアの Maryland Deathfest X に出演した際は、オールドスクールなデスメタル・スタイルに回帰した。現在の消息は不明。彼らの Facebook ページも元々あまり更新していなかったようだが、2014 年の 12 月の更新で途絶えている。

Drowned Productions

1992

Demigod
Slumber of Sullen Eyes

Sentenced の名盤 1st『Shadows of the Past』と同じ布陣で制作を行い、1992 年 12 月にスペインの Drowned Productions から発表された 1st フル。フィンランドのデスメタル史に残るマスターピースである。彼らにとって Sentenced と同じ制作環境というのは魅力的に映った。Convulse の 1st『World Without God』と同質の、Key の音色をフィーチャーしたイントロに始まり、ツービート感覚を主とした疾走パートにミッドテンポを巧くみ配し、仄かに叙情的なメロディ・ラインと共に魅惑的な曲構造を形成する。そして、陰鬱な歌詞にも攻撃的な雅致が宿り、聴く者を圧倒するのだ。2006 年 Xtreem Music からの再発盤にはデモ『Unholy Domain』が丸々追加、こちらも名作なので是非とも押さえておきたい。

Spikefarm Records

2002

Demigod
Shadow Mechanics

1997 年頃に再始動。Luxi Lahtinen(イラストレーター/テープトレーダー) を通じて、Spikefarm Records と契約を交わし、2002 年 2 月にリリースされた 2nd フル。『Slumber of Sullen Eyes』のラインナップから、Esa Lindén(Gt,Vo) が脱退し、Tero Laitinen(Ba) が Gt に転向、Sami Vesanto(Ba) が加入。当時 Adramelech の Ali Leiniö と、Mythem の Tuomas Ala-Nissilä を Vo として迎えている。1993 年〜 1999 年までに制作されたプロモ音源の楽曲をメインに構成。従来の作風に、技巧的かつモダンな響きのスラッシュリフや、クリーンヴォイスを取り入れている。Mid 90's の Opeth 等を彷彿とさせ、初期のサウンドを期待するファンからの評価は得られなかったが、二面性がある点でバンド名らしい作品に仕上がった。

Xtreem Music

2007

Demigod
Let Chaos Prevail

2007 年 5 月に Xtreem Music からリリースされた 3rd フル。前作発表時のラインナップから Seppo Taatila(Dr) が脱退し、Torture Killer の Tuomo Latvala が加入、Tuomas Ala-Nissilä が専任 Vo となった。当時は、オールドスクールのリバイバルが発生し始めてきた時期。Demigod も Dave Rotten のレーベルから再登場することで、『Slumber of Sullen Eyes』の作風を期待させた。だが、前作の流れを汲んだモダンなデス／スラッシュメタル的作風となって酷評されてしまう。決して技術や音質が劣っている訳ではなく、同年代の Invocator やベテラン・スラッシュメタル作品に近い出来栄えで、結成当初のフェイバリットバンドとダブる。過小評価の意見も同意を得られず、逆に OSDM ファンの反感を買う音楽として知っておきたい作品である。

フィニッシュ・デスの異端、後世によって再評価され活動再開

Demilich

出身地 フィンランド・クオピオ
活動年 1990 ～ 1993、2005 ～ 2006、2010、2014 ～

アヴァンギャルド・デスと分類され、メキシコ勢とも類型化されるが当時は黙殺、後年カルト化

　Demilich が 1993 年にリリースされた『Nespithe』でのオリジナル世代達の音楽性から逸脱した独創的な手法は、当時のメジャー・シーンでは多くのオールドスクールと同じように黙殺されてはいたものの、後年にカルトなものとなり数々のフォロワーを生み出した。独創性を狭窄的なジャンルに当て嵌めるのなら、Encyclopaedia Metallum ではテクニカル・デスメタルと表記され、一昔前は Gorguts と同じようにアヴァンギャルド・デスメタルと分類されていた。しかしながら病的で異質な世界観を演出する激陰性のタメと特異なリフ・レインが奏効したサウンドの先駆性とヘヴィネスは、Immolation、Timeghoul、Incantation や Infester 等の US 勢に加えて、Shub Niggurath、The Chasm、Cenotaph 等のメキシコ勢とも類型されることが多い。オールドスクール・デスの中でも重要な音楽的価値を持っているバンドだ。

　また、2000 年代終盤から 2010 年代中盤にかけて巻き起こった Incantation 系サウンド再興の流れの裏で、2013 年に『Colored Sands』を以って過去 Demilich と類型されていた Gorguts が復活、2012 年に『1992-1994 Discography』を以って類型視された Timeghoul。それと並行したアンダーグラウンドにて、Zealotry、Chthe'ilist、Artificial Brain、Nucleus、Blood Incantation といった新世代の存在が、彼らの存在を「異質なもの」のクラシックであることを裏付ける。その新世代を帯同したツアーや、数多くのフェスに出場していることもあり、現在は若い世代からの支持もアツい存在だ。フィニッシュ・デスメタルの最初の潮流のやや後に続き、Adramelech 等と並びシーンに浮上した Demilich。先駆者が短命に終了した後、後年に Demigod や Adramelech 等と共に興隆を見せ、一時解散。近年に何度か再結成し、ライヴ等活動などを行っている。

アメリカのゲーム『Advanced Dungeons & Dragons』のキャラクターから名前を付ける

　Demilich の歴史は、Antti Boman(Gt, Vo) により「Entombed、Dismember、Obituary からデスメタルに感化され、Bolt Thrower のようなスタイルのバンドをやりたい」といったところから始まった。その後、Voivod、

Pestilence、Atheist 等の音楽的影響を受け、自らの音楽性を混沌と形成していくことになる。その混沌に垂れこめるように SF 好きを公言するが、H.P.Lovecraft 小説の直接的な影響下ではないという。また楽曲や作品のタイトル名が著しく長いことでも有名だ。楽曲のインスピレーションを冠しているため、長くなっているということである。

 1990 年にフィンランドの北サヴォ県に位置する都市クオピオにて、Antti Boman(Gt, Vo)、Mikko Virnes(Dr)、Jussi Teräsvirta(Ba) の 3 名により結成された。その際に、アメリカ合衆国で TSR 社により発売したゲーム『Advanced Dungeons & Dragons』（アドバンスト・ダンジョンズ & ドラゴンズ）のキャラクター名からその名を拝借し、Demilich となった。名前の発音は、ゲームの日本語翻訳版ではデミリッチであるが、Antti Boman のインタビューでバンドはデミリックと発音すると答えている。そのままの布陣で、1991 年 4 月に『Regurgitation of Blood』デモを制作した。その後、Aki Hytönen(Gt) が加入し、同年 7 月にアカーの Akaan MR-Studio にて Unholy の『Trip to Depressive Autumn』デモ等を手がけた Heikki Peltonen をエンジニアに、レコーディングとミキシングを行い『The Four Instructive Tales …of Decomposition』デモを発表。発表後に Jussi Teräsvirta(Ba) が脱退し、一時的に Aki Hytönen(Gt) が Ba を兼任する。

 そのまま 3 人組のラインナップで 1992 年 5 月、同郷出身である Barathrum の諸作品等を手掛け、後に Studio Perkele を設立する Sami Jämsén をエンジニアに迎え、レコーディングとミキシングを行い『…Somewhere Inside the Bowels of Endlessness…』デモを制作。更に 1992 年 8 月 Sound Grinder Studios にて、再び Sami Jämsén をエンジニアに、Barathrum の初期メンバーである Ilari Jäntti(Dr) をプロデューサーに迎え、『Echo』デモを制作と作品を連ねていく。そしてこれらのデモを基に、Necropolis Records とレーベル契約を交わし、新たに Ville Koistinen(Ba) を迎えた。1992 年 12 月の Savonlinnan Studiopalvelu にて、フィンランドのパンク／ハードコア界隈との繋がりを持っていた Tuomo Valtonen をエンジニアに迎えレコーディングを行い、翌 1993 年 2 月、後に Archgoat、Marduk、Beherit、Nifelheim 等の作品をリリースすることとなる同レーベルのファースト・タイトルともなった 1st フル『Nespithe』をリリース。同作は、Demented Ted や Internal Bleeding の初期作などで知られる Pavement Music からもリリースされ、US アンダーグラウンドとその流通圏を賑わせることとなる。

 発表後、1993 〜 1994 年にかけてフィンランドのオールドスクール・デスメタル・シーンの枯渇を感じていたバンドは、解散の道を歩むことになるのだった。

バンド解散後に Repulse や Necropolis から再発、再評価

 バンドは解散したが、後に 1st フル『Nespithe』は何度も再発の機会を与えられ、その度に彼らの再評価は高まっていった。1996 年、Dave Rotten により運営された Xtreem Music の前身レーベルとして知られる Repulse Records から、ジャケットを変更し 1991 年『The Four Instructive Tales …of Decomposition』デモをボーナス・トラックに。2004 年に同仕様で再び Necropolis Records から Century Media Records のディストリビューション用に。2009 年 Xtreem Music からオーナーである Dave Rotten 自らのリマスタリングを施され、同レーベルのカルト・クラシック・シリーズとして再発した。

 そんな中で彼らは、短期間でライヴ活動等を行うために再結成された期間をまばらに過ごした後、2014 年に Svart Records と契約を交わし、本格的に活動を再開。その時のラインナップは、Antti Boman(Gt, Vo)、Mikko Virnes(Dr)、Aki Hytönen(Gt) といった以前からの顔ぶれに、Jarkko Luomajoki(Ba) を加える形となった。同年に 2006 年からの構想が実ることとなった全音源集『20th Adversary of Emptiness』をリリース。近年の活動としては、2016 年には Hooded Menace と Vastum との北米ツアー、2017 年 2 月には、新たに契約した Svart Records の Jukka Taskinen の尽力で Abhorrence とのスプリット・ツアー等を行ったほか、数多くのフェスにも出演している。

Demilich
Nespithe

1993 年 2 月に Necropolis Records から発表された 1st フル。1992 年 12 月 Savonlinnan Studiopalvelu にて、Tuomo Valtonen をエンジニアに迎え、レコーディングされた。Pestilence の「Dehydrated」を何倍にも病的にしたような仰天のイントロから、ミッドテンポの中にも変拍子を絡め、無機的なリフを奏でていく作品。ジャズの素養を感じさせるアタック感が、空間的アプローチとしての一体感を生み出し、アンホーリーで窒死寸前のグロウルと単音リフを主とした極端に不協和的な進行が、常人の思考回路とは掛け離れた異能さを引き立てる。フィニッシュ・デスメタル史に残る異端中の異端。少なくともこの国のデスメタルに、ここまで技巧的で、不気味な感覚を誘起させる作品はなかった。1996 年の再発盤からは腐ったワイン色のジャケットにデミ・リッチが描かれる。

● Pavement Music
■ 1993

Demilich、Antti Boman インタビュー

Demilich の Antti Boman へインタビュー！ 2018 年も多忙なツアースケジュールが組まれており、質問文を送信後約 1 年にも及ぶ期間を経て、ついに返信が送られてきた。Demilich、超好きだ。

翻訳協力：土田有希

Q：この度はインタビューを受けていただき、ありがとうございます。この本であなたのバンドはメインコンテンツの一つに充てられています。それは単に私のフェイバリットであるからというだけではないもので、現代のオールドスクールのトレンドを生み出している一部のバンド (Blood Incantation、Artificial Brain、Diskord、Chthe'ilist、Zealotry、Cosmic Void Ritual 等々) に Demilich のリフ構築がみられることからです。20 年以上前の活動が現代のバンドに大きな影響を与えている点についてあなたの意見はありますか？
A：1992 年に自分が何か新しいものを始めたんだということに気付いた。近いうちに皆が Demilich と同じように興味深い音楽を作り出し、そして間違いなくシーンをより良く、興味深いものに洗練させると思ったら、そうはならなかった。それで 1993 年に一度デスメタルから離れたが、1998 年に後を追うように戻ってきた。人々は自分が期待していたようには物事を進めてくれなかったので、本当に新しい何かが始まるまでには長い時間がかかったから、何も変だとは思わない。その時代のデスメタルは、少し批判的で面白みのない状態だったともいえる。
Q: 最近のバンドで注目すべきバンドは居ますか？
A: 君 が 先 に 述 べ た 5 つ の バ ン ド (Blood incantation、Artificial Brain、Diskord、Chthe'ilist、Zealotry) を挙げるよ。彼らは古いものを新しいものに組み換えつつ、独自的なオリジナルを築いている好例だ。
Q：Demilich は 1990 年に Kuopio という町で結成されました。当時あなたは 16 歳であると思います。それから 1992 年までの間に幾つかのデモを制作されますが、この時あなたはテープトレードシーンに居ましたか？ 逸話があれば教えてください。
A：そうだな。俺らはみんな 15 歳か 16 歳だった。どのようにしてテープトレードシーンに関わったのか覚えていないが、最終的には沢山トレードしていた。細かいことはあまり覚えていないが、一つ誇りに思えない事は、オファーを誤解して悪いレビューととったためにフランスの評論家にゴミムシダマシの幼虫を送り付けた事だ。本当に申し訳ないと思っている。フランスに行ったら俺の頭を叩いてくれるかな？ それとももう許されているかな？
Q：Necropolis Records や Pavement Music との契約はテープトレードからで得たのでしょうか？
A：1992 年後半に Necropolis と契約を交わした。俺たちには成功するための選択肢もあまりなかったし、Paul Thind ほどの熱意のある人間もいなかったから、

決断は簡単なことだった。
Q：昔の Barathrum は当時の Kuopio で活発な存在でした。あなたは当時のブラックメタル・バンドと関係がありますか？ あなたはむしろ敵対的でしたか？
A：いくつかのバンドとは仲が良かったよ。特に Barathrum とは仲が良かった。後に大きな別れが起きた。バカげた事の言い合いがあって仲が悪くなった。当時のキッズはそうやって一緒に仕事をしていたんだよ。実に下手なもんだ。その争いと嫌悪のせいでシーンが嫌になった。それで 1993 年に辞めた。今は知っている限りでは上手くいっている。
Q：あなたの考えでは当時のフィンランドのブラックメタル (Belial、Impaled Nazarene、Beherit、Black Crucifixion など) はデスメタルに通じる部分もあったと思えますか？
A：これは、敢えて「デスメタル」とは言わない。「フィンランドのメタルの要素」と言っておく。
Q：『Nespithe』は 1993 年にリリースされます。レコーディングはパンク系のスタジオで短期間集中で行われたそうですね。
A：そうだね。レコーディングとミキシングで 5 日ばかりかかり、マスタリングはアメリカで別で行った。そのスタジオとオーナー、音響スタッフは素晴らしかった。賭けであそこに行って良かったと思っているよ！
Q：ブックレットに書かれている歌詞と実際に口から吐き出される言葉は違うと聞いたことがありますが本当ですか？
A：正しい部分とそうでない部分がある。ブックレットの歌詞は Nespithe も Erecshyrinol もどちらも同じように書かれているが、インターネットや USB のなかった古い時代にタイピングで書いたものだから間違いも多くあった。悪い傾向だね。それとそれらの 4 つの歌詞は自分が世の中に見せられる唯一の歌詞だった。俺は自分自身に凄く批判的だった。今ではそんなに悪くはないと思っている。
Q：Demilich の 音 楽 性 は、Entombed、Dismember、Obituary からデスメタルに感化され、Bolt Thrower のようなスタイルを目指し、(決してカヴァー・バンドの意味ではなく)Voivod、Pestilence、Atheist 等の影響と SF ホラーのマインドから技巧的な独自の音像を築いたと、色々なインタビューで読んでそう解釈していますが、間違いはありませんか？
A：まさにその通り。でも全ての基盤を忘れちゃいけないね。Iron Maiden、Dio、Slayer など。それで俺は元々 Bolt Thrower のようなサウンドにしたかったのだが、それよりも Pestilence と Voivod の方向に向かうことを決心した。そんな中でも結局は、自分の道を切り開く必要性を感じずにはいられなかった。
Q：もしもこのリストにフィンランドのバンドを組み込むとしたら、Abhorrence、Funebre、Xysma 等になりますか？
A：俺はそれらの全てに Disgrace、Mordicus、Demigod、Sentenced、そして Amorphis の名を加えることだろう。
Q：SF については当時どのような本を愛好していまし

たか？　現在までにかけて趣味の傾向は変わりましたか？

A：Dan Simmons と Philip K. Dick、それと Isaac Asimov の SF はなんでも大好きだった。驚嘆や駆り立てられるようなものは何でも。ただ残念なことに、今はもう全く読んでいない。この事実が嫌いだね。インターネットや携帯電話ありがとう、君たちは俺の人生を台無しにしてくれた笑！

Q：あなたはその他に趣味がありますか？

A：バンドの事から離れることはあまりないものだが、強いて言えば映画や音楽鑑賞、それと Linux をいじることだね。

Q：『Nespithe』これは唯一のフル・アルバムとなります。あなたはこの作品を残して一度解散してしまいます。

A：そう、そのうちわかるよ。最近新しいアルバムを作ろうとしてるんだけど、なかなか難しいね。

Q：古い時代のバンドはいずれもそのスタイルのままでは商業的成功を収めることなく終了しました。あなたは特に 1993 年から 1994 年ごろにシーンの終焉を見ると思います。その影響はありますか？

A：そう、何かが起こった。俺にとっての Barathrum との大きな決別だけでなく、何かが変わったのだ。一つは、全ての人々が同じ年代から何かを始めた事で、1993 年から 1994 年頃に当時の若者が大人のように振る舞うようになった。俺も社会や両親の期待に応えるように仕事を持ち、家族を持とうと決めたことを覚えているが、そう上手くいかなかった。もう一つは、その熱狂が冷めてしまったことだ。シーンは大きくなり、それが「自分らしさ」ではなくなってきていたとともいえる。

Q：同時にそれは Amorphis や Sentenced がメロディアスなサウンドになった時で、ブラックメタルの発展期でもありますが、これについて何か意見はありますか？

A：彼らが決めた道は理解できるし、実際に証明してみせた。俺の賛同は必要ないし、彼らにしても悩むようなことは無くなったんじゃないかな。

Q：ギグは頻繁に行っていましたか？　あなたは当時デスメタルを演奏するときにヘルシンキやトゥルク等に行っていたのですか？　交通手段はどのようなものだったのでしょうか？

A：俺は元々家にいるタイプだけど、1990 年にはライヴに足を運ぶようになった。ほとんどが俺たちのショーではなかったが。交通手段はほとんど電車とバス。日曜はいつもひどい二日酔いで帰ってくる。それも心地良いものだった。

Q：他のバンドで仲の良かった人物はいますか？

A：Demigod と Sentenced とは仲がよかった。一緒にパーティーしたり、お互いの街に行ったりして楽しかった。

Q：1996 年に『Nespithe』をリイシューして以来 Repulse Records の Dave Rotten とは長い関係にあると思いますが、彼の印象はどのようなものですか？

A：今では俺は、どのような返事を送ったか覚えていないが、多分彼はアルバムを気に入ってくれていたのだと思う。

Q：1997 年には Winterwolf を始められていますね。

Demilich と比較するとスラッシュメタルでオールドスクールな雰囲気が窺えますが、あなたにとってはどのようなバンドですか？　こちらの活動はまだ続いていますか？

A：Winterwolf はほとんど Thomas Corpse(Jess and the Ancient Ones、Deathchain) によって作られた、非常にスウェーデンからの影響を受けたバンド。俺たちは次のアルバムのレコーディングを終えようとしてるところで、近いうちにはリリースされると思う！　まだスウェーデンの雰囲気が強いが、Demilich のようなサウンドも沢山ある！

Q：それ以外にも「the in-god camera」等のプロジェクトがあったとお聞きしますが、Demilich の解散後も音楽への関心は強かったのでしょうか？

A：俺はまだ TigC の最初のアルバムを準備しているのだが、既に名前が変わってしまっている。それと 2 つのバンドとヒプノロックをやっていて、バッキング・ヴォーカルとサンプリング・アーティストとして Deathchain に参加した。そしてそのうち発表になると思うけどプロジェクトもある。それは Demilich のようで、尚かつもっとストレートなバンドだ。

Q：バンド活動以外では、どのようにして生計を立てていたのでしょうか？　フィンランドの生活はいかがですか？

A：俺は 1997 年からプロフェッショナルなプログラマーとして生活している。さてしかし、俺がビッグ・ボーイになったら何をすべきか、ということを考え始めたが、おお、とても難しいな。嫌な天気や暗闇を除けば、フィンランドでの生活は苦に感じない。

Q：その後、幾つかのリユニオンの後に Svart Records から『20th Adversary of Emptiness』をリリースし、再び Demilich での活動を再開しました。どのような心情の変化があったのでしょうか。

A：俺はバンドをちゃんと終わらせたかった。本当は、2006 年の US ツアーから再開する予定だったが失敗した。俺はまた自分の意見に厳しかったので、世界中をツアーして回ってるのに 1 つのアルバムとデモの楽曲しか演奏しないというバカげた事を許せなかった。今はもうそんなに厳しくもない状況に喜びを感じている。

Q：また幾つかのツアーを行っていますが、今後も続ける予定ですか？新曲の予定などはありますか？

A：俺たちはやらなくなるまで続けるつもりだ。終わる時は突然に起こる。もう既に計画があって、その計画にはバリエーションがある。またアルバムか EP を出す事ができれば、計画は変わってくるところで、もう既に 2 曲を書き上げている。

Q：シーンの変化について意見はありますか？

A：さっき言ってしまったけど、シーンは長い間悪いものだった。今はどのサブ・ジャンルも活力に溢れていて興味深い！

Q：Demilich の歴史を明らかにする 10 枚のアルバムについて教えてください。

A：うーん、これはいつも難しい質問。初めから挙げていこうと思う。俺に変化をもたらしたものには途中にコメントを入れるよ。

Demilich (2014 〜)

Stray Cats『Stray Cats』
　⇒ 子供の頃弟と一緒に聴いて、テニスラケットでエアギターをした。このロックのフィーリングは凄い衝撃だった！
Scorpions『Blackout』
Dio『The Last in Line』
　⇒ 彼は歴史の中でも素晴らしいシンガー。
Metallica『Ride the Lightning』
Manowar『Sign of the Hammer』
Tarot『The Spell of Iron』
　⇒まるで俺もバンドの中にいるかのように思わせてくれる地元のヒーロー。
Iron Maiden『Somewhere in Time』
　⇒メイデンは初期が好きだったけど、なぜかこれが彼らにとってピッタリだと初めて思った作品。
Twisted Sister『Come Out and Play』
Ozzy Osbourne『The Ultimate Sin』
W.A.S.P.『W.A.S.P.』
Stone『No Anaesthesia!』
　⇒一番初めにフィンランドでビッグになると思っていて、そうならなかったバンド。
Accept『Restless and Wild』
Slayer『Reign in Blood』
Xentrix『Shattered Existence』
Kreator『Terrible Certainty』
Coroner『Punishment for Decadence』
Sepultura『Beneath the Remains』
Napalm Death『S.C.U.M.』
　⇒初めてこれを聴いた時、これよりもヘヴィなものは誰にも作れないだろうと思ったし、今もいないと思う。
Voivod『Killing Technology』
　⇒音楽に対する新たな視点を与えてくれた。

Pestilence『Malleus Maleficarum』
　⇒全ての作品が挙げられる。もちろん新しいものも！
Paradise Lost『Gothic』
Obituary『Cause of Death』
Entombed『Left Hand Path』
Crematory『Wrath from the Unknown -demo』
Acid Reign『Moshkinstein』
Deathrow『Deception Ignored』
Bolt Thrower『War Master』
Carcass『Reek of Putrefaction』
Atheist『Unquestionable Presence』
Nocturnus『Thresholds』
Tiamat『The Astral Sleep』
おっと、思ったより多くなってしまったね。
Q：プロモーションはありますか？
A：オフィシャルマーチを買ってくれ！　その方が俺も新しい音楽を作る可能性ができるから。
Q：日本の印象はどのようなものでしょうか。
A：日本には一度だけ行った事がある。東京に3日間行った。初めは理解するのが難しかったけど、だんだん勘が冴えてきて、最終的には多くの外国人と同じように日本を好きになった！　間違いなく、もっと深い経験をするためにまた行きたいと思ってる！
Q：日本のファンにメッセージが在ればお願いします。
A：俺たちは日本でライブをしたいと思っている。もし俺たちを観たいのならケツを叩いてくれ！　そして、やりたいことをやるという意識。そこで決して何かを真似しないようにする意識を忘れないで欲しい。テメーの得意な事をやるんだ。
Q：誠にありがとうございました。

Abhorrence
Abhorrence [EP]

1989年から1990年までの僅かな活動で、フィニッシュ・シーンの最初の潮流に属する。AmorphisでGtの片翼と初期のグロウルを担っていたTomi Koivusaari(Gt)、現Impaled NazareneのBaであるMika "Arkki" Arnkilが過去Drで参加していたことは特筆すべきだろう。短命ながらフィンランド勢特有の、オドロオドロしいサウンド、そのオリジナルを保有するバンドだ。Demilichほか、地元の後続達に多大なる影響を与えた。1990年『Vulgar Necrolatry』デモと同時期に、USレーベルSeraphic Decay Recordsから発表された7"EPが本作。2012年奇跡の再結成と共に、Svart Recordsが全音源集『Completely Vulgar』として再発し、アンダーグラウンドを沸かせた重要作である。

🔴 Seraphic Decay Records
📅 1990　📍 Finland

Adramelech
Psychostasia

1991年にロイマーで結成。Demigod『Slumber of Sullen Eyes』、Demilich『Nespithe』等のアートワークを手掛けたTurkka G. Rantanenの兄弟である、Jarkko Rantanenを中心としたAdramelechの1stフル。1992年1stEP『Spring of Recovery』、Repulse Records契約後の1995年2ndEP『The Fall』を経てリリースされた作品。初期のデモでAbhorrenceをカヴァーしていたことでも窺える病的な瘴気の漂う楽曲を、Demilichに近似する手法で演出。時にDemigod系列の叙情性とグライディングしてくるビート感を融合し、聴き手を圧倒する名盤である。当時DemigodのDrだったSeppo TaatilaがGtとしてゲスト参加。2004年と2014年に仕様違いで再発。

🔴 Repulse Records
📅 1996　📍 Finland

Agonized
Gods... [Demo Reissue]

1990年代初頭でラハティ周辺で短期間活動した4人組。当時地元で小規模なライヴ活動を行い、1991年に自主制作した唯一デモ作。「Bolt ThrowerやCarcassから影響を受けたバンドの音が、Xysma、Abhorrence、Disgraceといったフィニッシュ・デスのフィルターを通し、この音になった」(2016年Death Metal Underground)とインタビューにて語られている。その含蓄に富んだ恐怖表現の数々は、多くのマニアを唸らせた。2012年にその記事で回答していたSeraphim J(Vo)の手によりCD-Rで自主リリース。その後、Swallowedの Samu主宰のEmptiness Productions、UKのAphelion Prod.やドイツのDunkelheit Prod.等、各地でリヴァイブが巻き起こるカルト音源だ。

🔴 Self-released
📅 1991　📍 Finland

Amorphis
Privilege of Evil [EP]

カレリア地峡をルーツとしたカレワラの文化伝承を以って現在まで活躍し、ここ日本でも高い人気を誇るメロディックメタル・バンド。それは今でこその話で、活動当初は、ブルータル・デス～ニュースクール黎明の一端を担ったRelapse Recordsと契約を交わしていた。契約後最初のリリース予定が、Incantationとの Splitだったのだから面白い。そのリリース自体は実現しなかったが、PurtenanceやFunebreのデビュー作より早い1991年3月に、意外にもあのメロパワTimo Tolkkiをエンジニアに迎え、録音。1993年12月、単独EP扱いでのリリースとなった。基本はフィニッシュ・デスのシックネスを凝縮したような、密教的なトレモロやKeyワークを駆使したダーク・サウンド。一部1992年1stフルに収録されたエピカルな楽曲があり、北欧の郷愁、美意識が黄昏るかのような構造を成している。

🔴 Relapse Records
📅 1993　📍 Finland

162　Old School Death Metal Guidebook

Dark Blasphemies Records
2015　Finland

Anathema
Demo Tapes 1990 - 1991[Compilation]

Funeration というバンド名で 1989 年に結成し、翌年に改名。1991 年にかけ短期間活動していたバンド。Anathema のディスコグラフィ。スペインの Dark Blasphemies Records からリリース。フィニッシュ・デスの末端に見えるが、Xysma、Funebre、Demilich 等ともギグを行う等、国のデスメタル・シーン草創期に地元シーンを中心に活躍。その後、一部メンバーは Melcorn なるバンドを結成している（同名だが、Anathema Zine の発刊者だったかのは謎だ）。Xysma や Disgrace 等からの影響を感じさせる、グラインドコア要素をフレキシブルに解釈した狂気の音楽性である。Hooded Menace に在籍していた Markus Makkonen が、本作の T シャツを愛用。カルト・アンダーグラウンドならではの、ローファイな魔力を秘めたリイシューである。

Adipocere Records
1994　Finland

As Serenity Fades
Earthborn [EP]

1992 年に結成。フィンランドはヘルシンキ近郊で活動していたドゥーム・デス。1994 年にフランスの Adipocere Records から発表された唯一作 EP。それは Paradise Lost や Anathema 等の UK ゴシックメタルからの第一次的な影響を感じさせる、メロディック・デス前夜の叙情耽美派ドゥーム・デスメタル。God Forsaken や Let Me Dream 等の当時同国で活動していたレーベル・メイトとも共通する、陰りのある時代性が表れている。同国の Sentenced 等とも比較すれば、アンダーグラウンドの粗削りさが浮き彫りとなるが、それ故に独創性を感じさせる部分も多い。2011 年には The Crypt から 2LP が発表。1993 年のデモ音源と、一部メンバーが掛け持ちしていた August Moon なるバンドの 1993 年唯一デモ音源を追加収録しており、これまたマニアを沸かせた。

Belial
Wisdom of Darkness

フィンランド中部のオウルにて 1991 年に結成。最初のデモ『The Gods of the Pit』が 500 本以上の動向を見せ、アンダーグラウンドな人気を博したカルト・デス／ブラックメタル。Belial の Lethal Records からリリースされた 1st EP。2010 年にリイシュー。Entombed や Demigod などの影響下にある叙情的な北欧型デスメタルに、Impaled Nazarene や Beherit が持つ暗黒荘厳的な感性を融合させた、全 7 曲 20 分 26 秒の名作。後にメンバーの多くが Impaled Nazarene の活動を支えることになるのだが、ここで聴ける濃密な退廃感は、主に Gt の Jukka Valppu によるもの。バンドに内紛があり、氏が脱退（そこで Mythos を始動）して制作を行った次作からは、グランジや 70'sHR の影響を取り入れるなど独創的な変容を見せている。

Lethal Records
1992　Finland

Thrash Records
1991　Finland

Convulse
World Without God

ノキアで 1988 年から活動していた S.D.S. が 1990 年に改名。フィニッシュ・デスの第 1 世代である Convulse が生まれた。Sentenced の仲介を経て 1991 年に Thrash Records からリリースされた 1st フル。その際は、LP のみで世界的な知名度はあまり広がらなかったが、2010 年に Relapse Records がリイシューしたことで、後追い世代からも大きな注目を浴びた。メンバーは当時 18 歳。サウンドは親交があった初期の Sentenced や Beherit にも匹敵する、病的で狂気なまでの暗黒性を感じさせる狂気の躍動が満載。かつ、随所に Key や A.Gt. を用いた北欧的耽美の影を差し落とすものだ。Relapse を惚れさせ、2nd フルの契約にも繋げられた名盤。以降はデスメタルに 70'sHR やグランジの影響を溶け合わせ、Xysma や Disgrace とも共振する音楽性へと進んだ。

Northern Europe　163

Depravity
Silence of the Centuries [EP]

Depravity は 1990 年に結成後、1993 年までアンダーグラウンドな活動を行った。フランスの Adipocere Records から 1992 年に『Remasquerade』EP、翌年に本 2ndEP をリリース。その後、2011 年に Dark Descent Records からディスコグラフィ盤がリリースされたことで、後追いから高く評価されている。Purtenance の 1st フルと同様の制作環境となる、MDM Studios での制作。『Nespithe』等での Turkka G. Rantanen により、ジャケットが描かれた。HM-2 エフェクターによる、スウェディッシュ・デス・サウンド特有のトレモロ・リフが織り成す疾走感と、フィニッシュ・デスの叙情的な側面を強く押し出し、ダークな世界観が聴き手を魅了する傑作。Dr は現在 Korpiklaani で活躍する Matti Johansson。

🎵 Adipocere Records
📅 1993　📍 Finland

Disgrace
Grey Misery

Carcass 影響下のデスメタルが、彼らの国では一つのアイデンティティとなっているところで、その骨格の一部を Disgrace は形成している。1987 年トゥルクにて結成。同郷の Xysma と並び、フィニッシュ・デスメタル界隈の先駆者となり、1990 年代半ばにかけ、グラインドロックへの変遷を見せた。フランスの極小レーベルである Modern Primitive からのリリースとなった 1st フルは、若干遅れて登場することとなった。1992 年当時の、レーベルのアングラな流通と地元シーンの衰退という都合に苛まれた音源ながら、Carcass 影響下のシックネスが横溢した 1990 年デモの再録と、後のグラインドロックへの兆候を窺わせる楽曲を聴かせてくれる。Xtreem Music を始めとして何度かリイシュー。業界ファンも多いバンドの名作だ。Timo Tolkki 運営の TTT-Studios にて制作。

🎵 Modern Primitive
📅 1992　📍 Finland

Excrement
Scorched [EP]

ラッパ湖東海岸にある南ポフヤンマー地域ヴィンペリで、1992 年にデモ一作を残した Apoplexy の改名後バンドとして、Invasion Records から 6 曲入り EP を残した Excrement。後年に Slugathor や Torsofuck 等のゴア・バンドに在籍する、Antti Oinonen(Vo, Gt) を中心とした 4 人組で活動。ここでは、Carcass 影響下のグルームが漂う単音リフと騒々しいトレモロを、パンキッシュなリズム・セクションに組み合わせた、Xysma や Disgrace に通じる音楽性。2 ビートの疾走感溢れる展開をメインに、メロディック・デスにも接近するかの叙情性を打ち出し、混沌とした様相が描かれる。ケミにて Tico Tico Studio にて制作。ジャケットは West Virginia 系の作品を手掛けた、Michael Schindler によるもの。

🎵 Invasion Records
📅 1994　📍 Finland

Festerday
...the Four Stages of Decomposition... [Compilation]

ボスニア湾に面する港町ヤコブスタードにて 1989 年に結成。1995 年以降は ...and Oceans、2005 年以降は Havoc Unit と名を変え、ブラックメタル側のバンドとして活動を続けたが、2013 年からは、再び Festerday 名義で活動中のデス/グラインドコア。Svart Records からリリースされた本作は、1990 年代初頭に制作したデモとライヴとリハーサル音源をコンパイル。Carcass の楽曲名から取ったバンド名、医療系のコンセプト、吐瀉物を撒き散らすようなグロウル、ブラストに心地よいミドルを絡める猟奇的なビート等、まるでクローンのような概観。スウェディッシュ系のスリリングな展開力や叙情性が同居した。全体的なカラカラとした音の質感で、この国のバンドとしては珍しく、フィニッシュ・シーンの Carcass 影響下にある陰鬱なサウンドとは、また異なったアプローチを採っていたことがわかる。

🎵 Svart Records
📅 2015　📍 Finland

Spinefarm Records
1991　Finland

Funebre
Children of the Scorn

フィンランドの片田舎パイミオにて、1988年から1991年まで活動。1991年には Necrophile 等との Split もリリースしているオリジネイターの唯一フル作。Spinefarm Records からのリリースで、後に別ジャケットで Xtreem Music からリイシューされた。ヘルシンキは Timo Tolkki 運営の TTT-Studios にて制作。フィンランド最古のデスメタル・バンドと冠されることもあるが、同国で1988年に結成されたバンドは数多く存在するため、「歴史上最も早い段階でスウェディッシュ・デスのプレイパターンをフィンランドで咀嚼、そのサウンドに昇華したのが Funebre」というのが正確な表現だろう。音楽性は先駆的だが、単細胞的ではなく、発狂するようなリフや技巧的な転調を駆使し構築。模糊とした瘴気と陶然と響くメロディにより聴手を魅了する。避けては通れない。

Adipocere Records
1992　Finland

God Forsaken
Dismal Gleams of Desolation

1990年に前身の Putrid が結成、『God Forsaken』の録音と同年の1991年に改名した。それが US レーベルからリリースされるまでの約一年を過ごし、1996年まで活動。その後、2001年から2002年まで限定的に再結成していたドゥーム／デスメタル、God Forsaken の 1st フル。フランスは Adipocere Records からのリリース。前身の活動で Black Sabbath ルーツのサウンドを確立。本作はその延長線上で、神に見捨てられたなるバンド名に合致するかの、ペーソスと叙情感を感じさせる楽曲を展開した。それはドゥーム風のデスメタルでありつつ、精神的には、聴き手に深い憂いを与えるものである。UK の Anathema やドイツの Pyogenesis 等と共にツアーを行っていた事もあり、深い憂いは、ゴシック／ドゥームへの橋渡しを担った憂いともいえる。

Necroharmonic Productions
2016　Finland

Interment
Life Here After [Compilation]

Funebre と同郷となるパイミオにて、初期の Funebre に在籍していた Samppa Haapio (Vo, Gt, Ba) を中心として1989年に結成。短期間活動していた Interment の Necroharmonic Productions からリリースされた編集盤。1991年に Xysma の初期作品でも知られる ComeBack からリリースされた『Life Here After』EP と未発表音源を収録。スウェディッシュ・デスから影響を受けた Funebre の叙情的手法を、より一層オブスキュアにしたようなアングラ・デスメタル。プリミティヴな感覚は、オリジナル所以である。音質は劣悪で、ポコポコとはねるバスドラムの音がなんとも間抜け。リプロ盤かの荒れた盤上を針が伝うような、チリチリとしたノイズが入っているのも味わい深い。

Lubricant
Nookleptia [EP]

1988年に前身となる O.V.D. が結成され、1990年に改名し、1994年まで活動。2015年に再始動。Convulse や Purtenance がいるノキアで、Convulse と同様に Xysma から影響を受けたサウンドを提示。グラインドロックと形容されるに至った Lubricant による、ドイツ Morbid Records からリリースされた唯一作 EP。2017年に Svart Records からリイシュー。Carcass ルーツのパソロジーを汲んだリリックと、その退廃的なサウンド。デス／グラインドのスケール展開に、ブラストや裏拍を巧みに打ち込むミッドテンポを絡め、跳ねるようなアタック感を打ち出した。時にクリーン・ヴォイスや 70'sHR 系列の詩情を用いながら、バラエティ豊かに進行していく。デスメタルの肝は原初的なグルーヴであることを再認識させられるような渋さがある。

Morbid Records
1993　Finland

Thrash Records
1993　Finland

Mordicus
Dances from Left

北カルヤラ県のヨエンスーで 1989 年から 2000 年代初頭まで活動していた Mordicus の唯一フル作。ケミの Tico-Tico Studios にて制作。Impaled Nazarene や Belial 等を手掛けた Ahti Kortelainen がエンジニア。オリジナルの Thrash Records 盤は激レア。近年スペインの Temple of Darkness Records からリイシュー。スウェディッシュ・デス影響下のボトム周りに支えられた楽曲。当時のフィニッシュ・デス／グラインド界隈に蔓延る Carcass ⇒ Xysma の伝承が伝播されながらにも、悪魔崇拝のオカルティズムに根ざした退廃性を漂わせる向きのもの。多彩で独特で、ポーランドの Hazael にも近しい性格といえる、ミステリアスな Entombed の別解釈が味わえる。世界中のダイハードなヘッズをして (掘り起こされた……) 宝石と評される名盤。

Evil Omen Records
1995　Finland

Mythos
Pain Amplifier

ex-Belial の Jukka Valppu(Gt) 等により、オウル近郊で 1992 年に結成し 2000 年まで活動。当時 Impaled Nazarene との親交があったことからも、フィンランドの初期ブラックメタルとみなされているバンド。Mythos による Osmose Productions 傘下の Evil Omen Records(Sarcófago や Blasphemy のファンクラブを立ち上げていた Ludo Lejeune のレーベル) からリリースされた 1st フル。2010 年には Nuclear Winter Records からリイシューされる他、カルト人気の高い作品である。イーヴルで悪魔崇拝のリチュアルが発露していながらに、デスメタルの重厚さを強く感じさせる。そのマージナルな音は、ノルウェーの Molested 等に通じる凄艶な破壊力を伴う。

Century Media Records
2013　Finland

Necropsy
Tomb of the Forgotten - The Complete Demo Recordings [Compilation]

ヘルシンキから北 100Km のラハティにて F.T.D. なる名前で 1987 年に結成、Anxiety への改名を経て、1989 年に再び改名。幾つかのデモに加え、1992 年に Seraphic Decay Records からの 7" EP や Demigod との Split を発表し、1994 年に解散。2011 年に再結成されたラインナップでも、オリジナルな作品を生み出し続けている Necropsy。本作は、Century Media Records からリリースされた、未発表含む 1994 年解散までの全音源集。シーンでは草創期から活動していたバンドだけあり、後に登場するバンドとは異なった、スラッシュメタルからの連続性を感じさせる。フィニッシュ・デスメタルのオブスキュアな原石である。後年にかけ音に同居してくる、Carcass 影響下シーンのグルームや北欧的幻想の戯れは、土着性の妙だろう。

Dark Blasphemies Records
2016　Finland

Obfuscation
A Document of Dysphoria - Collected Recordings 1992-1995 [Compilation]

ラハティにて前身の Obscene が結成、1992 年に Obfuscation へと改名後、1993 年に Exhumed Productions の編集盤『Requiem - Morbid Symphonies of Death』に参加、1995 年に E-Records からの『Swansongs』EP を発表し、解散したバンド。本作は、Dark Blasphemies Records から発表されたディスコグラフィ。EP で最終的に聴かせていたのは、後期 Carcass から多大な影響を受けた小気味の良いグラインドロックである。それ以前の音源では、Belial ～ Impaled Nazarene へと渡った Jani Lehtosaari が Ba で在籍していたこともあり、その周辺の美学を彷彿とさせる、邪悪ミスティックなグラインド／デスメタルを奏でていた。2016 年から活動再開した。

Xtreem Music
2010　Finland

Phlegethon
Drifting in the Crypt [compilation]

Hooded Menace の Lasse Pyykkö や Teemu Hannonen が元々在籍していたヨエンスー出身のバンドによる、Xtreem Music からリリースされた音源集。1991 年にスイスの Witchhunt Records からリリースされた『Fresco Lungs』EP や、『Weird Tales of Madness』Split 音源、初期から 2000 年代以降にかけてのデモ音源を収録。初期は Slayer 影響下の邪悪で緻密なリフに慄然するようなサウンドであったが、EP リリース以降は、Black Sabbath 影響下の密教性を漂わせるドゥーム・デスを構築した。Lasse の個人プロジェクトとなった 2000 年代以降の音源は、さしずめ Hooded Menace の前身といった出で立ち。初期の頃からバンドロゴや氏による幻想退廃の Key 等、Goth な趣向を窺わせていたのも印象深い。

Drowned Productions
1992　Finland

Purtenance
Member of Immortal Damnation

ノキアにて 1989 年に Purtenance Avulsion の名で結成。1991 年に改名。翌 1992 年まで活動し、一度解散した。2012 年に再結成後は、コンスタントに活動中のオリジネイター。Purtenance による、Dave Rotten 主宰の Drowned Productions からリリースされた 1st フル。2011 年に Xtreem Music からリイシュー。フィニッシュ・デスメタルを代表する作品の一つ。ジャケットはフランス人デザイナーの重鎮 Thorncross が手掛けた。Abhorrence や同郷の Convulse にも類する、物憂げでシックな雰囲気が充満したサウンド。そのドゥームにも接近する重さを以て、退廃に淫する。随所に Key の導入やアコースティック・パート等を挿入し、求心力を高めている。Gt は、2nd フル以降の Convulse にも在籍した Toni Honkala。

Keltic Records
2012　Finland

Putrid
Re-Exhumation [Compilation]

1990 年に当時のヴァーサ州にあたるイリスタロで結成された、God Forsaken の前身バンドによるディスコグラフィ。アンオフィシャルも多数世に送り出しているチリの Keltic Records からリリースされ、正直なところ版権周りは怪しい作品だ。1991 年『Exhumation』デモ、Exhumed、Baphomet、Profanatica、Gorement 等の 7" をリリースしていた After World Records からの 1992 年『God Forsaken』EP と、各リハーサル音源を収録。Carcass 影響下で Abhorrence にも通じる模糊とした歪みが特徴的な、暗鬱なムードの漂うサウンド。改名直前の EP にかけ、Black Sabbath ルーツの方向性が定まっていく。その US 圏でリリースされた EP は、どことなく東海岸系の US デス〜南下したスラッジコア・シーンに呼応した印象も受ける。

Rippikoulu
Musta Seremonia [EP][Remastered]

製紙業と湖の町バルケアコスキにて 1990 年に結成。1992 年に『Mutaation Aiheuttama Sisäinen Mätäneminen』デモ、1993 年に『Musta Seremonia』デモを制作後、Marko Henriksson(Gt) の死をきっかけに解散した。その後、2010 年に新進気鋭の Svart Records から本 2nd デモがリマスター再発、レーベルの名と共にアンダーグラウンド・シーンで大きな注目を浴び、2014 年に再結成。1980 年代末期に訪れたフィニッシュ・デスの黎明と発展といった時局で、バンドは自らの音楽性をハードコア・ルーツとしており、デスメタルの残忍で暗い感情を極端に遅い手法で提示することとなった。その Winter にも通じるドゥーム・デスメタルは今なお色褪せず、陰鬱なビートを刻み続ける。Coffins の Uchino がフェイバリットを表明。

Svart Records
2010　Finland

- Wounded Love Records
- 1993
- Finland

Sceptical Schizo
The Plight [EP]

ポリ近郊のノールマルックにて1988年から1993年まで活動後Lavraへと改名。ポスト・パンクからの影響を受けて音の変容を見せ、1996年に解散。一部メンバーはMorpheus(ポリ)のメンバーは、As Divine Graceなるゴシック/アヴァンギャルド系のバンドでも活動。そのSceptical Schizoの最終作となる本EP。繋がりがあったフィニッシュ・フューネラル・ドゥーム前夜の躍如たる、陰惨なドゥーム・デスメタルに、Dolorian辺りにも継承されるアヴァンギャルドな芸術美が同居した名盤である。Avantgarde Music傘下となる以前の、Wounded Love Recordsからリリース。因みに相関が窺える話で、本作発表後にLavra名義で制作した1995年の唯一作は、ThergothonのNiko Sirkia運営のDemonosoundがリリースを担当。

- Black Mark Production
- 1994
- Finland

Scum
Mother Nature

このScumは、フィンランド東部のパリッカラにて1990年に結成されたバンド。Black Mark Productionと契約を交わし、1990年代中盤まで活動。その後、2016年にお蔵入りとなっていた3rdフル用の音源『Garden of Shadows』がBlood Musicからリリースされている。1995年2ndフル『Purple Dreams & Magic Poems』以降は、SentencedやAmorphis等にも類する、哀愁漂うメロディック・デスの道へと進んだ。この1stフルでは、Black Mark産らしい叙情性を始めとしたきらいがありながらも、Sentencedの1stとDemilichのミックスともいえる整合感で聴かせてくれる秀作。ダークファンタジカルな世界観を形成するミッドテンポを軸とした展開に、病的なリフや技巧的なリズムセクションが組み込まれている。

Sentenced
Shadows of the Past

1988年のDeformityなる前身の結成から1989年に改名後2005年まで活動。フィンランドから世界に向けて最も成功したデスメタル・バンドの一つとなるSentencedの名盤1stフル。オリジナルはフランスのThrash Recordsからのリリースとなり、現在は超高額で取り引きされる。オリジナル盤のジャケットは、Abhorrence等を手掛けたLuxi Lahtinenによるもの。死、スイサイダル、鬱等といった病的なネガティビティを象徴するようなダウンチューニングの歪みに覆われた音像。激烈なタメを生み出し、幽玄な翳りを湛え、聴く者の陰性の感受性に訴えかける。当時はDemigodや同郷オウルのBelial他、多くのバンドと繋がりを持ち、そのアンダーグラウンドな各方面からのフィードバックを摂取して、底知れぬ魔力を秘めた作品となった。ケミはTico-Tico Studioでの制作。

- Thrash Records
- 1992
- Finland

- Spinefarm Records
- 1994
- Finland

Tenebrae
Dysanchelium

ヘルシンキにて1991年に結成。2枚のフル・アルバムと1枚のEPを残し、解散。後にLullacryやS-Tool等のゴシックメタル界隈で活躍するSami Vaughan(Gt, Vo)や、Twilight OpheraやGloomy Grim等のシンフォニック・ブラックメタル界隈で活躍するJussi Heikkinen(Gt, Key, Vo)が在籍していたバンド。Tenebraeの、Spinefarm Recordsからリリースされた1stフル。デスメタルではあるが、グランジのようなムードで、ミッドテンポ主体の鈍重スラッジーなリフにより展開されるサウンド。時にKeyやCello等を用いつつ酩酊感のあるフレーズが反復。Coroner『Grin』系のトランス感覚を誘発させる技巧性や、同郷のWaltari影響下のミクスチャーチックな変態性が醸し出される。独特の作品。

168 Old School Death Metal Guidebook

Eibon Records
1999　Finland

Thergothon
Fhtagn-nagh Yog-Sothoth [CD]

フューネラル・ドゥームの音楽史は、このThergothonが1994年にAvantgarde Musicからのファースト・タイトルともなる1stフル『Stream from the Heavens』をリリースした時点で開陳されるのが正史という見方がある（diSEMBOWELMENTもそれ以前の重たいデスメタルであるとして）。ジャンルがデスメタルから派生した側面を鑑みた際にも、最初から彼らは「純正」のものであったといえるのが、1991年の本デモにある。共にシーンを生み出すSkepticism、Rippikoulu、Unholy等の同時期と比較しても、そのアンビエント性やドローン性が強く、真のオリジネイターとしてのイメージが際立つ。圧倒的低音の昏いディストーションがデスメタルから離脱し、憂鬱の世界に召されるかのよう。画像は1999年 Eibon Records初CD化のジャケット。

Lethal Records
1993　Finland

Unholy
From the Shadows

1988年にロシアの国境に近い東部町イマトラにて前身となるHoly Hellが結成。1990年に改名。1991年の2ndデモ『Trip to Depressive Autumn』がオーストリアのLethal Recordsからリリース。Wild Rags RecordsからのUSライセンス仕様が流通されるなどして少しの成功を収めた。その後、Lethal Recordsからリリースされた1stフル。世界的に見ても早い段階でのドゥーム・デスを鳴らしていた前身の延長線上で、先進的かつアヴァンギャルドな世界観を織り成したUnholyもオリジネイターである。Celtic Frostの退廃性を源流とする多彩なKeyの音色や女声コーラス等の装飾が施された、圧倒的な重さ暗さ遅さの不協和を醸し出す本作。その身が決壊するような絶叫による、心象世界の破滅と荘厳なカルト・リチュアルたるや凄まじい。

Invasion Records
1995　Finland

Vomiturition
A Leftover

西部都市ヴァーサにてDesecratorなる前身バンドが1988年に結成。1990年にVomiturition へ改名後、2枚のEPと本作を残し解散。AlterとのSplitで知られるCartillageを掛け持ちしたメンバーの他、1993年にRotten Soundを結成するMika Aalto(Gt)とKeijo Bagge(Vo)。他にも、後にWintersunやSwallow the Sun、Trees of Eternity等に加入するKai Hahto(Dr)等により活動していたバンド。Invasion Recordsからリリースされた本作は、そのキャリアの集大成となった名盤。スラッシュ・リフを軸としたスウェディッシュ系のセンスで、随所にDemilich登場以降の混沌としたミッドテンポや過激なブラストビートを組み込み、技巧的で緊張感に溢れる推進力を発揮している。

ComeBack
1991　Finland

Xysma
Yeah!

1988年に前身のRepulseがトゥルクで結成され、1990年に改名。Carcass、Napalm Death登場以降、世界的にも最も早い段階で呼応したグラインドコア・バンドとしてスタート。その後、すぐに70'sHRやグランジ、ハードコアの影響を取り入れ、グラインドロックと呼ばれるサウンドを創造。後続に多大なる影響を与えたオリジネイター、かつ早すぎた異端、個性派。Xysmaの地元の小レーベルComeBackからリリースされた1stフル。1990年の『Fata Morgana』EPまではゴアグラインド寄りのサウンドだったが、本作から一転。グラインド/デスメタルの中でも、陽性で小気味の良いリズム・セクションや、ストーナーロック的リフ進行、Synthの音色やA.Gt.の美旋律を先進的に取り入れた。2017年にVic Recordsからリイシュー。その先駆性が再認識されている。

Northern Europe　169

ビートダウン的モダンヘヴィネス・デイニッシュ・アウトサイダー

Konkhra

出身地 デンマーク・ケーエ
活動年 1990～

タトゥー雑誌に執筆し、レコードショップ、レーベルを運営、有名人も加盟

　1989年に島シェラン地域にあるケーエ(Køge)で前身となるVicious Circleが結成。1990年に『Vicious Circle』デモを制作した際のラインナップは、Claus Vedel(Gt, Vo)、Jon Clausen(Dr, Vo)、当時16歳のAnders Lundemark(Ba, Vo)の3人。その後、Sodomの『Mortal Way of Live』収録の「Conqueror」を聴いたJonにより改名が提案され、Konkhraとなる。1991年にMartin Kristensen(Anders Kristensen)(Ba)が加入。AndersがGt, Voへと転向し、1991年の1stデモ『Malgrowth』を制作。数千のコピーを販売し、1992年にKonkhraの1st EP『Stranded』は『Progress Magazines』から3000枚限定でリリース。Fear FactoryやBrutal Truthとのサポートにも繋がった。1990年代のKonkhraのキャリアは、このデンマークのタトゥー/音楽誌『Progress Magazines』と共にある。『Progress Magazines』は、ヨーロッパ最初のアンダーグラウンド・タトゥー・マガジンで、オーデンセのSliced Pimples、Cronnetor、Rigid Domain等のメンバーや友人により設立されメタル/ハードコア・シーン(概ねNYハードコア)の記事も多く掲載していた。後にAndersもALM名義で執筆に携わる。Progress Shopというレコード・ショップも運営し、1992年にはProgress Red Labelsとしてレーベル業を開始。Konkhraの他、Illdisposed、Dominus、Detest、Grope、Macerationなどを輩出。デンマークのEmanzipation Productions、USのPulverizer Records等を始め、多くの国内外のレーベルと提携を結び、グランジやDizzy Mizz Lizzyが人気を博していた国内でエクストリームメタルの文化発展に尽力した。Jon(Dr)とMartin(Ba)の脱退、Johnny Nielsen(Dr)とFurious TraumaのLars Schmidt(Ba)の加入を経て、レーベル・マネージャーと共にストックホルムのSunlight Studioにてレコーディングを行い、1993年に1stフル『Sexual Affective Disorder』をリリース。翌年にはNuclear Blastのライセンス盤もリリースされている。その後もDeath～Obituary～Disincarnate～Testamentを渡り歩いたJames Murphy(Gt)や、Attitude Adjustment～Machine Headへと渡ったChris Kontos(Dr)の加入を始めとしたラインナップの変更がありつつあるが、紙幅の都合もある為、1990年代にデイニッシュ・デスメタル・シーンを代表するバンドとして世界を股にかけた彼らの活動を、ディスコグラフィのページで追っていきたい。

170　Old School Death Metal Guidebook

- Progress Magazines
- 1992

Konkhra
Stranded [EP]

Progress Magazinesから3000枚限定でリリースされた1stEP。プロモ用音源的な意義の含まれた、新録の4曲に1991年『Malgrowth』デモの2曲を追加したものである。Anders Lundemark(Gt, Vo)、Claus Vedel(Gt, Vo)、Martin Kristensen(Ba)、Jon Clausen(Dr) のラインナップで、オーデンセのRedHouse Studio にて制作。北欧系のグルームに、US勢のブルータリティを同居させた血湧き肉躍る獰猛なデスメタル・サウンドが確立された作品。Konkhraの特色ともなるグルーヴメタル要素はドンシャリ音質となり、陶酔を憶える悪の響きが込められたイーヴル・パワーが貫徹されている。Rottrevore好きに是非。アートワークはタトゥー・アーティストのGuy Aitchisonによるもの。

- Progress Red Labels
- 1993

Konkhra
Sexual Affective Disorder

Progress Red Labelsからリリースされた1stフル。Martin(Ba)とJon(Dr)の脱退からスラッシュメタル・バンドFurious TraumaのGt, Voであった Lars Schmidt(Ba)、Johnny Nielsen(Dr) が加入した編成で、ストックホルムのSunlight Studio にてTomas Skogsberg プロデュースの元、Dismember のFred Estby(Dr) をエンジニアに迎え制作。制作環境から殺気立っていたサウンドはスウェディッシュ・デス寄りともなったが、前作のオリジナリティを活かした極悪解釈により、ポルノのSEを挿入する等しつつ、ソリッドなリフ遣いと多彩なグルーヴの応酬が繰り広げられる名作。ジャケットは国の美術家であるMichael Kviumによるもの。翌年にNuclear Blastからリイシュー。

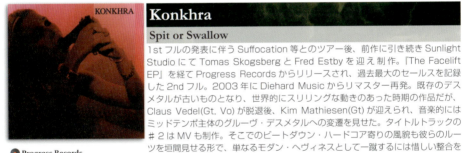

- Progress Records
- 1995

Konkhra
Spit or Swallow

1stフルの発表に伴うSuffocation等とのツアー後、前作に引き続きSunlight Studio にてTomas Skogsberg とFred Estby を迎え制作。『The Facelift EP』を経てProgress Records からリリースされ、過去最大のセールスを記録した2ndフル。2003年にDiehard Music からリマスター再発。既存のデスメタルが古いものとなり、世界的にスリリングな動きのあった時期の作品だが、Claus Vedel(Gt, Vo) が脱退後、Kim Mathiesen(Gt) が迎えられ、音楽的にはミッドテンポ主体のグルーヴ・デスメタルへの変遷を見せた。タイトルトラックの♯2はMVも制作。そこでのビートダウン・ハードコア寄りの風貌も彼らのルーツを垣間見せる形で、単なるモダン・ヘヴィネスとして一蹴するには惜しい整合を得ている。

- Diehard Music
- 1996

Daemon
Seven Deadly Sins

1995年にKonkhra とEntombed のサイド・プロジェクトとして、Anders Lundemark(Vo, Gt) とNicke Andersson(Dr) を中心に、Morgan Pitt(Ba) なる架空のメンバーにより結成されたバンド。Daemon の、Diehard Music からリリースされた1stフル。Dismember のFred Estby(Dr) プロデュースの元 Sunlight Studio にて制作。Fred とEntombed のUlf "Uffe" Cederlund(Vo) がゲスト参加。1995年に公開されたUSのサイコ・サスペンス映画『Se7en』から着想を得た作品。Daemon では、Nicke が本作のみで脱退、後任にPer M. Jensen とGene Hoglan を迎え、2枚のフル・アルバムをリリースしている。サウンドはスウェディッシュ・デス。

Progress Records
1997

Konkhra
Weed Out the Weak

バンド内のサイド・プロジェクトや過酷なツアー生活を経てラインナップに変更があり、Anders を中心に、ex-Infernal Death の Thomas Christensen(Ba) を迎え、渡米。連絡を取り合っていた、ex-Attitude Adjustment で ex-Machine Head の Chris Kontos(Dr) と、当時 Testament を脱退したばかりの James Murphy(Gt) が加入。カリフォルニアにて制作、Progress Records 等からリリースされた 3rd フル。3週間で2万枚以上を売り上げ、翌年に Diehard Music と Metal Blade Records が再発。2018 年には Hammerheart Records が再発。Machine Head 仕込みのグルーヴと巨匠 James の Gt ワークが、Konkhra の攻撃性でコーティングされている。

Diehard Music
1999

Konkhra
Come Down Cold

Diehard Music からリリースされた 4th フル。前作に引き続きデンマークのスタジオと、James Murphy(Gt) 運営の Sound Temple Studio にて制作された。ヒットした前作に伴う Napalm Death との7週間のヨーロッパ・ツアー始めとした大規模なツアー生活から、バンド内で不和が生じ、Thomas(Ba) と Chris(Dr) が脱退。Lars Schmidt(Ba) が復帰、ex-Invocator で同時期に Artillery へ加入している Per M. Jensen(Dr) を迎えたラインナップ。Pantera 直系のサウンドが前面に押し出された、Late 90's の時代性を感じさせる作品。同時代の Pantera によるアウトトラック集として聴けそうな程に、個性皆無な模倣のオンパレードは、実力者揃いであるだけに勿体ない。

Code666 Records
2003

Konkhra
Reality Check

Code666 Records に移籍しリリースされた 5th フル。Anders Lundemark(Gt, Vo)、Lars Schmidt(Ba) を中心としたラインナップに戻り、Kim Mathiesen(Gt)、Johnny Nielsen(Dr) が復帰。Anders が新たに設立した Starstruck Studio にて制作されている。前作発表後 Per M. Jensen(Dr) は The Haunted に移籍し、10余年に渡りソリッドなビートを打ち付けることになるが、ここに来てなぜか Konkhra もそういったモダンな「デスラッシュ」サウンドへの変遷を見せた。同国の HateSphere 登場 (2001 年) からの時流の変化を敏感に受け取ったような体裁で、近年にかけて彼らはエクストリームメタル・バンドであることを強調することにもなる。

Chopshop Records
2009

Konkhra
Nothing is Sacred

新たに Chopshop Records を設立し、リリース、コペンハーゲンの Target Group からもディストリビュートされた 6th フル。2CD 仕様には 1990 年『The Vicious Circle』デモ、1991 年『Malgrowth』デモのリマスター版を収録。Anders Lundemark(Gt, Vo)、Lars Schmidt(Ba)、新任の Mads Lauridsen(Dr) に James Murphy(Gt) がゲスト参加したラインナップにて制作。前作の方向性を維持しつつモダンでソリッドなリフ遣いを主軸に構成されつつ、James 在籍時のグルーヴが現代に昇華されたサウンドを聴かせてくれる。どことなくモダンなエクストリームメタルといった雰囲気 (他意は無く) はあるが、過去 Konkhra が築き上げてきたキャリアも思い起こさせるようだ。

Dark Symphonies
2018　Denmark

Agonize
Fall / Promo Demo 1993 [Compilation]

南デンマーク地域のヴァイレで 1989 年に Alterator として結成、翌年に改名を行い、1991 年に『Fall』デモ、1993 年に『Promo Demo 1993』を制作。1992 年には Progress Red Labels の編集盤にも参加。当時 Invocator、Konkhra、Extreme Feedback、Eidetic、Illdisposed 等と国内でギグを行っていた初期デスメタルのディスコグラフィ。Dark Symphonies から 1000 枚限定でのリリース。1988 年に New Renaissance の編集盤へ参加する Battalion の Brian Sørensen(Dr) が在籍した、初期デイニッシュ・シーンの Thrash to Death 的サウンド。Coroner や Invocator にも通じる目まぐるしいスラッシュ・リフに、US 系のマッドなアグレッションが組み込まれる。

Shiver Records
1994　Denmark

Caustic
Moments in the Infinite [EP]

南デンマーク地域ユトランド半島西海岸のエスビャウにて、1991 年から 1997 年を活動。2011 年に再結成されたドゥーム / デスメタル Caustic による、2 作のデモを経て、ベルギーの Shiver Records からリリースされた 1st EP。近年 Bamdcamp 上にも公式アップロードされているが、なぜかオリジナル盤より 1 曲少ない 2 曲入りとなっている。ミッドテンポ主体の音楽ながらも、ダウナーな要素には希薄であり、悠々たるストーナー / ドゥームの息遣いを感じる作品だ。その情景は、仄暗くもファンタジックな夢幻の世界のよう。随所にメロウな Gt ソロやクリーン・トーンも導入しており、ホラーなグロウルがデスメタルの体裁を保っている。Rolf Rognvard-Hansen(Dr, Gt) は、バンドの一時解散後、Illdisposed へと加入。1995 年から 2001 年にかけ Dr として活躍した。

Nordic Metal
1998　Denmark

Cinerator
Centuries of Silence

現在は Shadowspawn というデス / スラッシュメタルで活動中の Kelvin Dam(Gt) と Nicolai Cheung(Gt) を中心に、1993 年から 1999 年まで活動していた Cinerator。これは、当時デンマークの極小レーベルとして運営され、近年激レア盤市場を賑わせている Nordic Metal から 500 枚限定でリリースされた唯一作。2018 年に Dark Symphonies から、1994 年デモと 1996 年デモを追加した 2CD 仕様でリイシューされた。硬質なデス / スラッシュ・リフをベースに、初期 Konkhra、同時期の Malevolent Creation や Sinister 等に通じる、ブルータリティを追求した様相。ビート・ダウンや、タフなスラッシュ・リフ、猟奇的な単音リフ等を駆使して、デイニッシュ・シーンの Late 90's 的モダニズムを彩った秀作である。

Mighty Music
1999　Denmark

Corpse Vomit
Drowning in Puke

首都コペンハーゲンにて 1990 年代を活動。Target Records を主宰する Thorium の MHA(Vo) が Molesting Mike 名義で在籍した、Corpse Vomit の唯一フル作。氏の勤務先でもある Mighty Music からのリリース。2012 年に Undergang の David Torturdød(Vo, Gt) が運営している Extremely Rotten からカセット化。下品なアートワーク、ポルノな SE、スカムなヴァイブを撒き散らしながら、Autopsy ～ Abscess や Impetigo 等に通じる世界観を垂れ流す名作。死臭漂う強烈なグルームのミッドテンポを主体とした曲構成で、暴走ファスト・パートやマッドな Gt ソロがファックする、ロウエンドかつ病的なオールドスクール・デス。常に御下劣なサウンドが主流ではなかったデイニッシュ・シーンの解釈がこれだ。

Northern Europe　173

● Self-released
📅 1998 👤 Denmark

Deadflesh
Unreleased Hate

世界遺産のロスキレ大聖堂で知られる、シェラン島北部のロスキレにて 1993 年に結成。再結成時 Infernal Death でも活躍した Allan Hartvigsøn(Allan Pedersen)(Gt, Vo) を中心に現在も活動を続けている Deadflesh。レーベル契約を行わないバンドで、その DIY な活動では、Dominus のメンバーが絡んだ時期もある。約 10 年周期でフル・アルバムを発表しているが、毎作オールドスクール・フリークからの評価が高い。Facebook のフォロワーは約 1000 人程。本作は、Take One Studio にて制作を行い、400 枚限定で自主リリースした 1st フル。Bolt Thrower に通じる重厚なサウンドながら、US やスカンジナビア系の要素も濃密に絡み合う。暗黒的なトレモロ・リフ、ブラストビート、ガテラル・ヴォイスを駆使し、独自の激切たる推移を描き出している。

● Self-released
📅 1986 👤 Denmark

Desexult
S.O.D. F.O.A.D. [Demo]

ユトランド半島東海岸のオーフスはリスコフにて、1984 年に Samhain として結成。1986 年に DesExult へと改名し、1980 年代中後期を活動。Blackthorn zine を執筆していた Henk Leviathan(Gt) や Esben Slot Sørensen(Gt) が在籍。後年に Darkthrone が影響を公言したことで、話題を博したバンド。その『F.O.A.D.』の語源ともされる改名後 1st デモ。タイトルは「Soon Our Demo Finds Our Album Deal」の略。「Evil Courier」と叫ぶ #1 を始め、Venom や Sodom 等に比類する邪悪な暗黒性に満ちた、パンキッシュな能動性が漂う Thrash to Death 音源だ。その後は、タイトル通りに行かず、New Renaissance Records の編集盤へ参加した他、デモのみで活動を終えた。

● Progress Red Labels
📅 1994 👤 Denmark

Detest
Dorval

デンマーク首都地域の都市、ブランビューで 1990 年から 1996 年まで活動したオリジネイター。1992 年の『DeathBreed』デモが Progress Magazine の ALM(Konkhra の Anders Lundemark) から高く評価され、Progress Red Labels から発表された 1st フル。2017 年には Dark Symphonies から、そのデモ音源と、1993 年のライヴ音源を追加した 2CD 仕様で再発。ロウエンドな Sci-Fi デスメタルを聴かせてくれる、シーンの異色作。エイリアンをモチーフとした残忍なコンセプトを持つ、オドロオドロしいサウンドを展開し、フォーキッシュな音色で終局を迎える。その後は一部メンバーによる Cyborg なるインダストリアル側の派生バンドもあり、デイニッシュ・デスメタル界隈において、独自の音の未来像を築いた。2013 年に活動再開、2019 年に EP を発表。

● RRS
📅 1994 👤 Denmark

Dominus
View to the Dim

リングステズ出身の Dominus は、伝統的なヘヴィメタルにロカビリーを取り入れた音楽性で世界的人気を博す Volbeat の前身バンドである。1991 年から 2000 年代初頭までの活動で、徐々にグルーヴメタル化していった。この 1st フルは、ギリシャの Molon Lave Records からの 1991 年 7" EP を経て、Diehard Music 系列の RRS からリリースされたカルト名作。1989 年のサスペンス映画『Dead Calm』からのサンプリングで幕を開け、重厚なボルトスロウイング・スタイルのデスメタルを鳴らした。作品全体に漂う暗黒派の響きと、随所にイントロダクションを挿入する、ドラマ性豊かな詩趣が魅惑的だ。なお、Gt, Vo の Michael Poulsen は Death からの影響を公言し、後に『Spiritual Healing』のライナーも執筆している。

174　Old School Death Metal Guidebook

- Euphonious Records
- 1995
- Denmark

Exmortem
Labyrinths of Horror

オーフス出身のExmortem。1992年にMordorとして結成。1994年に改名後、2010年まで活動。6枚のフル・アルバムが存在。2000年代初頭から2000年代半ばにかけて、Osmose ProductionsからWicked World Records(Earache Records傘下)へと移籍し、世界的な認知度を高めたバンド。1stフルは、Illdisposedや後に閃霊などを手掛けるJan Borsingプロデュースの元で制作を行い、1995年設立直後のEuphonious Recordsからリリース。映画『Cube』のようなジャケットで、音質も比較的クリアだが、歌詞の内容は、サタンやルシファーが頻出する悪魔崇拝的なもの。展開もオールドスクール。度々Morbid Angelと比較されているが、Incantation風の暗黒的なスケール進行が特徴でもあり、独自性が高い。

- Serious Entertainment
- 1996
- Denmark

Frozen Sun
Dimensions

オーフスにて1992年から2003年まで活動。Progress Red Labelsの編集盤にも参加していた、Frozen Sunの唯一フル作。InvocatorのJacob Hansen(Vo, Gt)が過去稼働した、Serious Entertainmentの初期タイトル。ツインGt編成による、VaderやDeicide系列の、強力なデスメタル・サウンドである。技巧的なダウン・ビート主軸の長尺曲#6、女性Voやナレーション的な展開をフィーチャーした楽曲もあり、多様な手法で訴求している。本作のみで活動を終了したが、2ndフルにはグラインドコアの影響を取り入れる構想があったよう。それは後に、戦争モチーフのデスメタルという点で共通した趣向を持ち、メンバー間でも関わりが深いバンド、Panzerchristの2000年3rdフル『Soul Collector』へと引き継いでいる。

- Progress Red Labels
- 1993
- Denmark

Illdisposed
Four Depressive Seasons

1991年にオーフスで結成された、Illdisposedの1stフル。ソリッドなデス/スラッシュ・リフと情感的なメロディの応酬が繰り広げられる名作である。Bolt Throwerや初期のHypocrisyにも通じるサウンドに、メロディック・デス草創期のプレイアビリティが同居している。Pixie KillersのJan Borsingによるプロデュース。オリジナル・ジャケットの1stプレス盤は、Progress Red Labelsから限定500枚でのリリースとなったが、すぐにソールドしたため、同年に頭部に口を設けた怪人ジャケットでリイシュー。その後、Nuclear BlastやDiehard Musicからもリイシューされた。今作以降は、よりメロディアスにモダン化。現在にかけては、Roadrunner Recordsを始めとした有名レーベルとも契約し、成功を収めている。

- Dark Symphonies
- 2016
- Denmark

Infernal Death
Infernal Death [Compilation]

後にKonkhra～Daemonに在籍するThomas Christensen(Ba)、Dominusに在籍するLars Hald(Dr)等により、コペンハーゲン郊外のトストルプという町で、1989年から1994年まで活動。その当時は、Progress Red Labelsの編集盤へ参加した他、デモのみで終了しているが、2013年に再結成。2015年にイタリアのPunishment 18 Recordsから1stフルを発表し、再び眠りについたInfernal Deathの編集盤。Dark Symphoniesからのリリース。『Demo 1993』同年の『A Mirror Blackened』デモ、未発表のセッション音源を収録。バンド名からはDeathの影響を窺わせるが、サウンドはロウエンドで仄暗い音質のデスメタル。そのドープな趣きが、局地的なアンダーグラウンドで再評価されている。

Northern Europe

RRS
1994　Denmark

Invocator
Early Years [Compilation]

ユトランド半島の西岸最大の都市エスビャウにて、1986年にBlack Creedとして結成し、翌年に改名後1995年まで活動。2000年にリユニオン後は、不定期で活動を続けるバンド。InvocatorによるBlack Mark Production契約以前の、1988年『Genetic Confusion』デモ、1989年『Alterations』デモ等をコンパイルした音源集。RRSからのリリース。後続のデイニッシュ・デス一帯を手掛けるJacob Hansen(Gt, Vo)を中心に活動し、The Haunted等でのPer M. Jensen(Dr)を輩出。Thrash to Deathの時流から、テクニカル・スラッシュ・サウンドへの変容を遂げた名バンド。EntombedやEdge of Sanity等とのギグを行っていたその初期時代における、悪魔崇拝的音源の数々を収録。

Self-released
1996　Denmark

JEEL (Jeg Er En Lampe)
Dying Dreams

コペンハーゲンにて1993年に結成され、1990年代を活動したJEEL (Jeg Er En Lampe/ ※デンマーク語で「私はランプ」)。当時Konkhraに在籍していたLars Schmidt(Ba)をエンジニアに迎え、SoundZone Studioにて制作を行い、自主リリースした1stフル。緻密な単音リフによる閉塞感のある進行と、不協和音スレスレのアンチ・メロウな音遣いに、グルーヴ／ニュースクール・ハードコア・ライクな躍動が孕んだモダンな楽曲が並ぶ。限定的にMikkel Westenholz(Gt)によるトランペットの音色や、Rawな叙情味を感じさせるGtソロを取り入れ、病的なイメージを醸し出す。1999年にスロバキアのImmortal Souls Productionsから2ndフル『As Morning Turns to Day』を発表後、活動を休止した。

Self-released
1996　Denmark

Lustration
Urges

オーフス近郊にて1990年代半ばを短期間活動していたLustrationが、500枚限定で自主リリースした激レア盤。ex-Pixie KillersのJan Borsingが運営しているBorsing Recordingにて制作。当時Gropeでex-Pixie KillersのTue Madsenによるプロデュース。バンド解散後に、Mareridt(1996～2000)、Tronraner(1999～2001)、Exmortem(1999～2010)、Horned Almighty(2002～)等といったブラック／デスメタル街道を渡るSimon Petersen(Smerte)(Vo)中心のラインナップ。至極暗黒的な、トレモロ・リフやピッキング・ハーモニクスを駆使した(ほとんど)非ブラスト・サウンド。Incantationの静脈に流れる暴虐的様相は、現代でこそ評価されるべきだ。

Progress Red Labels
1992　Denmark

Maceration
A Serenade of Agony

ユトランド半島西海岸エスビャウのMacerationによる唯一フル作。Progress Red Labelsから1000枚限定でリリース。2014年にThe CryptからLP化、イタリアのPunishment 18 Recordsからリマスター再発された。1990年に、InvocatorのJacob Hansen(Gt, Dr, Vo)とJakob Schultz(Ba, Gt)による、Autopsy, Carcass, Repulsion等の存在に感化されたプロジェクトとしてスタート。Black Mark内で繋がりがあったDay Disyraah名義でのDan Swanö(Vo, Key)、Lars Bangsholt(Gt)とラインナップを揃え、制作。デスメタルのロウな側面が強調されたサウンドだが、このメンバー柄が出ており、演奏は安定してテクニカル。DanのKeyワークも含め趣深い。

Panzerchrist
Six Seconds Kill

オーフスの Panzerchrist による 1st フル。Frozen Sun や Illdisposed 等のメンバーが在籍した Angel Accelerator Death を母体として 1993 年に産声を上げ、現在はその中の Panzergeneral こと Michael Enevoldsen を中心に活動。Jacob Hansen のプロデュースにより、氏が運営した Serious Entertainment からリリース。M.P.I. からの日本流通盤も配給された。Morbid Angel『Covenant』以降の作風のような暗黒サウンドで、絨毯爆撃的な Dr ワークを軸とした構成。♯ 6 の他メロディック・ブラックメタルからの影響も取り入れた初期の傑作。ここでグロウルを担当する Lasse Hoile(Vo) は、後にグラフィック・アーティストとして Anathema 等の作品を手掛ける人物。

- Serious Entertainment
- 1996　Denmark

Sacrificial
Forever Entangled

現在は南デンマークのエスビャウに編入しているリーベを出自に、Lukas Meier(Dr) と Kræn Meier(Gt) の兄弟を中心として 1990 年にスタート。活動休止期間を挟みつつ、現在まで不定期で活動中の Sacrificial による 1st フル。デンマークの Trechoma Records からリリースされたオリジナル盤は激レア。2014 〜 2015 年にかけ The Crypt 〜 Dark Symphonies からリイシュー。Jacob Hansen プロデュースの作品。1000DKK を費やし、Riamuf Studio にて 9 日間で制作。近郊の Invocator や Agonize 等に類型できるテクニカルなリフ・ワークと、ダミ声 Vo により織り成される、攻撃的なスラッシュ / デスメタル。The Crypt は、バンドが当初 Morgoth 等から触発、その後スラッシュ化していったと語っている。

- Trechoma Records
- 1993　Denmark

Sardonic Death
Celestial Mindwarp [digital]

1985 年にエスビャウ近郊で結成。ノイズコアとしてスタートし、UK の Napalm Death、オランダの Larm、US の Cryptic Slaughter や Wehrmacht 等から影響を受けた、デンマークの最初のグラインドコア。Sacrificial の John Hansen(Vo) が在籍していた。本作は、キャリア唯一作となる 1991 年デモのリマスター音源。Agoraphobic Nosebleed や Isis 〜 Old Man Gloom 界隈での活躍で知られる Jay Randall がネット上で運営する、Grindcore Karaoke からのリリースである。先人の影響を昇華したサウンドで、デス・メタリックな部分は、極初期の Death や Mayhem にも匹敵する破壊力。その当時 Agathocles とも交友があって、♯ 5 では「Teachers」をカヴァーしている。

- Grindcore Karaoke
- 2012　Denmark

Witch Craft
Sworn to Despise

エスビャウの地で Agnieszka Poniatowska 女史(Gt)、Ania Arasimowicz 女史 (Ba)、Sherena Fawzy 女史 (Vo)、Ronnie Nielsen(Dr) という特殊なラインナップで、1990 年代を活動していた Witch Craft の唯一フル作。当時 Angra や Vanden Plas 等を取り扱っていたドイツのプログメタル・レーベル Dream Circle Records から、異色のデスメタルとしてお門違いにリリース。そのまま歴史に埋もれてしまった。ピッチの高いグロウルを始め、Dark Millennium にも比類し、ミッドテンポ主体の推移に先進的アプローチを溶け込ませた楽曲。囁き掛けるようなフィーメール・ヴォイスや、艶めかしくも妖し気なアルペジオの旋律などを取り入れ、レンジの広い構成を生み出している。

- Dream Circle Records
- 1996　Denmark

Northern Europe　177

ブラックメタル超大国で前衛的なデスメタルで奮闘

Cadaver

出身地 ノルウェー・エストフォル県フレドリクスタ
活動年 1988～1993、1995、1999～2001(Cadaver Inc)、2002～2004、2010～

ブラックメタルの流行とともに解散

　エストフォル県フレドリクスタの1988年当時、ブラックメタル・バンドBaphometでの活動が終了する形で結成されたCadaverは、Anders Odden(Gt)、Ole Bjerkebakke(Vo, Dr)の2人組であった。このラインナップは1988年にRapaxという自身のレーベルから『Into the Outside』デモを制作。その後スラッシュメタル・バンドDecay LustのRené Jansen(Ba)を迎え、翌1989年に1月に『Demo 2』、7月に『Abnormal Deformity』デモ、9月に『Sunset at Dawn』デモを制作した。中でも7月のデモが注目を集め、当時CarnageのJohan Liivaと共に稼働していたHydr Hydrでの活動や幾つかのSplitへの参加を経てから、1990年11月にEarache Records内でCarcassのJeff WalkerとBill Steerが運営していたNecrosis Recordsと契約。1stフル『Hallucinating Anxiety』をリリース。LPとカセットは単体でのリリースであったが、CDはCarnage『Dark Recollections』とのSplit形式でリリースされた。その後、Renéが脱退し、後任でEilert Solstad(Ba)を迎えたラインナップで、1992年9月に2ndフル『...in Pains』をリリース。この作品は日本でも流通され、他国に比べて日本でのCadaverのプライオリティが一段と高い要因を生んだ。そしてブラックメタルの登場（Darkthroneの1992年2ndフル『A Blaze in the Northern Sky』以後のシーンの変容）にデスメタルの時代の終焉を見たCadaverは、1993年に解散した。

Cadaver Incとして再結成するも、ノルウェー政府からマーク

　その後はメンバーの変動がありつつ、1999～2004年のリユニオン期間を過ごしている。Cadaver Inc名義で『Discipline』をリリースした後、同プロジェクトのオフィシャル・サイトが殺人のアリバイ・リストを掲載するサイトとしてノルウェー政府から調査されたため、Cadaverへ名を戻した。2004年には『Necrosis』をリリース。そして再び眠りに就いたが、2010年に再結成。音源の制作模様がSNSを中心にマニアからの話題を博し、2019年にシングル音源となる『Circle of Morbidity』をリリースした。

ハードコアやブラックメタルからの影響を受け、インダストリアルに傾倒、ノルウェーの有名プロジェクトに関与

　Pungent Stench と同様に変態と形容される Cadaver のサウンドは、Voivod、Slayer、Carcass、Celtic Frost、Morbid Angel 等からの影響を公言するものである。また、Morbid Angel の影響に関しては、John Ortega (Ba) が過去一人で稼働していた Matricide のデモ音源にまで波及している。その他にも Adrenaline O.D、DRI、Carnivore 等、広義のハードコアからの影響を公言している。後年はブラックメタルの影響も取り入れた。また、Anders は 1992 年以降 Apoptygma Berzerk や Magenta 等のインダストリアル・プロジェクトへ傾倒。近年も Satyricon の諸作に携わっているほか、ex-KMFDM や ex-Marilyn Manson 等で Tim Skold、「Deathpunk」を標榜するノルウェーの人気バンド Turbonegro や Hans Erik Dyvik Husby、Extol の David Husvik 等と共に、Doctor Midnight & The Mercy Cult なるプロジェクトでも活躍している。

Necrosis Records
1990

Cadaver
Hallucinating Anxiety

Earache Records 傘下の Necrosis Records からリリースされた 1st フル。オフィシャルでは再発されていないが、近年バンド自身の手により Bandcamp 上にアップロードされている。Celtic Frost の影響からイントロにトロンボーン奏者を起用し、前衛的な佇まいを見せているが、この頃は Voivod、Slayer、Carcass、Celtic Frost、Morbid Angel 等からの影響がモロに反映された作風となっている。グルームの漂う音空間にエッジの効いたリフとブラストビートを取り入れたシンプルな曲構成。Facebook 上で Matricide からの影響について漏らしている通り、個人プロジェクトっぽい無機的な雰囲気も漂う。全てがユニークな形で結合されているところに、Anders の才人たる所以が垣間見える。なお、各形態のトラックリストに不備がある。

Earache Records
1992

Cadaver
...in Pains

René Jansen (Ba) 脱退後、ダブルベース奏者の Eilert Solstad を後任に迎え、UK の Rhythm Studios にて Paul Johnson のエンジニアリングの元制作された 2nd フル。本作もオフィシャルでは再発されていないものの、近年バンド自身の手によって Bandcamp 上で配信されている。当時の帯タタキには「プログレッシヴ・デスメタルを奏でるバンド」として紹介されている通り、前衛的な存在の躍如が見られる作品。邦題は『激痛』。プレイスタイル自体は、前作を継承する比較的シンプルなものながら、ダブルベースの起用から丸みを帯びたサウンド・テクスチャーはユニークだ。ミッドテンポを軸としたテンポ・チェンジの応酬に、独特の拍子を交え聴き手を翻弄する。フルートを取り入れる場面も。『A Blaze in the Northern Sky』と同年の発表。時代が変わりゆく。

Earache Records
2001

Cadaver Inc
Discipline

1999 年に Cadaver Inc として、Anders Odden (Gt) の手により再始動。本作は、Earache Records からリリースされた 3rd フル。ファストなブラックメタルの演奏に徹しつつ、これまで Cadaver が培ってきたユニークなシステムと、アヴァンギャルド側の知性も垣間見られる作品である。Neddo 名義の Anders を中心に、Hydr Hydr や Disgusting 等で関わっていた L.J. Balvaz が Ba。Aura Noir 〜 Dødheimsgard 等での Apollyon が Vo。Aura Noir や Ved Buens Ende 〜 Dødheimsgard、Ulver、Satyricon 等にも参加していた Carl-Michael Eide が Dr。この 4 人組ラインナップに Darkthrone の Fenriz と Emperor の Faust がゲスト Vo として参加している。

Candlelight Records
2004

Cadaver

Necrosis

Cadaver Inc のオフィシャルサイトが殺人のアリバイ工作を助長するものとして物議を醸したため、再び Cadaver へと名を戻し、Candlelight Records 移籍後にリリースされた 4th フル。Dødheimsgard『666 International』を手掛けた Bjørn Boge のプロデュース。前作同様のラインナップながら Apollyon が Vo, Ba に、L.J. Balvaz が Gt に転向している。音楽的にはファストなブラックメタルであった前作から大きな変化のある、殊に独創的なサウンドだ。Voivod の影響を前面に押し出したような不協和音ギリギリのコード進行を用いた夢幻〜瘴気の中を揺蕩うような推移に、Cadaver の Ved Buens Ende 的解釈といったスケール感と Aura Noir 由来の Raw なエッジが多分に効かせられた、現実逃避性の高い作品である。

Virulence
1990   Norway

Balvaz

Balvaz [EP]

エストフォル県フレドリクスタにて 1987 年に Braindead として結成され、1989 年に Balvaz へと改名。1989 年に『Kællus Tapus』デモ、1990 年に『Phlegm』デモ、1991 年にフランスの Virulence からこの 4 曲入り EP を残したデス／ブラックメタル。前身では Anders Odden が在籍していたり、Vo, Gt の Lasse Johansen は『Necrosis』時代の Cadaver に加入したりと、Cadaver との親交がある。Kaellen Studio にて制作した本作では、初期の Death みたいな、正統派メタルの雰囲気があるデスメタル・サウンドをかき鳴らしている。金切声のようなシャウトが邪悪極まりない。バンド解散後、一部のメンバーはデス／ドゥームメタルの Carpathian Full Moon に加入した。

Cadaver 2019

🔴 Effigy Records
📅 1996　👤 Norway

Algol
Entering the Woods of Enchantment

ノルウェーの田舎町ヴァーテイグにて1989年に結成されたSeanceが同年にButtocksとなり、1991年にAlgolへと改名。1992～1993年にかけてデモ2本と、1996年に本作を残した。それは、1990年代半ばに運営されていたArctic Serenadesのサブ・レーベル、Effigy Recordsからリリースされ、今尚市場では激レア盤とされる。当時のノルウェイジャン・デスメタルでは、1993年からCadaverが一時活動休止しており、ブラックメタルでも第二世代以降の音が現れ始めていた時局。その中で本作は、アイリッシュ・ケルトの情緒的な旋律から始まり、USデス影響下の構築力とノルウェーの土着性を融合した。Cadaverの整合感が発展した形でも、Molestedの1stに次いだ独創的な形でもある。カルトな愛嬌を秘めながらも、人知れず埋もれてしまったようだ。

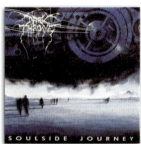

🔴 Peaceville Records
📅 1991　👤 Norway

Darkthrone
Soulside Journey

1986年にBlack Deathとして始まったノルウェイジャン・ブラックメタル・バンド。DarkthroneのPeaceville Recordsからリリースされた1stフル。EntombedのUlf "Uffe" Cederlundをサポートに、Tomas Skogsbergプロデュースの元、スウェーデンはストックホルムのSunlight Studioにて制作されたデスメタル作品である。スカンジナビア系の重厚さがあり、スウェディッシュ・デスの質感をまとった攻撃的なトレモロ・リフとメロウなGtソロ等に、技巧的な転調が組み込まれ展開される名作だ。発表後に脱退するDag Nilsen(Ba)、Zephyrous(Gt)、Ted Skjellum 名　義 の Nocturno Culto(Gt, Vo)、Hank Amarillo名義のFenriz(Dr)というラインナップにて制作。

🔴 Head Not Found
📅 1995　👤 Norway

Disgusting
Shapeshifterbirthblues

BalvazのLasse Johansen(Gt, Vo)が、Balvaz解散後の1992年にフレドリクスタで結成したDisgustingの1stフル。オリジナルはオスロのHead Not Foundからのリリースで、当時M.P.I.シリーズの国内盤も配給していた。その際は「エントゥームドからの影響を感じさせるファスト＆ヘヴィなサウンド」という帯裏のタタキ文句であったが、実際に聴いてみると疑問符が付く。ノルウェイジャンらしいブラックメタル寄りのグロウルが耳を劈き、ミッドテンポ主体のヒリヒリとした楽曲に、1990年代半ばのモダニズム構築ともいうべき創意工夫が見られる。作中の随所にスポークンワードや、A.Gt.等を用いたThe Third and the Mortalのような土着的で物悲しい静的パートを差し込んでいる。バンドは翌年に『Disgusting』EPを発表後、解散している。

🔴 No Fashion Records
📅 1992　👤 Norway

Fester
Winter of Sin

1989年にHeroic Conductとして始まり、1990年にFesterへと改名後、1995年まで活動したエストフォル県アスキム出身のデス／ブラックメタル。この1stフルは、MardukやDissection等を輩出するNo Fashion Recordsの極初期タイトルとしても知られる。Bjørn 'Tiger' Mathisen(Gt, Vo)自身によるアートワークで、音楽性としても独特のこだわりを感じさせた。冬をモチーフとした音楽性は、冒頭の雪道を踏みしめるSEから故郷の森林を彷徨とさせる。土着性に満ちながらも、金切り声的なシャウトと、槌を振り下ろすような重苦しいGt進行に流麗なGtソロを交え、展開されている。2010年に氏を中心として再結成。当作は2ndフルと併せて2010年代初頭にIron Bonehead Productionsや、Abyss Recordsから再発された。

Head Not Found / Posercorpse Music
1996　Norway

Kvikksølvguttene

Krieg

Vomit が 1987 年に Børre og Bløderne というパンク・バンドとなり、そこから発展して 1996 年〜 1997 年まで活動。Mayhem の Necrobutcher(Ba) が在籍していたことでも知られる、Kvikksølvguttene の唯一フル作。Head Not Found と Necrobutcher 運営の Posercorpse Music からの合同リリース。Pungent Stench 系の変態性が強く表れたデスメタル・サウンド。ドナルド・ダックをフィーチャーした恐怖の SE のほか、ファニーなモチーフを推し出した。時に当時の Mayhem にも通じる不協和音を用いた展開や、冥的な音の連なりを生み出すメロディ・ライン等、Storm や Thorns みたいな 1990 年代後期におけるノルウェイジャン・シーンの前衛性を感じさせるところも多い。Vomit や Mayhem の楽曲も再録している。

Posercorpse Music
1987　Norway

Mayhem

Deathcrush [EP]

伝説的ブラックメタル Mayhem の 1stEP。ドイツの音響芸術家 Conrad Schnitzler が提供した不気味で血の通っていないような #1 に始まり、圧倒的な速度を放つパワフルなリフの応酬により、やがて破滅死を迎える。Venom や Sodom、Celtic Frost、Sarcófago 等に通じる攻撃性を内包し、当時「Total Death Metal」とも形容された。1987 年当時の地下シーンにおいての最も鋭い分野にあるサウンド表現は、Euronymous(Gt)(R.I.P.) を含む初期メンバーにより育まれた。本作発表後に脱退した Manheim(Dr) による # 6 のピアノパートも珍妙にリリカルだ。バンド自らにより運営、Deathlike Silence Productions の前身で、後に Necrobutcher が経営しを引き継ぐ Posercorpse Music からのリリース。

Effigy Records
1995　Norway

Molested

Blod-draum

後に Borknagar を結成する Øystein Garnes Brun(Gt) や、Gorgoroth へ加入する Erlend Erichsen(Dr) 等により、1991 年に Purgation として結成後、すぐに改名を行い、1997 年まで活動した。ホルダラン県ベルゲン出身の Molested による唯一フル作。オリジナルは Effigy Records からリリースされ、2000 〜 2010 年代にかけて幾度もリイシューされた。北欧神話の抒情や、勇壮さにオカルティズムを秘めた音楽性は、Unleashed や Bolt Thrower 等にも通じる手法だが、黒々しい暗黒的なトレモロを軸とした演奏は、Incantation 等とも比較される高密度の混沌を生み出す。様々なエフェクトを取り入れるイカれた Gt トーンや、この国のバンドとしては珍しい低音のグロウル等により冷厳に導かれゆく独創的な名盤である。

Thrash Records / Putrefaction Records
1989　Norway

Mortem

Slow Death [EP]

Arcturus の Sverd(Steinar Johnsen)(ここでは Gt, Ba) や、その初期メンバーである Marius Vold(ここでは Dr, Vo) 等により 1987 年のオスロにて結成。Arcturus が 1990 年に結成後、活動が本格化するまでの数年を活動していたブラック/デスメタル・バンド。Mortem の唯一作 EP。当時 Mayhem の Hellhammer(Dr) をサポートに、Euronymous(R.I.P.) プロデュースの元、『Deathcrush』を生んだコルボンの Creative Studios にて制作。1989 年にカセットとして流通され、翌 1990 年に 7" としてフランスの Thrash Records / Putrefaction Records からリリース。後年に赤いブート CD も出回る音源。ブラスフェマスで混沌としたサウンド。ドカドカとした無慈悲かつ冷徹な Dr。

Old Funeral
Our Condolences (1988-1992) [Compilation]

Burzum の Varg Vikernes や Kristian Vikernes 名義で Gt、Abbath が Olve "On the Egg" Eikemo 名義で Ba, Vo、Hades の Jørn Inge Tunsberg が Jørn 名義で Gt として、それぞれ別の期間で在籍した他、Amputation の Padden(Dr, Vo) や Immortal のメンバーで構成。オスロ、ベルゲン等で 1988 年からブラックメタルの思想が顕在化する 1992 年まで、活動を行っていた Old Funeral の傑作音源集。オリジナルは Hammerheart Records からのリリース。1990 年から 1992 年にかけての音源集で、Carcass や Bolt Thrower ルーツのスカンジナビア系デスメタルの荒廃感と、スラッシュメタル・ルーツの野蛮なリフ遣いの組み合わせ。その中で、諸氏の凶悪な金切声が轟く。

Hammerheart Records
1999 　 Norway

Thou Shalt Suffer
Into the Woods of Belial [Compilation]

ノートオッデンという小さな町で、Xerasia から Embryonic 等の前身を経て 1990 年代初頭に活動。Emperor の Ihsahn(Vo, Bs, Gt, Key) を中心に、Samoth(Ba, Gt, Dr)、Ildjarn(Ba) 等が在籍したデス／ブラックメタル。後年に Ihsahn のソロ・プロジェクトとなり、アンビエント路線に向かった Thou Shalt Suffer の初期音源集。1991 年デモと、同年にメキシコの Distorted Harmony Records からリリースされた『Open the Mysteries of Your Creation』EP に、リハーサル音源を追加。Nocturnal Art Productions からのリリース。基本は、病的なグルーム漂うスカンジナビア系デスメタルで、不気味な Key ワークを多用して、アヴァンギャルドな密教性を醸し出す。奇怪音である。

Nocturnal Art Productions
1991 　 Norway

Vomit
Still Rotting [Compilation]

オスロ近郊の地で 1983 年に Kabel としてスタート。1985 年にこの Vomit となり、1987 年から一時期 Børre og Bløderne というパンク・バンドに転向。その後、1996 年～ 1997 年まで Kvikksølvguttene として活動を続けていくデスメタル。1987 年の『Rot in Hell』デモにリハーサル音源を追加した編集盤。ノルウェーは Lyderhorn Records や The Past is Alive Productions からのリリース。メンバーに Kittil Kittilsen(Vo) と Torben Grue(Dr) は、初期の Mayhem にも在籍。その半公式の Split『Fuck You!!!』もリリースしていた。Mayhem『Deathcrush』にも通じる、Venom ルーツのサタニックかつ暗黒的で、オブスキュア極まりないサウンドを展開している。

Lyderhorn Records / the Past is Alive Prod.
2007 　 Norway

Sororicide
The Entity

アイスランドの首都レイキャヴィークにて、後年に Unique Leader Records 所属バンドの Beneath へ在籍する Gisli Sigmundsson(Ba, Vo) 等により、1990 年から活動していたバンド。Sororicide の唯一フル作。オリジナルは Platonic からのリリースで、本書では現在最も市場価値が高い作品の一つ、ブートレグも存在している。Carcass 影響下の北欧グルームが濃艶に立ち込める陰々鬱々たるドゥーム・デスは、数多のオールドスクール・デスのマニアを魅了してやまない。そのミッドテンポを主体とした推移に、不協和音を取り入れた不気味な展開や、Cenotaph などに代表されるシックな単音リフが組み込まれる。姉妹殺しをその名に冠し、緩慢な死を追うような孤高のサウンド。猟奇的陶酔を至高の域まで高めた、インテリジェンスすら感じさせる大名盤。

Platonic
1991 　 Iceland

Northern Europe　183

イラストレーター特集

Dan Seagrave

■出生　1970年7月17日
ノッティンガム周辺のファーンズフィールド出身。トロント在住。R.K.T. Records、Earache Records、Roadrunner Records、Nuclear Blast の作品等を手掛けた。DECIBEL Magazine.com では、「氏の描く荒廃した情景やディストピアは、デスメタルの美学を定義するのに役立った」等と評された。Magic: the Gathering のデザインを手掛けていたり、映画制作の視覚効果にも精通している。

■主な作品
Morbid Angel『Altars of Madness』
Nocturnus『The Key』
Entombed『Left Hand Path』
Dismember
　　『Like an Everflowing Stream』
Suffocation
　　『Effigy of the Forgotten』

H. R. Giger

■出生　1940年2月5日～
　　2014年5月12日
スイスのクールで生まれ、チューリッヒを拠点に活動した。恩師は、サルバドール・ダリ。Cynic『Focus』等を手掛けるRobert Venosaや、同郷のTom G. Warriorと親交を深めた。『エイリアン』『スピーシーズ 種の起源』といった映画作品の造形デザインで有名だが、最初の作品集のタイトルが『Necronomicon』と、デスメタルの世界観と相関のある人物でもある。氏の作風（バイオメカノイド）に憧れたアートワークは多い。

■主な作品
Celtic Frost『To Mega Therion』
Atrocity『Hallucinations』
Carcass『Heartwork』
Sacrosanct
　　『Recesses for the Depraved』
Bloodbath『Traumatic Memories』

Necrolord

■出生　1971年12月4日
スウェーデンのヘガネス出身。本名 Kristian Wåhlin。Dissection や Dark Funeral 等の作品が代表的で、ブラックメタル・ファンから人気が高い。しかし、Luciferion や Cemetary の他、氏の手に掛かったデスメタル作品も多数存在。プレイヤーとしては、Grotesque、Decollation、Liers in Wait、Diabolique 等で活躍していた。

■主な作品
Tiamat『Sumerian Cry』
Therion
　　『Symphony Masses: Ho Drakon
　　　　　　　　　　　　Ho Megas』
Grotesque
　　『In the Embrace of Evil』
Dissection『The Somberlain』
At the Gates
　　『Slaughter of the Soul』

Rok

■出生　1967年生まれ

Sadistik Exekution や、自身のソロ名義プロジェクトで活躍するオーストラリア人アートワーカー。『SLAYER zine』のロゴを手掛ける。近年は Nuclear War Now! Productions との交流もある。アートワークには、Hellhammer、初期 Bathory、Venom『Welcome to Hell』の音楽を通じた死の感覚「True Feeling of Death」が投影されている。

■主な作品

Sadistik Exekution『The Magus』
Sadistik Exekution
　　　『We Are Death... Fukk You!』
Sadistik Exekution『K.A.O.S.』
Sadistik Exekution『Fukk』
Sadistik Exekution『Fukk II』

Miran Kim

■出生　非公開

ニュージャージー州出身、NYC 育ちの韓国系アメリカ人。Topps Star Wars や Mars Attacks 等のカード・シリーズで描いた後、The X-Files Comics のカバーアートを手掛け、世界評価を得た。その「恐ろしい」作風に定評がある。デスメタルのアートワークとしては、Incantation の諸作で有名。その他、Amorphis、Abscess、Arch Enemy の一部作品に、彼女の名前がクレジットされている。

■主な作品

Incantation『Onward to Golgotha』
Incantation
　　　『Mortal Throne of Nazarene』
Incantation
　　　『Upon the Throne of Apocalypse』
Incantation『Diabolical Conquest』
Arch Enemy『Black Earth』

Christophe Moyen (Thorncross)

■出生　非公開

マルセイユ出身。ボルドー在住。1989 年代に Blasphemy や Sarcófago のファンクラブや Evil Omen Records を運営する、Ludo "Evil" Lejeune との出会いを通じて、イラストレーターの道に進む。1990 年代に Beherit、Imprecation、Goatlord 等の、ウォー・ベスチャル・ブラックメタル／デスメタル系の作品を描き人気を博した。2000 年代以降も、Coffins 他のアートワークを担当。

■主な作品

Goatlord
　　　『Reflections of the Solstice』
Beherit『The Oath of Black Blood』
Imprecation
　　　『Theurgia Goetia Summa』
Purtenance
　　　『Member of Immortal Damnation』
Coffins
　　　『Beyond the Circular Demise』

Column　185

 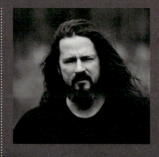 

Turkka G. Rantanen

■出生　非公開

フィンランド・ロイマー出身。南フランス在住。Adramelech の Jarkko Rantanen と兄弟関係にあるフィンランド人アートワーカー。Demigod のメンバーから親友と言われている。Adramelech、Demilich、Demigod、Depravity、Archgoat の他、フィニッシュ・デスメタル作品を数多く手掛けた。Chaos Graphics の名で活動。ロゴ、ポスター、フライヤーも数多く手掛ける。

■主な作品
Adramelech『Psychostasia』
Demilich『Nespithe』
Demigod
　　　『Slumber of Sullen Eyes』
Depravity
　　　『Silence of the Centuries』
Zealotry『The Charnel Expanse』

Axel Hermann

■出生　非公開

ドルトムント出身のイラストレーター。Ed Repka、Dan Seagrave、Wes Benscoter 等と同格で語られるレジェンドである。Morgoth、Grave、Unleashed、Asphyx、Runemagick 等といった Century Media Records 系の名作を多数手掛ける。2013 年には画集『Art of Alex Herman: From Iced Earth to Sodom』を刊行した。

■主な作品
Asphyx『Last One on Earth』
Morgoth『The Eternal Fall』
Grave『Into the Grave』
Runemagick
　『The Supreme Force of Eternity』
Samael『Blood Ritual』

Juanjo Castellano

■出生　非公開

スペイン北部のサン・セバスティアン出身。本書のカバーイラストを担当する人物。本職は恐竜のイラストレーターだが、現行 OSDM のジャケットを多数描いている。Revel in Flesh、Ataraxy、Solothus 等である。その他、Avulsed、Sorcery、Headhunter D.C. といったレジェンドの近年作も手掛ける。インタビューでは、「現代のデジタル主体となった音楽には違和感があり、旧時代の雰囲気を重要視している」と述べている。

■主な作品
Avulsed『Ritual Zombi』
Revel in Flesh
　　　　　　『Death Kult Legions』
Solothus
　　　　『No King Reigns Eternal』
Sorcery『Garden of Bones』
Interment『Scent of the Buried』

東欧

東欧はブラックメタルの震源地であり、オールドスクール・デスメタル・シーンの興隆は少ないように見える。いわゆる辺境として捉えられることが多い。しかし、当時の社会主義政権（共産主義）にあった各国では、闇市やテープ・トレーディングを通じて、多数のバンドが蔓延っていた。ポーランドでは、Vader を筆頭に、Hazael, Ghost, Imperator 等の現代に語り継がれる猛者や、Dragon や Turbo 関連ほか国のメジャー・シーンで活躍したバンドが存在。チェコ・スロバキアでは、Krabathor をメインに紹介した他、Dark, Scabbard, Tortura, Dementor, Pathology Stench 等々の、オブスキュアな面々が続く。1990 年代末期には、上巻で紹介したシカゴの Master が参入しシーンを盛り上げている。その他、ハンガリー、旧ユーゴスラビア、エストニア、リトアニア、ロシアのバンドを多数紹介する。

爆速疾走感で世界を騒然とさせたポーリッシュ・エクストリーム

Vader

出身地 ポーランド・オルシュティン
活動年 1983〜

共産主義時代から活動し、Earaeche の契約を勝ち得て、世界的に活動

　ポーランド北部、ヴァルミア=マズールィ県の県都オルシュティンに拠点を置き活動する Vader は 1983 年のポーランド人民共和国 (共産主義時代) に結成されてから、現在に至るまで、国のエクストリーム・ミュージックシーンを支えている重鎮だ。1980 年代半ばには、Kat や Turbo 等といった国内シーンで活躍したバンド達がいたが、Vader は世界的なアンダーグラウンド・シーンを出自とした。音楽的には、Slayer からの影響が顕著であるが、「1st Wave of Black Metal」や UK ハードコア・シーンからの影響もあり、その後も過激な音楽性を追求し、一時代を築いた。バンド名は映画『STAR WARS』に登場するシスの暗黒卿、ダースベイダーから取られている。1983 年に Peter(本名 Piotr Paweł Wiwczarek) を中心に結成。当初はスピードメタル・バンドとして活動していたが、1983 年に発表された Slayer の『Show No Mercy』を 1984 〜 1985 年頃に聴き、スラッシュ / デスメタルへと転向。そして自らのサウンドを激化していく。最初のデモ『Live in Decay』は 1986 年に録音され、そこでは Sodom や Sepultura のような時にデスメタル、時にブラックメタルと呼ばれ、情報が混在していた時代の過激なスラッシュメタルを聴くことができる。メンバーは、当時 Behemoth を称する Peter(Gt/ 同名のブラックメタル・バンドとは別) に加えて、Czarny(Vo)、Belial(Dr)、Astaroth(Ba) の 4 名であった。次いで Peter(Gt, Vo)、Doc(Dr)、Jackie(Ba) の 3 人で 1989 年に『Necrolust』デモを制作。そして地下シーンで名を上げた彼らは、1990 年に Carnage Records と契約を交わし、『Morbid Reich』デモをリリースした。
　このデモは、ポーランドにもエクストリームなバンドが存在するという驚きもあり、ヨーロッパ全域で話題を博し、約 10000 個のコピーを販売。それを機に Earache Records との契約を獲得している。その後、新たに China(Gt) が加入、UK イングランドの Rhythm Studios にて Benediction を手がけた Paul Johnson の元で制作を行ったマスターを用いて、1992 年に 1st フル『The Ultimate Incantation』がリリースされた。発表後は世界を駆け巡り、Bolt Thrower、Grave、Deicide、Suffocation、Dismember 等と同じステージを共にしている。1995 年には、Jackie(Ba) が脱退した 3 名体制で、ポーランドの Baron Records から『Sothis』EP をリリース後、新たに

Croon Records と契約を交わし、1995 年に 2nd フル『De Profundis』をリリース。そしてメンバーを入れ替えながら Koch Records ～ Koch International へと渡り、2000 年からは Metal Blade Records へ移籍。2006 年には Regain Records と移籍し、2009 年からは Nuclear Blast と契約。数多くの作品を世に送り出している。1993 年には Toy's Factory から『The Ultimate Incantation』が国内 CD 化、1997 年には Marquee/Avalon からの日本配給契約も獲得、1998 年に初来日した以後も数多くの来日公演をこなしており、いち早く日本での人気を確立したバンドでもある。それは、日本で一般的にデスメタルが受容されてきた時局と変遷にもフィットしてくるところだ。

なお、1997 年以降 Vader に在籍する Mauser(Gt) は、元々 1992 年から 1997 年に Dies Irae という比較的モダンなデスメタル・バンドで活動していた。2000 年には、Vader のサイド・プロジェクト的に再始動。当時 Vader の Doc(Dr)、Devilyn の Novy(Ba,Vo)、Sceptic の Jacek Hiro(Gt) とメンバーを揃え、2005 年にかけて 3 枚のフル・アルバムを残している。

Vader
The Ultimate Incantation

1992 年 11 月に Earache Records から発表された 1st フル。攻撃的なスラッシュ・リフ、トレモロ、ブラストビートといった過激な要素が緻密に交じり合う Vader の音は既に確立されつつありながら、やや辺境アンダーグラウンド的な風合いの 1st フルである。元々は Thomas Skogsberg をエンジニアに、スウェーデン・ストックホルムの Sunlight Studio で制作していたが、バンドが電子ドラムを扱うことを拒絶。最終的に UK イングランドの Rhythm Studios にて Benediction を手掛けた Paul Johnson プロデュースの元で制作されている。当時 CD にのみ #7 が追加されていたため、オリジナル LP を基にした再発盤とオリジナル CD を基にした再発盤で、楽曲の内容が異なる。

● Earache Records
📅 1992

Vader
Sothis

1993 年 1st フル『The Ultimate Incantation』リリース後、Bolt Thrower と Grave とのヨーロッパ・ツアー、Deicide、Dismember との北米ツアーを終えた後、所属する Earache Records から離脱。その後、未発表音源に Black Sabbath『Black Sabbath』のカヴァーを加え、ポーランドの Baron Records から 1994 年 3 月に発表された 7 曲入り EP。Slayer『Hell Awaits』のイントロをパロったような展開や、水中の効果音によるインスト等が用いられた楽曲は、やや実験的な要素が強い。中でも個性を感じさせるリフ遣いは、ポーリッシュ・デスの土台ともいえる部分で、存分に次作へ昇華されることになる。サウンドの発展途上にある音源だろう。

● Baron Records
📅 1994

Vader
De Profundis

1995 年 9 月にポーランドの Croon Records から発表、Vader のサウンドを確立した名盤 2nd フル。当時レーベルメイトであった Christ Agony の作品と同じく、ポーランドはグディニャの Modern Sound Studio での制作。マスタリングは当時無名だった Grzegorz Piwkowski。トレモロとブラストビートを多用した Sinister とも共鳴した楽曲が連なる、4 分の 4 拍子を飛び越えた発展的なフレーズ使いが多く、スリリングに攻め立てられる。Peter のグロウルは Malevolent Creation の Brett 系で暴虐的極まりなくあり、Doc が巻き立てるバスドラムの音色も特徴的で心臓破り。ヒリヒリとした質感ではない、硬質さを包み込むようなサウンド・メイキングはお国柄ともなり、Behemoth、Decapitated、Hate 等への音質に大きな影響を与えている。

● Croon Records
📅 1995

Eastern Europe 189

- Koch Records
- 1996

Vader
Future of the Past I

Koch Records、System Shock 等から発表されたカヴァー曲集。Sodom「Outbreak of Evil」に始まり、Kreator「Flag of Hate」や Possessed「Death Metal」、Terrorizer「Fear of Napalm」、Dark Angel「Merciless Death」、Slayer「Silent Scream」、Celtic Frost「Dethroned Emperor」等などバンドが先人へのリスペクトを表明したような内容だ。Black Sabbath、Anti-Nowhere League、Depeche Mode のカヴァーといった異色な選曲も見られる。基本的には Vader による原曲に忠実なカヴァーで、Depeche Mode に至っては Peter による爬虫類系のセクシーな歌唱が聴ける。

- System Shock
- 1997

Vader
Black to the Blind

Shambo(Ba)、Christ Agony の Mauser(Ba, Vo) が Gt として加入後、1997 年に Koch Records や System Shock 等から発表された 3rd フル。地元の Selani Studio にて制作された。Shambo はクレジットされているものの実際のレコーディングでは Peter が演奏。作風としては 1995 年 2nd フル『De Profundis』の内容を踏襲しつつ、Sadus『A Vision of Misery』風のジャケからも似た気風を感じるが、Mauser が加わったことで、リフ遣いが更にスラッシーでテクニカルなものとなり、ブラストにパンキッシュなビート感を絡め、展開。Slipknot 的なクリーン・ヴォイスを用いたパートもあり、キャッチーに仕上げられた佳作。本作のリリースから改めて国内盤が配給され、翌 1998 年には初来日公演も行っている。

- Metal Blade Records
- 2000

Vader
Litany

Metal Blade Records に移籍、ポーランドでは Metal Mind Productions から発表された 4th フル。ポーランドの Red Studio での制作、Studio 333 にて Lux Occulta や Decapitated 等を手掛ける Bartek Kuźniak のマスタリングが施された。Vader は限られた数の制作環境を活かした柔軟で独自の発想力があり、それが世界のリスナーにとって奇異なものとして映った。サウンド自体は前作からの流れを受け継ぐものながら、音質がモダンに、ややインダストリアルメタル的に変化してきており、♯3 では Rammstein かの淫靡な爬虫類系ヴォイスを響かせており、Depeche Mode カヴァーの経験がここで開花している。発表後はヨーロッパ全土で 250 以上の公演を行い、Vader が更なる世界的躍進を果たすきっかけともなった名作だ。

- Metal Blade Records
- 2002

Vader
Revelations

Metal Blade Records や、Metal Mind Productions 等から発表された 5th フル。前作に引き続き Red Studio での制作となり、Studio 333 にて Bartek Kuźniak のマスタリングが施された。引き続き各パート健在でブラストとトレモロにスラッシュ・リフが能動的に絡み合う内容ながら、ややミッドテンポの展開が増加傾向にある。今まで以上に Morbid Angel や Deicide 等のオールドスクール・デスを意識したようなサウンド・メイキングともなったことで、Vader のカタログではあまり目立たない部類に入る作品ではあるが、その新たな試みは後の作品へも活かされることになる。またフル作としては Doc 最後の在籍作品でもある。Lux Occulta の U. Reck(Key)、Behemoth の Nergal が Vo としてゲスト参加。

190　Old School Death Metal Guidebook

Metal Blade Records
2004

Vader
The Beast

Metal Blade Records や、Metal Mind Productions 等から発表された 6th フル。RG Studio にてレコーディング後、JG Lab Studio にて Hate 等を手掛けた Jacek Gawłowski によるマスタリングが施された。Doc(Dr) が手を負傷したことで、Vesania の Daray が新たに迎えられている。Doc の殺人マシーンのようなプレイから、比較的オーソドックスなスタイルに取って代わった事で、よりオールドスクールなデス／スラッシュメタルの質感が増している。Ralph Santolla 系のメロディアスな印象のソロ・パートに加えて、新たにミッドテンポからクリーントーンを用いた展開等の、雰囲気を盛き立てるアレンジ力が発揮された。当時はスピードが鈍化した退屈な作品ともされたが、多様な展開で飽きさせない意図も窺えるところだ。

Regain Records
2006

Vader
Impressions in Blood

スウェーデンの Regain Records への移籍作となった 7th フル。Wojtek Wiesławski と Sławek Wiesławski の兄弟が運営する Hertz Studio での制作。Vesania の Krzysztof "Siegmar" Oloś(Key) がゲスト参加。前作から一転し、氏の絢爛たる Key の装飾がイントロや楽曲の随所に際立ち、トライバル・ミュージック的な SE を挿入したことで、ハリウッドの大作映画かのような壮大さとコマーシャリティが生まれている。近年作に顕著であったミッドテンポの展開を活かしつつ、今までの焦燥感を大きく呼び戻したことで高い評価を博した。2000 年代半ばの Behemoth, Lux Occulta, Hate, Lost Soul 等ポーリッシュ・エクストリーム勢のガラパゴス然とした発展の中に、燦然と輝く名盤ともいえる。

Nuclear Blast
2009

Vader
Necropolis

Nuclear Blast への移籍作となった 8th フル。前作発表後 Daray(Dr) と Mauser(Gt) が脱退し、Paul(Dr) というニューカマーと、後期 Death 直径の技巧派バンドであった Esqarial の Spider(Gt, Vo) を Gt でゲストに迎えている。Hertz Studio でのレコーディング、一部ポーランドの Antfarm Studio でもマスタリングされたが、ほぼデンマークの Antfarm Studio にて、The Haunted や HateSphere 等を手掛けた Tue Madsen によるマスタリングとなった。実質 Peter(Gt, Ba, Vo) が一人残されたようでもあり、Vader の資質が実直に映し出された作品だ。デスラッシュ系脈の獰猛なヘヴィネスを発揮したサウンドで、これまでのオールドスクールな質感が回帰している。

Nuclear Blast
2011

Vader
Welcome to the Morbid Reich

Nuclear Blast から発表された 9th フル。Hertz Studio にて制作された。前作発表後、Esqarial の Spider を Gt として正式に迎えている。今までの作品とは趣を異にする、技巧的なリフや能動的なソロを主として、氏のプログレッシヴな出自に裏付けられる実力が遺憾なく発揮されている。ただ小手先のアクションではなく、Vader の作風を尊重した焦燥感溢れるプレイだというのが巧い。タイトルが『Welcome to the Morbid Reich』なんて目には、旧来のファンからの期待も寄せられるものだが、作風としては『Impressions in Blood』での Key や SE の装飾を用いた華やかさに、『The Beast』での現代流のオールドスクールな素養が折衷しているもので、新旧ファンどちらにも訴求されている。全 12 曲約 38 分間を一気に突っ切る名盤である。

Eastern Europe 191

● Nuclear Blast
📅 2014

Vader
Tibi et Igni

Nuclear Blast から発表された 10th フル。引き続き Hertz Studio での制作。前作発表後、Paul(Dr) が脱退したため、新たに 1990 年生まれの若手有望株 James Stewart が加入。また Ba として Abused Majesty の Tomasz "Hal" Halicki がクレジットされている。作風としては前作からの流れを受け継ぎながらも、大きくスラッシュメタル寄りとなった。当時の Kreator、Sodom、Assassin 等のヴァイオレントなジャーマン・スラッシュの作風にも近しいものとなっている。時にシンフォニックな装飾を施した構造、暴虐的なイメージはこれまで以上に増幅しており、多彩なスラッシュ・リフをもってドラマティックに疾走していく名盤。ジャケットは Motörhead の諸作品を手掛けた御大 Joe Petagno によるもの。

● Witching Hour Productions
📅 2015

Vader
Future of the Past II - Hell in the East

2015 年に Witching Hour Productions から発表されたカヴァー曲集の第 2 弾。以前の作品でボーナストラックとして収録されていた Metallica や Venom のカヴァーは作には収録されておらず。方向性としては、バンドへ影響を与えたポーランドの Kat や Scarecrow、似た出自を持つチェコの Krabathor 等の同志に加えて、共に国のシーンを創り出した Merciless Death、Slashing Death、Ghost、Thanatos、Thrasher Death 等々、かなりオブスキュアな内容だ。もしあなたがこれらの楽曲をすべて知っていれば相当のマニアだし、逆に知らなければ本作から冥府魔道のデスメタル街道を歩んでみるのも有意義なことだろう。前作と併せて、こちらも原曲に忠実なカヴァーとなり、良好な音質で現代に昇華されている。

● Nuclear Blast
📅 2016

Vader
The Empire

2016 年に Nuclear Blast から発表された 11th フル。Hertz Studio での制作。前作の作風を踏襲しスラッシュメタル寄りの作風となったが、煌びやかな手法は減退し、よりオーソドックスなスラッシュメタルを展開。暗黒でハードコア性を感じさせるサウンドは、前作で大いにカヴァーしていたポーランドのアーリー・エクストリーム勢からの影響が見られるが、ポコポコ音質のカルトな面白みではなく、Vader が積み重ねてきた音楽的素養によって強靭に支えられている。公開されている＃ 3『Prayer to the God of War』の MV に見られる通り、軍事的なイメージを取り入れた楽曲を収録し、かつ日本配給元の Chaos Reigns によるインタビューによれば、Joe Petagno が手掛けたジャケットやタイトルに「シスの暗黒卿ダースベーダー」のイメージを初めて用いた作品ともなったという。

● Nuclear Blast
📅 2019

Vader
Thy Messenger [EP]

2017 年『The Ultimate Incantation』の 25 周年を記念したヨーロッパ・ツアーと、再録盤『Dark Age』のリリース。2018 年の通算 7 度目となる来日公演等を経て、2019 年に Nuclear Blast からリリースされた EP。アートワークは、1995 年の 2nd フル『De Profundis』以来、Wes Benscoter が担当している。#2 は、2000 年名曲「Litany」のリレコーディング音源。#5「Steeler」は、Judas Priest のカヴァー。ここ数年は、スラッシュメタル寄りの作品が続いていたが、今作では機械的な Dr をフィーチャーした、Vader 特有のデスメタルを聴かせてくれる。2011 年から不動のラインナップではあるが、まるで Doc が蘇ったような爆走サウンドで、全 5 曲約 13 分間を駆け抜ける様に、心躍るファンも多い筈だ。

192　Old School Death Metal Guidebook

Thrashing Madness Productions
2014　Poland

Armagedon
Invisible Circle [Reissue]

ポモージェ県クフィジン出身の Armagedon は、ポーリッシュ・デスにおけるオリジネイターの一つ。1986 年に Creeping Death という前身バンドを結成し 1987 年に改名。その後、幾つかの活動休止期間を経て、現在まで活動を行う。本作は、元々 Peaceville Records からの発表を予定したが、最終的にポーランドの Carnage Records からカセットでのみリリースされた 1993 年 1st フル。2014 年に Thrashing Madness Productions から CD 化。Vader とも同様のアイデンティティが見受けられる、Slayer ルーツのダークなスラッシュ・リフと、激烈に歪んだトレモロ・リフの展開に、ブラストビートをミックスしたデスメタル。オフィシャルでは、「1993 年にポーランドで出版されたすべての雑誌のランキングで、今作が常にトップの座を占めていた」と明言。

Morbid Noizz Productions
1994　Poland

Betrayer
Calamity

Betrayer は、ポモージェ県スウプスクにて 1989 年に結成、1995 年までの活動で 2 本のデモと、このフル作を残した。Slayer ルーツの邪悪なリフを軸に、Dr による裏打ちを多用するグルーヴを交え Vader、Deicide、Sinister に肉薄する過激なサウンドを提示した作品である。オリジナルは Morbid Noizz Productions からリリース、Nuclear Blast からもディストリビュートされていた。ライヴシーンでは、At the Gates、Cannibal Corpse、Impaled Nazarene、Sinister、Therion 等とも共演。Ba、Vo の Berial は、Vader に短期間在籍した他、後年のキャリアで同郷の Mortify とも親交がある。なお、氏を中心に 2012 年に再結成しており、Mystic Production の契約下で活動中である。

Thrashing Madness Productions
2016　Poland

Celebration
Dead Bodies Massacre [Compilation]

Thrashing Madness Productions による「Death Metal Classics」シリーズの一つ。ポーランド北東部の都市ビャウィストクにて、1990 年代を活動していた Celebration の初期音源集。1990 年『Beyond the Grave』デモと 1991 年『Dead Bodies Massacre』名作デモの 2 つのバージョン。加えて、ライヴ／リハーサル音源、Vo、Gt の Jacek "Kacper" Kasperski が 1980 年代後半に活動していた Szafot の 1987 年リハーサル音源を収録した帯付 2CD。Venom 由来の暗黒スピードメタルより、Celtic Frost や初期 Death が広げた裾野で、スウェディッシュ・デス勢からの影響を受けていたという、Raw なデスメタル・サウンド。ハードコア寄りのグルーヴがイカしている。

Under One Flag
1991　Poland

Creation of Death
Purify Your Soul

西部はヴィエルコポルスカ県ポズナン出身の Turbo が 1991 年に一時解散。その後の数年を、Tomasz Olszewski(Ba, Vo)、Wolf Spider にも在籍した Tomasz Goehs(Dr, Vo)、Radosław Kaczmarek(Gt, Vo)、Acid Drinkers にも在籍した Robert Friedrich(Vo, Gt) 等により活動していたプロジェクト。Creation of Death の唯一フル作。当初は 2 枚のフル・アルバムをリリース予定のバンドだったが、残念なことに評価が得られず、本作のみで解散した。全体的にもっさりとしたクリスチャン・デス／スラッシュメタルの演奏だが、ツイン・リードによるメロウなパートの他、聴かせる展開も多い。オリジナルは Under One Flag からのリリース。2000 年に Turbo 関連作として Metal Mind からリイシュー。国内盤も存在している。

Eastern Europe　193

Pagan Records
1995　Poland

Damnation
Reborn...

バルト海に面するポモージェ県の観光都市ソポトにて1991年から2004年まで活動。2013年に再結成。Behemothと共に北部シーンにて存在感を醸した、デス／ブラックメタルの1stフル。Pagan Recordsやドイツの Last Episodeからのリリース。Les(Gt, Vo, Ba)、後にAzarathへと加入するBartłomiej "Bart" Szudek(Gt), Varien(Dr)により、原初的なサタニズムを織り込んだノイジーで暗黒性の高いデスメタル。時にクリーン・トーンを取り入れながら、Morbid Angel系列の重厚な曲構造を覗かせる。本作発表後にLesがBehemoth加入したことをきっかけに、DamnationからInferno(Dr)を輩出したり、一時的にNergalをBaに迎える等して、Behemoth側の活動に再評価の種を撒いた。

Morbid Records
1993　Poland

Dead Infection
Surgical Disembowelment

1990年にFront TerrorのDominとCyjanを中心に北東部ビャウィストクにて結成された、先駆的ゴアグラインドの1stフル。オリジナルはドイツのMorbid Recordsからのリリース。当時はCyjan(Dr)を中心に、Kelner(Vo, Ba)、Tocha(Gt)、Mały(Gt, Vo)というラインナップ。俗悪さの際立つ医学的であったり、不自然な事故等のリリックを吐き出しながら、Carcass直系グラインド／デスメタルを展開。歴史的には続く1995年の2ndフル『A Chapter of Accidents』で、ゴアグラインドの金字塔を打ち立てた。その後、スペインのHaemorrhageや日本のC.S.S.Oとのヨーロッパ・ツアーを経て、ポーランドでVaderに次いでヨーロッパ以外でのレーベル契約を結んだバンドとなる(Obliteration Records)。

Self-released
2009　Poland

Death Sea
Imagination World [Reissue]

南部の都市クラクフにて1993年から2001年まで活動した、Death Seaの1995年唯一フル作。オリジナルは当時流通していたカセットとなるが、2009年にバンド自身により、500枚限定でCD化。そのサウンドは、1990年代中盤以降のDeceased...にも通じる抒情的なスラッシュ・リフを軸とした緻密且つ詩情溢れる進行を核として、様々なエフェクトを用いた多彩な展開を有する。ヨーロピアン・テイストの流麗なGtソロも強力だ。音の幅ではCynicや後期Death、The Chasm等にも劣らない先進性を醸し出しつつ、時折フュージョンや珍妙なAOR系の息遣いをも挟み、独特のリリシズムを紡ぎ出す。解散後は、Grzegorz Bryła(Gt)とŁukasz Zieliński(Vo)を中心として、スラッシュメタルのVirgin Snatchを結成している。

Under One Flag
1990　Poland

Dragon
Fallen Angel

Kat、Turbo、Stos、Wolf Spider等と共に共産主義国家スラッシュメタル・シーンに生まれ、Metal Mind Productionsとの最初のレコード契約に署名したシロンスク県カトヴィツェ出身のDragon。更なるデスメタル指向のサウンドのために、Adrian "Fred" Frelichなるグロウラーを迎え、1990年1月にポズナンのスタジオで制作。Under One FlagやMUZA Polskie Nagraniaからリリースされた2ndフル。Vader『Morbid Reich』よりもほんの少し先駆けて、ポーランドのエクストリームメタル史に刻まれた作品である。テクニカルなスラッシュ・リフを過激に組み立てたUSのHellwitch、Sadus、Incubus等にも通じる音楽性で、一部マニアから人気を博している。地下から届かせたものでないにしても。

194　Old School Death Metal Guidebook

Thrashing Madness Productions
2009　　Poland

Egzekuthor
Hateful Subconsciousnes [Compilation]

西ポモージェ県シュチェチンのバンド。1987 年から 1993 年まで活動し、デモのみで終了。2002 年に復活し、2008 年まで活動。2008 年に唯一のフル作をリリース。本作は Thrashing Madness Productions からリリースされた編集盤。Metal Mind Production 所有のスタジオで録音した 1991 年お蔵入り音源と、1990 年に自主制作し 1992 年に Carnage Records からリイシューされた同タイトル・デモをカップリング。どちらも、当時 Merciless Death での Grzegorz "Wiechu" Miszuk(Vo) や Marek "Żaku" Żak(Ba) に加え、Violent Dirge の Robert "Misiek" Szymański(Dr) 等が在籍した時期の音源。邪悪なシャウトとスラッシュ・リフに、テクニカルな破壊的グルーヴが融合。

BrutalReign Productions
2013　　Poland

Genital Putrefaction
The Unholy Decade [Compilation]

南部マウォポルスカ県ミエフフにて 1990 年代初頭を活動。当時デモのみで解散したオブスキュア・バンドのディスコグラフィ。中国は BrutalReign Productions からのリリース。1991 年『Sepsis』デモ『Destination』デモと、1992 年に Rock'n'Roller からリリースされた『The Inside Anxiety of Soul』デモの 3 本立て。キャリアの中では Arkona 結成以前の Messiah(Vo) が関わっていた時期もあり。デモならではの Raw な音質によるデスメタル・サウンドは、ブラストビートに、タメを効かせたドゥーミーなパートを交えつつ、死の瘴気漂う世界観を展開している。1992 年の音源では、スウェディッシュ・デス寄りの質感となった。2009 年にドイツ・ベルリンの地で復活。2012 年に 1st フルをリリース。

Loud Out Records
1994　　Poland

Ghost
The Lost of Mercy

バルト海に面する湾岸都市グダニスクを拠点に 1988 年から活動していた Ghost の唯一フル作。Sodom をヘッドライナーとするフェスへの出演の他、1 万人の前で演奏した経験等、当初から地元のライヴ・シーンにおいて注目を集めていたが、ラインナップの問題で遅咲きとなった。オリジナルは Loud Out Records からのリリース。近年 Thrashing Madness Productions 等からリイシューされ、地下ポーリッシュ・シーンの名盤として高い評価を得た作品だ。Morbid Angel や Bolt Thrower の影響を受けていた重厚かつ荘厳な響きに、暗黒度の高いシックネスが滲むもので、時にタッピングを用いた Gt ソロを交え展開してゆく。本作発表後は Morbid Angel と Cannibal Corpse とも共演。成功を掴むかと思われたが、所属レーベルの倒産に苛まれ、再び不遇の時代を過ごした。

Golgotha
Land of Death

ポーランド南部シロンスク県ホジュフで 1991 年から 1995 年まで活動していた、ゴルゴタの丘をその名に冠する 5 人組による、ポーランドの Baron Records からリリースされた唯一フル作。当時カセットのみでのリリースが多かった国勢にて、CD でリリース、現在は激レア盤として中古市場を賑わせる。音楽性としては、Konkhra にも通じるグルーヴに重点が置かれたヨーロピアン・テイストのデスメタルを軸に展開。Synth の音色と、当時 Symphony of Death でも活動していた Robert "Pypel" Gosławski(Gt) 等による、ペーソスを効かせた抒情メロディが渦巻いている。まさしくポーリッシュ・アンダーグラウンドの名盤。1995 年には 2nd フルの情報がアナウンスされたがお蔵入りとなっており、こちらも発掘が求められる。

Baron Records
1993　　Poland

Eastern Europe　　195

Novum Vox Mortis
1998　Poland

Hate
Lord is Avenger

1990年から首都ワルシャワにて、Adam the First Sinner(Gt, Vo) を中心に活動を続ける Hate。地元の Novum Vox Mortis からリリースされた 2nd フル。CD にはボーナスとして、当時カセットのみであった 1996年 1st フル『Daemon Qui Fecit Terram』を追加。活動初期となる 1990年代の Hate は、Slayer ルーツの Deicide、Sinister、Vital Remains 系列にあるサタニックな思想を前面に推し出す、過激かつ背徳的なデスメタルを演奏した。不気味なトレモロとスラッシュ・リフのケイオス、ブラストを軸にミドルを絡め広がりを見せるリズム・セクション、邪悪なグロウル、大仰な SE、緻密な曲構造等、その全てがインモラルに絡み合う。2000年代以降はブラックメタルの手法を飲み込みモダン化、欧州を中心に人気を博している。

Loud Out Records
1993　Poland

Hazael
Thor

1990年のプウォツクにて、ex-Nightmare の Tomasz "Żarówa" Dobrzeniecki(Ba, Vo) を中心に結成。スウェディッシュ・デスから強く影響を受けた Hazael の名作 1st フル。Entombed や Dismember 直系の展開を軸に、女性コーラス、メロウなソロ、ややシアトリカルな転調等を絡め、詩情を深める。Loud Out Records からリリースされたオリジナル盤は、激レア。続く 1996年 EP の後、Century Media と契約し、現在も未発表の 2nd フル『Psychotech』を録音。同時期には、Grave とも親交を深めている。1998年にはゴシック系の音楽性にシフトし、3rd フルをリリース。2014年に本作が、Dark Descent Records/The Crypt からリイシューされたことで再評価され、バンドも 2014年〜2015年にリユニオン。

Nameless
1991　Poland

Imperator
The Time Before Time

Imperator は、ウッチにて 1984年に結成されたバンド。当時 Dead や Euronymous との親交があり、Moon なる共同プロジェクトも稼働予定だった（が諸氏の凄惨な事件により実現しなかった）Bariel(Gt, Vo) が、Hate のオリジナルメンバーで初期の Pandemonium にも在籍した Quack(Gt) 等と活動。本作は、オリジナルは Deathlike Silence Productions からのリリース予定がありつつも、極小レーベル Nameless からリリースされた 1st フル。後に Metal Mind を始め、Loud Out Records や Pagan Records などから再発されカルトな人気を集める。Celtic Frost、Bathory、Sodom 影響下のデス/スラッシュメタルの織り成す濃艶なイーヴルネスにより、ブラックメタルの第一世代的な様相を醸し出す傑作。

Thrashing Madness Productions
2011　Poland

Lastwar
Darkness in Eden [Compilation]

北西部のヴィエルコポルスカ県ポングロビエツにて、1987年から 1994年まで活動していた Lastwar の編集盤。Thrashing Madness Productions からのリリース。1992年に Brayrayer や Imperator 等の音源で知られるワルシャワの CCS Studio にて制作後、Carnage Records からリリースされた『Darkness in Eden』デモと、解散前に制作していた『Demo '94』を収録。元々スラッシュメタル・バンドとして結成しており、その活動の中でデス・ヴォイスを取り入れることに。エクストリーム系のシーンに隔たりが無かった当時、Turbo、Acid Drinkers、Christ Agony 等とギグを行い、活躍していた。同国の Merciless Death の他、Sepultura にも通じる野蛮なサウンドに、ハードコアのエッセンスを注入。

Blackend Records
1992　Poland

Magnus
I Was Watching My Death

1987年に西部ヴロツワフにて結成。Slayer や The Exploited から影響を受けたスラッシュメタル・バンド、Magnus による、スイスの Blackend Records からリリースされた 2nd フル。2017 年に Deathrune Records からリイシュー。サウンドは、1992 年の母国でのフェスにて Napalm Death、Deicide、Atrocity、Gorefest との共演を経て、デス／グラインドコアの過激さを取り入れた地点。初期のアイデンティティそのままの原初的なスラッシュメタルの邪悪さを維持しながらに、ブラストビートを取り入れ、ほとんどトレモロのようなリフを、吐き捨てヴォイスと共に攻めまくる様相は野蛮。その五寸釘ファッションに身を包んだルックスと共に、Sarcófago や Sadistik Exekution とも類型されるに至った程の、強烈な印象を与える。

Thrashing Madness Productions
2009　Poland

Merciless Death
Sick Sanctities [Reissue]

西ポモージェ県シュチェチンにて 1984 年に Bloody Prince なるカヴァー・バンドとして始まり、Necrophobic への改名期間を経て、1987 年から 1994 年まで活動。2010 年から活動再開中の Merciless Death による 1993 年名作 1st フル。Carnage Records からカセットでリリースされ、2009 年に Thrashing Madness Productions が CD 化、2011 年には High Roller Records が LP 化している。Grzegorz "Wiechu" Miszuk(Dr, Vo) を中心とした、氏の Egzekuthor 在籍～解散後の時代に当たる作品。悪魔のイメージがポーランドの関係機関に検閲された歴史を持つだけに、Venom や Sodom 直系のイーヴルな楽曲が連なる。叙情的かつ淫靡たるインスト曲を交えた作風には、東欧系のカルトさがよく表れている。

Morbid Noizz Productions
1994　Poland

Monastyr
Never Dreaming

西ポモージェ県パウチュにて、1987 年から活動を行っていた Progressor を母体に、1991 年から活動。後年に Mariusz "Master" Wach(Vo, Gt) を中心としたラインナップで、UK へ拠点を移しているバンド。Monastyr の 1st フル。Morbid Noizz Productions からカセットがリリースされ、Nuclear Blast のオファーにより、すぐに CD 版がリリースされた。2015 年には Dark Symphonies からリイシュー。#9 の Hellhammer「Aggressor」カヴァーにて幕閉じとなる作品で、全体としてもその影響を窺わせる濃艶なダークネスや、退廃感が耳にこびりつく。曲構造自体は、Deicide 等を想起させる US 圏のブルータリティを感じさせるもので、Monastyr の欧州的解釈と渾然とした結果、Infestdead にも近い様相を呈する。

Thrashing Madness Productions
2014　Poland

Morbid Vision
Visions of the Morbid Rites / Demonstration of Force 92/91 [Compilation]

Thrashing Madness Productions による「Death Metal Classics」シリーズの一つ。Merciless Death と同郷の西ポモージェ県シュチェチンにて 1990 年から 1993 年まで活動を続け、当時デモのみで終了したバンド。本作は、その全作品となる 1991 年『Demonstration of Force』デモと、1992 年に Baron Records からリリースされた『Visions of the Morbid Rites』デモをカップリング。Slayer や Sepultura 等の流れにあるイーヴルなスラッシュメタルを土台とした古典的なデスメタル。どちらも地元の ARP Studio にて制作したというが、音質には初期ポーリッシュ・シーンの生産環境の劣悪さが表れている。オフィシャルの画像では、メンバーが Sodom の T シャツを着用。影響を窺える。

Eastern Europe　197

● Witching Hour Productions
📅 2016　👤 Poland

Mordor
Nothing ... [Reissue]

1990年にシロンスク県チェンストホヴァにて結成され、2000年まで活動した。2枚のフル・アルバムを残し、ゴシック／プログレッシヴロックへの変遷を見せた。2014年に再結成し、2018年には復活作がリリース。その際のオフィシャルの声明では「よりルーツに立ち返ったドゥーム・ブラックメタルを標榜」とあり、ボーダーレスな姿勢を窺わせるバンド。Mordorによる、1992年にBaron Recordsからカセットでリリースされた1stデモ。2016年にWitching Hour ProductionsがCD/LP/カセット／デジタル媒体でリイシュー。陰鬱かつメロウな初期のParadise Lostにも通じるデス／ドゥームメタル作品だ。Paradise Lost「Eternal」カヴァーを収録。イントロはLaibach。ジャケットは再発盤のもの。

● Baron Records
📅 1994　👤 Poland

Pandemonium
The Ancient Catatonia

Paul(Gt, Vo)を中心に、1989年のウッチにて結成。同郷のImperator等との相関を窺わせる存在で、当初HellhammerやSamaelの流れにあるブラック／デスメタルとして登場したバンド、Pandemoniumの1stフル。Baron Recordsからのリリース。2010年代以降はOld TempleやThe Cryptからリイシューされている。全体的にインストゥルメント・パートの比率が多くあり、仄暗いミッドテンポの展開を軸として重厚に構築された、芸術家が背中で語りかけるような作品だ。技巧に淫するような聴きどころはなく、残響するグロウルが恐怖を煽りつつ、終始リリカルなトーンで、端然とアンホーリーな雰囲気を醸し出す。それは密教的で、霊性が高い。やはりSamaelの影も窺わせる。本作発表後はDomainへと改名を行い、2004年まで活動。その後は名前を戻し、現在も活動中。

● Jackhammer Music
📅 1999　👤 Poland

Parricide
Crude

ウクライナ国境近くの東部都市ヘウムにて1990年から2015年まで活動していたデス／グラインドコア。Parricideの3rdフル。Baron RecordsからMorbid Noizz Productionsへと渡る前2作は、公式ではカセットのみのリリースであったため、CD化したフル・アルバムとしては本作が初。オリジナルはWarzy運営のJackhammer Musicからリリース。2015年にポーランドはクラクフのDefense Recordsからリイシューされた。ブラストビートを軸とするグラインドコアのスピードと、攻撃的なVader系のデスメタルが融合したスタイル。Cannibal Corpseにも通じるSickなリフにより、聴き手を蹂躙するサウンドへ発展していた時期の作品である。本作発表以後は、Dead Infection系のグラインドコア／ゴアメタルを演奏。

● Self-released
📅 1991　👤 Poland

Quo Vadis
Quo Vadis

西ポモージェ県シュチェチンにて、1986年からTomasz "Skaya" Skuza(Ba, Vo)を中心に活動。その長年にわたる活動で、初期はポリティカルな思想を強く推し出したが、その後大衆化。MKS Pogoń Szczecinという地元のプロサッカークラブや、ポーランドの映画監督であるBogusław Lindaの映画に楽曲を提供するなど、ローカルなシーンにて活躍しているQuo Vadisの1stフル。オリジナルは12"とカセットを自主制作した形で、翌年にBaron Recordsがカセットを流通、2002年にはDywizja KotからCD化された。ソ連の国歌で幕を開ける作品で、急転直下の展開力をもって、共産主義国家勢を彷彿とさせるオブスキュア・デス／スラッシュを強引に進行。Maanamのカヴァーも収録。後の作品でも多くの非メタル・カヴァー曲を演奏している。振り幅が広い。

Apocalypse Productions
2004　Poland

Slashing Death
Unholy Bible of Polish Death Metal Vol. 5 [Compilation]
ヴァルミア＝マズールィ県リジバルク・バルミンスキにて、1987年から1992年まで活動。当時デモのみで終了したが、Cipis(Gt, Vo)を中心としたラインナップに、長年に渡りVaderを支えていたDoc(Dr)やShambo(Ba)が在籍したことで知られるデス／スラッシュメタル。Apocalypse Productionsからリリースの1988年『Live at Thrash Camp』デモ、1989年『Irrevocably & with No Hope』デモ、1990年『Kill Me 'Cause I Can't Stop』デモからなる編集盤。Vaderよりも強くHCから影響を受けていた、「Let's Start a War」的な地下クロスオーヴァー。2016年にCipisの個人プロジェクトとして再始動、「Polish Hardcore Grind Metal」を標榜。

Dywizja Kot
2002　Poland

Sparagmos
Chronic [Compilation]
首都ワルシャワにて1989年から2000年代初頭まで活動。幾つかのデモ、ALFからLastwarとのSplitを制作後、Metal Mind Productionsと契約し、3枚のフル・アルバムと、Dywizja Kotからこのベスト・アルバムを残した。その後、Krzysztof "Sivy" Bentkowski(Dr)やŁukasz Myszkowski(ここではVo, Gt)が、Antigamaの結成に向かう、デス／スラッシュメタル／グラインドコア。毎作作風が違った彼らの歴史だが、ややCoroner的な変遷っぷり。無機的なスラッシュ・リフにグラインドコアの荒々しさを取り入れたグルーム溢れる初期(1stフル)、単音リフを駆使した技巧的展開を有する曲構造の中期(2ndフル)、そこにモダン・グルーヴ的な要素を取り入れた後期(3rdフル)の音源をリマスター、無秩序に詰め込んでいる。

Dywizja Kot
2002　Poland

Symbolic Immortality
Decision is Power [Reissue]
1991年に、チェコとの国境に近い南部クラクフにて結成。短期間活動していた、Symbolic Immortalityの唯一フル作。1995年にBaron Recordsからカセットでリリース。2002年にDywizja Kotがリマスタリングを施し、デモ音源を追加した形でCD化。メンバーは、紅一点のMiriam女史(Vo)を中心に、Dimebag Darrell系列の多彩なプレイを聴かせるPiotr Lebiedzki(Gt)、Grzegorz Banachowicz(Ba)、当時MordorやHoly Death等で活動していたGerard Niemczyk(Dr)。音楽的には、グルーヴメタル色の色濃いデスメタル。1990年代半ばのGorefest等を彷彿とさせつつ、自己内的な葛藤が渦巻き、奮激し怒りの鉄槌を振り下ろすかのパワーを放つ。最高だ。

Carnage Records
1991　Poland

Violent Dirge
Obliteration of Soul
1988年から1995年まで活動。ワルシャワ出身のプログレッシヴ／テクニカル・デス。CCS Studioにて制作され、Carnage Recordsからリリースされた1991年デモ。後のフル・アルバム2作に先駆けた1st EP的な位置付けの作品である。Wojciech Nowak(Gt)とMariusz Nowak(Ba)の兄弟を中心として、Egzekuthor時代のRobert "Misiek" Szymański(Dr)とAdam Gnych(Vo)が加わった、テクニカル・デス時代の幕開けとなる作品。硬質なクリーン・トーンのBaや、緻密な単音リフを詰め込みながら静動／醜美の対比を生み出すGt、手数の多いDrといった『Human』以降のDeathやCynic、Coroner等に通じるバッキングに、奈落の底から響き渡るような低音のグロウルが絡む。

Eastern Europe　199

共産主義時代から活動するチェコのイーヴル・マスター

Krabathor

出身地 チェコ・ウヘルスケー・フラディシュチェ
活動年 1984 〜 1985(Monster)、1986(Hever)(S.A.M.)、1986 〜 1987(Bastr)、1987 〜 1990(Krabator)、1990 〜 2006、2013 〜

共産主義政権時代に Monster として誕生
　中東欧、芸術の国チェコからの最初のデスメタル・バンド。チェコスロバキア社会主義共和国におけるビロード革命での政権崩壊以前より、共産党支配国家での活動を行っていた Krabathor は、Petr "Christopher" Kryštof を中心として 1984 年に結成されている。1984 〜 1985 年に友人 2 人を携えた形で Monster として始まり、1986 〜 1987 年にかけて Hever、S.A.M.、Bastr を経て、Krabator に改名。相棒の **Bronislav "Bruno" Kovařík** とはその期間中に出会った。後に Shaark を結成する Radek "Bája" Kutil（ここでは Gt）と、Necron(Ba) とメンバーを揃え、音源の制作を始める。1988 年には、Krabator の名で『Breath of Death』、『Total Destruction』、『Brutal Death』を制作した他、Root や Törr 等の名が連なる『Death Metal Session II.』に参加した。兵役のため Christopher と Bruno が抜けたことで一時活動休止、1991 年に両氏が戻り Krabathor へと改名。そして、チェコを代表するデスメタル・バンドの、本格的な活動が始まることとなる。
　彼らは Venom、Celtic Frost、Possessed、Kreator、Destruction 等から多大な影響を受けていた。当時、過激なバンドの多くは残虐なものとして規制されていたため、デモの制作でもスタジオを借りることが出来ず、リハーサル・ルーム等での録音を余儀なくしていた。しかし、奇妙なことに時折開催されるギグでは、多くのバンドとシーンをサポートしてくれた人々が訪問していたという。1988 年の「DEATH METAL SESSION festival in Prague」に出場し、初めてのライヴにも拘わらず、1500 人の前で演奏したという逸話もある。1980 年代末期から 1990 年代初頭にかけての政権崩壊後の 10 年は、Pandemia、Zvrator 〜 Fleshless、Scabbard、Slaughtering、D.M.C.、Infanticide 他、度々インタビューにて好意を表明するような後続も登場し、比較的安定して活動が行われた。

Master の Paul Speckmann が加入
　1992 年に Master's Hammer の『Ritual』等の作品で知られるチェコの Monitor から 1st フル『Only Our Death is Welcome...』をリリース。その後、3 枚のフル・アルバムほか EP ライヴ作等をリリース後、System

Shock に移籍。1999 年から 2005 年にかけては、**Bronislav "Bruno" Kovařík** に代わって、US シカゴからチェコに移住した Master の Paul Speckmann が在籍し、2 枚のフル・アルバムをリリース。その限定的なラインナップでは、2000 年にヨーロッパ・ツアー中での来日公演の経験もある。また、それと並行して 1999 年からは Bruno と **Petr "Pegas" Hlaváč**(1994-1995:Dr)を中心とした Hypnos での活動もスタート。その後、2003 年に一時活動停止となったが、2013 年からは、再び Petr "Christopher" Kryštof と Bronislav "Bruno" Kovařík を中心としたラインナップで再始動。チェコの Brutal Assault Festival 等を始めとしたフェス出演やライヴ活動を中心に、地元のファンを歓喜させている。

2014 年にチェコの Underground Records からのライヴ作『Live Radovesnice II. 1989』をリリース。2015 年には、ポーランドの Mystic Production からライヴ作『Rebirth of Brutality: Live in Uherské Hradiště』をリリースしている。

Krabathor
20 Years of Madness [Compilation]
Krabathor の 1988 年から 1991 年にかけて制作した 5 つのデモからなる CD2 枚組音源集。Root の Igor Hubik(Ba) が一時運営した Lava Productions からのリリース。Petr "Christopher" Kryštof(Vo, Gt) に代わって、Radek "Bája" Kutil と Martin Mikulec(Gt) という Shaark 結成組が在籍していた時代の音源集である。リハーサル・ルームでの録音が主となった共産国時代の荒々しい音質のポコポコ音源から、1991 年デモへかけて独自に編み出されていく、ダウン・チューニングのデス/スラッシュ・サウンド確立までの過程が収録された。Celtic Frost, Possessed, Slaughter 等の退廃的アプローチを受けていたバンドの、アンダーグラウンドな原点でもある。

Lava Productions
2005

Krabathor
Only Our Death is Welcome...
Monitor と契約後、1991 年 11 月から Propast Studios にて制作を行い、翌 1992 年 3 月に発表された名作 1st フル。Petr "Christopher" Kryštof(Vo, Gt) と Bronislav "Bruno" Kovařík(Ba)、Terminator の René "Hire" Hílek(Gt)、Petr "Kopec" Kopecek(Dr) という編成に、Dark の Petr Ackermann(Key) がゲスト参加。スラッシュからデスメタルへ通じる原初的なプレイ・スタイルの中でも、メロディアスな展開に重きが置かれた作風。同国の Dark や、Sentenced や Amotphis, Demigod 等にも通じる叙情的で、翳りのあるメロディ・ラインがユーロ・スラッシュ由来の黄昏へ導かれていく。低音の薄いミックスがカルトな期待感を煽る。

Monitor
1992

Krabathor
Cool Mortification
1993 年 9 月発表の名盤 2nd フル。René "Hire" Hílek(Gt) が脱退、Shaark の Martin Mikulec を後任に迎えた布陣での制作、再び Petr Ackermann(Key) がゲスト参加。同氏は前作同様エンジニア/プロデュースも担当し、Propast Studios にてレコーディング、プラハの The Rudolfinum Studio にてマスタリングが施された。前作の『Only Our Death is Welcome...』が推定 16000 枚以上のヒットとなり、制作環境がランクアップ。音質が向上した同時に、Martin の加入から作風もよりテクニカルなものに。近未来的な SF アプローチにより、Pestilence や Believer にも通じるスラッシュ由来の技巧性を感じさせながら、随所に挿入される情緒的なインストとも溶け合い、奇怪な独創性を紡ぎ出していく。

Monitor
1993

Eastern Europe 201

Morbid Records
1995

Krabathor
Lies

1995 年 9 月発表の 3rd フル。国内外での活動を視野に入れた Krabathor は、ドイツの Morbid Records と契約した。本作は、スロヴァキアの Exponent Studio にてレコーディング、ドイツ・ベルリンの TTM Mastering にて Atrocity や Dark Millennium などの作品を手掛けていた Tom Müller によるマスタリングが施された。Petr "Kopec" Kopecek(Dr) と、技巧的なプレイを披露した Martin Mikulec(Gt) が脱退し、Petr "Pegas" Hlaváč(Dr) を迎えた 3 人編成での制作。原初的なスラッシュ寄りの作風へ回帰し、より暴虐的な疾走感でリスナーに迫る。Vader、Thanatos、Sinister、Merciless 等に比肩する程の音は、当時のチェコで最も高い品質を誇っていた。

Morbid Records
1998

Krabathor
Orthodox

1998 年 3 月発表の 4th フル。前作同様、Exponent Studios にてレコーディング、ドイツの TTM Mastering にて Tom Müller によるマスタリングが施された。前作発表後に Petr "Pegas" Hlaváč(Dr) が脱退し、Libor "Skull" Lebánek を後任に迎えた編成で制作。前作の延長線上にある作風で、新加入の Skull は疾走パートを主軸にブラストを配しつつ、ミッドテンポでは緊張感あるプレイも披露している。多彩な音楽的素養を汲み、より苛烈なアプローチを追求した力作だ。本作発表後、チェコに移住してきた Master の Paul Speckmann が加入。翌年に本作が US の Pavement Music から前作と併せて流通されることも奏功し、これまで欧州での認知度に留まっていた彼らの知名度が、より広範囲に広まることとなる。

System Shock
2000

Krabathor
Unfortunately Dead

ドイツのパンク・レーベル Impact Records 傘下の System Shock に移籍し、2000 年 9 月に発表された 5th フル。Bronislav "Bruno" Kovařík(Ba) が脱退し、Master の Paul Speckmann(Ba, Vo) が加入したラインナップにて、チェコの Shaark Studio にて制作。ソングライティングの重要な役割を担っていた Bruno の脱退から、Petr "Christopher" Kryštof(Vo, Gt) と Paul の共作となったことで、作風としても彼らの音に、Master 由来の激突感が上乗せされたような感覚を伴う作品。緊迫感溢れるリフの応酬やグロウルの掛け合い等で聴かせてくれる。音質はこれまでと打って変わって、輪郭が曖昧でアンダーグラウンドな質感を有しており、どことなくグルーヴ感の強いモダンな響きで、B 級感ともいわれる。

System Shock
2003

Krabathor
Dissuade Truth

2003 年 3 月に発表された 6th フル。Shaark の Petr Nejezchleba をプロデューサーに迎え、2001 年に Studio Shaark にて制作された。前作に引き続き、Master の Paul Speckmann(Ba, Vo) の加入参。Master 寄りの作風を踏襲しつつも、その後すぐに Master がチェコで活動を開始することから、Krabathor の作風への揺り戻しがあるような作品に仕上がった。デス／スラッシュの焦燥感溢れる進行に、2000 年代の Vader や Malevolent Creation にも近しいブルータルな攻撃性が落とし込まれたサウンドとなっている。初期の原初性がモダン化したような味わいでもあり、ハードコアな味わいもあり、変わらないアンダーグラウンドなキワモノ感も全世界のデスメタル・マニアを虜にするものだろう。

- Monitor
- 1993　Czech Republic

Chirurgia
The Last Door

Monitor と契約を交わし、1990年代中期までをプラハで活動していたプログレッシヴ・デス／スラッシュメタル、Chirurgia の 1st フル。バンド名は日本語で「手術」。今でも閲覧可能なオフィシャル・サイト記載の Carcass 並みに意味不明な歌詞は、ポリティカルなもののようで、随所にクロスオーバー〜グラインドコア・ルーツ的なファニーさを垣間見せている。打ち込み風 Dr、爬虫類系グロウル、無調的 Gt ワーク等による音は、血の通っていないかのシニカルな趣を留め、Carbonized や Disharmonic Orchestra 等と比較される先進的様相を繰り広げる。ex-Törr で、Kryptor 等を手掛けていた Pavel Kohout によるプロデュース。1996年には、2nd フル用の音源をレコーディング、6年後に Lecter Music Agency からリリースされた。

- Monitor Records
- 1993　Czech Republic

DAI
The Advent

フラデツ・クラーロヴェー州トルトノフで1987年に結成。1989年に制作した 1st デモで明確に「Black Metal」を標榜。Master's Hammer、Krabathor、Dark 他、多くのチェコ産バンドが署名した Monitor Records と契約。1992年 V.A.『Ultra Metal Vol. II』に参加後、この唯一フル作を制作した DAI。Mirek Kovář(Vo)、Michal "Simba" Koudelka(Gt)、Tomáš "Krbchner" Katschner(Ba, Key)、Zdeněk "Vyjímka" Rösel(Dr) の4人で構成。初期の Root にも通じる、チェコ怪奇骨董幻想箱風の幽遠なオカルティズムとイーヴルネスの漂う、Key の装飾を施した密教的なデス／ブラックメタル。現在はレア盤として、中古市場で扱われている。

- Monitor Records
- 1992　Czech Republic

Dark
Sex 'n' Death

フラデツ・クラーロヴェー州ヴィシュコフにて1990年に結成。4枚のフル・アルバムをリリース後、2000年に Dark Gamballe へと改名し、現在もモダンヘヴィネス方面の人気バンドとして活躍している古参。Monitor Records からリリースされた 1st フルは、長年に渡り激レア盤として轟いたが、2017年に Dark Symphonies から、1991年『Zlá krev』デモを追加しリイシューされた。音楽的にはフロリダ勢の影響下にある苛烈なヴァイブスと、東欧カルト・エピックなメロディが同居したもの。Cannibal Corpse や Malevolent Creation 等にも通じる密度の濃いリフを軸に、ホラーなグロウルや妖艶なメロディが絡む。そのタイトルやサウンドに、奇遇にも Sadistik Exekution との類型が見られるが、やや憂いを帯びた内省性が深い。

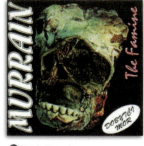

- M.A.B. Records
- 1993　Czech Republic

Murrain
The Famine

1991年に、モラヴィア・スレスコ州フリーデク＝ミーステクにて Daniel Kanálik(Gt, Vo)、Bronislav Jaroš(Ba, Vo)、Rostislav Troják(Dr) の3人組として結成。後年に Dobytčí mor へと改名し、現在も活動を続けるデス／グラインドコア。チェコ産ゴアグラインドの Pathologist 等を輩出する M.A.B. Records からリリースされた、Murrain 時代の唯一フル作。Carcass 影響下のパソロジカル＆ゴアな思想に、Autopsy、Impetigo 等に代表されるオドロオドロしさ、Grave や Crematory系のスウェディッシュ的な鋭角さが同居した過激音楽をぶち撒ける、グラインド大国草創期の秀作。#6「The Famine」(邦訳：飢餓) は、物珍しくクリーン・ヴォイスが用いられた、気怠さとスピリチュアルな雰囲気が漂う楽曲。

Eastern Europe　203

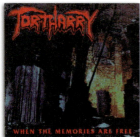

Scabbard
Beginning of Extinction

スピティフニェフという村で1992年から2000年まで活動。2016年に再結成し、ライヴ・シーンを中心に活動しているScabbard。本作は、1990年代半ばに、Krabathorの作品を数作手掛ける、Deathvastation Productionsからリリースされた1stフル。エピックなスラッシュ・リフを軸としたKrabathor直系のサウンドで、限定的にA.GtやKeyを用いた優麗な展開を挿入。チェコ特有の芸術性に富み、暴虐性には希薄な仕上がり。繊細な音の連なりに、ファンタジー世界への漂流を幻視するようである。その音を以って、当時チェコを始め、ドイツ、オーストリア、スイス、スロバキア等の周辺諸国を駆けた。収集癖を煽るジャケットは、Tim Whiteという人物が手掛けている。イギリスのSFファンタジー作家Michael Moorcockの著書『Lord of the Spiders』から転載しているようだ。

🏭 Deathvastation Productions
📅 1996 📍 Czech Republic

Tortharry
When the Memories Are Free

Tortharryは、フラデツ・クラーロヴェー州の町フロノフで1991年に結成、現在にかけ精力的に活動を行っているバンドである。本作はTaga Recordsからリリースされた1stフル。2008年にリイシュー。新アートワークで、2014年にPařát Magazineからリマスター再発されている。この頃は、Martin "Lemy" Vacek(Vo, Ba)、Jarda Rubeš(Gt)、Dan "Heatley" Pavlík(Gt)、Miloslav Jirma(Dr)の4人組。時折クリーン・パートを取り入れながら、暴虐性を追求した格好の、フロリダのBrutalityや技巧的なダッチ・デスに通じる作風。Brett Hoffmann似のグロウル、スラッシュ〜トレモロに緻密な単音リフを織り交ぜたリフ捌き、緩急豊かなリズムセクション等による、展開美や様式を感じさせてくれる力作。

🏭 Taga Records
📅 1994 📍 Czech Republic

Tortura
Sanctuary of Abhorrence

首都プラハで1990年代前半を活動したTortura。ex-Moriorrでex-AssessorのSlávek Brada(Ba)、Kryptorでex-AssessorのMichal Roháček(Vo)、KryptorのTomáš Roháček(Gt)というスラッシュメタル人脈に、Michal Horák(Gt)とMirek Kvapil(Dr)を加えた5人組だ。これはMonitorからリリースされた唯一フル作。KrabathorやDarkを手掛けるPetr Hanzlíkがプロデューサー、DarkのPetr Ackermann(Key)がエンジニアとして携わった。怪し気なスラッシュ・リフと邪悪な吐き捨てヴォイスによる、デス/スラッシュメタル。US圏からの影響に、チェコの土着性を含んだような雰囲気はオーセンティックだが、カルト的でもある。中古市場では5桁で取り引きされる。

🏭 Monitor Records
📅 1992 📍 Czech Republic

Apoplexy
Tears of the Unborn

チェコとの国境近いミヤバにて、1993年〜2000年を活動したバンド。Apoplexyの、1995年に地元のレーベルStation Masterからリリースされた1stフル。オランダのPhlebotomizedやPolluted Inheritance等に類する、初期デスメタルからエピックな構造美を創り出したストレンジなサウンドが、今なお高い希少価値を誇る本作。近年DarkやDementor等といったスロバキアン・デスメタル発掘の流れがあり、2018年にはDark Symphoniesからリイシューされた。バンドは1999年にAkne Productionsから2ndフル『Monarchy of Damned』を発表後に解散。2013年には同レーベルより、Acoasmaというカルト・バンドとのSplit扱いで1993年のデモ『Dysmorphophobia』をリユニオンしている。

🏭 Station Master
📅 1995 📍 Slovakia

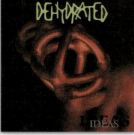

Copremesis Records
1998 Slovakia

Dehydrated
Ideas [Reissue]

1991 年に南部トルナヴァ県のピエシュチャニにて、Braňo Jurák(Gt) を中心に結成。1994 年に Krabathor ～ Hypnos へ加入する Petr "Pegas" Hlaváč(Dr) が元々在籍。Pestilence の曲名をその名に冠する Dehydrated の 1997 年 1st フル。オリジナルは Metal Age Productions からのカセットで、翌年にチェコのグラインドコア・レーベル Copremesis Records から CD 化。ブルータルな楽曲の推進力に、初期 Atrocity 系の技巧性をミックスした強力サウンド。Dissonance の Marián Mišík(Ba) が全面参加 & Marius Kadák(Gt) も♯10 でゲスト参加、テクニカルな華を添えている。2015 年には、Braňo を中心にラインナップを改編。2017 年に約 20 年振りの 2nd フルをリリース。

Dark Symphonies
2016 Slovakia

Dementor
The Church Dies / Morbid Infection [Compilation]

1988 年にトレンチーン県ブーショウ(プチョフ)で結成されたバンド、Dementor の音源集。Dark Symphonies からのリリース。スロバキアの Immortal Souls Productions からカセットでリリースされた、1994 年 1st フルの CD 化音源で、1993 年『Morbid Infection』デモを追加。3rd フル以降ブルータル・デス化する存在だが、この当時は Pestilence 等とも比較されていた。テクニカルなリフ・ワークを主軸に織り成される、アンチクライストなデスメタル。Big Boss(Root) 企画の Split『Necrometal 1』へ参加後のリリース。Jaro Kyselica(Vo)、René Blahušiak(Gt)、Roman "Sharon" Lukáč(Gt)、Roman Thorn(Dr) に、サポート Ba を迎えたラインナップで制作。

Czech Panorama
1994 Slovakia

Dissonance
Look to Forget

同郷の Dehydrated と親交が深い、スロバキア南部トルナヴァ県ピエシュチャニのテクニカル・デス。1990 年に Notorica として結成され、1993 年に Big Boss(Root) 企画の Split『Necrometal 1』へ参加後、Dissonance へと改名。Czech Panorama なる自主レーベルから本作を残した。2014 年に復活作となる 2nd フル『The Intricacies of Nothingness』を自主制作。2017 年には、両作品のカップリング仕様が、Dark Symphonies からリリースされている。変拍子を用いたハイカラなスラッシュ・リフを軸とした、Watchtower や Death『Human』以降の作風に比類する Sci-Fi な音楽性。Pavol Jambor(Dr, Key, Vc, Vn) という特殊なクレジットがあり、曲間でピクルス的に作用している。

Erebos Productions
2000 Slovakia

Embolism
And We All Hate Ourselves

プリエヴィジャ県カニアンカで 1997 年から 2004 年まで活動。2010 年に再結成し、2017 年には Obscene Extreme へ出演する等コンスタントに活動中の Embolism。本作は、1997 年に『Grind 'n Roll』デモ、1998 年に Agathocles との Split を制作後、スロバキアのブルータル・デス・レーベル、Erebos Productions からリリースされた 1st フル。「Grind 'n Roll」を標榜している通り、Carcass 影響下の Xysma や Disgrace を始めとする、グラインドロック・ジャンルの、遠縁の親戚みたいなデス / グラインドコアを響かせる作品。小気味の良いグルーヴ感のある進行においてのグロウルやディストーションの端々には、ゴアっぽい手法が満載だ。歌詞自体は、個人的(パーソナル)なもののような、ハードコア側の内省性で彩られている。

Eastern Europe 205

- Immortal Souls Productions
- 1997
- Slovakia

Pathology Stench
Gluttony

バンスカー・ビストリツァで1992年に結成。2008年までにかけて4枚のフル・アルバムを発表中のバンド。Pathology Stenchによる、Vaderとのツアー後、スロバキアのImmortal Souls Productionsからリリースされた1stフル。本作発表時点で、チェコ/スロバキア国内で多くのライヴや編集盤への参加等を始め、多くの経験を積んだ実力者である。Edo "Eddie" Štrauch(Gt)のチェコ産グラインドコア Ingrowingへの移籍等があり、オリジナル・メンバーは **Branislav "Báro" Barančik(Vo)** のみ。テクニカルな単音リフにグルーヴ・リフを絡める様相は、さながらMid 90's Pungent StenchミーツVaderといった雰囲気だが、随所にブラストやピッキングハーモニクスを用いた、ニュースクール系の音遣い感覚もあり。

- M.A.B. Records
- 1993
- Slovakia

Testimony
Satisfaction Warranted

首都ブラチスラヴァで1992年にPeter "Lochness"(Gt)、Tibor "Cibi"(Dr)を中心に、Carcass、Napalm Death等の影響を受けたデスメタル・バンドとしてスタートしたTestimony。1992年『Spiritual World』デモ制作後、チェコのM.A.B. Recordsと契約を交わし、リリースされた1stフル。チェコはStudio Barbarellaでの制作。暗黒的なトレモロと低音のスラッシュ・リフ、ゴアなグロウル等により構成される、ロウエンドで濃艶な死臭漂うデスメタル。スロバキアン・アンダーグラウンドの玄奥な趣を知る名作である。本作発表と同時期にBig Boss(Root)企画のSplit『Necrometal 1』へ参加後、Biohazard、Spudmonsters、Madball等からの影響を受け、ハードコア化。

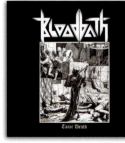

- Neverheard Distro
- 2011
- Hungary

Extreme Deformity
Internal [Remastered]

ハンガリーでもMMI Recordsと契約を行ったIntense Agonizingや、Monastery、Unfit Ass.、Gutted の前身であるGenocide等といったカセット/自主制作盤のみで歴史を終えたアングラ・バンドが多く存在した。Pungent Stenchの曲名をバンド名としたExtreme Deformityもそういった中の一つだ。西部都市ソンバトヘイで1990年から1995年まで活動。ハンガリーの重鎮であるLordのFerenc Vida(Ba)が当時運営していたLMSから、カセットでこの唯一フル作を残した。本書で紹介するのは、Neverheard Distroからの1992年デモ音源を追加したリマスターCD化再発盤。ステンチ・リフとブラストビートの応酬からなるバッキングに、低音のグロウルと気怠げなコーラスを組み合わせた退廃的なデスメタルの構築を聴くことができる。

Bloodbath
Toxic Death [EP]

ユーゴスラビア(当時)の首都ベオグラードで、1988〜1995年までの活動を行い、1枚のEPと2作のフル・アルバムを残した国の代表格。後にSoulflyとも親交のあるハードコア/レゲエ・バンド、Eyesburnに在籍した **Aleksandar Petrović(Dr)** が活動していたバンド。本作は1st EPとして扱われるが、Explosive Recordsからリリースされた1989年『Bloodbath』デモのLP化音源である。ジャケットはCoronerの1st「Der Tod als Würger」版と同様。次作のジャケットはH. R. Gigerであり、そのキャリアは、Noiseを強く意識したような性格のものともいえる。聴き手を蝕む音像は、破壊的な技巧を駆使したインテリジェンス漂うデス/スラッシュメタルの構築で、悪魔のような吐き捨てヴォイスが這うが如く。

- Explosive Records
- 1991
- Yugoslavia(Serbia)

Active Time
2003　Yugoslavia(Serbia)

Mortuary
Epitaph: 1990-1993 [Compilation]

1990年にBrainwashersとして結成。翌年にMortuaryへと改名し、1990年代初頭を活動。デモ・テープの販売は2000部以上ともいわれている、ユーゴスラビア(現セルビアはシュマディヤ地方クラグイェヴァツ)出身のバンド。当時Sepultura、Morbid Angel、Sadusとのギグが組まれる予定だったものの、ボスニア紛争に巻き込まれ破綻。メンバーが兵役に駆り出され、その歴史に幕を閉じた存在でもある。本作は、当時契約していたButcher Soundからライセンスを取得後、同国のActive Timeからリリースされたディスコグラフィ。妖艶なメロディ・センスの技巧的なデスメタルを聴かせる、1991年『Infected by Pollution』デモ、『Dismembered Illusion』デモ、『Void』デモ、1993年『Unspoken』デモをリマスター。

Self-released
1993　Estonia

Aggressor
Procreate the Petrifactions

首都タリンのAggressorによる1stフル。カセットでのリリースで、2004年にCD-Rで自主リイシュー。2012年にDrのMarko Atsoが主宰するRoundSoundからCD化。2018年にはDark Symphoniesから、1991年デモ音源を追加し、リイシュー。BeheritやXysmaの1990年代中後期作のカセット版をエストニアで配給したThekaと契約を交わし、そこから唯一CDが生産されたバンドである。1994年2ndフルの時分で、時流を感じさせるグルーヴ・スラッシュ的なサウンドを聴かせていた。本作では、KreatorやProtector等にも通じるスラッシュメタルを、デスメタル的倍音で増幅したようなサウンドを聴かせてくれる。時に、マイナー調のGtソロや不気味なKeyワークを用いて、気怠げなムードをミステリアスに感じさせるのが味だ。2015年に再結成。

Rising Realm Records
1994　Estonia

Forgotten Sunrise
Forever Sleeping Greystones [EP]

エストニアの初期デスメタルは、首都タリンを中心にRattler、Misdeedなど僅かにバンドが存在したが、いずれもが当時カセット・デモのみで幕を閉じた。そんな中Forgotten Sunriseは、Sororicideの Split 等で知られる近隣国フィンランドの小レーベルRising Realm Recordsと契約を交わし、このCD化にこぎつけた。4曲収録の1stEPだが、同国ではWhispering Forest等のフィーメール・ゴシックに先駆けた音源といえる。女性コーラス、フルート、ヴァイオリンの音色を取り入れた、アトモスフェリックなサウンドは、Paradise Lost〜Septicflesh の流れにも通じる欧州の退廃感がよく現れている。現在もAnders Melts(Vo)を中心に活動し、敬虔な民族的手法を取り入れた音楽性へと進んでいるようだ。

Black Mark Production
1995　Lithuania

Ghostorm
Frozen in Fire

リトアニアの首都ヴィリニュスにて1992年に結成。1990年代後期まで活動を行っていたテクニカル・デス。同地のDissectionやConscious Rot等といったデモのみで終了したデスメタルのメンバーが在籍。同地でAnathemaやSolstice等との共演や、国外でのレーベル契約等を行っていたこともあり、リトアニア随一の知名度を誇るバンド。そのBlack Mark Productionからリリースされた1stフルは、スウェーデンのUnisound RecordingsにてDan Swanöプロデュースの元制作。世界的にはマイナーながら、Afflicted系のテクニカルなリフ遣いを主軸とした多彩なグルーヴを巻き起こす推移に、中期Death以降の多様性のあるメロディが組み込まれた力作である。知的なツイン・リードやスラップ奏法等、当時としては高度な展開も楽しめる。

Eastern Europe　207

Regredior

Forbidden Tears [EP]

1991 年から 1994 年に、リトアニアの首都ヴィリニュスのデスメタル・シーンで活動し。幾つかのデモの制作、ドイツへのミニツアー、ポーランドでのギグ等を行い、1993 年にドイツの MMIR から『Touched by Thanat』EP、1995 年にベルギーの Shiver Records から本作を残した Regredior。当時のインタビューでは、最も影響を受けたバンドに Atheist を挙げている。Carcass 影響下シーンのスプラッター・ホラー的世界観のサウンドは、それだけには留まらないミスティカムな魅力に彩られた。病的なピッキングハーモニクス、暗鬱な心象世界を映し出すリリカルなクリーン・パート他、随所に幻想的なシンセ・ワークを用いられた Mid 90's らしいデスメタル。20 分にも満たない音源だが、そのクオリティは Catacomb や Utumno 等欧州の暗黒的名作にも肉薄する。

- Shiver Records
- 1995   Lithuania

Graveside

Sinful Accession

モスクワから 165km 南に位置するロシアの産業都市トゥーラにて 1990 年に結成。当初ソビエト連邦で Surgery を意味するロシア語の Хирургия でスタートしたが、翌年に改名。1990 年代初頭を活動し、この唯一作をロシアンメタル・レーベル Moroz Records からリリース後に解散。詳細不明ながら、2002 年の「Кровь」なる新曲も確認できる。本作で聴けるサウンドは、Morbid Angel や Deicide からの影響を公言するデスメタルだ。『Legion』直系のマッドなグルーヴ、緻密なリフと、英語で綴られたイーヴルな歌詞を吐き出す Glen Benton 譲りのグロウル、『Immortal Rites』的な Key の装飾等を高次に解釈している。辺境シーンの名作として誉れ高く、2017 年には GS Productions から CD & Digital 化されている。

- Moroz Records
- 1993   USSR(Russia)

Mortem

Amputator

この Mortem は、モスクワのブルータル・デスメタル・バンドだ。後に Fleshgod Apocalypse 的なサウンドで人気を博す、Scrambled Defuncts の Vitaly Glushko(Vo) が中心となり、1989 年から 2007 年まで活動していた。本作は、Moroz Records からリリースされ、2004 年に MetalAgen からリマスター再発された 1st フル。音楽的には 1993 年の作品であるため、デスメタル・ジャンルに明確な線引きが無かった時代性があり、初期の Carcass、Autopsy、Impetigo を意識したような、オールドスクールな雰囲気で充満している。エッジの効いた Gt ワーク、下水道ヴォイス、ややスロウなブラストビート等による、ゴア / スプラッター的な世界観を象徴し、激ロウな死臭腐臭を撒き散らすサウンドを聴かせてくれる。

- Moroz Records
- 1993   Russia

Phantasm

Keeper of Death

ソビエト連邦時代のリペツクで 1989 年に Propeller として結成。1992 年に Phantasm へと改名後、この唯一フル作を残した。Russian Disc というロシアのレコード・レーベルからの LP リリース。2018 年に Dark Blasphemies Records から、1993 年〜 1994 年に 2nd フル用のシングル曲として制作されていた 3 曲を追加し CD 化。自身では Pestilence 影響下ともいわれる緻密なデス / スラッシュメタルを演奏したが、今作では、その延長線上でロウエンドな音作りへと切り替わっている。スラッシーで音数は多いが、Hellhammer 〜 Obituary の流れも彷彿とさせるミッドテンポ主体の陰暗いサウンドスケープが繰り広げられる。また、暗いサウンドながら、John Beerdrinker(Vo) というファニーな名前を含め、気負いのないような所も魅力的である。

- Russian Disc
- 1993   USSR(Russia)

V.A音源集

ディスク・レビューとは別の形式で、デスメタル関連のV.A(オムニバス)を一部ご紹介。当時は、現代のようなネットでプロモーションが出来る時代ではなく、フィジカルで情報を伝達していた。V.A/ Split 音源集は、テープトレード、アンダーグラウンドなファンジン、アルバムのサンクスリストとも同様に、その受け手へ多くのバンドやレーベルを伝えていた。時局柄が表れており、時代再考の場でも分かりやすい資料となる筈だ。

Death Metal
Noise Records　　　　　　　　　　　　　　　　1984

Noise Recordsからリリースされたオムニバス。その名も『Death Metal』。Helloween、Hellhammer、Running Wild、Dark Avengerが参加。世界のレコードストアに並び、一般に「デスメタル」という言語が広く知れ渡るきっかけとされる。スピード/パワーメタル・バンドの正統派な演奏が際立っており、Hellhammer「Revelations of Doom」～「Messiah」パートのダークな演奏は独特である。

Warfare Noise
Cogumelo Produções　　　　　　　　　　　　　1986

Cogumelo Produçõesのファースト・タイトルとなったオムニバス。Chakal、Mutilator、Sarcófago、Holocaustoによる4Way Splitだ。これ自体が歴史的に重要な音源となり、ウォー・ベスチャル・ブラックメタルの始まりとも位置付けられている。※『ウォー・ベスチャル・ブラックメタル・ガイドブック』に詳細が記載。その因果で基本的にこの手の音源は、プロモーションを主な存在理由にあまり再発はされないが、本作は2000年代以降に数多くの機会を得ている。

Raging Death Vol. 1
Godly Records　　　　　　　　　　　　　　　　1987

Atheistのマネージャーやライター業を経て、現在はBlabbermouth.netというサイトを運営しているBorivoj Krginが過去に運営した、Godly Recordsの唯一作。Xecutioner、Lethal Presence、Betrayel、Sadus、R.A.V.A.G.Eが参加、Vol.1のみで終了したオムニバスだ。R.A.V.A.G.E.はAtheistの前身。XecutionerはObituaryの前身。Lethal PresenceとBetrayelはデモのみで終了したスラッシュメタル、後年にディスコグラフィがリリースされている。

Speed Kills III (A Catalogue of Destruction)
Under One Flag　　　　　　　　　　　　　　　1987

UKはMusic for Nations傘下のスラッシュメタル・レーベル、Under One Flagのオムニバス。Agent Steel、Death、Heathen、Possessed、English Dogs、Bathory、Death Angel、Onslaught、Nuclear Assault、Holy Terror、Sacrilege、Dark Angelが参加。「Death、Possessed、Bathoryも旧懐のファンからすればスラッシュメタル」。この価値観が解り易いラインナップだ。

Satan's Revenge Part II
New Renaissance Records　　　　　　　　　　　1988

New Renaissance Recordsのオムニバス。「hell's underground」コンセプトの第二弾である。The Unsane、Tempter、Damien、Sacred Death、Angkor Wat、Darkness、Severe Warning、Vacant Graveといったレーベルカラーが出る地下スラッシュメタルに加え、Morbid Angel、Necrovore、Ripping Corpseが参加している。過激そのものがアンダーグラウンドということだろう。

Grindcrusher - The Earache Sampler

● Earache Records　　　　　　　　　　　　　　　1989

時代を象徴する Earache のオムニバス。参加バンドは、Morbid Angel、Repulsion、Carcass、Godflesh、Napalm Death、Terrorizer、Bolt Thrower、Intense Degree、Filthy Christians、Napalm Death、Electro Hippies。以降、1992 年『Gods of Grind』、1994 年『Earplugged』、1997 年『Earplugged 2』がリリース。国内盤も配給された。

Vile Vibes

● Peaceville Records　　　　　　　　　　　　　　1989

Peaceville の初期オムニバス。Paradise Lost、Autopsy、Deviated Instinct、Doom(UK)、Confessor、Talion、Electro Hippies、Toranaga が参加。1987 年『A Vile Peace』1989 年『Hiatus』VA とも同質の作品で、初期は UK ハードコア・レーベルであったことがよく判る。Peaceville ○○と恒例化。Goth を追求してゆく。

The Pleasures in Life

● Nuclear Blast　　　　　　　　　　　　　　　　1989

Nuclear Blast の初期オムニバス。Earache への意識、Peaceville との競合が窺えるラインナップ。Disharmonic Orchestra、Pungent Stench、Atrocity、Defecation、Vermicious Knids、Inhuman Conditions、Rostok Vampires、Despair、Chronical Diarrhoea、Toxic Shock、Droogies、Tarnfarbe、Righteous Pigs、No Fraud、Gold、Frankincense + Disk- Drive 他が参加。

Hell'Zine Compilation 1

● Hell'Zine　　　　　　　　　　　　　　　　　　1989

Astaroth、Masacre、Parabellum、Quiromancia、Reencarnacion、Blasfemia、Restos De Tragedia(R.D.T) 等といったメデジン中核勢を『Side Hell』。ペルーの Hadez、アルゼンチンの Devastación、Necrophiliac、Lethal、チリの Atomic Aggressor、ブラジルの Disgrace、P.U.S.、Executer 等の南米諸国勢を『Side 'Zine』とした、Hell'Zine のコンピレーション。1995 年までに 3 作制作。

At Death's Door - A Collection of Brutal Death Metal

● Roadrunner Records　　　　　　　　　　　　　1990

Roadrunner Records のオムニバス。Sepultura、Pestilence、Deicide、Morgoth、Sadus、Exhorder、Death、Obituary、Malevolent Creation、Believer、Cerebral Fix、Atrocity が参加。ジャケットは Dan Seagrave。1993 年に At Death's Door II がリリースされた。それ以降、レーベルは非デスメタル・レーベルへ方向転換している。

Believe in Church and Agonize

● Witchhunt Records　　　　　　　　　　　　　 1990

スイスは Witchhunt Records のオムニバス。「Side Burned」として、Disharmonic Orchestra、Invocator、Carbonized、Deadhead を収録。「Side Cruzified」として、Necrophobic、Phlegethon、Lunacy(スイスのスラッシュメタル)、Unleashed が収録。Witchhunt は、Peter Jäger という男性が単独で運営していたレーベル。暗黒派を解釈もフレキシブルに多数輩出している。当時、Osmose 経由で国内盤がリリースされたタイトルもある。

Death ... Is Just the Beginning
● Nuclear Blast　　　　　　　　　　　　　　　1990

デスメタル・レーベル、Nuclear Blast の名をシーンに浸透させたオムニバス。Atrocity、Dismember、Disharmonic Orchestra、Pungent Stench、Benediction、Messiah 等といったヨーロッパのバンド。Master、Death Strike、Abomination、Incubus、Revenant 等 US バンドを収録している。「Death ...Is Just The Beginning」シリーズとして恒例化。収録内容は異なるが、同年に同タイトルの VHS も制作されている。

Where is Your God Now ...?
● DSFA Records　　　　　　　　　　　　　　　1990

Aardschok Zine のライターを勤めていた Anthony Van Den Berg により運営されたオランダの重要レーベル、DSFA Records のオムニバス。Gorefest、Acrostichon、Sinister、Dead Head、Disfigure が参加。Disfigure は、デモ音源のみで終了している。Promo Zine が付属。Gorefest の初期音源、「Confession of A Serial A Kill」「Horrors in A Retarded Mind」は特に人気が高い。圧殺されるようなサウンド。

Appointment With Fear
● Cyber Music　　　　　　　　　　　　　　　1991

ダッチ・デスメタル・レーベル、Cyber Music のファーストタイトルとなったオムニバス。フランスの Misanthrope、Supuration、ドイツは Oliver Klasen(Atrocity) サイドプロジェクトだった Coprophagist。スウェーデンの Grotesque、Traumatic、Macabre End や、メキシコの Cenotaph や Shub Niggurath。その他、コロンビアの Masacre や日本の Transgressor、オーストラリアの Acheron 等々、全 17 バンド 17 曲を収録。

In the Eyes of Death
● Century Media Records　　　　　　　　　　1991

Century Media の初期オムニバス。Unleashed、Asphyx、Tiamat、Grave、Loudblast といったレジェンドが参加。極初期のみ Poltergeist や、オーナーが絡んだ Despair のタイトルが挙げられるが、Earache、Peaceville、Nuclear Blast 等と比較しても、デスメタルのマインドが強か。Century Media は、Sony Music 傘下となり大企業となった昨今も、現行のデスメタルを支え続けている。

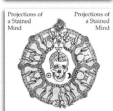

Projections of A Stained Mind
● CBR Records　　　　　　　　　　　　　　　1991

1984～1993 年までの運営で、ハードコア・レーベルとして始まり、初期スウェディッシュ・デスの最重要レーベルとなった CBR Records(Chickenbrain Records) のオムニバス。Entombed、Mayhem、Grotesque、Therion、House of Usher、Unleashed、Nirvana 2002、Chronic Decay、Dismember、Merciless、Macrodex、Traumatic、Tiamat、Skull が参加。Mayhem はトータル・デスメタル期、CD 版に収録された「The Freezing Moon」では、Dead の歌唱が聴ける。

Ultrametal Vol. II
● Monitor Records　　　　　　　　　　　　　1991

後に EMI 傘下へ入る Monitor のオムニバス。チェコスロヴァキア周辺のオムニバスでは、Direkt Records の Death Metal Session、Root の Big Boss が企画した Necrometal 等の、それらしきタイトルの作品がいくつか存在する。しかし、純正のデスメタル・バンドが参加しているのは本作。この Krabathor、Tortura、Chirurgia、Dark、Asmodeus、Dai が参加した『Ultrametal Vol. II』である。

Deaf Metal Sampler

Deaf Records — 1993

Peaceville の子会社、Deaf Records のオムニバス。Vital Remains、Banished、Dissection、Morta Skuld、Chorus of Ruin、Nightfall、Impaler、Therion、Maimed、At the Gates、Accidental Suicide、Eucharist、Pitch Shifter、Doomed、Prophecy of Doom が参加している。

The Death of Africa..?

Inhouse Records — 1993

南アフリカはヨハネスブルグ郊外で、エンジニアの Phillip Nel により 1990 年代前半に運営されていた、Inhouse Records のオムニバス。「The Godfathers of South African Metal」と冠される Voice Of Destruction と、Abhorrence、Retribution Denied、Debauchery が参加。バックインレイには、Voice of Destruction が契約していた Morbid Records のロゴも描かれており、ヨーロッパでも流通されていた音源だ。

To the Marrow ~ Japanese Deathnology 撹乱 ~

Toy's Factory — 1993

Earache の作品を日本で配給していた、Toy's Factory のオムニバス。Hellchild、Eroded、Transgressor、The Equinox、Maggoty Corpse、Voidd、Multiplex、Terror Fector、Satanic Hellslaughter が参加。日本のデス / グラインド / レイジングなスラッシュメタルが集結している。Satanic Hellslaughter は札幌のバンドでデモ、Split 音源のみで終了したが、『Thrashing Deathpower』等の参加から、今でも伝説的に語り継がれる。

Sometimes... Death Is Better

Shiver Records — 1994

1993 年に設立されたベルギーのアンダーグラウンド・レーベル、Shiver Records のオムニバス。ポルトガルの Afterdeath、オランダの Inquisitor、ノルウェーの Algol と Disgusting、スペインの Absorbed、ベルギーの Caducity、スウェーデンの Inverted といった本書で紹介しているバンド。その他にも Delayed Action Bomb、Earthcorpse、Internal Bleeding、Deranged 等々、ジャンルの垣根を超えたアンダーグラウンドバンドを多数収録。その後シリーズ化して、計 3 作で Part9 まで続いた。

World Domination

Osmose Productions — 1995

レーベル・カラーが判る、Osmose Productions のオムニバス。Immortal、Marduk、Impaled Nazarene、Mythos、Luciferion、Absu、Ancient、Enslaved、Demoniac、Diabolos Rising、Sadistik Exekution、Fallen Christ が参加。時局柄もあり Osmose からの「2nd Wave of Black Metal」の世界制圧みたいなラインナップながら、デスメタルの音楽性を汲んだバンドが多いのも特徴的で、Osmose は後年にウォー・ベスチャルなバンドも多数輩出している。

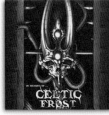

In Memory of Celtic Frost

Dwell Records — 1996

Dwell Records の Celtic Frost オムニバス。Morgion、Enslaved、Slaughter、Mayhem、Inner Thought、Sadistic Intent、Cianide、Divine Eve、Grave、Apollyon's Sun、Opeth、Closedown、Emperor、13 が参加。重量級アクトからブラックメタルのオリジネイターまで参加するが、いずれもがジャンルを超越した暗黒的な様相を露わにする。レーベルはその後、企画盤的に数多くのアーティスト・オムニバスを連発している。

はるまげ堂/Butcher ABC 関根氏インタビュー

Pestilence の Patrick Mameli と

1992 年からファンジン『Circle of Grind』、1993 年から Obliteration Records・はるまげ堂を運営し、浅草デスフェストをオーガナイズし、C.S.S.O. (1993) ～ BUTCHER ABC でも活動する関根成年氏(下町生まれ)。日本デスメタル界の生き字引き的存在とも言え、アンダーグラウンドシーンでは国際的にも精通した人物だ。同氏を C.S.S.O. 時代から知る本書の編集者であるハマザキカク氏が、遠慮なしに「オールドスクール・デスメタル」について突っ込んでインタビューしてみた。

予め質問を複数用意していたのだが、実際に開始したところ話に花が咲いてしまい、完全なフリートーク状態に。そのまま会議室の使用限度である 2 時間を使い切ってしまった。実際に文字に起こしてみると 4 万 5000 字を突破していた。

読み返してみると、どの発言にもデスメタルの生き証人としての、含蓄と知見が凝縮されており、省略できる部分があまりにも少ない。また随所で話題が飛んでいる様に見えて、複数の線で繋がっており、テーマごとに分割し、再グルーピングするのにも限界がある。トークの臨場感が損なわれる恐れもでてくる。元々、このインタビューの為に予め用意していたのは 8 ページ程度だった。そこで苦渋の決断だったが、上巻と同じ仕様であるオールカラー 224 ページを断念し、モノクロページを増やす事でロングインタビューを実現する事にした。

ハ：OSDM はニュースクールという対立概念になって初めて成り立つものだと思うのですが、関根さんがこのような言い方を見かけるようになったのはいつですか。

「オールドスクール」っていつ言い始めました？
関：オールドスクール・デスメタル、OSDM って言葉自体は昔からあるけど、ネット以降じゃない？　よく使われるようになったの。
ハ：ネット以降、ネットは 98 年頃ですよね？
関：そんなことないか、もっと後かな、21 世紀以降じゃない？
ハ：21 世紀、2000 年ですか？
関：なかった？
ハ：ない、ない。オールドスクールとかニュースクールとかいう言い方自体、なかったですよ。
関：なかったか。
ハ：2010 年くらいかもしれない、下手すると。
関：そんなことはないと思う。もうちょっと前だと思う。
ハ：震災の前、ありました？
関：そこまで覚えてない。
ハ：2011 年の前、ありました？
関：あったような気がするけどね。基本、**オールドスクールって言葉自体が別にいろんなとこでも使う**じゃん。
ハ：スニーカーとか。
関：ファッションとかもあるし、映画とかもある。ただオールドスクール・デスメタルみたいなのは 21 世紀以降だと思うよ。
ハ：はるまげ堂が稲荷町に実店舗を構えていた時はオールドスクールって言ってました？
関：言ってたと思うよ。
ハ：いつ自覚し始めたんでしょう。意識的にオールドスクールだとかって言い始めたの。
関：**でも「ニュースクール」って、デスメタルの世界じゃあんまり使わないよね。**
ハ：使わないんですね、ブルデスの人は。「ニュースクール」って言わない。
関：ただハードコアだと「ニュースクール」って言う。デスメタルでは言わないよね。
ハ：そうですね、だから Discharge みたいなクラストっぽいのがオールドスクールで。ビートダウンとかメタルっぽいのがニュースクール。でもデスメタルでは言わないですよね。特にブルデスの人たちって言わないですよ。
関：ブルタル・デスメタルはブルタル・デスメタル。ニュースクール・デスメタルっていう言葉はあまり使わないね。
ハ：ちょっとまず、ばかにした感じじゃない。「あいつらチャラい」みたいな。
関：**どっちかっていうとデスコアとかのほうがニュースクール括りに入るね。**
ハ：デスコアとかメタルコアのほうが、ニュースクールで、ブルデスの渦中にいる人たちは自己認識としてはニュースクールではないというか。ブルデスの人たちはいわゆる「オールドスクール」のことも「オールドスクール」と言わないかも。
関：言わないよね。あんま言わないっていうか。
ハ：見えてないかも。
関：言わないな～。普通に多分、「デスメタル」だよ。
ハ：「デスメタル」ですよ(笑)。この上巻のほうでも Cannibal Corpse とか Immolation, Gorguts とかがオールドスクールなんです。

関：でもあれはオールドスクールじゃないんじゃないの。「デスメタル」なんじゃない？

ハ：自分からすると、「デスメタル」でしかないんです。

関：そうだよね、オールドスクールってもっと……ブラストが入ってないデスメタルはオールドスクールじゃない？

ハ：それが一つの定義ですか？

関：だって、**初期のデスメタルってブラスト入ってないでしょう？**

ハ：入ってないですね。

関：Obituary とか Seputura の『Morbid Visions』とかそこら辺の。

ハ：Seputura はデスメタルに入るんですか？

関：初期はデスメタルだと思う。スラッシュの流れでああいうサタニックでアンチクライストなイメージを取り上げた感じ。だから Sodom も海外だと初期のデスメタルだと思ってる人いるよね。

ハ：Sodom も？　Slayer は？

関：Slayer はデスメタルじゃない、スラッシュだね。

ハ：Seputura が境界線なんですか？

関：Seputura が境界ってわけじゃないけど、昔のフライヤーとかに「Death Metal」って書いてあるから。

ハ：自分たちもそうやってたってことですか？

関：そうじゃない？　デスメタルの言葉自体も Tom G. Warrior のファンジンだったんでしょ。そこから言葉が来て、Hellhammer が入ってるコンピレーションが「Death Metal」でしょう。で、Possessed のデモテープが「Death Metal」でしょう。

ハ：三つあるんですよね、源流が。

関：で、そこで**Mantas** が **Death** に改名して。

ハ：そこで決定的になった感じですかね。

関：そこであいうスラッシュよりも激しい音楽でこれ何？って言ったときに、「デスメタル」って言った。

ハ：「Death」自体オールドスクールっていうふうに今は言われてるけど、当時は言われてないですよね？

関：**言われてないね、普通に「デスメタル」だよね。**

ハ：本人も思ってないですよね。

関：**オールドスクール・デスメタルって多分、デスメタルがリバイバルしてから出てきたのかもしれない。**

ハ：再評価されてから、過去を振り返って。

関：それって、多分デスメタルが出てきて 90 年代中期に US デスメタルみたいなのがきて、「ブルータル・デスメタル」っていう形容詞のブルータルじゃなくてジャンルとして「ブルータル・デスメタル」が確立したのが大体、90 年中期くらいでしょう。

ハ：95、96 年。Suffocation の『Pierced from Within』くらいですよね。

関：その後にブルータル・デスメタルが結構強くなっていって、そんで**デスメタルが 1 回、消える**よね。消えてはいないけど、**ちょっと普通になる。**

ハ：ずれるっていうか。ブラックメタルが盛んになりますね。

関：そんでブラックメタルが来て、そんでその後にポストブラックも来て。ブルデスから派生してスラミングとかのサブジャンルも出てくるじゃん。そんな、いろんなのが飽和状態になったのが 21 世紀くらいじゃない？

ハ：21 世紀ですかね？　2010 年くらいじゃないかなあ。自分は 2006 年頃からデスメタルから離れてて、2011 年くらいに戻ってきたんです。そのときに初めて知りましたよ、「オールドスクール」っていう言い方。「なんでそんな言い方してるんだろう？」と思って。震災の

後に Twitter とか見てたら、「オールドスクール・デスメタル」って言い方と、あと「スラミング」。あの言い方もそれ以前にはなかった。

関：**スラミングもなかったね。**

ハ：なかった。2010 年とか 2011 年くらいなんじゃないかと思って。

関：そうかもね。俺、詳しく年代とか分かんないけど、覚えてないし。でもそういう言葉が出てきたっていうのは 21 世紀以降で、2010 年前後とかなんじゃないかな。そんで多分、デスメタルって 1 回、終わった後に、リバイバルが来てさらに細分化されてたじゃない、すごい。その中で初期のデスメタルを継承してるバンドを「オールドスクール・デスメタル」って言って、そんで若い子たちが始めたのを「ニューウェーブ・オブ・オールドスクール・デスメタル」みたいになったじゃん。その流れで。結構スウェディッシュ・デスメタルの本が出たのが大きいんじゃないかな。

ハ：2008 年の。

関：**本が出て、**そんであの本が出た後に結構、いろんなバンドが再結成したじゃん。デスメタルバンド。そんで HM-2 みたいな音がもう一回はやりだして。

ハ：ゴリゴリしたやつ。

関：スウェディッシュのサウンドが。そんであれを結構、若い子たちがこぞってまねしてサウンドプロダクションつくってて。ハードコアにもそれが派生して。Nails とか、Black Breath か。ハードコアサイドの人たちもデスメタルに寄っていったときに**HM-2 のギターの音**に寄せてきたよね。

ハ：なるほど。

関：そのときに例えば Vader とか Cannibal がずっとやってたわけじゃん、スタンダードを。それよりも例えば Autopsy とかブラストが入ってないデスメタルをもう一回リバイバルでやってるから、オールドスクール・デスメタルっていうようになったんじゃない、デスメタルと分けて。

ハ：Vader とか Cannibal とかは別にオールドスクールじゃなくて、そのままずっと続いてる……。

関：**だからデスメタルになっちゃう。だから Immolation とかもオールドスクールかもしれないけど、デスメタルなんじゃない？**

ハ：家系とか二郎系とかあったとしても、単なる「ラーメン」ですよね。ブルデスが家系とか二郎系だとしたら。

関：そうだね、オールドスクールはなんだろう。**中華そばみたいな。**さっぱりした。

ハ：春木屋とか。

関：そうだね、オールドスクールは。

ハ：Vader とか Cannibal とかはブラストありますね。あ、でも Cannibal のあれってブラストって言えるんですかね？

関：Cannibal はファーストはオールドスクールだと思う、スラッシュメタルに近いし。セカンドもあるけど、サード以降じゃない？

ハ：『Tomb of the Mutilated』、あれがブラストとも言えないビートですよね。遅いっていうか。170、180 くらいの、ダダダっていう。

関：どうなんだろうね、今。ブラストビートも定義がいっぱいあるじゃん。もともと、ブラストビートってグラインドコア由来だから、グラインドコアのブラストビートってキックとスネアが交互なんだよね。キック、スネア、キック、スネア。その速い 2 ビートが加速化して、2 ビートの 2 倍の速度が大体グラインド。ドタドタドタドタ、サ

ササササササ、ズタズタズタズタ、ササササササ。だけど多分 Suffocation の 1st で同時打ちでキックを 16 で踏むっていう、ダダダダダダダ。あれはデスメタルブラストだよね。

ハ：あれ結構、ターニングポイントですね。ブラストビートを裏で打つのか、表で同時に打つのか。それが境界線の一つ。

関：だと思う。

ハ：Suffocation ですか？

関：Suffocation じゃない？　それ以降に例えば Kataklysm とか Cryptopsy とかが裏のブラストもあるけど、表ですごい速いブラストも叩き出したよね。そんでその流れをくんで、今度ブルータル・デスメタルにそれが継承されていくじゃん。

ハ：関根さんからしたら、ブルデスはどこから始まるんですか？

関：俺はブルデスって Dying Fetus のデモも聴いてたし Internal Bleeding の最初のやつとかとも通ってて。ただあのときはブルータル・デスメタルっていう認識はなかったよね。俺はアメリカン・デスメタルスタイルだと思ってた。ただ、そこで当時のオハイオとか辺り。例えばなんだろう？

ハ：Deaden とか Lividity ？

関：Deaden とか Lividity とか、Regurgitation とか。その前身の Sodomized とかはもっともっさりした感じがあって。のろい。

ハ：のろい。Fleshgrind とか Broken Hope とかあの辺のミッドウェスト系ですよね。

関：あそこはやっぱりアメリカンデスメタル、あれが主流だと思う。あのもっさりとしてもりもりしたデスメタル。あれがどんどん。

ハ：でも、もりもりって言ったら、スウェディッシュデスもそうじゃないですか。

関：でもスウェディッシュデスはやっぱり D ビートがあるから。

ハ：アメリカは D ビートないですね。

関：アメリカは 2 ビートなんだよね。2 ビートでブラスト入れていったときに表打ちに入っていくじゃん。やっぱ北欧のスカンジナビアは、D ビートでブラストは裏だよね。

ハ：だからそれでデスエンロールみたいになってく筋があって。アメリカはそういうのないですね。

関：ないね、もっとメタルっていうかスラムっぽくなっていく。

ハ：テキサスのほうではなるけどカルフォルニアでは全くならなくて。

関：Brodequin とか出てきたときに「こんなに速いブラストなの!?」みたいな。あったね。あとカリフォルニアの Disgorge があって。確かデモが 95 年？　あれ以降結構ああいうブラスティングのが。ブルデスの Suffocation とは違う流れで。

ハ：違う。Suffocation はブルデスのパイオニアかもしれないけど、まだスラッシュメタルっぽさがある。

関：それは分かる。リフとか。

ハ：せわしないじゃないですか。

関：Slayer っぽいもん。

ハ：なんか落ち着きのない感がある。

関：刻みかたがね。

ハ：表拍を腹で来るようなやつ。ドドドっていうのが、あれが一つのターニングポイントであるけど、ミッドウェスト系のもっさりしたタイプ、あれが伸びなかったです

ね。B 級感で終わったというか。Waco Jesus とか。

関：あの頃、United Guttural か。あれってあの後、消えるじゃん。その辺に Unique Leader が出てくる。

ハ：Unique Leader が カ リ フ ォ ル ニ ア で、あ と Devourment ですよ。

関：そうだね、テキサスだね。

ハ：TXDM と Unique Leader で Devourment み た いな Sintury、Prophecy みたいながスラミングが一気に来たのと、フルブラスト系も Deeds of Flesh とか Disgorge が。でも関根さん、そういうの好きじゃないでしょう？

関：俺、バンドによるんだよね。

ハ：ブルデス嫌い、みたいなイメージが。

関：そんなことないよ。デスメタルの 1 ジャンルとして追って聴いてた。

ハ：OSDM 主義者に見えるんですけど（笑）

関：そんなことないよ。

ハ：ブルデスも好き？

関：全部は好きじゃない。Devourment が出てきたときはすげえ聴いた。

ハ：こういうの分かるんですか？　オールドスクールの人たちって嫌ってるじゃないですか？

関：そんなことないんじゃない？　縦ノリの感じとはちょっと違うけど、例えばモッシュパートってあるじゃん。オールドスクールのモッシュパートってスラッシュメタル由来じゃん。

ハ：どういう感じのとこなんですかね？

関：例えばカドカドカドカって早いビートの後にズッズッチャズズッチャズズッズッチャズズッズッチャじゃんって。そういう流れって、Hellhammer とか Celtic Frost のモッシュパートのほうって結局、ハードコアでもそういうビートダウン入るよ。似てると思うよ。ただブルータル・デスメタルの落とすのってもっと跳ねるよね。

ハ：跳ねる。上下の高低差で。

関：多分それの影響っていうのがニューヨーク・ハードコアとか。

ハ：あるある。

関：だから Bulldoze とか Sick of it All とか。

ハ：Biohazard とかね。ラップコア入ってますもんね。

関：だからブルータル・デスメタルでも。オールドスクールっぽい落とし方をするバンドっている。

ハ：いるんですか。

関：いると思う。そういうのは Kruelty の人が詳しいよね。

ハ：記事書いてましたね。

関：彼が『ハードコア的観点から見るデスメタルの聴き所』って書いてたじゃない。

ハ：書いてた、面白かった。

関：だからああいう人たちから見るとオールドスクールも「ここ、腕ぶん回せる」みたいなのがあるから。今 21 世紀以降になって、今ブルデス、昔オールドスクールっていうんじゃない観点で聴いてる人たちいっぱいいるでしょう。

ハ：いる。今の人たちが時代を隔てないで聴いてるっていうのは。

関：その人たちから見たらオールドスクールでも、「超ここモッシュパートじゃん」みたいな。価値観っていうか考え方は昔のブルータル・デスメタルの感じとまた違うんじゃない？

ハ：Bolt Thrower とかすごい評価してるでしょう。ブル

デスで Bolt Thrower とか話題にならないし、完全に全然違う。

関：Bolt Thrower もモッシュパートで「あそこやべえ、腕回せる」みたいな。「めちゃくちゃ暴れられる」みたいな、あるから。

ハ：それはハードコアの世界でもそうなんですか？

関：俺、ハードコアそんなに詳しくないけど、Second to None っていう、大阪のハードコアバンド。あの人たちのサウンドは限りなくデスメタルに近い。落とすパートの部分がハードコア的だっていうか。

ハ：あと、Heaven Shall Burn がそれこそ Bolt Thrower 一好きなんでしょう。ゴリゴリしたやつ。ああいう重さってブルデスの世界では全然知られてなくて、特にイギリスってかなり関係ないっていうか、Benediction か Cancer とか。

関：あれはクラストとかの流れもあるから、Axegrinder とか例えば Deviated Instinct とかクラストの人たちがデスメタルとかヘヴィなの始めてやってるっていうのもあるんだと思う。

ハ：それで落とす系がオールドスクールでもあるけれども、最近のスラミングとは違う落とし方があって。それでドゥームデスとかもあるんでしょう。ドゥームデスの重さっていうのはオールドスクールと関係あるんですか？

関：それはあるんじゃない？　例えば今、リバイバルで話題になってるバンドで Rippikoulu っていうドゥームデスメタル。本当に BPM おっせーみたいな、するする。ああいうのの元って何なのかなってなると、例えば Winter って分かるでしょ？　Winter って何かっていうと遅い Celtic Frost。Celtic Frost って俺、結構デスメタルの根源のバンドなんじゃないかと。Dream Death って分かる？　あれもそう、遅い Celtic Frost。Napalm Death も Celtic Frost にすごい影響受けてるでしょ。Celtic Frost 由来のヘヴィなリフと D ビートにさらにブラスト入れたら Napalm。

ハ：そういう感じになるんですか。なるほどね。

関：例えば『Scum』とか。デデデデデデデッテつまってくる。デデデデ、デッデーではパクってるからね。Hellhammer を。

ハ：メンバーにも Cathedral がいて、そっちの方向にも行くでしょ。

関：Cathedral のリー・ドリアンは NWOBHM マニアだし、遅いオールドメタルマニア。Penance とか Saint Vitus とか。そういう流れで。そういうのの由来になると Black Sabbath とかになるんじゃない。あとはやっぱり Candlemass。

ハ：オールドスクールに感じる雰囲気とか世界観って凄く濃厚にあるんですよ。するする感。

関：やっぱりあれじゃない、Black Sabbath から派生してって、例えばそこに Discharge みたいなハードコアパンクの D ビートとか入ったり。Mercyful Fate のカルトな感じとか、リフがどろどろしてるとか、Candlemass みたいなエピックなメロディアスなんだけどどろどろしてるとか、要素があってそこにこんな速さが融合してたのがやっぱり初期のデスメタルなんじゃないかな。

ハ：なるほどね。ニュースクールっていうかブルデスとかからすると、決定的な違いっていうか違和感があるのがするする感とどろどろ感と悪魔っぽさとか。

関：そうだね、ブルータル・デスメタルって多分、デスメタルが持ってるようなオカルト感みたいなものとか魔術とかああいうのないじゃん。

ハ：ない。むしろ結構嫌ってるっていうか。

関：そういうのださいと思ってる人が。

ハ：映画とかファンタジーみたいな。多分、ブルデスの人は世界観自体、そんなにないから。取って付けたようなゴアっぽいのやったりするけど統一的な世界観はあんまりないですね。

関：それはデスメタルはコンテクストにスラッシュメタルとか、Black Sabbath みたいなオカルトでサタニックなメタルが。ブルータル・デスメタルだとコンテクストにそういうのがなくてもっとハードコアだったり。デスメタルの音楽性をもっとデザインした感じなんじゃないの、スタイリッシュにしたっていうか、もうちょっとストリート感がある。

ハ：それはあるかも。ストリート感ありますね。

関：だから例えば髪の毛が長くて、革ジャンで鋲が付いてるのがどっちかっていうとオールドスクール。ブルータル・デスメタルの初期なんて、Suffocation は違ったけどそれ以降のスラムっぽくなっていったのって、もうちょっとストリートっぽいよね。

ハ：Dying Fetus とかね。Limp Bizkit っぽいですよね。

関：Internal Bleeding とか。

ハ：剃り上げちゃった人。

関：そういうほうがストリートっぽい要素があったんじゃない？　でも見た目とかもあるよね、ファッションっていうか。例えば洋服のスタイルでも、今はリバイバル戻ってきて欧米の連中なんかみんな黒のスリムはいてるけど。ブルータル・デスメタルのスラムの連中はどっちかっていうとショートパンツとか太いパンツとか。

ハ：だぼっとしてますよね。でもブルデスの人たちのファッションも今の若い人たちからすると古臭いらしいですけど。Soulfly とか Slipknot とかニューメタルっぽいじゃないですか、90 年代の。ドレッドしたり。メタルコアが流行った 2000 年代以降は、ペタッとしなきゃいけないらしいですよ。

関：七三分けでエモっぽい。

ハ：エモっぽい。で、なんちゃらなんちゃらなんちゃらって 3 単語系で。

関：長い文章みたいな。

ハ：Heaven Shall Burn とか As I Lay Dying とか。

関：ブルデスはそれもない。

ハ：ないんですよね、ブルデスは別に何とか -tion とか。

関：ブルデスも今って多分、リバイバルじゃん。今のブルータル・デスメタルって第 2 期くらい？　何期になるんだ？例えば一番初期を Suffocation にしょうか、その次を Devourment にしょうか。とすると、今また次の世代じゃん。新しいバンドって。

ハ：そういうふうになるんですかね？

関：なるんじゃないか。

ハ：初期が Suffocation、第 2 期が Devourment とか Disgorge。

関：そっから 1 回ちょっと廃れるじゃん。

ハ：廃れたのかな？

関：廃れたっていうか、ちょっとバンドが飽和状態になってさ。

ハ：USDM のカルフォルニア系が日本に来日したとかの後に結構、限界に達したのはありますよね。

関：でさらに細分化してったじゃん。スラム系と

ハ：フルブラスト系と。

関：あとむちゃくちゃテクニックの。あとちょっとゴア

寄りになっていくっていうかさ。

ハ：Last Days of Humanity とか。

関：Last Days の最後のアルバムって結構、ブルデスに影響与えたと思う。すげーフルブラストじゃん。ボーカルとかも。

ハ：あの辺、メキシカン Disgorge とかもそうじゃないですか、USDM っぽさもあるんだけどゴアグラインドで。

関：ブルデスもゴアグラインドに寄ってるのもちょっといるじゃん。それが多分、第３期くらい。

ハ：Putridity とかあの辺のイタリア勢。あとインドネシアは？

関：それもあるのか。その後にブルータル・デスメタルがある程度落ち着いて浸透して、後に東欧からも出てくるじゃん。結構。

ハ：Abominable Putridity ？

関：その連中は結構格好がナイキなんだよ。

ハ：周回遅れですよね。チェコとかスロバキアって昔から周回遅れのアメリカンファッションしますよね。Godless Truth とかいたじゃないですか。あれは関根さんからすると１世代年下なんだけど、今の若い人からすると１世代上なんです。

関：そうなんだ。

ハ：今のこうじゃないですか（七三分けの手振り）。デスコアのやつはみんなこうじゃないですか。うちらにはあんまり見えない世代があるんです。デスコアの世代でWhitechapel とか Carnifex とか、あんなのもっと。カリフォルニアの同じ場所ではいるけれども USDM とも違ってデスコアっぽい雰囲気の人いるじゃないですか。牛のピアスみたいな。あれは 2010 年代世代ですね。自分は多分 2000 年代。関根さんは 90 年代世代。関根さんから見ると 2000 年代と 2010 年代が同じに見えるのかも。

関：同じに見える大体。

ハ：自分が真ん中だから、関根さんが一つ上の世代で自分よりも後の世代っていうのがいて。メタルコア、デスコアの影響ものすごい受けてて、短髪でピアス。

関：こういうとこ（※顔の横）に入れ墨入れたりする。あと首周りに入れたりとか。

ハ：そう。ブレイクダウンもスラムとは違って、何ていうのかな。残響音でハウらせるやつ。だから結構、ドゥームっぽく感じるかな。スラムって裏拍じゃないですか。だけどデスコアの重さってずっと「ダーン」って。

関：Djent とかの影響もあるね。多分そういうのって、俺、楽器も影響してると思うんだよね。７弦ギター８弦ギターが出てきて、Messhugah みたいに例えばデジタルアンプでラインで出してモニターで返して、みんなイヤモニ付けてって。ああいうのって今までの楽器だと出ないような低音の成分みたいなのあって。

ハ：リミッターの技術が飛躍的に進化したから、Ibanez とか楽器メーカーも沢山出したし。ミュートがすごい簡単に出やすくなった、あんまりうまくなくても。休符の拍がすごいできるようになったんです、2000 年以降から。

関：やっぱり技術革新でできる音楽っていうのもあるじゃん。例えばこの前、Within Destruction 来てて見にいったんだけど、あれデスコアでしょう。シークエンサーっていうかああいうの連動させてやるじゃん。ああいうの新しいっていうか、技術ありきの新しい領域に来たっていうか。

ハ：特に Djent とかそうですね。宅録で DSBM とかもそうだしライブとかもやらなくて。打ち込みとかもあ

りで。

関：昔だったらバンドでできることっていうのがあったじゃん。それが今は技術があるから、リズムも連動させていってそこにトラック組んでギターがばって止まったときにばって SE が流れるとか。すごいよなって。金かかってる音楽なんだなっていうのがある。ああいうの。そことのオールドスクールっていうのはまさに、オールドスクールだよね。ギターとベースとドラムがあればできるみたいな。アンプなんかなんでもいい、音鳴って、ディストーションでひずんでればある程度、世界が出せるっていうのがやっぱりオールドスクール。

ハ：関根さんは第一世代になるんですかね。

関：デスメタルのシーンで言ったら第二世代だと思う。

ハ：大熊さんとか（※ Multiplex のメンバー）？

関：もっと上だと思う。今 50 歳くらいの人たちになると思う。例えば Sepultura が最初に出た『Morbid Vision』とか『Bestial Devastation』、あれくらいをリアルタイムで聴いてる人たち。

ハ：80 年代後期くらいの人たち。

関：Death はデビュー前から知ってるみたいな。「Mantas とか Massacre とかリハのデモテープ買ってました」とか。あそこら辺がファーストじゃない？デスメタルの世界だと。

ハ：50 代ですか。だって Morbid Angel の元メンバーが最近死んだんでしょ。

関：そうだね、だからあそこら辺の人たち、Morbid のメンバーとか。Massacre の人たち。あそこの現役世代って 50 じゃない？　俺が今年 46 だから、45 だから。第２世代になる。第３世代ってなると、アメリカンデスメタル、ブラストが入ってるのが当たり前になるから。

ハ：一つの境界線、一つの差異点がブラストビートっていう話ですが、オールドスクールデスメタルの人たちはブラストビートが好きじゃないんですか？

関：そんなことないよ。

ハ：叩けないとか？

関：当時は叩けないっていうのあったと思う。どうやって叩いていいのかが分からないっていうのもあったと思う。ブラストを叩く人が少なかった。それは今でも一緒だと思う。この業界ってドラマーって少ないじゃん。特にタイトに音がでかくてブラスト叩けるって数が限られてる。

ハ：人口限られてますね、日本は特に。

関：だから当時、スラッシュメタルから流れてきたときにデスメタルとかグラインドコア来たときにブラスト叩けるドラマーって重宝されてたよね。

ハ：ブラストビートとデス声がデスメタルの２つの要素じゃないですか。ブラストビート最初聴いたときはいいとみんな思ったんですか？

関：もともと、ブラストビートってきっと Terrorizer や Napalm Death のだから、グラインドコアの産物っていうのはあったよね。

ハ：デスメタルの人たちはそれ嫌だったんですか？

関：嫌ではなかったと思うよ。ただ、融合させようとはしてたと思うけどね。

ハ：で、Napalm Death とかがやり始めて。

関：Napalm Death とかが出てきて、**ブラストビートを取り入れたデスメタルでやっぱり衝撃的だったのは Morbid Angel** じゃない？ Pete Sandoval がすごくタイトに裏拍のブラスト叩いて、しかもあれがワンパスだったっていう。みんなびっくりし

て、Morbid Angel 以降ブラストを入れたデスメタルは結構出てきたよね。

ハ：なるほど、じゃあ Morbid の Pete Sandoval がブラストビートを取り入れて、それでデスメタルみたいなのができたっていうか、かなり確定されて。でも表になったのは Suffocation で。四天王いるじゃないですか、Obituary とか Deicide とか。Obituary やってないですよね。

関：Obituary はやってない。Obituary はブラスト入れてないでしょ。Death も入れてないでしょ。Death のチャックが**ブラストビートっていうのはメタルのものじゃないから取り入れなかったんだって。**

ハ：嫌いなんですか？

関：嫌いっていうか、**「これはメタル由来のものではないから」って取り入れなかったって、何かの本で読んだことある。**

ハ：今のオールドスクールに対してブラストビートは評価してるんですか？　オールドスクール・デスメタルにブラストビート入れてるバンドっているんですか？

関：いるのはいる。ただ、オールドスクールのブラストビートは最初も言ったけど、裏拍のビートだよね。テンポ感もそんなに速くないじゃん。

ハ：150、160 くらい？

関：もうちょっと速いかな。190 くらいじゃない？

ハ：190 か。220、230 超えたらブルデスですかね。

関：**200 ちょっと超えてくると、表と裏、ちょっと分からなくなってくるじゃん。**

ハ：特に下手な人だとずれが。

関：足も踏みっぱなしみたいになるから。でもオールドスクールのブラストってどっちかっていうとワンバスでダスダスダスダスってぐらいのテンポだから。そういう感じ。例えば Entombed とかファーストでブラスト入れてるんだけど、そのテンポとか結構遅いんだ。

ハ：今ではオールドスクールと言われてる人たち、Incantation とか Immolation、ああいうのもブラスト遅いですよね。

関：そうだね。Immolation なんてファーストはブラストないしね。早い 2 ビートだよ。

ハ：どっちか分からないしね。だから Cannibal とかそうですよね。

関：**あれがだんだん速くなっていって、今でこそブラストビートになってるけど。当時のオールドスクールってブラストビートがどうこうってことじゃないからね。**

ハ：Cannibal も表じゃないですか。

関：表だね、セカンドとかは。セカンドってブラスト入ってたっけ？

ハ：2 ビートの速い系。表だと思うけど、あんまり印象に残ってない、てかなんかのろいって印象だ。

関：**あんまりブラストで聴かせるバンドじゃないよね。**

ハ：オールドスクールの一つの作法はブラストやらないんですね。

関：そうだね、だから Unleashed やってない、Pestilence やってない、Death やってない。Autopsy はちょっと入れてるよ。例えば Grave、ブラスト入れてる曲あるよ。でも基本、ブラストを主軸に曲を作ってるって感じじゃないよね。

ハ：速くしたくならないんですか？

関：当時はでもスラッシュメタルよりも速くやろうとはしてたらしいよ。ただ、それが速い 2 ビートだったんでしょう。ただグラインドコアを聴いたときにブラスト

ビートだって認識があったんじゃない？　それまでは**とにかく速く 2 ビートを叩こうみたいな認識**だったんじゃないかな。

ハ：そのあと、どんどんみんなブルータル・デスメタルがブラストだらけになるじゃないですか。それをなんで止めたんですかね？　好きじゃないんですかね？

関：好きかどうかってそれは個人的な問題だから。それはドゥームメタルの人に、「なんで遅いんです？」って聞くようなもんじゃん。

ハ：あれは遅い方向性を目指してるからいいんですよ。

関：**でもデスメタルも遅さっていうのもある**からさ。

ハ：遅さっていうか重さですよね。どっちにも振り切れていないというか、速さなら速さで重さなら重さで、ブラストビートがない 2 ビートのデスメタルの、何か存在理由自体が……。

関：**ミドルテンポの格好よさみたいなのもあるじゃん。**ノレるみたいな。

ハ：まあね、ハードコアっぽいやつ。

関：**そういうのが。**

ハ：ノリがいいですか、じゃあ。

関：**ノリがいいっていうか D ビートを取り入れたデスメタルが格好いい。**人から見ると、ブルータル・デスメタルとかフルブラストはちょっと速すぎる。

ハ：それ二郎系が脂っこすぎるみたいな（笑）

関：**そうだね（笑）**

ハ：でもこういうの、極端を目指したほうが良くないですか？　適度がいいんですか？

関：**極端目指す人はフューネラル・ドゥーム**みたいなのいくんじゃない？

ハ：重さで。

関：とにかく遅く暗く行こうと。そういう Thergothon の関係も出てきたり。最近のバンドだったら Encofinaton とかさあるんだけど、ああいう、寝落ちしちゃうよこれ。

ハ：アンビエントに近いような。

関：**そういうような。あれもデスメタルの一つの要素だから。**

ハ：そういうのも好きなんですか？

関：**好きだね。**

ハ：遅いの好き？

関：**俺、家では遅いのしか聴かないよ。**

ハ：あれはでもほとんどの人が理解できないんじゃないですかね？　そこに至るまでに悟らないと分からない。

関：**好きな人いっぱいいるだろう。**

ハ：最初から分かったんですか？

関：**俺は結構、遅いの大好きだから。Thergothon とか聴いたときすげえと思った。**

ハ：解脱しないと至れない境地にならないですか、ああいうのって。メタル聴く人って速くて重くて。重いっていうのはアグレッシブな感じで、単純に分かるやつ。

関：**速いのが好きな人にしてみれば、こんなのかったるいって思うんじゃない。**

ハ：ていうか、あんまり分からないと思う。何を目指してるのか、遅いっていうのは。でもゴシックはどうなんでしょう？　オールドスクールの人たちってメロディー嫌いですよね。

関：**でもスウェディッシュは結構、メロディーあるじゃん。**

ハ：Edge of Sanity とか。

関：**Dismember とかも結構メロメロディー。**

ハ：Coffins のウチノさんとか My Dying Bride が一番好きとか。

関：My Dying Bride 格好いいな。

ハ：あれってゴシックメタルのほう。

関：ゴシック・ドゥームデスなんじゃない？

ハ：ゴシック・ドゥームデス、Anathema とかね。

関：バイオリン入れたりキーボード入れたりした先駆けなんじゃない？

ハ：じゃあ、My Dying Bride は大丈夫？

関：大丈夫っていうか、最初のミニアルバム買ってすごいいっぱい聴いた、格好いい。

ハ：その後のいろいろ The Gathering とか Lacuna Coil とかああいうのはあれですか。

関：あんまりゴシックゴシックしてくると俺、ちょっと苦手になっちゃう。

ハ：メロディー入るから？

関：メロディーっていうか、そうだね。苦手かな。

ハ：あれ、パワーメタル、メロパワ、メロスピから来てるヘヴィメタルな人多いですよね。

関：くさいの恥ずかしいの、あんまり好きじゃない。物悲しいメロディーはいいけど、ちょっと恥ずかしいなっていうのはちょっと駄目かもしれない。Helloween の初期と Blind Guardian の初期くらいまでだね。聴けるのは。

ハ：Helloween は OK。Gamma Ray は？

関：Gamma Ray もぎり OK かな。だけどそのもうちょっと、そこから派生してったメロスピみたいなのあるじゃない、DragonForce みたいな。ああいうのはちょっと駄目だ。

ハ：駄目ですか。My Dying Bride とかはゴシック・ドゥームメタルみたいなイメージ、すごいあるんです。でもオールドスクールの人、すごい評価してるじゃないですか。この本の著者の村田さんも一番好きなの My Dying Bride らしいんです。でも世間一般で言うと、ゴシックメタルみたいなイメージなんだけど、オールドスクールと結び付いたのが結構意外でした。

関：でもデスメタルが 88 年くらいにわーって出てきたときにみんな速さにいくか、重さにいくか、暗さにいくかとか、いろんなのに分かれていったじゃない。デスドゥームでゴシックっぽさにいったバンドもいたわけじゃない。そうしたときに My Dying Bride っていうのは一つの完成形みたいなのを一番早く出したバンドだよね。バイオリンを取り入れて女性ボーカル入れて、みたいな感じで。そこからもっとデスっぽさがなくなっていくとゴシックになっていくわけじゃない。

ハ：Paradise Lost とか。

関：Paradise Lost もセカンドくらいまでじゃない、デスメタルっぽさがあるの。それ以降になるときれいになっていく。

ハ：UK ロックみたいな。

関：インダストリアルみたいになるんだね、後期。俺よく知らないけど。

ハ：だって、Anathema とかもう Oasis とかみたい。

関：本当？

ハ：UK ロックみたいな。あの頃、結構ましたよね。The Blood Divine とか。あと Nightfall とか、ギリシャ系の SepticFlesh とか。ダークネスっていうのかな。

関：Samael とかそこまで行かないけど、後期はインダストリアル・ゴシック・ブラックに。

ハ：ブラックメタルもモダン・ブラックメタルみたいになっていった人たちがいるじゃないですか。そう思うと、ブラックメタルも結構、パラレルな世界がありますよね。フルブラスト系のやつとプリミティブ・ブラックの原点回帰みたいな。チリチリした音で。あれもオールドスクールと言えるんですね。

関：そうだね。ブラックも速いのがブラックメタルだと思ってる人もいるじゃん。

ハ：そうですね。

関：でも Samael のファーストとか俺もあれ結構、ブラックメタルだと思うんだけど。『Worship Him』。あれとかは、サウンドはドゥームだよ。ドゥームデスみたいな遅い感じ。

ハ：あれデスメタル。

関：当時はブラックメタルとは言ってたけど、デスメタルみたいなブラックメタルもいっぱいあるじゃん。オールドスクール系は。

ハ：最初の頃、デスメタルとあんま。

関：変わらない部分もあった。例えば Beherit とか Blasphemy とかはグレーゾーンじゃないけど、サタニックなものを打ち出してたから、ブラックだけど。音的にはデスメタルに寄ってるよね。

ハ：デスメタルの要素のほうが強いですね。セカンドウェーブのノルウェーの Emperor みたいなのが今のブラック。

関：あとは Mayhem の『De Mysteriis Dom Sathanas』だっけ。アルバムが結構、基準にあると思うよね。

ハ：あれがオールドかニューかの。

関：今のブラックメタルの、例えばブラスト入っててメロディーとプリミティブなリフっていうのは結構、要素が詰まってるじゃん。『Deathcrush』になると、ちょっとプリミティブ過ぎるじゃん。演奏もボロいっていうのもあるけど。ノルウェー系が出てきて Immortal とか、あと Darkthrone。Darkthrone はプリミティブだよね。

ハ：Satyricon。

関：Satyricon とか速い。

ハ：やっぱ Emperor じゃないですか。メロディーがあって、シンフォニックで。

関：Emperor だね。

ハ：Immortal はメロディーあんまなくてハイパーブラストでその後モダンっぽくなって。あと Zyklon とか。あの辺が Belphegor とか。あの辺のモダンブラックメタルになって、嫌われてるでしょう、ブラックメタルの世界では。

関：ブラックもフレンチ系のああいう、がちオタクみたいなのもあるじゃん。ああいう人から見ると多分、ノルウェーの今の Emperor みたいなスタイル、あと例えば Abbath とかは多分、「こんなんブラックメタルじゃねえ」と思ってる。

ハ：でもフレンチもちょっとワザとらしさあるじゃないですか。

関：あれはちょっと俺は商売っ気があるなと思った。100 枚出して、限定で出して。Vlad Tepes とか Mütiilation の初期の頃ってわざとプレミアを付けて売ろうとしている感じがあったっていうか。

ハ：開き直りの逆張りで、あんまりできないのにそれがいいって言ってるっていう。ゴアグラインドも結構そういう要素がありますね。

関：地下の地下に売ろうとするのが格好いい、みたいなのがあって。

ハ：オールドスクールもそういう雰囲気ないですか？

関：そういう売り出し方を出してるバンドもいるよ。

ハ：ブルデスからするとそれも違和感あるんですよ。チリチリしたほうがいいとか、レアなほうがいいとか、デジタル駄目とかエフェクター駄目とか、ストリーミング駄目とか、レコード、ビニールじゃないと駄目とか。そういう傍から見るとフレンチブラックと似たようなことやってる人いるじゃないですか。

関：オールドスクール・デスメタルの特に今の新しい世代なんていうのは、カセットで最初出すとか、音質をわざと悪くして、悪いっていうか、いい音じゃなくて昔の感じのアナログっぽい音にしてるっていうこだわりのバンドもいるよね。だからオールドスクール・デスメタルのジャンルだけじゃなくて、例えば**フェティッシュとしてのオールドスクール・デスメタル**っていう側面もあるよ。

ハ：ある。マテリアル主義っていうか。

関：**あれも行き過ぎちゃうと、マニアック過ぎて付いていけないなって。**

ハ：関根さんでも？　関根さん、そういう感じしますけど。

関：**そう？**

ハ：テープは？

関：**もちろん好きで買うけど。**

ハ：ストリーミングはやってるんですか？　関根さんSpotifyとか。

関：**Spotify はやんない。**なんでかっていうと、Spotifyって便利だと思うんだけど。あれやって流しで音楽を聴くのって俺の音楽の聴く環境とちょっと違うんだ。

ハ：Apple ミュージックは？

関：**Apple ミュージックも。**

ハ：Amazon Unlimited？　そういうストリーミングはやってないんですね？

関：**あれって勝手に選曲していい音楽流してくれるじゃん。格好いいなって、例えばこのバンド１曲選ぶと、それに似たようなバンドが続けてくるじゃん。そしたらあいうの聴いていくと、自分で掘らなくなる。そうすると嗅覚が、いい音楽に対しての審美眼がにぶるような気がする。俺はそう思ってる。**

ハ：でもストリーミングでも無限にリンクをずっと辿ってディグるじゃないですか。

関：**そこにあるものしか拾えないじゃん。Spotifyにあるものしか拾えないじゃん。でも世の中ってSpotifyにない音楽も多いわけじゃん。そうなったときに例えばぐるなびでラーメン屋探してるのと一緒なんだよ。ぐるなびに載ってないラーメン屋を探す嗅覚を鍛えなきゃいけないと思ってる。**

ハ：でも、ぐるなびはお店が出稿してるから。食べログはお客さん勝手に調査して投稿するものだから、ちょっと違いますね。あれ載ってない店はほとんどないですよ。

関：**ないけど、でもそこのぐるなびとか食べログとかにすぐ頼っちゃう自分はどうなの、みたいな。**

ハ：でもBandcampは聴いてるんでしょう？

関：**Bandcamp は聴くよ。**

ハ：あれと違うんですか。Spotify。

関：**Spotify って勝手に来るじゃん。**

ハ：Bandcampもそうじゃないですか。

関：**サジェスチョンっていうかレコメンドでね。**

ハ：あれって結構、オールドスクール世代のサンクスリストと似てないですか。サンクスリストにこのバンドにお世話になった、みたいなやつがいっぱい載ってて。それたどるリンクと同じで。そこで始めて知ったバンドが聴いてみていいなって。だから交流があったり、この人たちと仲間だっていう。

関：**そういうリンクでつながっていくものってあると思う。ただ、自分が音楽聴くときって。**

ハ：パソコンで聴いてるんですか。パソコンにCD入れてるんですか？

関：**さすがに取り込むよ、１回は取り込むけど。**

ハ：でもYouTubeで検索したらすぐ再生されるじゃないですか（笑）

関：**音が悪いやつがあるじゃん。あと広告は入ったりしてうざい。**

ハ：ブロックかければ？

関：**そこまでして聴かねえな。**

ハ：10秒で入れられますよ（笑）

関：**YouTube は検索してぱっと聴くけど、YouTubeとか Spotify とかってストリームで音楽を俺、あまり聴かない。**

ハ：でもパソコンに入れてる……。

関：**パソコンで取り込んだやつを自分で。**

ハ：コンポで聴いてない？

関：**コンポで聴かないよ。**

ハ：パソコンにサウンドカードがあって？

関：**パソコンのハードディスクの中に iTunes に入ってそれを聴くぐらいかな。**

ハ：でもiTunesのやつだとビットレートだと320kbpsとかあるでしょ。そうすると聴いててもCDと変わんないくらいじゃないですか。Appleミュージックでもインターフェースもほぼ違わないし。Appleミュージックは嫌だった？

関：**嫌だっていうか。**

ハ：自分で取り込むのが面倒くさくないですか。リッピングするときに結構時間かかるし。

関：**そんなかかんないよ。**

ハ：でもでもAppleミュージックで再生すれば別に。

関：**でも Apple ミュージックに聴きたいのが俺、ないかもしれない。**

ハ：結構ありますよ。ほとんどありますよ。オールドスクールってAppleミュージックとかにないのもあるんですか？

関：**あると思うよ、結構いっぱい。**

ハ：でもDSBMでさえかなりありますけどね。インドネシアのブルデスでもかなりありますからね。

関：**インドネシアはそういうの、早いよね。**

ハ：逆に。

関：**フィジカル買う習慣がないから。デジタルで……。**

ハ：作ってないですからね。中国とかもそうですから。なるほど。でもそのOSDMのマテリアル原理主義的なところがやっぱり。ブルデスの人、そういうのないんじゃないかな、コレクター的な。

関：**今こそて、例えばアナログで Suffocation とか再発されてるけど、やっぱりブルータル・デスメタルって CD 世代ってイメージなんだよね。**デモテープじゃなくてCD-R。CDで聴く。

ハ：CD-R。

関：**CD-R なんて 10 年たったら聴けなくなるじゃない。だからある意味、歴史が残りにくいっていうか。ファンジンなくなってた時代じゃん。ウェブジンじゃん。**

ハ：ファンジン、今はあんまないですかね。

関：**今はオールドスクール・リバイバルがあって、オールドスクールのファンジンはあるよ。**

ハ：印刷してですか。

関：してる。向こう行ったら売ってる、いっぱい。

ハ：DTP自分でやって。白黒で。

関：なんなら昔よりクオリティ高いんだ、当たり前だけど。

ハ：IRCとか入れて送ってやるんですか？

関：それはないんじゃない？

ハ：どうやって払うんですか。

関：PayPal。あとは普通にフェス行けば、レーベルとかショップがブース出してるから、そこでフィジカル買うみたいな。この前ヘルシンキ行ったけど、フェス出たときにショップ出てて、ファンジン買ってきたよ。

ハ：ファンジンあるんですか？　昔のやつじゃなくて。

関：今の現行の。

ハ：それは大手出版社がやってるんじゃなくて個人で？

関：個人でやってる。載ってるバンドもオールドスクール・デスメタルが基本。

ハ：ブラックメタルとか、あんまりファンジンないですよね？

関：今はないんじゃない？

ハ：デスメタルカルチャーだと思うんです。ハードコアもそうかな。

関：オールドスクール・デスメタルのそういうのは強いよ。

ハ：強い。『SOD』とか、あれはちょっとブルデスか。

関：あれは普通にマガジンだね。『SOD』とかとなると、もうちょっとマガジン感が強かったな。

ハ：確かに、『Terrorizer』っぽさありますね。

関：だからオールドスクールってゼロックスコピーで、ホチキス留めみたいな。

ハ：でもブルデスも黎明期はインターネットない世代だったから『Head Fucker』とか。

関：あった、『Head Fucker』。でも最初のオハイオデスやってた頃とか1998年とかか。Vomit Remnantsが行ったりさ。その前、ミシガンデスフェスとか。あの頃にDeadenとかとか多分、出てたよね。あの頃はまだファンジンあったんじゃね？

ハ：ブルデスでもファンジン買ってたし、それ以外に情報ないですから。インターネットもないし、MySpaceとかできる前で、それこそCD-Rですよね。CD-Rがハイテクみたいな感じだった。ドルを封筒に入れて送って、メールはまだhotmail（笑）

関：CD-Rでもうデモだしてた、そのとき？

ハ：CD-Rデモみたいな感じの。デモテープもまだいっぱいありましたよ。でも結局CD-Rデモはあまり普及はしなかったんじゃないかな。CD-Rって結構、同じようなの作れるし、あんまりレア感もないし。物欲を刺激されるわけでもないし。WoundeepとかはそれこそCD-Rしか出てなかったんじゃないかな。

関：ブルータル・デスメタルの世代はやっぱ、CD-Rだよな。Vomit Remnantsが出てきた頃って最初の頃はまだテープだった。

ハ：テープ、持ってますよ。

関：俺も持ってる。

ハ：MDみたいな感じですよ、CD-Rって。世間にも広まらないし、勝手に自分で複製できるからマテリアルとしての物欲も刺激されないし。でもデモテープはその国のテープで作られてたりするじゃないですか。日本だとSONYとかMaxellだけど、よく分かんないメーカーだったり。

関：あったね、灰色の変なのとかあったね。

ハ：BASFっていうのとか。手作り感があるから、オールドスクールはそういうマテリアル感は感じるね。

関：今のリバイバルの現行のオールドスクールバンドもそういうのまねてるよね。デモテープ作ってる。

ハ：デモテープ作ってるんですか？

関：作ってる。

ハ：カセットプレーヤーで聴くんですか？

関：いま、カセット・リバイバルすごいじゃん、向こう。欧米。

ハ：よく聞きますけど、それでも通勤するときとかどうやって聴いてるんです？　ウォークマンで聴いてるんですか。MP3に変換してるんですか？

関：買って終わりなんじゃねえの、聴いてねえんじゃねえの（笑）

ハ：聴いてなかったら意味ないですよ（笑）

関：物としてコレクションしてるんじゃないの？　だからダウンロードカードが付いてるテープとかあるからね、今。音源はダウンロードで聴いて、カセットはコレクションで持っとくみたいな。

ハ：持っとかないと駄目なんですか？

関：俺はそうだね。コレクターだよね。オールドスクール・デスメタルの人たちってコレクターが多い。

ハ：コレクターは多い、その世代だから所得もあるし。

関：そうだね、年いってる人は金もあるから、いろんなバージョン出すじゃん。カラー版とかさ、ダイハードとかTシャツが付いてる、パッチが付いてるで、限定100とか通常版も買ってダイハード版も買って。

ハ：でもそれがその人たちが50とかになるわけでしょう。死滅するじゃないですか、若い人たちに継承されていくんじゃ。

関：でも今のアメリカとかヨーロッパなんて20代でオールドスクールやってるやつがいっぱいいるから。歳間いてみるとびっくりするよね。「なんで若いのにこんな古いデスメタルバンド知ってんの？」みたいな。

ハ：村田さんもそうですから。

関：日本はオタクの国とかいうけど、デスメタルに関してはアメリカとかヨーロッパのほうがオタク、全然。若い子たちが古いデスメタル掘って聴いてる。それを一つのステータスとしてるよね、「俺知ってるぜ」みたいな。

ハ：でもそれ別のジャンルでもあるじゃないですか、ブルデスとかでも。それとはちょっと違うんですか？

関：ブルデスでも掘って聴くっつったって、たかだか十何年じゃん。

ハ：遡って聴くのがオタクってことになるんですかね？

関：「よくそんなバンド知ってるね」って。例えばデモしか出してないバンドとか。

ハ：でも同時代の超マニアックなバンドを誰よりも早く知るっていう、そういう探求心もあるじゃないですか。例えば「インドネシアの島で高校生がやってる超フルブラストのブルデスを誰よりも早く見付けた」みたいな。そういうマニアックさもあるじゃないですか。でもOSDMって結局、昔のやつを突き止めるんだったら、数に限りが有るし、誰かが発見したら、それは一瞬で共有知識にならないのかな？

関：共有知識になるんじゃない？　ただ、そこだけにこだわってリリースしてるレーベルとかもあるわけ。

ハ：昔のやつだけに？

関：例えば誰も知らねえようなやつ見付けて、「メンバーと連絡取って再発したぜ！」で買ったら「なんだこのひどい音は！」。俺もオールドスクール・デスメタル好きだけど、なんでもかんでも好きなわけじゃないから。発掘マニアみたいなのがいて、それを出したことになって悦になってるの

は俺、ちょっと賛同できない。

ハ：関根さんがそういう雰囲気の人だと思われてるのもあると思いますけどね。

関：俺が面白がってる部分もある（笑）

ハ：こういうカルチャーってそういうの絶対、ありますから。

関：ただ、俺の場合はばかにしてるんじゃないけど、「よくこんなんリリースしたね……」って言うような。

ハ：自虐的なね。

関：へっぽこな感じで面白いとは思ってるけど、果たしてそれを本当に真剣に格好いいと思って聴いてるのかなってちょっと分かんなくなるときがある。

ハ：だから過去に遡ってポンコツなのを聴いて「なんだこれ？」って思うのと、それこそ本当にマダガスカルの変なの聴いて全然よくなくて、でも「それを見付けた俺」みたいな。「なんでこれ聴いてるんだろうみたいな」（笑）。結構似た部分ある。時間と空間の差で、この探求心の強さがやっぱり、今それこそストリーミングだと受身で簡単に知れちゃうから。メンバーでさえ情報発信もなんもしないやつが潜んでて、それを見付けたっていう快感みたいなのは分かりますけどね。でもそれ聴いてなんだっていうのありますけど。

関：そうなってくると、音楽どうでもよくなってきて、サブカルの世界に入るじゃない？

ハ：あとは考古学とか文化人類学みたいな。でも全部発掘され尽くされてない？

関：されてはいないんじゃない、それでもまだ。

ハ：こんなにリバイバルがあるのにも関わらず、それでも誰も思い出しもしなかったバンドがいるわけ？

関：いるでしょ、だってこの前、あるバンドの初期のメンバーが前にやってたの、ライブ1回しかやったことないんだって。

ハ：音源があったんですか？

関：ライブ音源あるらしい。

ハ：録っててよかったですね。

関：そういうのが音源とかになったりするから……。

ハ：OSDMは第1世代のやつはまだ発掘……？

関：されてないと思う。

ハ：でもそんだけ知られてないってことは、相当レベル低いとかいうことはないんですかね？　ちょっと人気でるじゃないですか、よかったら。

関：そうだね。

ハ：誰からも人気が出なかったってことにならないですか？

関：でも例えばメンバーがその音源を気に入らなくてお蔵入りにしてたっていうのもあるんだよね。格好いいんだけど、なんでこれ駄目なのっていうと、本人が嫌がってると。

ハ：完全主義者とかがね。

関：そういう音源とかもたまに出たりするから。あとは本人がそれを否定してて再発されないとか。例えば今、メンバーがクリスチャンになっちゃってて、「当時こんなのやってたのは恥ずかしいから出さないで」みたいな。

ハ：歴史学みたいなもんですね。

関：そういうのがブートで出たりするんだよ。オフィシャルだと出せないから。でもこの世に埋もれちゃいけない、かっこいい音源があるっつって。そういうのを誰かそういうの見付けてくるか分かんないんだけど。ブートで300枚とか出すわけ。限定で。そういうのを見付けて、

欲しくなるよね。

ハ：なるほどね。でもそれでも、ずっとやってるとネタ尽きないんですか？　まだまだあるんですか？

関：まだあるんだろうね。

ハ：でもそうすると、ファンジンにも載ってないとかそういうものになるじゃないですか。記憶ですか、そうすると。デスメタルの引退率ってどのくらいになるんですか？

関：引退率（笑）

ハ：関根さん残ってるじゃないですか。

関：半分以上は引退していくんじゃない？

ハ：OSDMが消えていくわけです、第1世代の人たちが。

関：年齢、死んでいくっていう。歳いって。

ハ：生存率、50代で第1世代オールドスクール・デスメタルでバンドやってる割合が残ってるのって1割以下くらいですよね。

関：1割あればいいんじゃないの、もしかしたら。

ハ：9割は何やってるんですか？

関：普通に生活してるんじゃない？

ハ：そういう人たちってリスナーとかファンも辞めてるんですかね？

関：ファンはやってるケースあるよね、多分。Facebookとかで昔こんなバンドやってたとかでつながったりすると、聴いてはいるって人とかいるじゃん。

ハ：OSDMの第1世代の人たちで引退してない人って何ですか、すごいですね。関根さんとか。好きなんですね。

関：好きだろ〜。俺よりも上の人がもっと歳いってるじゃない？　それでもすごい好きで聴いてるんだから。30年聴いてるわけでしょう。デスメタル聴く前にメタルとかも聴いてるわけじゃん、スラッシュとか。

ハ：すごい。

関：だからヨーロッパのフェスとか行くと、結構70代のおっさんとかいるわけ。

ハ：70代いますか！

関：ジミ・ヘンドリックスを生で見たことがあるっておじいちゃんがいた。

ハ：ああそう、で、デスメタルが好きなんだ〜？

関：今、そういうの現行で聴いてる。で、その人はジミヘンとかを生で見て、Black Sabbathとかも見たことあるっつったかな。今もこういう音楽が好きで、でもその人はフェスとかに携わってる人だったの。

ハ：じゃあ職業で。

関：いまだにロックとかヘヴィメタルが好きだから。その業界にいるんだと。

ハ：でもそう思うと不思議ですね。OSDMって若い人もやってるわけでしょう。最高齢だと50〜60代でやってる。

関：だってPaul Speckmannなんて60でしょ、多分。

ハ：60ですか？

関：60くらい。

ハ：84年とかくらいからやってるわけでしょ。今の若い世代の20代の人と60代の人がバンドを組んでもいいですね。

関：それは可能性あるんじゃない？

ハ：あるんですか、世の中に。

関：例えばNirvana 2002ってあったじゃない？　あれの息子がEntombedのNicke Anderssonの弟かなんかと一緒にバンドやってた。だからそうやって、お父ちゃんとやってないけど息子とスウェディッシュの人がつながってやってるとか、そういうの今後出てくるんじゃない？

八：オールドスクールじゃないけど Defeated Sanity のバンドがお父さんと息子ですよね。

関：そうなの？

八：お父さんがジャズドラマーか何かで、息子が。関根さんが観た最高齢デスメタルはなんですか？　誰ですか？

関：最高齢って今、Paul Speckmann 年齢調べてるんだけど。56 歳だね。

八：意外とそこまでじゃないですね。見た目が長老っぽいから。

関：1963 年。

八：50 だと日本でもいますもんね。

関：でも現役でデスメタルやってる 56 歳ってポールぐらいだから。

八：そしたら、Paul Speckmann か、Paul Speckmann と同じような世代の人たちで、今のニューウェーブ・オブ・オールドスクール・デスメタル、好きなんですか？　若い人がすごい再評価してるって話ですが。おじいちゃんが今の若いオールドスクール・デスメタルのバンド聴いてるんですか？

関：聴いてないんじゃないの？　やっぱ歳いったりすると。例えばオランダでフェスで Pestilence と楽屋一緒だったんだけど、自分の出番が近くになってきて演奏して帰っていったもんね。他のバンドとか観てない。

八：他のバンド興味ないんだ。

関：観てないんだろうね。

八：じゃあ、若い人はおじいちゃんをリスペクトして聴いてるけど、おじいちゃんは若い人の聴いてないんですか？

関：聴いてないんじゃない？

八：でも似たような音なんでしょう？

関：でももう散々聴いてて飽きちゃってる（笑）

八：じゃあ、若い人がやってることは新しくない？

関：新しくはない。

八：自分たちがやってるのと似てるでしょ？

関：興味ないのかな、どうなんだろう。プレーヤーじゃん。音楽でずっと食ってる人がまだ残ってるっていうのは。だから音楽としての興味ってデスメタル以外にいってる可能性があるよね。

八：それはある。

関：例えばジャズを聴いてるとか、もうちょっとテクノとか聴くとか、もっと違うものを聴いてる。今はデスメタルは仕事としてやってる。だから Pestilence は今はバックメンバーは Disavowed のドラムとかでしょう。Disavowed も何なら、聴いてない可能性あるよね。

八：スタジオミュージシャンっていうか職業的なミュージシャンでやってるってことですね。じゃあ第 1 世代オールドスクール・デスメタラーはニューウェーブ・オブ・オールドスクール・デスメタラーのことどう思ってるんですか。うれしい？　困惑？

関：どうなんだろう。でもフェスとかで一緒になったりするじゃない。多分、ヘッドライナーは元祖デスメタルでしょ、そこのサポートに来てる若い人たちって若いバンドじゃん。

八：2 世代ずれてますからね。

関：そういったときに見てて格好いいと思ったりはするんじゃない？「こういうバンドがいるんだ」とか。

八：仲良くなる？

関：仲良くなったりはするんじゃないの？

八：話するんですか？

関：話も合うんじゃないかな。でも息子だろうね、年齢的にいったら。

八：20 歳は離れてますよね。

関：余裕で離れてる。

八：Pestilence とか 40 代後半とか 50 代ですよね。

関：50 代でしょう（注：52 歳）。

八：で、若いバンドっていったら 20 代前半、30 歳くらい離れてるんだから息子ですよね？

関：だから「頑張ってるな」とか思うんじゃない？

八：でも聴くことはない、つるむこともない。

関：例えばそのくらいの。50 代の人が 20 代とバンドを新しく始めたってあんまり聴かないよね。40 代くらいの人は 40 代くらいの人をメンバーでやってるんじゃない？

八：でも可能性としては全然ありますよね？　ニューウェーブのオールドスクールと元祖オールドスクール・デスメタルって音、完全に違うんですか？

関：進化はしてると思うよ。

八：違いはあるんですか？　初めて聴いたらこっちがどっちかって分かりますか。

関：分かんないのある（笑）　2016 年に出てるデモテープとかとか言われないで聴いたら、「あれこれ発掘音源じゃねえか？」って。

八：そこまでうまくレプリカみたいにやってる人たちもいるんですよ。

関：それはフェティシズムの一つとしてやってるような気がする。音質もそういう。

八：わざと（笑）

関：わざと、ジャケもわざと！

八：ある意味、パロディーみたいなものじゃないですか。

関：パロディーっていうかオマージュなんじゃない？

八：オマージュね。

関：当時のそういうのが大好きで、今、フライヤーとかも寄せてるよね。昔のに。白黒にして絵もそういう古いのにして。そういう人たちの好みからすると、CG みたいなジャケみたいなのはだせえ、みたいな。メジャーなバンドって CG みたいなのになってるじゃない。ああいうのはオールドスクールの人から見るとなんなのあれ？みたいな。メジャーな人から見るとオールドスクールのを見て、「何だこの手描きのだせえの」って思ってるかもしれない。「なんで白黒なの？」みたいな。

八：それはそうですよ。ノルウェーの Euronymous とかが Anti-Mosh、Anti-Morrisound とか言ってましたよね。オールドスクールの人たちが言ってたこととちょっと被りませんか。そのときノルウェーのブラックメタルの言ってることと共感しなかったのですか？　あれはスウェディッシュデスとかも批判しましたけど。

関：あれは例えばヒップホップのディスり合いみたいなのあるじゃん。ちょっと近かったのかなと。

八：当時？

関：だって Euronymous も Helvete だっけ、レコード屋やってたじゃん。当時、Helvete のレコード屋の写真が写ってるんだけど、結構普通に Napalm Death とか Pungent Stench が面出しで置いてある。だからブラックメタルのそういうアンチポーザとかアンチモッシュっていうのはそういうスタイルの一つとして言ってたんだと思うんだよ。

八：そのときもそう思ったんですか？

関：俺、そのときはそう思わなかったよ。

八：本当にけんか売られてるみたいな？

**関：見たときに「へえっ」て思って。でもしゃれなんだなっ

て思ったけどね。

ハ：でも今思うと、彼が言ってたこととオールドスクールの人たちがブルデスに言ってることと似てませんか？カラフルなのが駄目だとか音圧が駄目だとかデジタルが駄目だとか。ブラックメタルとオールドスクールメタルの主張って結構被ってる。でもスウェディッシュ・デスメタルを批判したわけだから、それもオールドスクールメタルではあるけど。

関：そういう人たちいたとは思うよ。例えば「ブルータル・デスメタルが共感できねえ」っていうオールドスクールの連中もいるとは思うけど、全部が全部そうとは限んないからね。

ハ：オールドスクール・デスメタルはブラックメタルには行かないんですか？　アティテュードは少し似てるじゃないですか。

関：Darkthrone なんていうのはもともとデスメタルバンドじゃん。Immortal も最初のデモの頃はデスメタル。それで音楽の方向性が変わってブラックメタルに行ったってバンドもいるけどね。

ハ：一方でブラックメタルとオールドスクールってかなり異質な感じもしますけど。どうなんでしょう。相いれない部分もかなり強い。

関：そんなことないんじゃない？　中間にあるウォーベスチャルなバンドとか、デスメタルとブラックメタルの中間にいるよね。

ハ：いる。雰囲気もそう。USDM が嫌いみたいな感じ。

関：あとはブラックメタルって重くないから。「これがブラックメタルだ」っていうふうになったって多分、プリミティブ・ブラックみたいなのが出てきたからだよね。

ハ：Mayhem とかですかね。

関：Mayhem と　か Darkthrone の『A Blaze In The Northern Sky』だっけ。ああいうアルバムが出てきてから「ブラックメタルが」ってなったけど。Venom が出てきたときに、あれ『Black Metal』ってアルバム出してるけど、あれはブラックメタルだと思わなかった、みんな。

ハ：混ざってますよね、スラッシュメタルの曲みたいな。

関：例えば Sabbat とか Venom 由来じゃない？　そういう Venom 由来のブラックメタルみたいなオールドスクールバンドもいるじゃん、今。例えばスウェーデンの Gehenna とかは Motörhead で Venom みたいな感じのブラックメタル。ブラックメタルって言葉があるけど、ブラックメタルのほうが細分化されてるよね。

ハ：相当。それこそ Gehenna なんかロックンロール……。

関：そういうのもあるし。デスメタルなんてオールドスクールとかブルータルとかテクニカルとかスラムとかいろんな言葉があるけど、ブラックメタルってブラックメタルってだけ言ってるけど、すごい細かいじゃん。

ハ：細かい。ポストブラック、デプレッシヴ・スイサイダル・ブラックメタル、プリミティブ・ブラック、シンフォニック・ブラック、アンビエントブラック、フォークメタルとかペイガンフォークなんかも少し入ってくる。

関：あと思想が入ってきたりするのもあるじゃない。

ハ：そもそもオールドスクールって思想ないですよね。サタニックみたいな雰囲気はあるけど。政治に思想ないんですよね。

関：ハードコアとかパンクが政治性が強いものに対して、デスメタルはもうちょっとそういうものを排除したっていうのもあるんじゃない？

ハ：左翼っぽい主張もしないし、右翼っぽいことも言わないし。

関：もうちょっと音楽の中で突き詰めていくってのがあったんじゃない？

ハ：だけど、悪魔っぽさはありますけど。

関：そのサタニックな要素っていうか。

ハ：デスメタルの死体とかゴア系はないですよね。

関：ある、Cannibal Corpse とか結構、そんな感じ。

ハ：でもあれ、オールドスクールって言うんですかね。

関：Cannibal Corpse はイメージだけど、音はオールドスクール。

ハ：ブルデスってあんまりコンセプト重視の、世界観ないけど。基本的にはスプラッターぽさはあるんです。オールドスクール、スプラッター好きですか。

関：Impetigo みたいなのはいるよ。

ハ：アメリカンホラーっぽさがありますね。

関：あるね。アメリカンホラーっぽいバンド多いよ。

ハ：Nunslaughter でしたっけ。Necrophagia か。

関：やっぱりそういう。

ハ：じゃあ、悪魔とかサタンとかとは。だけどサタニズムもやろうとして失敗した感じですよね。オールドスクールは。

関：フロリダに Acheron ってバンドあるの知ってる？

ハ：知ってる。

関：あれのメンバーの１人がチャーチ・オブ・サイタンやってたでしょ。そういうサタニックな要素をやってて。それって Deicide が初期やってたっていうか。本気であの人たち、クリスチャンと喧嘩してたじゃん。

ハ：そういえばオールドスクール・デスメタルとアンチクリスティアニティーとかサタニズムってうまく融合しきれないままうやむやになりましたよね。

関：その部分っていうのがブラックメタルに流れていったんだよ。

ハ：なんでデスメタルで広がらなかったんですかね。サタニズムが。

関：サウンドの追求だったんだよね、もっと。

ハ：そうすると、ブルデスになってくるじゃないですか。オールドスクールのコンセプトはどこにあるんですか。サタニズムでもなく悪魔でもなく死体でもなく。アメリカンホラーでもなく。ウォーベスチャルみたいにゴートだとか。ああいう突き詰めたピュアな部分もないっていうか。スウェディッシュデスがかなり大きな一つの潮流だけど、あれが全部ではない。Gorguts とかアバンギャルドデスとかもいるし、オールドスクールが狭いようでいて広いようでいて、境界線があいまいで、漠然としているとも言える。

関：オールドスクールっていうかデスメタルって結局、スラッシュメタルじゃ満足できない人たちがさらにヘヴィでスピードとか重さとか暗さとかを追求した音楽じゃん。さらにそこから例えばブラストとかスラムを追求したのがブルータル・デスメタルでしょう、オールドスクールのジャンルって多分、デスメタルの80年代後期から90年代中期くらいまでのデスメタルがずっとベーシックになってる。

ハ：でもグラインドコアのブラスト取り入れたわけですよね。

関：そうだね。

ハ：グラインドに対する反発心とか違和感とかなかったんですかね。

関：なかったんじゃない、それは。

ハ：初めから打ち解けてた？

関：初期のデスメタルでブラスト入れてるバンド、例えば Pungent Stench とかもグラインドっぽいし。例えばあとなんだろう。

ハ：グラインドの人たちってデスメタル好きなんですか？

関：昔は一緒だったと思う。Repulsion とかいた頃は。ただ**グラインドコアがどんどんデスメタルと離れていったよね。俺は離れていったと思う。**

ハ：グラインドコアが？

関：例えば Nasum が出てきて、Rotten Sound みたいなのが出てきて。あれってグラインドコアじゃん、確実に。だけど Pungent Stench とか Defecation とか、デスメタルの要素もあるしグラインドコアの要素もあるじゃん。

ハ：オーストリアとかドイツがそんな感じですよね。

関：そうだね、ああいうバンドは。

ハ：Dead Infection とかは全然違う。

関：あれはグラインドコア、多分。初期は結構デスメタル的な要素もあると思うよ。

ハ：デスメタルの人たち、グラインドコアに対しても敵対心とかないですよね。結構好きですよね。

関：ないんじゃない？　一緒だと思って。つるんだりするよね、一緒に。

ハ：だけどグラインドコアの世界って見えない部分が結構あるんです。ブルデスと近いけど交流はあまりないですね。Obscene Fes とか被ってるけど、なんか違和感ありますよね。異質感。敵対もしてないんですよ。

関：グラインドコアってハードコアとかクラストとかに近いと思う。欧米とかは、日本だとちょっと……。

ハ：日本はハードコアパンク系のグラインドのカルチャーすごくあると思います。

関：そうね、日本はハードコアパンクがすごい強いけど。

ハ：C.S.S.O. も最初、そういうイメージだったから。

関：あれもそんなにグラインドって感じじゃないんだよね。Carcass のファーストはゴアグラインドで、セカンドになるとデスメタルの要素が強い。サードになるともっとメロディーが入ってきて、さらにデスメタルの要素が強くて。例えば Napalm Death も『Harmony Corruption』ってデスメタルとグラインドコアが融合したアルバムだと思う。あの頃のバンドって多分、グラインドコア、デスメタルって今聴くと、音が似てるよね。

ハ：似てる。

関：ただその後、グラインドコアっていうのがどんどん。

ハ：離れていった。

関：離れていったっていうか、濃いっていうのかな。

ハ：Nasum とか。

関：**Nasum は完全にグラインドコアだよね。聴くと。**

ハ：最初からそうですね。

関：**最初からそう。**

ハ：彼らはメタルになんか来ちゃっただけじゃないですか、うわさが。

関：Nasum って当時、グラインドとハードコアとデスメタルとかの橋渡し的な存在だったみたい。彼らがいたことによって全てのシーンがリンクしていったみたい。

ハ：あのバンドの橋渡しですか。あれ、第２世代っぽい。

関：そう。もともとは Nasum って Necrony のメンバーが Napalm Death みたいなのやりたいっていって始めた。そこに Mieszko Talarczyk っていう後に Nasum の顔になるんだけど、あいつが主導権をどんどん握っていって。

ハ：後から入った人が主導権握ったんですね。

関：３人で始めたんだけど、もともと Necrony の Anders Jakobson と何だっけ。２人に Mieszko が混じったの。

ハ：でも最初は Napalm Death と Carcass なんですね。その人たちはグラインドコアとデスメタルを分けて考えてなかったわけ？

関：じゃない？　だからデスメタルは多分、Napalm Death とか Terrorizer とかを聴いて影響受けただろうし。**グラインドコアはデスメタルを聴いて影響受けたよね。**

ハ：グラインドコアもデスメタルは影響受けた？

関：受けたでしょ。

ハ：嫌ってないんですか？

関：嫌ってはいないんじゃない？　当時の 80 年代後期はお互いが影響を受けてた。だから Terrorizer の前身バンドの Majesty ってバンドがあるんだけど、Majesty って Pete Sandoval が入る前なのかな。すごくデスメタルに寄ってたサウンドだと思う。そのときに Pete Sandoval って逸材見付けて、あのバンドはグラインドコアとして成立するんだけど。そのすげえ速いドラマーがいたっていうの聞きつけて、Morbid Angel のやつが Pete Sandoval に電話して入らないかって引き抜いたんだよ、確か。

ハ：Pete Sandoval はハードコアの人なのか。

関：何してたんだろうね、あの人。とにかく速いドラマーだったらしいんだ。そんで、Majesty に Pete Sandoval が加入して、Terrorizer ってバンドになったときにあのサウンドができた。当時、そのときにあれだけ速いのをとにかくやろうとしてたのは、Terrorizer でしょ、Repulsion でしょ。それを Napalm Death が聴いて、「すげえ速いから俺らもこれくらい速くしよう」って。

ハ：あの頃って「デスグラインド」とかって言い方しましたよね。

関：当時は言ってた。**グラインディング・デスメタル。**

ハ：「グラインディング・デスメタル」とか「デスグラインド」とか。今、言わないですよね。

関：今、使わないけど。当時はデスメタルはブラストを入れてなかったから、ブラスト入れてるバンドに対して**「デスグラインド」**とか「グラインディング・デスメタル」って言った。

ハ：日本はすごいデスグラインド大国みたいなイメージありますよ。よくデスグラインドって言われてた。今、言わないですよね。

関：言わない。だから、当時、Gibbed がいち早くグラインディング・デスメタルと標榜していたと思う。

ハ：324 はデスグラインドじゃないですか？

関：324 はグラインドなんじゃない、Gibbed でしょ、Satanic Hell Slaughter でしょ、Multiplex はデスメタル要素強いよね。グラインドコアだけど。そういうバンドの。

ハ：Hellchild は？

関：Hellchild はブラスト入れてないから。デスメタル。

ハ：あの頃、『Earplugged』だ。で、Earache がそれこそスウェディッシュデスの Entombed とかと一緒に Napalm Death とかもコンピよく出してたし。

関：あれね、『Grind Crusher』とか『Gods of Grind』。

ハ：で、『Earplugged』全盛期はデスメタルとグラインドコアが一体化して。今、Carcass ってこっちでは存在感ないんです、誰も別に言わないし。でもオールドスクー

ルの人たちとメロデスの人たち、Carcass の存在がすごい偉大ですよね。あれはデスメタルなんだろうか。

関：Carcass って日本だと『Heartwork』以降じゃん。でも Carcass のフォロワーって超いっぱいいるんだけど、じつは『Heartwork』以降のフォロワーってあんまりいないんだよね。

ハ：そう言えばそうですね。

関：実は、みんなファースト、セカンド、サードに影響受けてる Carcass フォロワー超いるんだけど。『Heartwork』みたいなのがメロデスだとすると。

ハ：メロデスでもないですね。イエテボリサウンドでもないから。

関：日本でメロデスの元祖って勝手に言ってるだけだと思う。

ハ：メロデスと被る部分あるけど、直接的な影響はあんま与えてないというか。

関：ヨーロッパとかアメリカとか行くと、Carcass の『Heatwork』とかってそんな影響ないと思う。

ハ：全然。

関：日本は強い。

ハ：日本はヘヴィメタル的な文脈でね。Carcass はゴアグラインドの世界でものすごい影響与えてるっていうのは、このブルデスからは聞くんだけど。メロデスとはちょっと違うっていうのは分かるし。ましてオールドスクール・デスメタルでもないし。あのバンドはビッグインジャパンなのかな。Michael Amott と一緒で。

関：絶対それはあると思う。Arch Enemy って聴くと、メロデスってあんまり好きじゃないんだけど。よく分かんないの。

ハ：メロデス好きじゃないですか？

関：メロデスも好きなのは Eucharist っていうバンドとか。Dissection はメロデスではないけど。

ハ：Dissection 好きですか？

関：好き。ファーストセカンド、大好き。

ハ：意外。

関：なんで。

ハ：嫌ってそう。関根さんが嫌ってそうなバンドは、それこそ Disgorge とか嫌ってそう。

関：カリフォルニア？

ハ：好きじゃないでしょ？

関：『She Lay Gutted』と何だっけ、次出た緑色のやつ。

ハ：『Consume the Forsaken』。

関：聴いてたよ。Liturgy とか。

ハ：Liturgy とかも好き？　だけど。メロデスは好きじゃないですね。

関：メロデスは In Flames とかちょっと分かんないな。

ハ：Dark Tranquility は？

関：Dark Tranquility って初期は好きだな。

ハ：Amorphis は？

関：Amorphis は……。

ハ：OSDM も入ってませんか？

関：初期はそうだね。オールドスクールだね。水色のアルバムまで。

ハ：『Tales from the Thousand Lakes』まで？

関：その次かな。

ハ：『Elegy』。

関：俺結構好きだよ。

ハ：あれはメロデス。でもスウェーデンじゃなくて。

関：フィンランド。

ハ：あとなんだろう、メロデスっていうか Sentenced とか。

関：Sentenced はデモとファーストまでかな。

ハ：フィンランドってちょっと独特ですよね。でも関根さんのレーベルから一番最初に出した Deranged ですよね。あれ OSDM になるんですかね。

関：微妙だよね。Cannibal Corpse の流れじゃないの。当時、スウェディッシュ・デスメタル大好きだったの。Entombed、Dismember、Evocation とか Necrophobic みたいなの好きで。そんで Deranged ってスウェーデンのバンドでデモテープをオーダーしたんだよ。聴いたらスウェーデンっぽくなくって。逆にそれが新鮮で、アメリカのバンドぽいなと思って。

ハ：そう。今となっちゃあれはニュースクールに聞こえる。『Rated X』とか。

関：で、メンバーに手紙を書いて。たまたまドラマーがホラー映画マニアだった。それで日本版出てるホラー映画、ダビングしてとか言われて。それで仲良くなって、レーベル始めるとなったときに「7inch 出さない？」って声掛けて。それでかな。ああいう猟奇的なデスメタルみたいなの、俺すごい好きで。例えば当時の US デスメタルの特徴の一つでヴォーカルがローとハイに分かれてた。

ハ：あった、低いのに高いの。Brutal Truth とかそうじゃないですか。

関：そうだね。

ハ：Sanity's Dawn とか。

関：例えばいうなら Vomit Remnants も。

ハ：一番そうですよ。

関：ねえ。ああいうのとか、アメリカンデスメタル、低いの高いのの掛け合いみたいなのあったでしょ。Dying Fetus もそうだし、Embalmer とかすごい好きで。それって実は Carcass も高いのと低いの、そこに共通項みたいなのがあった。

ハ：C.S.S.O. もそうですよね。今、なくないですか、ああいうの。

関：あんまりないよね。ああいう高いのと低いのの絡みが好き。だから俺は初期の US デスメタル好きなんだよ。

ハ：今思うと、ツインボーカルの高い低いっていうのは消えたスタイルですよね。

関：でもあのローのボーカルにスクリームが絡むっていうのがすごい好きで。

ハ：今じゃあんま見られないな。

関：だから US デスメタルもずっとそれ以降になると、ガテラルだけになっちゃったじゃない。あれちょっと面白くない。

ハ：ガテラル好きじゃない？

関：ガテラルだけだと面白くない。

ハ：ブルデス、ニュースクールの一つの特徴がガテラル、ピッグスクイールとか。ああいうのがオールドスクールの人たちは駄目？

関：駄目じゃないんじゃない、別に。ただ。

ハ：でも逆に Death とかの声とか苦手なブルデスの人多いと思う。

関：駄目なの？

ハ：Death の声。チャックの声が。チャックの声がスラッシュメタルっていうか。

関：それはもともとなんでかっていうとさ。デスメタルのああいうボーカルになった原因の一つって Possessed のボーカルのスタイルっていうのがあった。あと、Possessed の歌い方を拡大解釈していくと Obituary とか Death のチャックとか Pestilence とか、あとは Asphyx のマーティンとかのああいう高い感じの。ああいう爬虫類なデスボーカル。

ハ：オールドスクールの一つの特徴、それですよね。ボーカルの地声がちょっと出てるやつ。ほえてる感じの、叫んでる。

関：そういうのもあるし、例えばもっとローになってく感じもあるじゃん。例えばDemilichみたいなすごくローボーカルな歌い方。

ハ：あれもガテラルとまでは。

関：言わない。

ハ：ガテラルって誰がいたんだろう。

関：あれ、ガテラルボーカルってUnited Gutturalってあるじゃん。

ハ：レーベルの。

関：あと、ファンジンとかでボーカルの多分、「ガテラルボーカル」だ、みたいな。形容詞として使ってたのが歌唱法にもつながってったんじゃない？

ハ：ガテラルがブルデス、USDMの一つの特徴ですよね。オールドスクールだったらやらないですもんね。

関：デス声ってやつだと思う。それはもともとボーカルのスタイルが違うから。

ハ：もっとのどちんこを振るわせるやつが極端になったら、またピッグスクイールになって。結構Devourmentがオリジナルですね。

関：あと一つあるのは**オールドスクールは結構、歌詞をちゃんと歌う。**その歌詞を結構聞き取らせるためにって部分で、あんまりひずませたりローで歌い過ぎると歌詞が分かんないからってなるんじゃない？

ハ：歌詞重要ですか？

関：重要なものになるんじゃない？　Deathなんて結構、歌詞が聞き取れるぐらいの勢い。Suffocationも聞き取れる。でもどんどんヘヴィな、ガテラルのボーカルになると、歌詞が聞き取れなくなってくるよね。

ハ：ブルデスでは歌詞はあまり重要じゃないかと……。

関：それは歌詞を重要視しないでボーカルの強烈さを全面に出したわけで、だからそこの違いもあるんじゃない？　オールドスクールと。

ハ：ボーカルが多角化してるっていうか。

関：一つのインストゥルメンタルの要素としてボーカルがある。

ハ：ボーカルが重要じゃなくなってきてる。それこそ、ツインボーカルが廃れたのと同じように、インドネシアのボーカルとか、小柄でパフォーマンスもそんなに存在感ないし。とにかくドラムじゃないですか。

関：ブルータル・デスメタルもちょっと面白くなくなったっていうのが多分、ガテラルでずっとリフをなぞってただ歌うじゃん。そうなったときにどんどんフラットに聞こえていったっていうか。

ハ：高低差がない。何にもない。それが自分にはいいんですけど。あと、ベースもないっていうか、ベースの存在感が本当にない。

関：低音が出過ぎちゃってて。

ハ：イコライザーで出る分が、全部ベースの部分になっちゃってるから。たまにインターバルとかブリッジで聞こえるけど。

関：そんなに、例えばロックで言うようなオブリっていうか、ああいうのはやってない。例えばCynicとかああいうテクニカルなフレットレスのベースのやつが出てきて、ようやくベーシストみたいなのがデスメタルでも注目浴びたけど。デスメタルって基本ユニゾンで弾きに行っちゃうじゃん。

ハ：ユニゾンで弾いてやってるから、EQを上げれば結構補えてる。

関：さらに7弦ギターが出てきたら**「もうベース要らねえわ」**って。

ハ：ベースとギターが同じですからね。打ち込みとかも全然OKみたいな。オールドスクールも打ち込みってあるんですか。Morticianとか。

関：逆にMorticianの面白さって打ち込みだよね。あれ、ライブは人間だけどやっぱり音源は打ち込みの変なドリルっぽいブラスト。

ハ：工事現場みたいな。

関：ぼきぼきって。

ハ：Symphony of Griefとか。

関：あれ打ち込みか。

ハ：でも打ち込みはそんなに広まらなかった。

関：あれも結局、ドラマーがいないから代用って感じでしょ。

ハ：人間じゃなきゃできないっていう。人間じゃできないのを追求したCatasexual Urge Motivationとかいたけど、でもまああれもオールドスクールってわけじゃないですけど。

関：打ち込みで面白くなっていったのは多分、あれじゃない、エレクトロゴアとかじゃない？　ゴアグラインドが例えばGutが出てきて、モッシュゴアみたいなの増えたじゃない。

ハ：モッシュゴア増えましたね。

関：モッシュゴアが増えてCock and Ball Tortureみたいなのが出てきてさ。そしたらそれでエレクトロ系のゴアみたいなのも出てきた。

ハ：出てきた。

関：そこだとああいう打ち込みの面白さ、みたいなのが。あえてこんな、わざとチープなドラムマシン選んで使ってるんだろうなって。

ハ：グラインドコアでそっちのカルチャーは結構ブームになったっていうか。オールドスクールで打ち込みは。

関：ないね。

ハ：ちょっとばかにされた感じが。

関：オールドスクール・デスメタルをバンドでやるってのがオールドスクール感があるっていうか。バンドの意味があるっていうか。**トリガーを使わない**って、そういうのもあるんだと思う。

ハ：絶対使わないの？

関：バンドにもよるけど、使ってるバンドもいるけど。基本、トリガーを重要視はしてない。それはテクニック的な部分もあるんだと思う。例えばブルータル・デスメタルみたいにツーバスをバンバン入れないとかさ。あえて音数減らしてるよねって部分もあるわけ。

ハ：あと、みんなメタルゾーン使ってるんですか？

関：そんなことはねえよ。

ハ：それを使わなきゃいけないってわけじゃない？

関：ない。

ハ：Line6とか使っていいんですか。

関：いいんじゃない？

ハ：Cubaseも使っていいんですか？

関：いいんじゃないの？

ハ：録音はどうやって録るか。1発録りとかもやってる？

関：それはバンドによるでしょ。

ハ：波形編集しちゃ駄目とか？

関：そんなことないんじゃない、何にも関係ないんじゃない？　やってるバンドはいっぱいいるよ。

ハ：便利ですもんね。

関：Skeletal Remainsなんかニューウェーブ・オブ・オールドスクール系だけど、音なんかすごいしっかりし

てるね。しっかり録って。

ハ：話変わりますけど、今思うと Deranged が Deeds of Flesh と一緒に出たんだ。Repulse から。Repulse が同時に Adramelech と Demilich を出した。

関：出したね。

ハ：当初、Repulse がブルータル・デスメタル・レーベルとしてすごいと思ってたんです。Deranged の『Rated X』も出して Deeds of Flesh『Gradually Melted』も出して。「このレーベルはよく分かってる！」と思って買ったら、全然違ういっぱい出てきて。Imprecation とか。

関：もともと Repulse って前身が Drowned Productions っていうの。カセットテープとかを出したりしてて、あれやってるのは Avulsed の Dave Rotten でしょ。もともと、スラッシュメタルとかが好きでそこから始めてたのかな。あの人、すごい古い人なの。

ハ：50 いってるんですかね。あの人、結構、主ですね。

関：スペインのデスメタルシーンのアンダーグラウンドシーンの礎だと思う。俺は何回か会ったことある。向こうで会ったこともあるし。

ハ：そうなんですね。今回、このシリーズのカバーの画家もスペイン人ですけどね。

関：彼はすごい仕事できるでしょ。

ハ：あと優しい。会ったことあるんですか？

関：メールだけだけど、プロ意識がすごく高い人。

ハ：でも Repulse の Dave Rotten がブルデスの良き理解者だと思って、レーベル買いをしていったんだけど Imprecation（笑）

関：Imprecation はどっちかっていうと、あれウォーデスチャル系のバンドなんだよね。

ハ：その頃、ウォーベスチャルって概念がなかった。

関：ないね。

ハ：当時もなかったでしょ、今でしょ。

関：今、そういう言葉を言うけど、細分化されてきたから。Incantation とか出てきたときに、「なんて暗いデスメタルなんだろう」って思った。

ハ：Incantation って初期のブルデスの人はブルデスだと思ってますね、Angelcorpse も多分そう。Nile とかも。

関：ブラストが多いから、確かに。

ハ：Impiety とかもそうだったもん。96、97 年くらいのブルデスのトレードのリストにずっと載ってたから、Angelcorpse も。

関：でもあれ多分、由来は Sarcófago だよね。ブラスト早くて Blasphemy とか、ブラスト入れてたブラックデスメタルの初期に影響を受けて追求していったのがウォーベスチャル。

ハ：後から後付けで結果論的に辿ったらそうなったっていうような。

関：そういうのもあるだろうね。

ハ：OSDM も。今となっちゃそれはそうでも、Immolation、Incantation がオールドスクールっていうのは、本人たちはそのつもりはないんだろうか？

関：そうだね。Immolation なんてファースト聴くと、ハーモニックスいろいろ出てくるじゃない。ああいうのが多分、ブルデスのハーモニックスにも繋がっている。

ハ：すごい繋がる。スラムっぽさが少しあるっていうか、ドヨンとしたところが。

関：拍が６のリフとか。オールドスクールってそんなに変拍子とか拍変なのやんないんだけど、Immolation とかリフが複雑だよね。

ハ：Deathspell Omega とかあの辺の不協和音系ブラックメタルに繋がるものがありますよね。ブラックメタルと Immolation、Gorguts が結構似てる部分あると思いますよ。

関：あるだろうね。

ハ：OSDM っていうの再評価、再発見された結果、今の最先端の音楽にも結構影響与えてて。その分ブルデスが浮いてるなって。

関：逆に？

ハ：ブルデスは何にも影響されず、何にも影響与えず、孤立して（笑）。

関：極北のジャンルだからね。激しさの追求っていうか、デスメタルのブラストの部分と重さの部分と、ボーカルの激しい部分とかを全部そこだけで凝縮して、最強選手つくったのがブルデスみたいな。

ハ：それでも嫌われてませんか、ブルデスって。

関：嫌われてないだろ。

ハ：そうかな、「やっぱあいつら」みたいな、迫害されてる意識はすごいあるんですけど。

関：ただ聴き手を選ぶからじゃない？　あまりにも過激すぎるじゃない。

ハ：そうですか、でもそういうの求めてないですか、この世の中に。

関：どうだろう。

ハ：素朴な質問として、オールドスクール・デスメタルってやってるうちに飽きてこないんですか？　伝統芸能っぽさはあるじゃないですか。前やったこと同じことを繰り返しやってるっていう。

関：飽きるっていうか、**最終的に追求していく部分って曲の良さだと思う**。かっこいい曲作る。

ハ：それはどこに核心が？　ブラストビートでもない……。

関：かっこいい曲よね。

ハ：リフという事？

関：例えば Necrot って 21 世紀以降のニューウェーブのオールドスクール・デスメタルだけど、やってることはもちろん古いよ、新しさはないよ。ただ曲がいい。

ハ：率直に「曲がいい」っていうのはどういう意味ですか？

関：**全体で。「このリフの展開は格好いいな、曲聴いててすごい盛り上がるな」って**。

ハ：そこで聴いてるところはテクニックでもなく、速さでもなくて。各要素ではない、全体のプロデュースなわけですか？

関：そうだね。単純に曲がいいっていう。**焼き直しやっても曲がつまんないから。**

ハ：でもオールドスクールが結局、進化してブルデスになったわけじゃないですか？

関：**進化じゃないんじゃない？**　ただそれはいろんなバンドが、遅さを追求したっていったらフューネラル・ドゥームが出てきた。様式美を追求したらゴシックみたいになって、激しさを追求したらブルータル・デスメタルになったっていう、**進化じゃない、枝分かれんだ。**

ハ：枝分かれなんだ。じゃあ、オールドスクールは元に戻ったわけですかね？

関：オールドスクールっていうのは**「真ん中にあるデスメタルっていう概念の中心」**にあるだけなんじゃない（笑）？　それが今、20 年 30 年たったら、**「最初にあった部分がオールドスクールっていうものになった」**っていう。

ハ：でもそうすると、もう一回そこから枝分かれしないんですか？　そこからまたブルデスに。

関：**もう一回、すると思う。**

八：じゃあニューウェーブ・オブ・ブルータル・デスメタル・オブ・オールドスクール・デスメタル（笑）

関：なんだそれ、訳分かんねえな（笑）。例えば Blood Incantation って今話題のバンドがいたときに、結構、宇宙系なんだけど。やってることはオールドスクールで、例えば Timeghoul とかああいうバンドに近いんだけど。昔やってたバンドの音をベーシックにして自分たちの新しい要素を乗せていく、みたいな。

八：じゃあ違うわけですね、第１世代とは。それが発展していくんですか？

関：発展はするかどうか分からないけど。

八：宇宙っぽさを入れたんですか？

関：宇宙っていうか、宇宙っつっても Nocturnus みたいな感じじゃないよ。ただ空間系の音を入れていくとか。

八：Wolves in the Throne Room みたいな感じ？ そういうんでもないか。

関：そういうでもないな。

八：Origin みたいな感じ？ 宇宙、結構みんなやるじゃない。

関：宇宙って、何だろう。宇宙の巨大生物的な感じっていうか。聴いてみると分かるだろうけど。だから何ていえばいいんだろう。Timeghoul って分かる？

八：聴いてるんだろうけど、あんまり印象に残ってない。

関：あのバンドって結構、再発されて、2000 年以来に。それは当時っていうは実験的なバンドだった、オペラっぽいとか、曲が難解だったりとかしてて。デモとかしかなかったり、フインチとか。それが 21 世紀以降に再発されて、そういうのに影響を受けて、新しいバンドが出てきてると思うけどね。Chthe'ilist っていうバンドがいるんだけど、カナダかな。あれを新しく現代に焼き直してる。ただ Demilich っぽいリフはあるんだけど、Demilich とは違うんだよね。

八：一発ネタに終わらないんですか？

関：終わらないんじゃない？ そこで後で残る要素っていうのはそのバンドの曲の良さだよね。かっこいい。このリフ、かっこいいな。みたいな。

八：はっきりと定義づけられないんですか？ この方向性だと。ブラストビートが速いとか。やっぱり「カッコイイ」って言われても厳密な基準がないし、人による。

関：ちょっとあれかもしれない。だからニューウェーブ・オブ・オールドスクール・デスメタルっていう言葉が生まれたんじゃない？ オールドスクール・デスメタルを焼き直してるんだけど、若い世代はそれをベーシックに新しい要素を入れてる。

八：そうすると、世代的に疎外感をすごい感じますね。自分の上と下の世代が結託してブルデスを排除した次の段階に行こうとして、それに付いてけない（笑）。何か生み出されるんでしょうね。こういうのは常にオープンマインドでいたいんですけど。このシリーズの下巻がニューウェーヴ・オブ・オールドスクール・デスメタルになるんですけど、村田さんが若いのいっぱいいるって言って。彼らの目指してる方向っていうのが、ブルデスからするとまだよく分からない部分がある。

関：ブルデスの人たちから見たら、やってることは一緒だと思う。

八：そうすると、行き着く先は、もう一回同じことの繰り返しにならないんでしょうか。

関：そういうものなんじゃないの。

八：ブルデスは進化してると思いますけどね。速さとかでは。

関：ブルデスは進化する音楽なんじゃない？

もともと、なんでブルデスが生まれたかっていうのはデスメタルをより過激にしていったわけでしょう。だからその過激を求めてるスピード狂みたいなもの。

八：デスメタルってスピード狂で過激さを求めるもんだっていうのが、根本にあると思ってるんです。

関：それはないな。

八：そうですか〜。そこが多分、決定的に価値観の違いだと思うんです。

関：だからその「おまえ速いよ……」みたいな（笑）。「このテンポなら気持ちいいからいいのに、なんで速いの……」みたいな。

八：だからブルデスは過激さとか速さを追求してて、オールドスクールの人はデスメタルを追求してるんですよね。

関：そうだな。

八：ブルデスはデスメタル自体をそんなに意識しない。そもそも「メタル」だともあまり思ってないから。世代的にスラッシュメタルを通ってきてない人多いし。ブルデスは過激さだけを、エクストリミティーだけを追求している。オールドスクール・デスメタルの人たちは「メタル」がベースにあって、デスメタルというものを追求している。だから、同じブルータル・デスメタルとオールドスクール・デスメタルっていうけど、目指す方向は全然逆で。

関：だってブラックも雰囲気とかどんどん追求していったら、最終的にアンビエントになっちゃったから。雰囲気だけになってしまった。

八：宗教を否定するのも宗教に囚われてるからとかってなって、ペイガニズムとかも駄目とかなって。みんな宇宙になっちゃった（笑）

関：音楽もあんまり極北を目指すと、最終的になんだかよく分からなくなってくる。

八：本人も何を目指してるのか分からなくなって。

関：本当そう。だから現代音楽の音楽の理論からどれだけ外れて何か新しいことをやろうとしたら、最終的に無音っていってったジョン・ケージになっちゃった。そういうことになると、あのアイディア発想は素晴らしかったけど音楽の本質からずれるよ。

八：あれ１回やったら終わりだから。

関：あれはアイディアだけ。

八：ブルデスもネタ切れに近いですよ。スラミングもワンパターンになっちゃったしデスコアっぽくなっちゃったし。フルブラスト系もカール・ルイスじゃないけど、10 秒の壁みたいなのが。300BPM の壁みたいなのがあって。これ以上、曲の複雑さで追求していくとなると Djent になるし、あれフラブラストできないから。ブルデスも結構限界。

関：だからブルータル・ドゥームデスみたいな。遅いブルデスみたいな。ブルデスなんだけどフューネラル・ドゥーム要素があるとか。

八：でもブルデスはドゥームと相いれないですね。

関：いれないな。

八：ブルデスの人ってドゥーム多分全く理解してない。

関：聴いてない人、多いのかな？

八：聴いてない、全然。自分はブラックメタルは好きだから、そこから DSBM も理解できるようになって、それでぎりぎり被る部分は分かるのですが、いわゆる普通のドゥームみたいなのは未だにあまりよくわかってません。

関：例えば diSEMBOWELMENT って当時ドゥームっぽい要素にブラスト入れてて、すごく斬新だったんだよ。

八：Winter とか何回聴いても……。

関：Winter はさあ……。それは好きだな。ブルデスの

良さの部分で言うと、ドゥームっていうのは多分、右と左くらい違うよ。

ハ：全然、相いれない。ドゥームの人もブルデス好きじゃないでしょうしね。同じなんちゃらメタルだけども、ブラックメタルは近いかも。ファストブラックとか。

関：速い系。

ハ：グラインドっぽさがブラストビート……。

関：リスナーは分かれるかもね。バンドやってる人は両方聴くって人はいるとは思うけど、音楽好きだからいろんなの聴いて。

ハ：アタケさん（※Coffinsのメンバー）とか結構、レアケースかも。

関：あの人、なんでも聴くから。

ハ：ブレイクコアまで聴いてる。

関：リスナーだと例えばヘヴィメタルの人は一生ヘヴィメタルじゃん。Iron Maiden大好きな人ってブルデスとか聴かないと思う。

ハ：でもブルデス聴く人は結構、他に行く。ガバとかハードコアテクノ行くし、ラップも行くし。

関：ブルデスってブラストが一つの要素なんだけどビートダウンのパートの部分ってすごくヒップホップさもある。

ハ：だから縦ノリを理解できてるから。オールドスクールは近隣ジャンルのスラッシュメタルくらいで留まってるようなイメージがあるんですけど、他のメタル以外には絶対になかったりとか、他のメタル以外には絶対に行かない感じはあるけど、ブルデスは派生形がいっぱいあるし、他に結構いく。

関：何ならテクノとかもいくよね。

ハ：ブレイクコアとかそうでしょう。

関：そういう要素あるよね。

ハ：だからブルデスのほうがいろんな要素が結構あるから。他に枝分かれしやすいし、去っていく人も多いけど。オールドスクールの人たちは結構、忠実な原理主義者で、ずっとそこにいるような感じがする。

関：そんなことねえけどね。

ハ：そうですか？

関：でもオールドスクールっていう様式美だからね。

ハ：オールドスクールは逆に他とも敵対もしてない。ブルデス以外とは。

関：ブルデスとオールドスクールも別に敵対してないけど。

ハ：そうですか。

関：してないでしょ。

ハ：ブルデスからすると、オールドスクールから常に怒られてる感じですよ。「あいつらポーザー」だとか、邪道とか変だって。ブルデスを否定して成り立ってる側面もあるじゃないですか。

関：それは被害者意識じゃない？

ハ：「速すぎる」とか、「テクニックに逃げてる」とか。

関：被害妄想だよ（笑）

ハ：ブルデスはオールドスクールのこと、何とも思ってない感じですね。

関：そう、でもやってる人間、例えばFecundationのやつとかブルデスやってるけど、オールドスクール・デスメタルも聴いてるよね。

ハ：それは通って来たからじゃなくて。

関：通って来たわけじゃなくて。これだけ聴いてると作曲とかに行き詰まるじゃん。彼はもともと、Yngwieとかギターが好きな人だから。

ハ：さてそろそろ最後に村田さんから。最近のお気に入りのバンドいますか？

関：最近のお気に入りは、Chthe'ilist格好いい。あとはフィンランドのGalvanizerでしょう。あとはTomb Mold。あとなんだろう、Cerebral Rot。最近格好いいね。あとは全然デスメタルじゃないけどTorcheとか好きだね。Atomic Bitchwaxも聴くね。

ハ：あと最後、「今の時代ですとビジネスとして成功できずにすぐに解散してしまうバンドも多いと思います。新世代のデスメタル・バンドが同じ轍を踏まないために何か助言できることはありますか？」

関：日本でってこと、どこの国のこと？

ハ：日本じゃないですか。

関：日本でデスメタルだろうが何だろうが食えねえだろう。音楽で。

ハ：副業しながらというか、本業があってやれる。

関：ヨーロッパやアメリカ本場でも難しいだろうね。ただ人口はむちゃくちゃ多いよ。リスナーの数は。

ハ：ブルデスより？

関：ブルデスっつうかメタル人口、全体で多いから。

ハ：Visceral Disgorgeがビルボード38位らしいですから。

関：あれでも、最近ああいうの、Pissgraveとかも最近、ビルボード入ったんだけど。あれ最近一般的なインディー音楽のフィジカルが減ってるんだと思う。オールドスクールの人たちってフィジカル買うじゃん。だから逆にチャートインしやすいんじゃないかな。

ハ：Netflixだけではやっちゃったり、普通の映画なんかミニシアター系が上がっちゃって。

関：だから多分、それかなと思ったんだけど。ただビルボードもSpotifyとかないの、Spotify買えないんだもんね。聴くだけでしょう。ああいうのチャートは関係ないでしょう。アメリカの今、一番売れてるアーティストのフィジカル、135枚とかいって。そのくらい、ポップミュージックとかああいうのはフィジカル買う人間がいない。

ハ：それで上がっちゃったんだ。

関：逆にフィジカルが強い、ああいうジャンルがチャートインしやすくなって。

ハ：なるほど。自分でいっぱい買えば、やらせでAmazon1位とかになるみたいにできるかも。じゃあ。

関：さてこんな感じで。

ハ：やっぱ関根さんが載ってないと変ですよね、この企画は。それこそ日本のPaul Speckmannじゃないですか。

関：そんなことないけどね。ただずっとやってるだけでしょう。

ハ：そこまでずっと続けてきた人っていないですよね。今日は本当に色々と聞けてよかったです。ありがとうございます。

関：じゃあ、また（笑）

あとがき

　本書では、1980 年代中期から 1990 年代末期にかけてヨーロッパ全域で登場したデスメタル・バンドを検証したが、いかがだっただろうか。アメリカやアジア、オセアニアと比較しては、ハードコア / グラインドコア影響下のバンドや、メロディ派のバンド、ブラックメタル寄りのバンドが多かったのではないかと思う。特に、Loudblast、Konkhra、Morgoth、Gorefest、Unleashed、Pestilence、Cadaver 等といったバンドの中期以降は、オールドスクール・デスメタルの土壌で語られることは少ない。しかし、ガイドの場ではそれを含めて紹介し、世界的な興隆を見せたデスメタルが移り変わっていく様を知ってもらう必要があると感じる。中期作品の制作プロセスで生じたであろう「音楽的に制限された面がある」等の否定的な見解を受け入れることによっては、より深いデスメタルへの理解が得られるように思える。

　これは私の認識だが、現代のシーンは、どのバンドも同じソフトで制作し、高品質ながら没個性になってしまっていることが多いと思っている（もちろん、新しく個性的なサウンドを奏でているバンドもいる）。しかし、今回の企画で紹介した、1980 年代後期〜 1990 年代中期までのデスメタルは、「過激化」がトレンドである。各バンドが個性を打ち出し、通常の音楽理論的に良くないとされていることさえ取り入れ、聴き手の理解を超えたサウンドを何度も刷新した。そして後に続く、様々なエクストリーム・メタルの土台を作った。そのため、制限されたといわれる中にも、様々な試行錯誤の結果があり、その心が現代には奇異に映る。下巻で紹介する予定の NWOOSDM が異様な盛り上がりを見せ、単なる焼き増しと言われないのは、そういった時代性を汲んでいるからかもしれない。

　実は、上巻が完成した時点で本書の 9 割は完成していた。そこからページの隙間を埋め、再度事実確認をとりながら校正が進み現在に至る。最初は、Asphyx のプロフィールから進め、大御所のページを描き終え、時代に名を残したバンドへと執筆を進めていった。スウェーデンや UK の重要国から進めたが、ギリシャ、ポルトガル辺りに差し掛かってきたころ、「とんでもないことをしているんじゃないか？」という気持ちになったことを覚えている。国それぞれが一冊の本に出来る情報量を、可能な限り凝縮して収録したつもりだ。

　本書でも色んな方にお世話になった。Obliteration Records / Butcher ABC の関根成年氏、Record BOY の大倉了氏、翻訳協力の土田有希さん。本書編集のハマザキカク氏には、Coffins の内野氏や本書のカバーを手掛ける Juanjo Castellano への仲介、関根氏とのインタビューに繰り出していただいた。また上巻に引き続き、本書の完成まで親身になって接してくださった。最後に、本書を手に取ってくださった皆様と、長年に渡りジャンルを支えているデスメタル・ヘッズに、特別な感謝を捧げたい。

オールドスクール・デスメタル・ガイドブック 上巻
アメリカ・オセアニア・アジア編
村田恭基著
ISBN978-4-908468-38-4　C0073
A5 判 224 頁　本体 2,400 円＋税

ホラーな世界観・混沌としたプロダクション、荒々しい演奏…ニュースクールに相対するものとして再発見され、リバイバルしたオールドスクール・デスメタル！　上中下 3 巻、まずはシーン発祥の地、アメリカ、そしてオセアニア、アジアから！　「Thrash to Death」の古典的音源やシーンなど歴史を検証。

- ■サブジャンルでカテゴライズされる事はない偉大デスメタル　**Cannibal Corpse**
- ■数々の人材を輩出し最重要アルバム創作した「デスメタルの帝王」　**Morbid Angel**
- ■デスメタルの生みの親の一人で、後のテクニカル・デスメタルの源流　**Death**
- ■結果的にデスメタルではレアな反キリスト主義者、自殺も撤回した　**Deicide**
- ■近年のリヴァイバルで再評価されるオールドスクールの元祖中の元祖　**Autopsy**
- ■ニューヨークからブルータルデスとも見なされる無調の実力者　**Immolation**
- ■現代暗黒主義的リヴァイバルの礎を築いたペンシルベニアの野蛮　**Incantation**
- ■後年のドローン・ドゥームに多大な影響を与えつつも無理解に苦しむ　**Winter**
- ■ほか Deceased…、Necrophagia、Cianide、The Chasm など多数収録！
- ■『ウォー・ベスチャル・ブラックメタル・ガイドブック』ショウ＆高円寺 Record Boy 店長特別寄稿
- ■ Autopsy、Master、Nunslaughter などデスメタル長老達のインタビューも！
- ■ 336 アーティスト、509 作品を紹介！

村田恭基 Yasumoto Murata

1994年3月生まれ、北海道育ち。2015年末に上京後は、レコードショップに勤務する。その傍ら、エクストリーム・メタル系ブログを不定期更新中。ハンドルネームは、ゲルマニウム。

偏愛音盤コレクション序説 从从从从
http://abortedeve.blog.jp/
Twitter：@abortedeve
Mail：m6028409y@gmail.com

世界過激音楽 Vol.3
ブルータル・デスメタルガイドブック
世界一激しい音楽
脇田凉平著
936枚のディスクレビュー・472バンド紹介!! デスメタルの中で最も凶暴!! 変拍子・テンポチェンジ・ポリリズム駆使した難解なリズム!! 重低音から一回転して高周波数に達するヴォーカル!! オリンピックやサーカス並のテクニック合戦!! 工事現場の様な高速ブラストビート!!
A5判並製 304ページ　2300円＋税

世界過激音楽 Vol.11
オールドスクール・デスメタル・ガイドブック 中巻

ヨーロッパ編
2019年12月1日　初版第1刷発行
著者：村田恭基
装幀＆デザイン：合同会社パブリブ
発行人：濱崎誉史朗
発行所：合同会社パブリブ
〒140-0001
東京都品川区北品川1-9-7 トップルーム品川1015
03-6383-1810
office@publibjp.com
印刷＆製本：シナノ印刷株式会社

世界過激音楽 Vol.4
ウォー・ベスチャル・ブラックメタルガイドブック
究極のアンダーグラウンドメタル
アウトブレイク・ショウ著
世界各地の地下シーンで真の野獣性や野蛮さを死守し続けたオールドスクールな背徳者達。軟弱化した北欧ブラックメタルに対して、メタルが本来持つ暴力性を頑なに貫き通したシーンの主要バンドやリリースを丹念に紹介した前代未聞の歴史的資料。
A5判並製 224ページ　2200円＋税